dicionário de verbos

língua portuguesa

CB055493

dicionário de verbos

língua portuguesa

Todolivro

©TODOLIVRO LTDA.

Rodovia Jorge Lacerda, 5086 - Poço Grande
Gaspar - SC | CEP 89115-100

Revisão:
Cyntia Fabiana Laube

IMPRESSO NA CHINA

Dados Internacionais de Catalogação na Publicação (CIP)
(Câmara Brasileira do Livro, SP, Brasil)

Dicionário de Verbos: Língua Portuguesa / [Texto: Roberto Belli]. Gaspar, SC: Todolivro, 2023

ISBN: 978-85-376-3811-8

1. Português - Verbos - Conjugação 2. Português - Verbos - Dicionários I. Belli, Roberto.

17-10051   CDD-469.5

Índices para catálogo sistemático:

1. Conjugação de verbos : Português : Dicionários   469.5
2. Verbos : Conjugação : Português : Dicionários   469.5

Índice

Guia para pesquisa 9
Entendendo o verbo 10
Verbos Regulares, Irregulares e Defectivos 17
Concordância Verbal 19
Verbos transitivos mais utilizados na linguagem
escrita e oral 20
Tabelas de Conjugação
1ª, 2ª e 3ª Conjugações 25
Verbos Auxiliares 29
Verbos Regulares, Irregulares, Compostos e
Pronominais 35
Lista Remissiva de Verbos 133

GUIA PARA PESQUISA

Como procurar um verbo e aplicar a tabela de conjugações

Neste livro, você vai encontrar grande quantidade de verbos, mais de 13 mil! Os verbos que você procura estão na Parte 3, na **Lista Remissiva de Verbos**, relacionados por ordem alfabética.

Digamos que você queira pesquisar a conjugação do verbo *preceituar*. Procure na Lista Remissiva de Verbos e encontrará este verbo seguido de um número:

preceituar	27

O número "27" remete a uma tabela na Parte 2 deste livro, **Tabelas de Conjugação**. Todas as tabelas contêm conjugações de verbos e, ao abrir na página da **Tabela 27**, encontrará a conjugação de outro verbo: *averiguar*. Isto acontece porque o verbo *averiguar* possui as flexões temporais (destacadas abaixo) iguais às do verbo *preceituar*. Veja a conjugação do verbo *averiguar* no Presente do Modo Indicativo e, depois, observe o verbo *preceituar*:

27 AVERIGUAR	FLEXÕES	PRECEITUAR
eu *averig***uo**	**o**	eu *preceit***uo**
tu *averig***uas**	**as**	tu *preceit***uas**
ele/ela *averig***ua**	**a**	ele/ela *preceit***ua**
nós *averig***uamos**	**amos**	nós *preceit***uamos**
vós *averig***uais**	**ais**	vós *preceit***uais**
eles/elas *averig***uam**	**am**	eles/elas *preceit***uam**

Há casos, porém, em que encontrará duas referências. Supondo que queira ver a conjugação do verbo *emergir*, neste caso terá referências de duas tabelas:

emergir	65, 80

Ao verificar a Tabela 65, encontrará o verbo *dirigir*, cujas flexões podem ser aplicadas ao verbo *emergir*. Então, o que tem na Tabela 80? Lá, encontrará a conjugação do verbo *colorir* e, então, descobrirá que é **defectiva**. Por dedução, o verbo *emergir* que você procura conjuga-se como *dirigir*, mas é também defectivo como o verbo *colorir*. Observe os três verbos no Presente do Modo Indicativo e suas flexões:

65 DIRIGIR	80 COLORIR	FLEXÕES	EMERGIR
eu *diri***jo**	eu -	-	eu -
tu *dirig***es**	tu *color***es**	**es**	tu *emerg***es**
ele/ela *dirig***e**	ele/ela *color***e**	**e**	ele/ela *emerg***e**
nós *dirig***imos**	nós *color***imos**	**imos**	nós *emerg***imos**
vós *dirig***is**	vós *color***is**	**is**	vós *emerg***is**
eles/elas *dirig***em**	eles/elas *color***em**	**em**	eles/elas *emerg***em**

Relacionando desta forma, você poderá saber como são flexionados todos os mais de 13 mil verbos que se encontram na **Lista Remissiva de Verbos** deste livro. Boa pesquisa!

ENTENDENDO O VERBO

Em língua portuguesa, os verbos se agrupam em três conjugações, conforme a sua terminação:

1ª CONJUGAÇÃO	terminados em	cant-**ar**
	AR	felicit-**ar**
		arrum-**ar**
		am-**ar**

2ª CONJUGAÇÃO	terminados em	vend-**er**
	ER	combat-**er**
		parec-**er**
		corr-**er**

→ Os verbos terminados em "*or*" são evolução de formas arcaicas da 2ª conjugação. Ex.: **pôr** (antigo verbo *poer*, do latim, *ponere*), **propor** (do latim, *proponere*), **expor** (do latim, *exponere*), etc.

3ª CONJUGAÇÃO	terminados em	part-**ir**
	IR	assum-**ir**
		color-**ir**
		possu-**ir**

Todo verbo exprime:

AÇÃO	Júlia *abriu* o livro.
	Abriu: ação de abrir (algo).

ESTADO	Carlos *estava* doente.
	Estava: estado ou situação (de algo ou alguém).

FENÔMENO	*Choveu* o dia inteiro.
	Choveu: fenômeno (da natureza).

O verbo é uma palavra variável, ou seja, parte do verbo (ou ele inteiro) torna-se diferente quando flexionada. A parte alterada do verbo chama-se *flexão*.

Através da flexão, o verbo é capaz de indicar a pessoa (quem está falando), o número (singular ou plural), o tempo (passado, presente ou futuro), o modo (indicativo ou subjuntivo), a voz (ativa, passiva ou reflexiva), entre outras indicações. Então, note estas cinco características importantes do verbo quando é flexionado:

1) O verbo varia para indicar **pessoa** e **número**:

PESSOA	SINGULAR	PLURAL
1ª pessoa	eu *caminho*	nós *caminhamos*
2ª pessoa	tu *caminhas*	vós *caminhais*
3ª pessoa	ele/ela *caminha*	eles/elas *caminham*

2) Os tempos verbais servem para situar a ação ou o fato dentro de um determinado momento (antes, durante ou depois). Então, o verbo flexiona-se para nos dizer a quais tempos ele se refere: passado, presente ou futuro. Exemplos:

PRETÉRITO (PASSADO)	
Pretérito Perfeito	João *esqueceu* o livro na escola.
Pretérito Imperfeito	Toda manhã, Ana *abria* as janelas do quarto.
Pretérito Mais-Que-Perfeito	Ao final da partida, Chico já *saíra* do estádio.

PRESENTE
Ela *escreve* em seu diário.

FUTURO	
Futuro do Presente	Alceu *pesquisará* na biblioteca amanhã.
Futuro do Pretérito *(Condicional)*	O time *perderia* o título.

3) Os modos do verbo mostram como um fato se realiza ou é narrado:

MODO INDICATIVO	**Exprime uma certeza, um fato.**
	Vou ao cinema.
	Todos *querem* ingressos para aquele jogo.

MODO SUBJUNTIVO	**Exprime um fato possível, hipotético, duvidoso.**
	Pode ser que *faça* sol.
	Se nós *pagássemos* a dívida, tudo se resolveria.

MODO IMPERATIVO	Exprime ordem, desejo, súplica, pedido, conselho, proibição.
	Volte rápido.
	Tomem as boas lições para a vida.
	Não *traias* uma amizade.

O **modo imperativo** constitui-se, basicamente, de duas formas: *Imperativo Afirmativo* e *Imperativo Negativo*. O modo imperativo não possui 1ª pessoa do singular (uma vez que não se pode dar ordens a si mesmo). Observe a formação do imperativo, cujas bases são o Presente do Indicativo (*para afirmar*) e o Presente do Subjuntivo (*para negar/afirmar*)*.

Presente do Indicativo	Imperativo Afirmativo	Presente do Subjuntivo	Imperativo Negativo
~~eu canto~~	-	~~que eu cante~~	-
tu *canta(s)* →	*canta* tu	que tu *cantes* →	não *cantes* tu
~~ele canta~~	*cante* você	← que ele *cante* →	não *cante* você
~~nós cantamos~~	*cantemos* nós	← que nós *cantemos* →	não *cantemos* nós
vós *cantai(s)* →	*cantai* vós	que vós *canteis* →	não *canteis* vós
~~eles cantam~~	*cantem* vocês	← que eles *cantem* →	não *cantem* vocês

(*) O verbo *ser* é a única exceção. A segunda pessoa do singular e do plural são irregulares: *sê* tu, *sede* vós. Para o verbo *ser*, veja a tabela nº 4.

4) As vozes do verbo indicam se o *sujeito* é agente (voz ativa), paciente (voz passiva) ou é ele mesmo que, reciprocamente, age e sofre a ação (voz reflexiva):

VOZ ATIVA	Júlia *abriu* o livro.
	O verbo indica que Júlia é *agente* da ação.

VOZ PASSIVA	O livro *foi aberto* por Júlia.
	O verbo indica que o livro é *passivo*, por sofrer a ação.

No caso acima, o verbo "foi" acrescentado do verbo "aberto", no Particípio Irregular (veja mais adiante), formam a **Voz Passiva**. "Foi" é um *verbo auxiliar*. Além da voz passiva, os verbos auxiliares formam *tempos compostos* e *locuções verbais*. Os *verbos auxiliares* mais importantes são: *ser, estar, ter, haver*.

VOZ REFLEXIVA	João *machucou-se* no futebol. O verbo indica que João é *agente*, mas também *paciente*.

Na **voz reflexiva**, o verbo vem acompanhado de um pronome oblíquo reflexivo ("me", "te", "se", "nos" ou "vos"), que se refere ao próprio sujeito que pratica a ação.

5) Ainda existem outras formas de flexão do verbo, como, por exemplo, as **formas nominais**, que são o **infinitivo pessoal** e **impessoal**, o **gerúndio** e o **particípio**. Veja, nestes exemplos:

INFINITIVO IMPESSOAL	*Tomar* um cafezinho é muito bom.

INFINITIVO PESSOAL	Para *tomarmos* cuidado, precisamos de atenção. Para eu *tomar* um cafezinho, basta oferecer.

Observe agora a conjugação do verbo *tomar*, que foi usado em três exemplos acima:

	Verbo *tomar*			Verbo *tomar*
INFINITIVO PESSOAL	para eu	*tomar*	**INFINITIVO IMPESSOAL**	*tomar*
	para tu	*tomar***es**		
	para ele/ela	*tomar*		
	para nós	*tomar***mos**		
	para vós	*tomar***des**		
	para eles/elas	*tomar***em**		

Infinitivo é o nome que se dá ao verbo quando termina em "r". O verbo no **Infinitivo Impessoal** (não flexionado) deixa a oração *sem sujeito*. O **Infinitivo Pessoal** mantém sua forma no *infinitivo*, mas acrescenta flexões conforme a pessoa, exceto na primeira e terceira pessoa do singular.

GERÚNDIO	*Verificando. Partindo. Aprendendo.*

No *gerúndio*, a flexão do verbo invariavelmente termina em "ndo".

PARTICÍPIO	*Revisado. Contido. Munido. Frigido/Frito.*

Já, no *particípio*, as flexões acontecem conforme as conjugações verbais, terminadas em "ar" (**ado**), "er" ou "ir" (**ido**). Mas alguns verbos apresentam formas abundantes no *particípio* (particípio duplo), ou seja, possuem formas regulares e irregulares. Alguns poucos possuem apenas a forma irregular. Observe alguns verbos importantes na tabela apresentada a seguir:

PARTICÍPIO

Verbo	Particípio Regular	Particípio Irregular
abrir	abrido	aberto
aceitar	aceitado	aceito
acender	acendido	aceso
afligir	afligido	aflito
agradecer	agradecido	grato
aspergir	aspergido	asperso
benquerer	benquerido	benquisto
benzer	benzido	bento
cegar	cegado	cego
cobrir	cobrido	coberto
completar	completado	completo
concluir	concluído	concluso
confundir	confundido	confuso
convencer	convencido	convicto
corromper	corrompido	corrupto
defender	defendido	defeso
descalçar	descalçado	descalço
dispersar	dispersado	disperso
distinguir	distinguido	distinto
dizer	-	dito
eleger	elegido	eleito
emergir	emergido	emerso
encher	enchido	cheio

Verbo	Particípio Regular	Particípio Irregular
entregar	entregado	entregue
envolver	envolvido	envolto
enxugar	enxugado	enxuto
escrever	-	escrito
espargir	espargir	esparso
exaurir	exaurido	exausto
expelir	expelido	expulso
expressar	expressado	expresso
exprimir	exprimido	expresso
expulsar	expulsado	expulso
extinguir	extinguido	extinto
fartar	fartado	farto
fazer	-	feito
fixar	fixado	fixo
findar	findado	findo
frigir	frigido	frito
ganhar	ganhado	ganho
gastar	gastado	gasto
imergir	imergido	imerso
imprimir	imprimido	impresso
incluir	incluído	incluso
inquietar	inquietado	inquieto
inserir	inserido	inserto
isentar	isentado	isento
juntar	juntado	junto
libertar	libertado	liberto
limpar	limpado	limpo
malquerer	malquerido	malquisto

Verbo	Particípio Regular	Particípio Irregular
matar	matado	morto
misturar	misturado	misto
morrer	morrido	morto
murchar	murchado	murcho
ocultar	ocultado	oculto
omitir	omitido	omisso
pagar	pagado	pago
pegar	pegado	pego
pôr	-	posto
prender	prendido	preso
romper	rompido	roto
salvar	salvado	salvo
secar	secado	seco
segurar	segurado	seguro
soltar	soltado	solto
submergir	submergido	submerso
submeter	submetido	submeter
sujeitar	sujeitado	sujeito
suprimir	suprimido	supresso
surgir	surgido	surto
suspeitar	suspeitado	suspeito
suspender	suspendido	suspenso
tingir	tingido	tinto
torcer	torcido	torto
vagar	vagado	vago
ver	-	visto
vir	-	vindo

VERBOS REGULARES, IRREGULARES E DEFECTIVOS

VERBOS REGULARES

O *radical* é parte invariável do verbo. Nos verbos regulares, o radical retém o significado básico do verbo, ou seja, não muda quando é flexionado. Observe alguns exemplos de radicais de verbos (sublinhados):

cant-ar	*corr*-er	*part*-ir

Agora, observe como os verbos regulares *cantar*, *correr* e *partir*, no Presente do Indicativo, se modificam ao serem flexionados:

	Cantar		Correr		Partir	
	radical	flexão	radical	flexão	radical	flexão
eu	*cant*	o	*corr*	o	*part*	o
tu	*cant*	as	*corr*	es	*part*	es
ele/ela	*cant*	a	*corr*	e	*part*	e
nós	*cant*	amos	*corr*	emos	*part*	imos
vós	*cant*	ais	*corr*	eis	*part*	is
eles/elas	*cant*	am	*corr*	em	*part*	em

As flexões destes verbos servem de paradigmas para outros verbos regulares das 1ª, 2ª e 3ª conjugações. Para aprimorar seu conhecimento, sugerimos a consulta de uma gramática.

VERBOS IRREGULARES

Os *verbos irregulares* sofrem alterações tanto no radical como em suas terminações flexionais. Alguns verbos irregulares são considerados *anômalos**, por apresentarem mais de um radical.

Exemplos de verbos irregulares no Presente do Indicativo:

	Dar	Fazer	Ir
	radical / flexão	radical / flexão	radical / flexão
eu	*d*ou	*fa*ço	vou
tu	*d*ás	*fa*zes	vais
ele/ela	*d*á	*fa*z	vai
nós	*d*amos	*fa*zemos	vamos
vós	*d*ais	*fa*zeis	*i*des
eles/elas	*d*ão	*fa*zem	vão

(*) Exemplos de **verbos anômalos** são: *ser* e *ir*, que apresentam radicais diferentes (*sou, era, é / fui, vou, ia*).

VERBOS DEFECTIVOS

Os *verbos defectivos* são aqueles que não possuem conjugação completa. Veja estes três exemplos no Presente do Modo Indicativo:

	Abolir	*Precaver*	*Chover*
eu	-	-	-
tu	*aboles*	-	-
ele/ela	*abole*	-	*chove*
nós	*abolimos*	*precavemos*	-
vós	*abolis*	*precaveis*	-
eles/elas	*abolem*	-	-

Alguns verbos defectivos, antes do Novo Acordo Ortográfico da Língua Portuguesa (2008), passaram a ser apenas irregulares, sendo preenchidas as suas formas anteriormente inexistentes. Veja o caso do verbo *adequar*, no Presente do Modo Indicativo:

	Antes		Hoje
	Adequar		*Adequar*
eu	-	eu	*adéquo/adequo*
tu	-	tu	*adéquas/adequas*
ele/ela	-	ele/ela	*adéqua/adequa*
nós	*adequamos*	nós	*adequamos*
vós	*adequais*	vós	*adequais*
eles/elas	-	eles/elas	*adéquam/adequam*

CONCORDÂNCIA VERBAL

Na construção de uma oração, o verbo deve concordar com o sujeito em número e pessoa.

SUJEITO SIMPLES

O verbo concorda com *um* sujeito:

João *comprou* o livro.	3ª pessoa do singular (ele/ela), Pretérito Perfeito do Indicativo
Nós *saímos* para o jardim da casa.	1ª pessoa do plural, Pretérito Perfeito do Indicativo

Outros casos de concordância com sujeito simples:

Só uma das rosas *foi* cortada.
Qual dos jogadores *prefere* começar?
Nenhuma das bicicletas *tinha* espelho retrovisor.
Grande parte dos cavalos *saiu* / *saíram* do estábulo.
Todos nós *esperaremos* por ele.
Todas as rosas da sala *são* vermelhas.

SUJEITO COMPOSTO

No sujeito composto (quando a oração tem dois ou mais sujeitos), o verbo vai para o plural:

Clarice e Conceição *pularam* na piscina ao mesmo tempo.
Eu e toda a turma da escola *ficamos* no ginásio de esportes.
Ou Luísa ou Bruno *devem* falar para a turma.
Só João e Maria *ficaram*.

VERBOS TRANSITIVOS MAIS UTILIZADOS NA LINGUAGEM ESCRITA E ORAL

Abandonar	Amparar	Carregar
Abraçar	Animar	Cativar
Abrir	Ansiar	Cegar
Acabar	Anunciar	Celebrar
Acariciar	Apanhar	Chamar
Acarinhar	Apertar	Cingir
Acatar	Aprender	Citar
Aceitar	Apressar	Cobiçar
Acertar	Aproveitar	Cobrir
Achar	Aproximar	Colher
Acomodar	Aquecer	Colocar
Acompanhar	Armar	Começar
Acostumar	Arrancar	Comover
Acudir	Arranhar	Compensar
Acumular	Arrastar	Compor
Admirar	Arrebatar	Comprar
Adorar	Asilar	Comprimir
Advertir	Assinalar	Comungar
Afagar	Assinar	Concertar
Afastar	Assistir	Condenar
Afrontar	Atacar	Conduzir
Agarrar	Atar	Consertar
Agraciar	Atender	Consolar
Agradecer	Atingir	Consumar
Agredir	Ativar	Consumir
Aguardar	Atrair	Contar
Ajeitar	Atropelar	Contemplar
Ajudar	Aumentar	Continuar
Ajuntar	Auxiliar	Controlar
Alcançar	Avisar	Convidar
Alimentar	Balançar	Corrigir
Aliviar	Beber	Cumprir
Alugar	Beijar	Declarar
Alumiar	Benzer	Decorar
Amansar	Botar	Decotar
Amar	Brindar	Defender
Amarrar	Buscar	Definir
Ameaçar	Calar	Deflorar
Amedrontar	Calçar	Deformar
Amolar	Calcular	Degenerar
Amolecer	Cansar	Degradar

Deixar	Dobrar	Envenenar
Delatar	Domar	Envergonhar
Deleitrar	Dominar	Envolver
Demitir	Doutrinar	Enxugar
Deplorar	Duvidar	Erguer
Depor	Edificar	Erigir
Deportar	Editar	Esclarecer
Depositar	Educar	Esconder
Depreciar	Efetuar	Escrever
Deprimir	Eleger	Escusar
Derramar	Elevar	Esforçar
Descobrir	Elogiar	Esfriar
Descompor	Elucidar	Esgotar
Desconhecer	Embaraçar	Espaçar
Descrever	Embarcar	Espalhar
Desculpar	Embolsar	Esperar
Desejar	Emboscar	Esposar
Desempenhar	Embotar	Estabelecer
Desenganar	Embrulhar	Estimar
Desenhar	Emitir	Estranhar
Desenvolver	Empenhar	Esvaziar
Desfazer	Empobrecer	Exagerar
Desgraçar	Empregar	Exaltar
Desmentir	Encarar	Exceder
Despachar	Encher	Excitar
Despedir	Enciumar	Exclamar
Despertar	Encomendar	Excluir
Destinar	Encontrar	Executar
Destruir	Endossar	Exercer
Desvelar	Endurecer	Exercitar
Desvendar	Enfeitar	Expedir
Desviar	Enfeixar	Expelir
Devorar	Enfiar	Experimentar
Diferenciar	Enforcar	Explicar
Diferir	Enfurecer	Explorar
Difundir	Enriquecer	Expor
Dilatar	Ensinar	Expulsar
Diminuir	Entender	Exterminar
Disparar	Enternecer	Externar
Dispersar	Entoar	Extinguir
Distanciar	Entontecer	Extravasar
Distinguir	Entortar	Exumar
Distrair	Entranhar	Facilitar
Dividir	Entreter	Fechar
Divulgar	Entristecer	Felicitar

Ferir	Inclinar	Lastimar
Findar	Indagar	Lavar
Firmar	Indeferir	Lavrar
Fixar	Indenizar	Legalizar
Formar	Indultar	Ler
Fumar	Infamar	Levantar
Fundar	Infelicitar	Libertar
Fundir	Infundir	Ligar
Furtar	Iniciar	Limpar
Fuzilar	Inimizar	Livrar
Galgar	Inocentar	Locupletar
Ganhar	Inquerir	Lograr
Gastar	Inquietar	Lubrificar
Gerar	Inquirir	Machucar
Guardar	Inscrever	Magoar
Guiar	Inspirar	Manter
Haver	Instigar	Marcar
Herdar	Instruir	Marginar
Honrar	Inteirar	Mastigar
Horrorizar	Interceptar	Matar
Hospedar	Internar	Medir
Humanar	Interpretar	Mendigar
Humanizar	Interrogar	Misturar
Humilhar	Interromper	Modelar
Identificar	Intitular	Moldar
Idolatrar	Invadir	Molestar
Iluminar	Invejar	Monopolizar
Imaginar	Inventar	Montar
Imitar	Inventariar	Morder
Imolar	Inverter	Mover
Imortalizar	Invocar	Multiplicar
Impedir	Ironizar	Murar
Impelir	Isolar	Musicar
Imperar	Jogar	Nacionalizar
Implantar	Julgar	Namorar
Implorar	Juntar	Narrar
Importar	Jurar	Necessitar
Importunar	Justapor	Negar
Impossibilitar	Justiçar	Negociar
Imprensar	Justificar	Ninar
Impressionar	Lamber	Nodoar
Imprimir	Lamentar	Nomear
Imunizar	Lamuriar	Noticiar
Inaugurar	Lançar	Numerar
Incensar	Largar	Nutrir

Obscurecer	Prender	Reformar
Observar	Preocupar	Refrigerar
Obstinar	Preparar	Regalar
Obstruir	Prescrever	Regatear
Ocultar	Presenciar	Regenerar
Ocupar	Presentear	Reger
Odiar	Presidir	Registrar
Ofender	Pretender	Regulamentar
Ofuscar	Preterir	Regular
Olhar	Prevenir	Rejeitar
Olvidar	Prever	Relevar
Operar	Prezar	Remediar
Oprimir	Procurar	Remir
Orçar	Produzir	Renunciar
Ordenar	Profanar	Reparar
Organizar	Proferir	Repelir
Ornamentar	Professar	Repetir
Ornar	Proibir	Representar
Ostentar	Prolongar	Reproduzir
Pegar	Promover	Reprovar
Partilhar	Promulgar	Repudiar
Partir	Pronunciar	Requerer
Pasmar	Propagar	Reservar
Pegar	Prover	Resgatar
Pendurar	Provocar	Resolver
Perceber	Punir	Respeitar
Perder	Purificar	Restaurar
Perjurar	Puxar	Restituir
Perpetuar	Quebrar	Resumir
Perturbar	Querer	Retirar
Pesar	Quietar	Reunir
Pescar	Rasgar	Riscar
Pesquisar	Reanimar	Robustecer
Pintar	Reaver	Roçar
Pisar	Recear	Roer
Polir	Receber	Romper
Ponderar	Receitar	Roubar
Pôr	Recitar	Saber
Poupar	Reclamar	Saborear
Povoar	Reclinar	Sacar
Praticar	Recolher	Saciar
Precatar	Reconhecer	Sacrificar
Precaver	Recordar	Saldar
Precipitar	Recrear	Satisfazer
Precisar	Recusar	Saudar

Secar	Supliciar	Traspassar
Segar	Supor	Tratar
Segredar	Suportar	Travar
Segregar	Suprimir	Trazer
Segurar	Suprir	Treinar
Selar	Surpreender	Triturar
Sentir	Suspender	Tumultuar
Separar	Sustentar	Turbar
Simular	Suster	Turvar
Sintonizar	Tabelar	Tutelar
Sobrepujar	Tampar	Ultimar
Sobrescritar	Tanger	Ungir
Sobressaltar	Tapar	Unhar
Socializar	Tapear	Unificar
Sofrer	Tardar	Uniformizar
Soltar	Tarifar	Unir
Sonegar	Tatear	Universalizar
Sopesar	Taxar	Usar
Sortir	Tecer	Usurpar
Sossegar	Temer	Utilizar
Soterrar	Temperar	Validar
Suavizar	Tentar	Varrer
Subentender	Ter	Velar
Subjeitar	Terminar	Vencer
Subjugar	Tingir	Vendar
Sublevar	Tirar	Vender
Sublimar	Tocar	Venerar
Sublinhar	Tomar	Ver
Submergir	Topar	Verberar
Subornar	Torturar	Verter
Subscrever	Tostar	Vestir
Substabelecer	Traçar	Vigorar
Substituir	Traduzir	Vingar
Subtrair	Tragar	Violentar
Subvencionar	Trajar	Virar
Subverter	Trancar	Visar
Sufocar	Transfigurar	Visitar
Sujar	Transformar	Vistoriar
Sujeitar	Transgredir	Zangar
Sumir	Transmitir	Zelar
Sumular	Transportar	
Superar	Transtornar	
Superiorizar	Transverter	
Suplantar	Transviar	
Suplicar	Trapacear	

Tabelas de Conjugação

1ª, 2ª E 3ª CONJUGAÇÕES

1 AMAR — 1ª Conjugação

INDICATIVO

Presente
- eu *amo*
- tu *amas*
- ele/ela *ama*
- nós *amamos*
- vós *amais*
- eles/elas *amam*

Pretérito Imperfeito
- eu *amava*
- tu *amavas*
- ele/ela *amava*
- nós *amávamos*
- vós *amáveis*
- eles/elas *amavam*

Pretérito Perfeito
- eu *amei*
- tu *amaste*
- ele/ela *amou*
- nós *amamos*
- vós *amastes*
- eles/elas *amaram*

Pretérito-Mais-Que-Perfeito
- eu *amara*
- tu *amaras*
- ele/ela *amara*
- nós *amáramos*
- vós *amáreis*
- eles/elas *amaram*

Futuro do Presente
- eu *amarei*
- tu *amarás*
- ele/ela *amará*
- nós *amaremos*
- vós *amareis*
- eles/elas *amarão*

Futuro do Pretérito
- eu *amaria*
- tu *amarias*
- ele/ela *amaria*
- nós *amaríamos*
- vós *amaríeis*
- eles/elas *amariam*

SUBJUNTIVO

Presente
- que eu *ame*
- que tu *ames*
- que ele/ela *ame*
- que nós *amemos*
- que vós *ameis*
- que eles/elas *amem*

Pretérito Imperfeito
- que eu *amasse*
- que tu *amasses*
- que ele/ela *amasse*
- que nós *amássemos*
- que vós *amásseis*
- que eles/elas *amassem*

Futuro
- quando eu *amar*
- quando tu *amares*
- quando ele/ela *amar*
- quando nós *amarmos*
- quando vós *amardes*
- quando eles/elas *amarem*

IMPERATIVO

Afirmativo	Negativo
ama tu	não *ames* tu
ame você	não *ame* você
amemos nós	não *amemos* nós
amai vós	não *ameis* vós
amem vocês	não *amem* vocês

FORMAS NOMINAIS

Infinitivo Pessoal	Infinitivo Impessoal
para eu *amar*	
para tu *amares*	
para ele/ela *amar*	*amar*
para nós *amarmos*	
para vós *amardes*	
para eles/elas *amarem*	

Gerúndio	Particípio
amando	*amado*

Notas importantes:

Verbo *amar* é regular. O Acordo Ortográfico permitiu que a primeira pessoa do plural do Pretérito Perfeito do Indicativo tivesse grafia dupla: *amamos* (Brasil) e *amámos* (Portugal).

2ª Conjugação — ENTENDER

INDICATIVO

Presente
- eu *entendo*
- tu *entendes*
- ele/ela *entende*
- nós *entendemos*
- vós *entendeis*
- eles/elas *entendem*

Pretérito Imperfeito
- eu *entendia*
- tu *entendias*
- ele/ela *entendia*
- nós *entendíamos*
- vós *entendíeis*
- eles/elas *entendiam*

Pretérito Perfeito
- eu *entendi*
- tu *entendeste*
- ele/ela *entendeu*
- nós *entendemos*
- vós *entendestes*
- eles/elas *entenderam*

Pretérito-Mais-Que-Perfeito
- eu *entendera*
- tu *entenderas*
- ele/ela *entendera*
- nós *entendêramos*
- vós *entendêreis*
- eles/elas *entenderam*

Futuro do Presente
- eu *entenderei*
- tu *entenderás*
- ele/ela *entenderá*
- nós *entenderemos*
- vós *entendereis*
- eles/elas *entenderão*

Futuro do Pretérito
- eu *entenderia*
- tu *entenderias*
- ele/ela *entenderia*
- nós *entenderíamos*
- vós *entenderíeis*
- eles/elas *entenderiam*

SUBJUNTIVO

Presente
- que eu *entenda*
- que tu *entendas*
- que ele/ela *entenda*
- que nós *entendamos*
- que vós *entendais*
- que eles/elas *entendam*

Pretérito Imperfeito
- que eu *entendesse*
- que tu *entendesses*
- que ele/ela *entendesse*
- que nós *entendêssemos*
- que vós *entendêsseis*
- que eles/elas *entendessem*

Futuro
- quando eu *entender*
- quando tu *entenderes*
- quando ele/ela *entender*
- quando nós *entendermos*
- quando vós *entenderdes*
- quando eles/elas *entenderem*

IMPERATIVO

Afirmativo	Negativo
entende tu	não *entendas* tu
entenda você	não *entenda* você
entendamos nós	não *entendamos* nós
entendei vós	não *entendais* vós
entendam vocês	não *entendam* vocês

FORMAS NOMINAIS

Infinitivo Pessoal	Infinitivo Impessoal
para eu *entender*	
para tu *entenderes*	
para ele/ela *entender*	
para nós *entendermos*	*entender*
para vós *entenderdes*	
para eles/elas *entenderem*	

Gerúndio	Particípio
entendendo	*entendido*

Notas importantes:

Verbo *entender* é regular.

3. CUMPRIR — 3ª Conjugação

INDICATIVO

Presente
- eu *cumpro*
- tu *cumpres*
- ele/ela *cumpre*
- nós *cumprimos*
- vós *cumpris*
- eles/elas *cumprem*

Pretérito Imperfeito
- eu *cumpria*
- tu *cumprias*
- ele/ela *cumpria*
- nós *cumpríamos*
- vós *cumpríeis*
- eles/elas *cumpriam*

Pretérito Perfeito
- eu *cumpri*
- tu *cumpriste*
- ele/ela *cumpriu*
- nós *cumprimos*
- vós *cumpristes*
- eles/elas *cumpriram*

Pretérito-Mais-Que-Perfeito
- eu *cumprira*
- tu *cumpriras*
- ele/ela *cumprira*
- nós *cumpríramos*
- vós *cumpríreis*
- eles/elas *cumpriram*

Futuro do Presente
- eu *cumprirei*
- tu *cumprirás*
- ele/ela *cumprirá*
- nós *cumpriremos*
- vós *cumprireis*
- eles/elas *cumprirão*

Futuro do Pretérito
- eu *cumpriria*
- tu *cumpririas*
- ele/ela *cumpriria*
- nós *cumpriríamos*
- vós *cumpriríeis*
- eles/elas *cumpririam*

SUBJUNTIVO

Presente
- que eu *cumpra*
- que tu *cumpras*
- que ele/ela *cumpra*
- que nós *cumpramos*
- que vós *cumprais*
- que eles/elas *cumpram*

Pretérito Imperfeito
- que eu *cumprisse*
- que tu *cumprisses*
- que ele/ela *cumprisse*
- que nós *cumpríssemos*
- que vós *cumprísseis*
- que eles/elas *cumprissem*

Futuro
- quando eu *cumprir*
- quando tu *cumprires*
- quando ele/ela *cumprir*
- quando nós *cumprirmos*
- quando vós *cumprirdes*
- quando eles/elas *cumprirem*

IMPERATIVO

Afirmativo	Negativo
cumpre tu	não *cumpras* tu
cumpra você	não *cumpra* você
cumpramos nós	não *cumpramos* nós
cumpri vós	não *cumprais* vós
cumpram vocês	não *cumpram* vocês

FORMAS NOMINAIS

Infinitivo Pessoal	Infinitivo Impessoal
para eu *cumprir*	
para tu *cumprires*	
para ele/ela *cumprir*	*cumprir*
para nós *cumprimos*	
para vós *cumprirdes*	
para eles/elas *cumprirem*	

Gerúndio	Particípio
cumprindo	*cumprido*

Notas importantes:

Verbo *cumprir* é regular.

Tabelas de Conjugação

VERBOS AUXILIARES

4 | SER — Verbo Auxiliar

INDICATIVO

Presente
- eu *sou*
- tu *és*
- ele/ela *é*
- nós *somos*
- vós *sois*
- eles/elas *são*

Pretérito Imperfeito
- eu *era*
- tu *eras*
- ele/ela *era*
- nós *éramos*
- vós *éreis*
- eles/elas *eram*

Pretérito Perfeito
- eu *fui*
- tu *foste*
- ele/ela *foi*
- nós *fomos*
- vós *fostes*
- eles/elas *foram*

Pretérito-Mais-Que-Perfeito
- eu *fora*
- tu *foras*
- ele/ela *fora*
- nós *fôramos*
- vós *fôreis*
- eles/elas *foram*

Futuro do Presente
- eu *serei*
- tu *serás*
- ele/ela *será*
- nós *seremos*
- vós *sereis*
- eles/elas *serão*

Futuro do Pretérito
- eu *seria*
- tu *serias*
- ele/ela *seria*
- nós *seríamos*
- vós *seríeis*
- eles/elas *seriam*

SUBJUNTIVO

Presente
- que eu *seja*
- que tu *sejas*
- que ele/ela *seja*
- que nós *sejamos*
- que vós *sejais*
- que eles/elas *sejam*

Pretérito Imperfeito
- que eu *fosse*
- que tu *fosses*
- que ele/ela *fosse*
- que nós *fôssemos*
- que vós *fôsseis*
- que eles/elas *fossem*

Futuro
- quando eu *for*
- quando tu *fores*
- quando ele/ela *for*
- quando nós *formos*
- quando vós *fordes*
- quando eles/elas *forem*

IMPERATIVO

Afirmativo	Negativo
sê tu	não *sejas* tu
seja você	não *seja* você
sejamos nós	não *sejamos* nós
sede vós	não *sejais* vós
sejam vocês	não *sejam* vocês

FORMAS NOMINAIS

Infinitivo Pessoal	Infinitivo Impessoal
para eu *ser*	
para tu *seres*	
para ele/ela *ser*	*ser*
para nós *sermos*	
para vós *serdes*	
para eles/elas *serem*	

Gerúndio	Particípio
sendo	*sido*

Notas importantes:

O verbo *ser* é irregular e da 2ª Conjugação. No Imperativo Afirmativo, este verbo não segue as regras convencionais na 2ª pessoa do singular e na 2ª pessoa do plural.

Verbo Auxiliar	**HAVER** 5
INDICATIVO	**SUBJUNTIVO**

Indicativo

Presente
eu *hei*
tu *hás*
ele/ela *há*
nós *havemos*
vós *haveis*
eles/elas *hão*

Pretérito Imperfeito
eu *havia*
tu *havias*
ele/ela *havia*
nós *havíamos*
vós *havíeis*
eles/elas *haviam*

Pretérito Perfeito
eu *houve*
tu *houveste*
ele/ela *houve*
nós *houvemos*
vós *houvestes*
eles/elas *houveram*

Pretérito-Mais-Que-Perfeito
eu *houvera*
tu *houveras*
ele/ela *houvera*
nós *houvéramos*
vós *houvéreis*
eles/elas *houveram*

Futuro do Presente
eu *haverei*
tu *haverás*
ele/ela *haverá*
nós *haveremos*
vós *havereis*
eles/elas *haverão*

Futuro do Pretérito
eu *haveria*
tu *haverias*
ele/ela *haveria*
nós *haveríamos*
vós *haveríeis*
eles/elas *haveriam*

Subjuntivo

Presente
que eu *haja*
que tu *hajas*
que ele/ela *haja*
que nós *hajamos*
que vós *hajais*
que eles/elas *hajam*

Pretérito Imperfeito
que eu *houvesse*
que tu *houvesses*
que ele/ela *houvesse*
que nós *houvéssemos*
que vós *houvésseis*
que eles/elas *houvessem*

Futuro
quando eu *houver*
quando tu *houveres*
quando ele/ela *houver*
quando nós *houvermos*
quando vós *houverdes*
quando eles/elas *houverem*

IMPERATIVO

Afirmativo	Negativo
há tu	não *hajas* tu
haja você	não *haja* você
hajamos nós	não *hajamos* nós
havei vós	não *hajais* vós
hajam vocês	não *hajam* vocês

FORMAS NOMINAIS

Infinitivo Pessoal	Infinitivo Impessoal
para eu *haver*	
para tu *haveres*	
para ele/ela *haver*	*haver*
para nós *havermos*	
para vós *haverdes*	
para eles/elas *haverem*	

Gerúndio	Particípio
havendo	*havido*

Notas importantes:
Verbo *haver* é irregular e da 2ª Conjugação.

6 — ESTAR — Verbo Auxiliar

INDICATIVO

Presente
- eu *estou*
- tu *estás*
- ele/ela *está*
- nós *estamos*
- vós *estais*
- eles/elas *estão*

Pretérito Imperfeito
- eu *estava*
- tu *estavas*
- ele/ela *estava*
- nós *estávamos*
- vós *estáveis*
- eles/elas *estavam*

Pretérito Perfeito
- eu *estive*
- tu *estiveste*
- ele/ela *esteve*
- nós *estivemos*
- vós *estivestes*
- eles/elas *estiveram*

Pretérito-Mais-Que-Perfeito
- eu *estivera*
- tu *estiveras*
- ele/ela *estivera*
- nós *estivéramos*
- vós *estivéreis*
- eles/elas *estiveram*

Futuro do Presente
- eu *estarei*
- tu *estarás*
- ele/ela *estará*
- nós *estaremos*
- vós *estareis*
- eles/elas *estarão*

Futuro do Pretérito
- eu *estaria*
- tu *estarias*
- ele/ela *estaria*
- nós *estaríamos*
- vós *estaríeis*
- eles/elas *estariam*

SUBJUNTIVO

Presente
- que eu *esteja*
- que tu *estejas*
- que ele/ela *esteja*
- que nós *estejamos*
- que vós *estejais*
- que eles/elas *estejam*

Pretérito Imperfeito
- que eu *estivesse*
- que tu *estivesses*
- que ele/ela *estivesse*
- que nós *estivéssemos*
- que vós *estivésseis*
- que eles/elas *estivessem*

Futuro
- quando eu *estiver*
- quando tu *estiveres*
- quando ele/ela *estiver*
- quando nós *estivermos*
- quando vós *estiverdes*
- quando eles/elas *estiverem*

IMPERATIVO

Afirmativo	Negativo
está tu	não *estejas* tu
esteja você	não *esteja* você
estejamos nós	não *estejamos* nós
estai vós	não *estejais* vós
estejam vocês	não *estejam* vocês

FORMAS NOMINAIS

Infinitivo Pessoal	Infinitivo Impessoal
para eu *estar*	
para tu *estares*	
para ele/ela *estar*	*estar*
para nós *estarmos*	
para vós *estardes*	
para eles/elas *estarem*	

Gerúndio	Particípio
estando	*estado*

Notas importantes:

O verbo *estar* é irregular e da 1ª Conjugação.

Verbo Auxiliar	TER	7
INDICATIVO	**SUBJUNTIVO**	

INDICATIVO / SUBJUNTIVO

Presente
eu *tenho*
tu *tens*
ele/ela *tem*
nós *temos*
vós *tendes*
eles/elas *têm*

Presente
que eu *tenha*
que tu *tenhas*
que ele/ela *tenha*
que nós *tenhamos*
que vós *tenhais*
que eles/elas *tenham*

Pretérito Imperfeito
eu *tinha*
tu *tinhas*
ele/ela *tinha*
nós *tínhamos*
vós *tínheis*
eles/elas *tinham*

Pretérito Imperfeito
que eu *tivesse*
que tu *tivesses*
que ele/ela *tivesse*
que nós *tivéssemos*
que vós *tivésseis*
que eles/elas *tivessem*

Pretérito Perfeito
eu *tive*
tu *tiveste*
ele/ela *teve*
nós *tivemos*
vós *tivestes*
eles/elas *tiveram*

Futuro
quando eu *tiver*
quando tu *tiveres*
quando ele/ela *tiver*
quando nós *tivermos*
quando vós *tiverdes*
quando eles/elas *tiverem*

Pretérito-Mais-Que-Perfeito
eu *tivera*
tu *tiveras*
ele/ela *tivera*
nós *tivéramos*
vós *tivéreis*
eles/elas *tiveram*

IMPERATIVO

Afirmativo	Negativo
tem tu	não *tenhas* tu
tenha você	não *tenha* você
tenhamos nós	não *tenhamos* nós
tende vós	não *tenhais* vós
tenham vocês	não *tenham* vocês

Futuro do Presente
eu *terei*
tu *terás*
ele/ela *terá*
nós *teremos*
vós *tereis*
eles/elas *terão*

FORMAS NOMINAIS

Infinitivo Pessoal	Infinitivo Impessoal
para eu *ter*	
para tu *teres*	
para ele/ela *ter*	*haver*
para nós *termos*	
para vós *terdes*	
para eles/elas *terem*	

Futuro do Pretérito
eu *teria*
tu *terias*
ele/ela *teria*
nós *teríamos*
vós *teríeis*
eles/elas *teriam*

Gerúndio	Particípio
tendo	*tido*

Notas importantes:
O verbo *ter* é irregular e da 2ª Conjugação.

Tabelas de Conjugação

**VERBOS REGULARES,
IRREGULARES, COMPOSTOS E
PRONOMINAIS**

8 PASSEAR — Verbo Regular

INDICATIVO

Presente
- eu *passeio*
- tu *passeias*
- ele/ela *passeia*
- nós *passeamos*
- vós *passeais*
- eles/elas *passeiam*

Pretérito Imperfeito
- eu *passeava*
- tu *passeavas*
- ele/ela *passeava*
- nós *passeávamos*
- vós *passeáveis*
- eles/elas *passeavam*

Pretérito Perfeito
- eu *passeei*
- tu *passeaste*
- ele/ela *passeou*
- nós *passeamos*
- vós *passeastes*
- eles/elas *passearam*

Pretérito-Mais-Que-Perfeito
- eu *passeara*
- tu *passearas*
- ele/ela *passeara*
- nós *passeáramos*
- vós *passeáreis*
- eles/elas *passearam*

Futuro do Presente
- eu *passearei*
- tu *passearás*
- ele/ela *passeará*
- nós *passearemos*
- vós *passeareis*
- eles/elas *passearão*

Futuro do Pretérito
- eu *passearia*
- tu *passearias*
- ele/ela *passearia*
- nós *passearíamos*
- vós *passearíeis*
- eles/elas *passeariam*

SUBJUNTIVO

Presente
- que eu *passeie*
- que tu *passeies*
- que ele/ela *passeie*
- que nós *passeemos*
- que vós *passeeis*
- que eles/elas *passeiem*

Pretérito Imperfeito
- que eu *passeasse*
- que tu *passeasses*
- que ele/ela *passesse*
- que nós *passeássemos*
- que vós *passeásseis*
- que eles/elas *passeassem*

Futuro
- quando eu *passear*
- quando tu *passeares*
- quando ele/ela *passear*
- quando nós *passearmos*
- quando vós *passeardes*
- quando eles/elas *passearem*

IMPERATIVO

Afirmativo	Negativo
passeia tu	não *passeies* tu
passeie você	não *passeie* você
passeemos nós	não *passeemos* nós
passeai vós	não *passeeis* vós
passeiem vocês	não *passeiem* vocês

FORMAS NOMINAIS

Infinitivo Pessoal	Infinitivo Impessoal
para eu *passear*	
para tu *passeares*	
para ele/ela *passear*	
para nós *passearmos*	*passear*
para vós *passeardes*	
para eles/elas *passearem*	

Gerúndio	Particípio
passeando	*passeado*

Notas importantes:

O verbo *passear* é da 1ª Conjugação. O Acordo Ortográfico permitiu que a primeira pessoa do plural do Pretérito Perfeito do Indicativo tivesse grafia dupla: *passeamos* (Brasil) e *passeámos* (Portugal).

Verbo Regular	**LUCRAR** 9
INDICATIVO	**SUBJUNTIVO**

Presente	**Presente**
eu *lucro*	que eu *lucre*
tu *lucras*	que tu *lucres*
ele/ela *lucra*	que ele/ela *lucre*
nós *lucramos*	que nós *lucremos*
vós *lucrais*	que vós *lucreis*
eles/elas *lucram*	que eles/elas *lucrem*
Pretérito Imperfeito	**Pretérito Imperfeito**
eu *lucrava*	que eu *lucrasse*
tu *lucravas*	que tu *lucrasses*
ele/ela *lucrava*	que ele/ela *lucrasse*
nós *lucrávamos*	que nós *lucrássemos*
vós *lucráveis*	que vós *lucrásseis*
eles/elas *lucravam*	que eles/elas *lucrassem*
Pretérito Perfeito	**Futuro**
eu *lucrei*	quando eu *lucrar*
tu *lucraste*	quando tu *lucrares*
ele/ela *lucrou*	quando ele/ela *lucrar*
nós *lucramos*	quando nós *lucrarmos*
vós *lucrastes*	quando vós *lucrardes*
eles/elas *lucraram*	quando eles/elas *lucrarem*
Pretérito-Mais-Que-Perfeito	**IMPERATIVO**

Pretérito-Mais-Que-Perfeito	**Afirmativo**	**Negativo**
eu *lucrara*		
tu *lucraras*	*lucra* tu	não *lucres* tu
ele/ela *lucrara*	*lucre* você	não *lucre* você
nós *lucráramos*	*lucremos* nós	não *lucremos* nós
vós *lucráreis*	*lucrai* vós	não *lucreis* vós
eles/elas *lucraram*	*lucrem* vocês	não *lucrem* vocês

Futuro do Presente	**FORMAS NOMINAIS**	
	Infinitivo Pessoal	**Infinitivo Impessoal**
eu *lucrarei*	para eu *lucrar*	
tu *lucrarás*	para tu *lucrares*	
ele/ela *lucrará*	para ele/ela *lucrar*	*lucrar*
nós *lucraremos*	para nós *lucrarmos*	
vós *lucrareis*	para vós *lucrardes*	
eles/elas *lucrarão*	para eles/elas *lucrarem*	
Futuro do Pretérito		
eu *lucraria*	**Gerúndio**	**Particípio**
tu *lucrarias*		
ele/ela *lucraria*		
nós *lucraríamos*	*lucrando*	*lucrado*
vós *lucraríeis*		
eles/elas *lucrariam*		

Notas importantes:

O verbo *lucrar* é da 1ª Conjugação. O Acordo Ortográfico permitiu que a primeira pessoa do plural do Pretérito Perfeito do Indicativo tivesse grafia dupla: *lucramos* (Brasil) e *lucrámos* (Portugal).

10 VENDER — Verbo Regular

INDICATIVO

Presente
- eu *vendo*
- tu *vendes*
- ele/ela *vende*
- nós *vendemos*
- vós *vendeis*
- eles/elas *vendem*

Pretérito Imperfeito
- eu *vendia*
- tu *vendias*
- ele/ela *vendia*
- nós *vendíamos*
- vós *vendíeis*
- eles/elas *vendiam*

Pretérito Perfeito
- eu *vendi*
- tu *vendeste*
- ele/ela *vendeu*
- nós *vendemos*
- vós *vendestes*
- eles/elas *venderam*

Pretérito-Mais-Que-Perfeito
- eu *vendera*
- tu *venderas*
- ele/ela *vendera*
- nós *vendêramos*
- vós *vendêreis*
- eles/elas *venderam*

Futuro do Presente
- eu *venderei*
- tu *venderás*
- ele/ela *venderá*
- nós *venderemos*
- vós *vendereis*
- eles/elas *venderão*

Futuro do Pretérito
- eu *venderia*
- tu *venderias*
- ele/ela *venderia*
- nós *venderíamos*
- vós *venderíeis*
- eles/elas *venderiam*

SUBJUNTIVO

Presente
- que eu *venda*
- que tu *vendas*
- que ele/ela *venda*
- que nós *vendamos*
- que vós *vendais*
- que eles/elas *vendam*

Pretérito Imperfeito
- que eu *vendesse*
- que tu *vendesses*
- que ele/ela *vendesse*
- que nós *vendêssemos*
- que vós *vendêsseis*
- que eles/elas *vendessem*

Futuro
- quando eu *vender*
- quando tu *venderes*
- quando ele/ela *vender*
- quando nós *vendermos*
- quando vós *venderdes*
- quando eles/elas *venderem*

IMPERATIVO

Afirmativo	Negativo
vende tu	não *vendas* tu
venda você	não *venda* você
vendamos nós	não *vendamos* nós
vendei vós	não *vendais* vós
vendam vocês	não *vendam* vocês

FORMAS NOMINAIS

Infinitivo Pessoal	Infinitivo Impessoal
para eu *vender*	
para tu *venderes*	
para ele/ela *vender*	*vender*
para nós *vendermos*	
para vós *venderdes*	
para eles/elas *venderem*	

Gerúndio	Particípio
vendendo	*vendido*

Notas importantes:
O verbo *vender* é da 2ª Conjugação.

Verbo Regular	**PARTIR** 11
INDICATIVO	**SUBJUNTIVO**

Presente
eu *parto*
tu *partes*
ele/ela *parte*
nós *partimos*
vós *partis*
eles/elas *partem*

Presente
que eu *parta*
que tu *partas*
que ele/ela *parta*
que nós *partamos*
que vós *partais*
que eles/elas *partam*

Pretérito Imperfeito
eu *partia*
tu *partias*
ele/ela *partia*
nós *partíamos*
vós *partíeis*
eles/elas *partiam*

Pretérito Imperfeito
que eu *partisse*
que tu *partisses*
que ele/ela *partisse*
que nós *partíssemos*
que vós *partísseis*
que eles/elas *partissem*

Pretérito Perfeito
eu *parti*
tu *partiste*
ele/ela *partiu*
nós *partimos*
vós *partistes*
eles/elas *partiram*

Futuro
quando eu *partir*
quando tu *partires*
quando ele/ela *partir*
quando nós *partirmos*
quando vós *partirdes*
quando eles/elas *partirem*

Pretérito-Mais-Que-Perfeito
eu *partira*
tu *partiras*
ele/ela *partira*
nós *partíramos*
vós *partíreis*
eles/elas *partiram*

IMPERATIVO

Afirmativo	Negativo
parte tu	não *partas* tu
parta você	não *parta* você
partamos nós	não *partamos* nós
parti vós	não *partais* vós
partam vocês	não *partam* vocês

Futuro do Presente
eu *partirei*
tu *partirás*
ele/ela *partirá*
nós *partiremos*
vós *partireis*
eles/elas *partirão*

FORMAS NOMINAIS

Infinitivo Pessoal	Infinitivo Impessoal
para eu *partir*	
para tu *partires*	
para ele/ela *partir*	*partir*
para nós *partirmos*	
para vós *partirdes*	
para eles/elas *partirem*	

Futuro do Pretérito
eu *partiria*
tu *partirias*
ele/ela *partiria*
nós *partiríamos*
vós *partiríeis*
eles/elas *partiriam*

Gerúndio	Particípio
partindo	*partido*

Notas importantes:

O verbo *partir* é da 3ª Conjugação.

12 ADEQUAR — Verbo Regular

INDICATIVO

Presente
- eu *adequo/adéquo*
- tu *adequas/adéquas*
- ele/ela *adequa/adéqua*
- nós *adequamos*
- vós *adequais*
- eles/elas *adequam/adéquam*

Pretérito Imperfeito
- eu *adequava*
- tu *adequavas*
- ele/ela *adequava*
- nós *adequávamos*
- vós *adequáveis*
- eles/elas *adequavam*

Pretérito Perfeito
- eu *adequei*
- tu *adequaste*
- ele/ela *adequou*
- nós *adequamos*
- vós *adequastes*
- eles/elas *adequaram*

Pretérito-Mais-Que-Perfeito
- eu *adequara*
- tu *adequaras*
- ele/ela *adequara*
- nós *adequáramos*
- vós *adequáreis*
- eles/elas *adequaram*

Futuro do Presente
- eu *adequarei*
- tu *adequarás*
- ele/ela *adequará*
- nós *adequaremos*
- vós *adequareis*
- eles/elas *adequarão*

Futuro do Pretérito
- eu *adequaria*
- tu *adequarias*
- ele/ela *adequaria*
- nós *adequaríamos*
- vós *adequaríeis*
- eles/elas *adequariam*

SUBJUNTIVO

Presente
- que eu *adeque/adéque*
- que tu *adeques/adéques*
- que ele/ela *adeque/adéque*
- que nós *adequemos*
- que vós *adequeis*
- que eles/elas *adequem/adéquem*

Pretérito Imperfeito
- que eu *adequasse*
- que tu *adequasses*
- que ele/ela *adequasse*
- que nós *adequássemos*
- que vós *adequásseis*
- que eles/elas *adequassem*

Futuro
- quando eu *adequar*
- quando tu *adequares*
- quando ele/ela *adequar*
- quando nós *adequarmos*
- quando vós *adequardes*
- quando eles/elas *adequarem*

IMPERATIVO

Afirmativo	Negativo
adéqua* tu	não *adéques** tu
adéque* você	não *adéque** você
adequemos nós	não *adequemos* nós
adequai vós	não *adequeis* vós
adéquem* vocês	não *adéquem** vocês

FORMAS NOMINAIS

Infinitivo Pessoal	Infinitivo Impessoal
para eu *adequar*	
para tu *adequares*	
para ele/ela *adequar*	*adequar*
para nós *adequarmos*	
para vós *adequardes*	
para eles/elas *adequarem*	

Gerúndio	Particípio
adequando	*adequado*

Notas importantes:

O verbo *adequar* é da 1ª Conjugação. Antes do Acordo Ortográfico, este verbo era defectivo. *Acrescente, no Imperativo Afirmativo, as variações: '*adeque/adéque* tu', '*adeque/adéque* você' e '*adequem/adéquem* vocês'. No Imperativo Negativo: 'não *adeques/adéques* tu', 'não *adeque/adéque* você' e 'não *adequem/adéquem* vocês'. O Acordo Ortográfico permitiu que a primeira pessoa do plural do Pretérito Perfeito do Indicativo tivesse grafia dupla: *adequamos* (Brasil) e *adequámos* (Portugal). O gramático Cegalla considera este verbo defectivo.

Verbo Regular	**BOIAR** 13
INDICATIVO	**SUBJUNTIVO**
Presente	**Presente**
eu *boio*	que eu *boie*
tu *boias*	que tu *boies*
ele/ela *boia*	que ele/ela *boie*
nós *boiamos*	que nós *boiemos*
vós *boiais*	que vós *boieis*
eles/elas *boiam*	que eles/elas *boiem*
Pretérito Imperfeito	**Pretérito Imperfeito**
eu *boiava*	que eu *boiasse*
tu *boiavas*	que tu *boiasses*
ele/ela *boiava*	que ele/ela *boiasse*
nós *boiávamos*	que nós *boiássemos*
vós *boiáveis*	que vós *boiásseis*
eles/elas *boiavam*	que eles/elas *boiassem*
Pretérito Perfeito	**Futuro**
eu *boiei*	quando eu *boiar*
tu *boiaste*	quando tu *boiares*
ele/ela *boiou*	quando ele/ela *boiar*
nós *boiamos*	quando nós *boiarmos*
vós *boiastes*	quando vós *boiardes*
eles/elas *boiaram*	quando eles/elas *boiarem*
Pretérito-Mais-Que-Perfeito	**IMPERATIVO**

Pretérito-Mais-Que-Perfeito	Afirmativo	Negativo
eu *boiara*		
tu *boiaras*	*boia* tu	não *boies* tu
ele/ela *boiara*	*boies* você	não *boie* você
nós *boiáramos*	*boiemos* nós	não *boiemos* nós
vós *boiáreis*	*boiai* vós	não *boieis* vós
eles/elas *boiaram*	*boiem* vocês	não *boiem* vocês

Futuro do Presente	**FORMAS NOMINAIS**	
eu *boiarei*	**Infinitivo Pessoal**	**Infinitivo Impessoal**
tu *boiarás*	para eu *boiar*	
ele/ela *boiará*	para tu *boiares*	
nós *boiaremos*	para ele/ela *boiar*	*boiar*
vós *boiareis*	para nós *boiarmos*	
eles/elas *boiarão*	para vós *boiardes*	
Futuro do Pretérito	para eles/elas *boiarem*	
eu *boiaria*	**Gerúndio**	**Particípio**
tu *boiarias*		
ele/ela *boiaria*		
nós *boiaríamos*	*boiando*	*boiado*
vós *boiaríeis*		
eles/elas *boiariam*		

Notas importantes:
O verbo *boiar* é da 1ª Conjugação. O Acordo Ortográfico permitiu que a primeira pessoa do plural do Pretérito Perfeito do Indicativo tivesse grafia dupla: *boiamos* (Brasil) e *boiámos* (Portugal).

14 — LEVAR — Verbo Regular

INDICATIVO

Presente
- eu *levo*
- tu *levas*
- ele/ela *leva*
- nós *levamos*
- vós *levais*
- eles/elas *levam*

Pretérito Imperfeito
- eu *levava*
- tu *levavas*
- ele/ela *levava*
- nós *levávamos*
- vós *leváveis*
- eles/elas *levavam*

Pretérito Perfeito
- eu *levei*
- tu *levaste*
- ele/ela *levou*
- nós *levamos*
- vós *levastes*
- eles/elas *levaram*

Pretérito-Mais-Que-Perfeito
- eu *levara*
- tu *levaras*
- ele/ela *levara*
- nós *leváramos*
- vós *leváreis*
- eles/elas *levaram*

Futuro do Presente
- eu *levarei*
- tu *levarás*
- ele/ela *levará*
- nós *levaremos*
- vós *levareis*
- eles/elas *levarão*

Futuro do Pretérito
- eu *levaria*
- tu *levarias*
- ele/ela *levaria*
- nós *levaríamos*
- vós *levaríeis*
- eles/elas *levariam*

SUBJUNTIVO

Presente
- que eu *leve*
- que tu *leves*
- que ele/ela *leve*
- que nós *levemos*
- que vós *leveis*
- que eles/elas *levem*

Pretérito Imperfeito
- que eu *levasse*
- que tu *levasses*
- que ele/ela *levasse*
- que nós *levássemos*
- que vós *levásseis*
- que eles/elas *levassem*

Futuro
- quando eu *levar*
- quando tu *levares*
- quando ele/ela *levar*
- quando nós *levarmos*
- quando vós *levardes*
- quando eles/elas *levarem*

IMPERATIVO

Afirmativo	Negativo
leva tu	não *leves* tu
leve você	não *leve* você
levemos nós	não *levemos* nós
levai vós	não *leveis* vós
levem vocês	não *levem* vocês

FORMAS NOMINAIS

Infinitivo Pessoal	Infinitivo Impessoal
para eu *levar*	
para tu *levares*	
para ele/ela *levar*	*levar*
para nós *levarmos*	
para vós *levardes*	
para eles/elas *levarem*	

Gerúndio	Particípio
levando	*levado*

Notas importantes:
O verbo *levar* é da 1ª Conjugação. O Acordo Ortográfico permitiu que a primeira pessoa do plural do Pretérito Perfeito do Indicativo tivesse grafia dupla: *levamos* (Brasil) e *levámos* (Portugal).

Verbo Regular	MOVER 15
INDICATIVO	**SUBJUNTIVO**

INDICATIVO

Presente
eu *movo*
tu *moves*
ele/ela *move*
nós *movemos*
vós *moveis*
eles/elas *movem*

Pretérito Imperfeito
eu *movia*
tu *movias*
ele/ela *movia*
nós *movíamos*
vós *movíeis*
eles/elas *moviam*

Pretérito Perfeito
eu *movi*
tu *moveste*
ele/ela *moveu*
nós *movemos*
vós *movestes*
eles/elas *moveram*

Pretérito-Mais-Que-Perfeito
eu *movera*
tu *moveras*
ele/ela *movera*
nós *movêramos*
vós *movêreis*
eles/elas *moveram*

Futuro do Presente
eu *moverei*
tu *moverás*
ele/ela *moverá*
nós *moveremos*
vós *movereis*
eles/elas *moverão*

Futuro do Pretérito
eu *moveria*
tu *moverias*
ele/ela *moveria*
nós *moveríamos*
vós *moveríeis*
eles/elas *moveriam*

SUBJUNTIVO

Presente
que eu *mova*
que tu *movas*
que ele/ela *mova*
que nós *movamos*
que vós *movais*
que eles/elas *movam*

Pretérito Imperfeito
que eu *movesse*
que tu *movesses*
que ele/ela *movesse*
que nós *movêssemos*
que vós *movêsseis*
que eles/elas *movessem*

Futuro
quando eu *mover*
quando tu *moveres*
quando ele/ela *mover*
quando nós *movermos*
quando vós *moverdes*
quando eles/elas *moverem*

IMPERATIVO

Afirmativo	Negativo
move tu	não *movas* tu
mova você	não *mova* você
movamos nós	não *movamos* nós
movei vós	não *movais* vós
movam vocês	não *movam* vocês

FORMAS NOMINAIS

Infinitivo Pessoal	Infinitivo Impessoal
para eu *mover*	
para tu *moveres*	
para ele/ela *mover*	*mover*
para nós *movermos*	
para vós *moverdes*	
para eles/elas *moverem*	

Gerúndio	Particípio
movendo	*movido*

Notas importantes:
O verbo *mover* é da 2ª Conjugação.

16 FECHAR — Verbo Regular

INDICATIVO

Presente
- eu *fecho*
- tu *fechas*
- ele/ela *fecha*
- nós *fechamos*
- vós *fechais*
- eles/elas *fecham*

Pretérito Imperfeito
- eu *fechava*
- tu *fechavas*
- ele/ela *fechava*
- nós *fechávamos*
- vós *fecháveis*
- eles/elas *fechavam*

Pretérito Perfeito
- eu *fechei*
- tu *fechaste*
- ele/ela *fechou*
- nós *fechamos*
- vós *fechastes*
- eles/elas *fecharam*

Pretérito-Mais-Que-Perfeito
- eu *fechara*
- tu *fecharas*
- ele/ela *fechara*
- nós *fecháramos*
- vós *fecháreis*
- eles/elas *fecharam*

Futuro do Presente
- eu *fecharei*
- tu *fecharás*
- ele/ela *fechará*
- nós *fecharemos*
- vós *fechareis*
- eles/elas *fecharão*

Futuro do Pretérito
- eu *fecharia*
- tu *fecharias*
- ele/ela *fecharia*
- nós *fecharíamos*
- vós *fecharíeis*
- eles/elas *fechariam*

SUBJUNTIVO

Presente
- que eu *feche*
- que tu *feches*
- que ele/ela *feche*
- que nós *fechemos*
- que vós *fecheis*
- que eles/elas *fechem*

Pretérito Imperfeito
- que eu *fechasse*
- que tu *fechasses*
- que ele/ela *fechasse*
- que nós *fechássemos*
- que vós *fechásseis*
- que eles/elas *fechassem*

Futuro
- quando eu *fechar*
- quando tu *fechares*
- quando ele/ela *fechar*
- quando nós *fecharmos*
- quando vós *fechardes*
- quando eles/elas *fecharem*

IMPERATIVO

Afirmativo	Negativo
fecha tu	não *feches* tu
feche você	não *feche* você
fechemos nós	não *fechemos* nós
fechai vós	não *fecheis* vós
fechem vocês	não *fechem* vocês

FORMAS NOMINAIS

Infinitivo Pessoal	Infinitivo Impessoal
para eu *fechar*	
para tu *fechares*	
para ele/ela *fechar*	*fechar*
para nós *fecharmos*	
para vós *fechardes*	
para eles/elas *fecharem*	

Gerúndio	Particípio
fechando	*fechado*

Notas importantes:

O verbo *fechar* é da 1ª Conjugação. O Acordo Ortográfico permitiu que a primeira pessoa do plural do Pretérito Perfeito do Indicativo tivesse grafia dupla: *fechamos* (Brasil) e *fechámos* (Portugal).

Verbo Regular	**DEVER** 17
INDICATIVO	**SUBJUNTIVO**

Presente	**Presente**
eu *devo*	que eu *deva*
tu *deves*	que tu *devas*
ele/ela *deve*	que ele/ela *deva*
nós *devemos*	que nós *devamos*
vós *deveis*	que vós *devais*
eles/elas *devem*	que eles/elas *devam*

Pretérito Imperfeito	**Pretérito Imperfeito**
eu *devia*	que eu *devesse*
tu *devias*	que tu *devesses*
ele/ela *devia*	que ele/ela *devesse*
nós *devíamos*	que nós *devêssemos*
vós *devíeis*	que vós *devêsseis*
eles/elas *deviam*	que eles/elas *devessem*

Pretérito Perfeito	**Futuro**
eu *devi*	quando eu *dever*
tu *deveste*	quando tu *deveres*
ele/ela *deveu*	quando ele/ela *dever*
nós *devemos*	quando nós *devermos*
vós *devestes*	quando vós *deverdes*
eles/elas *deveram*	quando eles/elas *deverem*

Pretérito-Mais-Que-Perfeito	**IMPERATIVO**	
eu *devera*	**Afirmativo**	**Negativo**
tu *deveras*	*deve* tu	não *devas* tu
ele/ela *devera*	*deva* você	não *deva* você
nós *devêramos*	*devamos* nós	não *devamos* nós
vós *devêreis*	*devei* vós	não *devais* vós
eles/elas *deveram*	*devam* vocês	não *devam* vocês

Futuro do Presente	**FORMAS NOMINAIS**	
eu *deverei*	**Infinitivo Pessoal**	**Infinitivo Impessoal**
tu *deverás*	para eu *dever*	
ele/ela *deverá*	para tu *deveres*	
nós *deveremos*	para ele/ela *dever*	*dever*
vós *devereis*	para nós *devermos*	
eles/elas *deverão*	para vós *deverdes*	
Futuro do Pretérito	para eles/elas *deverem*	
eu *deveria*	**Gerúndio**	**Particípio**
tu *deverias*		
ele/ela *deveria*		
nós *deveríamos*	*devendo*	*devido*
vós *deveríeis*		
eles/elas *deveriam*		

Notas importantes:
O verbo *dever* é da 2ª Conjugação.

18 PERDOAR — Verbo Regular

INDICATIVO

Presente
- eu *perdoo*
- tu *perdoas*
- ele/ela *perdoa*
- nós *perdoamos*
- vós *perdoais*
- eles/elas *perdoam*

Pretérito Imperfeito
- eu *perdoava*
- tu *perdoavas*
- ele/ela *perdoava*
- nós *perdoávamos*
- vós *perdoáveis*
- eles/elas *perdoavam*

Pretérito Perfeito
- eu *perdoei*
- tu *perdoaste*
- ele/ela *perdoou*
- nós *perdoamos*
- vós *perdoastes*
- eles/elas *perdoaram*

Pretérito-Mais-Que-Perfeito
- eu *perdoara*
- tu *perdoaras*
- ele/ela *perdoara*
- nós *perdoáramos*
- vós *perdoáreis*
- eles/elas *perdoaram*

Futuro do Presente
- eu *perdoarei*
- tu *perdoarás*
- ele/ela *perdoará*
- nós *perdoaremos*
- vós *perdoareis*
- eles/elas *perdoarão*

Futuro do Pretérito
- eu *perdoaria*
- tu *perdoarias*
- ele/ela *perdoaria*
- nós *perdoaríamos*
- vós *perdoaríeis*
- eles/elas *perdoariam*

SUBJUNTIVO

Presente
- que eu *perdoe*
- que tu *perdoes*
- que ele/ela *perdoe*
- que nós *perdoemos*
- que vós *perdoeis*
- que eles/elas *perdoem*

Pretérito Imperfeito
- que eu *perdoasse*
- que tu *perdoasses*
- que ele/ela *perdoasse*
- que nós *perdoássemos*
- que vós *perdoásseis*
- que eles/elas *perdoassem*

Futuro
- quando eu *perdoar*
- quando tu *perdoares*
- quando ele/ela *perdoar*
- quando nós *perdoarmos*
- quando vós *perdoardes*
- quando eles/elas *perdoarem*

IMPERATIVO

Afirmativo	Negativo
perdoa tu	*perdoes* tu
perdoe você	*perdoe* você
perdoemos nós	*perdoemos* nós
perdoai vós	*perdoeis* vós
perdoem vocês	*perdoem* vocês

FORMAS NOMINAIS

Infinitivo Pessoal	Infinitivo Impessoal
para eu *perdoar*	
para tu *perdoares*	
para ele/ela *perdoar*	*perdoar*
para nós *perdoarmos*	
para vós *perdoardes*	
para eles/elas *perdoarem*	

Gerúndio	Particípio
perdoando	*perdoado*

Notas importantes:
O verbo *perdoar* é da 1ª Conjugação. O Acordo Ortográfico permitiu que a primeira pessoa do plural do Pretérito Perfeito do Indicativo tivesse grafia dupla: *perdoamos* (Brasil) e *perdoámos* (Portugal).

Verbo Regular	**COBRAR** 19
INDICATIVO	**SUBJUNTIVO**

Indicativo

Presente
eu *cobro*
tu *cobras*
ele/ela *cobra*
nós *cobramos*
vós *cobrais*
eles/elas *cobram*

Pretérito Imperfeito
eu *cobrava*
tu *cobravas*
ele/ela *cobrava*
nós *cobrávamos*
vós *cobráveis*
eles/elas *cobravam*

Pretérito Perfeito
eu *cobrei*
tu *cobraste*
ele/ela *cobrou*
nós *cobramos*
vós *cobrastes*
eles/elas *cobraram*

Pretérito-Mais-Que-Perfeito
eu *cobrara*
tu *cobraras*
ele/ela *cobrara*
nós *cobráramos*
vós *cobráreis*
eles/elas *cobraram*

Futuro do Presente
eu *cobrarei*
tu *cobrarás*
ele/ela *cobrará*
nós *cobraremos*
vós *cobrareis*
eles/elas *cobrarão*

Futuro do Pretérito
eu *cobraria*
tu *cobrarias*
ele/ela *cobraria*
nós *cobraríamos*
vós *cobraríeis*
eles/elas *cobrariam*

Subjuntivo

Presente
que eu *cobre*
que tu *cobres*
que ele/ela *cobre*
que nós *cobremos*
que vós *cobreis*
que eles/elas *cobrem*

Pretérito Imperfeito
que eu *cobrasse*
que tu *cobrasses*
que ele/ela *cobrasse*
que nós *cobrássemos*
que vós *cobrásseis*
que eles/elas *cobrassem*

Futuro
quando eu *cobrar*
quando tu *cobrares*
quando ele/ela *cobrar*
quando nós *cobrarmos*
quando vós *cobrardes*
quando eles/elas *cobrarem*

IMPERATIVO

Afirmativo	Negativo
cobra tu	não *cobres* tu
cobre você	não *cobre* você
cobremos nós	não *cobremos* nós
cobrai vós	não *cobreis* vós
cobrem vocês	não *cobrem* vocês

FORMAS NOMINAIS

Infinitivo Pessoal	Infinitivo Impessoal
para eu *cobrar*	
para tu *cobrares*	
para ele/ela *cobrar*	*cobrar*
para nós *cobrarmos*	
para vós *cobrardes*	
para eles/elas *cobrarem*	

Gerúndio	Particípio
cobrando	*cobrado*

Notas importantes:

O verbo *cobrar* é da 1ª Conjugação. O Acordo Ortográfico permitiu que a primeira pessoa do plural do Pretérito Perfeito do Indicativo tivesse grafia dupla: *cobramos* (Brasil) e *cobrámos* (Portugal).

20 ESCREVER — Verbo Irregular

INDICATIVO

Presente
- eu *escrevo*
- tu *escreves*
- ele/ela *escreve*
- nós *escrevemos*
- vós *escreveis*
- eles/elas *escrevem*

Pretérito Imperfeito
- eu *escrevia*
- tu *escrevias*
- ele/ela *escrevia*
- nós *escrevíamos*
- vós *escrevíeis*
- eles/elas *escreviam*

Pretérito Perfeito
- eu *escrevi*
- tu *escreveste*
- ele/ela *escreveu*
- nós *escrevemos*
- vós *escrevestes*
- eles/elas *escreveram*

Pretérito-Mais-Que-Perfeito
- eu *escrevera*
- tu *escreveras*
- ele/ela *escrevera*
- nós *escrevêramos*
- vós *escrevêreis*
- eles/elas *escreveram*

Futuro do Presente
- eu *escreverei*
- tu *escreverás*
- ele/ela *escreverá*
- nós *escreveremos*
- vós *escrevereis*
- eles/elas *escreverão*

Futuro do Pretérito
- eu *escreveria*
- tu *escreverias*
- ele/ela *escreveria*
- nós *escreveríamos*
- vós *escreveríeis*
- eles/elas *escreveriam*

SUBJUNTIVO

Presente
- que eu *escreva*
- que tu *escrevas*
- que ele/ela *escreva*
- que nós *escrevamos*
- que vós *escrevais*
- que eles/elas *escrevam*

Pretérito Imperfeito
- que eu *escrevesse*
- que tu *escrevesses*
- que ele/ela *escrevesse*
- que nós *escrevêssemos*
- que vós *escrevêsseis*
- que eles/elas *escrevessem*

Futuro
- quando eu *escrever*
- quando tu *escreveres*
- quando ele/ela *escrever*
- quando nós *escrevermos*
- quando vós *escreverdes*
- quando eles/elas *escreverem*

IMPERATIVO

Afirmativo	Negativo
escreve tu	não *escrevas* tu
escreva você	não *escreva* você
escrevamos nós	não *escrevamos* nós
escrevei vós	não *escrevais* vós
escrevam vocês	não *escrevam* vocês

FORMAS NOMINAIS

Infinitivo Pessoal
- para eu *escrever*
- para tu *escreveres*
- para ele/ela *escrever*
- para nós *escrevermos*
- para vós *escreverdes*
- para eles/elas *escreverem*

Infinitivo Impessoal
- *escrever*

Gerúndio
- *escrevendo*

Particípio
- *escrito*

Notas importantes:
O verbo *escrever* é da 2ª Conjugação. Irregular apenas no Particípio.

Verbo Regular	**LAVAR** 21
INDICATIVO	**SUBJUNTIVO**
Presente	**Presente**
eu *lavo*	que eu *lave*
tu *lavas*	que tu *laves*
ele/ela *lava*	que ele/ela *lave*
nós *lavamos*	que nós *lavemos*
vós *lavais*	que vós *laveis*
eles/elas *lavam*	que eles/elas *lavem*
Pretérito Imperfeito	**Pretérito Imperfeito**
eu *lavava*	que eu *lavasse*
tu *lavavas*	que tu *lavasses*
ele/ela *lavava*	que ele/ela *lavasse*
nós *lavávamos*	que nós *lavássemos*
vós *laváveis*	que vós *lavásseis*
eles/elas *lavavam*	que eles/elas *lavassem*
Pretérito Perfeito	**Futuro**
eu *lavei*	quando eu *lavar*
tu *lavaste*	quando tu *lavares*
ele/ela *lavou*	quando ele/ela *lavar*
nós *lavamos*	quando nós *lavarmos*
vós *lavastes*	quando vós *lavardes*
eles/elas *lavaram*	quando eles/elas *lavarem*
Pretérito-Mais-Que-Perfeito	**IMPERATIVO**

Pretérito-Mais-Que-Perfeito	**Afirmativo**	**Negativo**
eu *lavara*		
tu *lavaras*	*lava* tu	não *laves* tu
ele/ela *lavara*	*lave* você	não *lave* você
nós *laváramos*	*lavemos* nós	não *lavemos* nós
vós *laváreis*	*lavai* vós	não *laveis* vós
eles/elas *lavaram*	*lavem* vocês	não *lavem* vocês

Futuro do Presente	**FORMAS NOMINAIS**	
eu *lavarei*	**Infinitivo Pessoal**	**Infinitivo Impessoal**
tu *lavarás*	para eu *lavar*	
ele/ela *lavará*	para tu *lavares*	
nós *lavaremos*	para ele/ela *lavar*	*lavar*
vós *lavareis*	para nós *lavarmos*	
eles/elas *lavarão*	para vós *lavardes*	
Futuro do Pretérito	para eles/elas *lavarem*	
eu *lavaria*	**Gerúndio**	**Particípio**
tu *lavarias*		
ele/ela *lavaria*		
nós *lavaríamos*	*lavando*	*lavado*
vós *lavaríeis*		
eles/elas *lavariam*		

Notas importantes:

O verbo *lavar* é da 1ª Conjugação. O Acordo Ortográfico permitiu que a primeira pessoa do plural do Pretérito Perfeito do Indicativo tivesse grafia dupla: *lavamos* (Brasil) e *lavámos* (Portugal).

22 MOER — Verbo Irregular

INDICATIVO

Presente
- eu *moo*
- tu *móis*
- ele/ela *mói*
- nós *moemos*
- vós *moeis*
- eles/elas *moem*

Pretérito Imperfeito
- eu *moía*
- tu *moías*
- ele/ela *moía*
- nós *moíamos*
- vós *moíeis*
- eles/elas *moíam*

Pretérito Perfeito
- eu *moí*
- tu *moeste*
- ele/ela *moeu*
- nós *moemos*
- vós *moestes*
- eles/elas *moeram*

Pretérito-Mais-Que-Perfeito
- eu *moera*
- tu *moeras*
- ele/ela *moera*
- nós *moêramos*
- vós *moêreis*
- eles/elas *moeram*

Futuro do Presente
- eu *moerei*
- tu *moerás*
- ele/ela *moerá*
- nós *moeremos*
- vós *moereis*
- eles/elas *moerão*

Futuro do Pretérito
- eu *moeria*
- tu *moerias*
- ele/ela *moeria*
- nós *moríamos*
- vós *moeríeis*
- eles/elas *moeriam*

SUBJUNTIVO

Presente
- que eu *moa*
- que tu *moas*
- que ele/ela *moa*
- que nós *moamos*
- que vós *moais*
- que eles/elas *moam*

Pretérito Imperfeito
- que eu *moesse*
- que tu *moesses*
- que ele/ela *moesse*
- que nós *moêssemos*
- que vós *moêsseis*
- que eles/elas *moessem*

Futuro
- quando eu *moer*
- quando tu *moeres*
- quando ele/ela *moer*
- quando nós *moermos*
- quando vós *moerdes*
- quando eles/elas *moerem*

IMPERATIVO

Afirmativo	Negativo
mói tu	não *moas* tu
moa você	não *moa* você
moamos nós	não *moamos* nós
moei vós	não *moais* vós
moam vocês	não *moam* vocês

FORMAS NOMINAIS

Infinitivo Pessoal	Infinitivo Impessoal
para eu *moer*	
para tu *moeres*	
para ele/ela *moer*	*moer*
para nós *moermos*	
para vós *moerdes*	
para eles/elas *moerem*	

Gerúndio	Particípio
moendo	*moído*

Notas importantes:

O verbo *moer* é da 2ª Conjugação.

Verbo Regular	**DESAGUAR** 23
INDICATIVO	**SUBJUNTIVO**

Presente (Indicativo)
eu *deságuo*
tu *deságuas*
ele/ela *deságua*
nós *desaguamos*
vós *desaguais*
eles/elas *deságuam*

Presente (Subjuntivo)
que eu *deságue*
que tu *deságues*
que ele/ela *deságue*
que nós *desaguemos*
que vós *desagueis*
que eles/elas *deságuem*

Pretérito Imperfeito (Indicativo)
eu *desaguava*
tu *desaguavas*
ele/ela *desaguava*
nós *desaguávamos*
vós *desaguáveis*
eles/elas *desaguavam*

Pretérito Imperfeito (Subjuntivo)
que eu *desaguasse*
que tu *desaguasses*
que ele/ela *desaguasse*
que nós *desaguássemos*
que vós *desaguásseis*
que eles/elas *desaguassem*

Pretérito Perfeito
eu *desaguei*
tu *desaguaste*
ele/ela *desaguou*
nós *desaguamos*
vós *desaguastes*
eles/elas *desaguaram*

Futuro (Subjuntivo)
quando eu *desaguar*
quando tu *desaguares*
quando ele/ela *desaguar*
quando nós *desaguarmos*
quando vós *desaguardes*
quando eles/elas *desaguarem*

Pretérito-Mais-Que-Perfeito
eu *desaguara*
tu *desaguaras*
ele/ela *desaguara*
nós *desaguáramos*
vós *desaguáreis*
eles/elas *desaguaram*

IMPERATIVO

Afirmativo	Negativo
deságua tu	não *deságues* tu
deságue você	não *deságue* você
desaguemos nós	não *desaguemos* nós
desaguai vós	não *desagueis* vós
deságuem vocês	não *deságuem* vocês

Futuro do Presente
eu *desaguarei*
tu *desaguarás*
ele/ela *desaguará*
nós *desaguaremos*
vós *desaguareis*
eles/elas *desaguarão*

FORMAS NOMINAIS

Infinitivo Pessoal	Infinitivo Impessoal
para eu *desaguar*	
para tu *desaguares*	
para ele/ela *desaguar*	*desaguar*
para nós *desaguarmos*	
para vós *desaguardes*	
para eles/elas *desaguarem*	

Futuro do Pretérito
eu *desaguaria*
tu *desaguarias*
ele/ela *desaguaria*
nós *desaguaríamos*
vós *desaguaríeis*
eles/elas *desaguariam*

Gerúndio	Particípio
desaguando	*desaguado*

Notas importantes:
O verbo *desaguar* é da 1ª Conjugação. A 1ª pess. do pl. do Pret. Perf. do Indic. tem grafia dupla: *desaguamos* (Brasil) e *desaguámos* (Portugal).

24 — ODIAR — Verbo Irregular

INDICATIVO

Presente
- eu *odeio*
- tu *odeias*
- ele/ela *odeia*
- nós *odiamos*
- vós *odiais*
- eles/elas *odeiam*

Pretérito Imperfeito
- eu *odiava*
- tu *odiavas*
- ele/ela *odiava*
- nós *odiávamos*
- vós *odiáveis*
- eles/elas *odiavam*

Pretérito Perfeito
- eu *odiei*
- tu *odiaste*
- ele/ela *odiou*
- nós *odiamos*
- vós *odiastes*
- eles/elas *odiaram*

Pretérito-Mais-Que-Perfeito
- eu *odiara*
- tu *odiaras*
- ele/ela *odiara*
- nós *odiáramos*
- vós *odiáreis*
- eles/elas *odiaram*

Futuro do Presente
- eu *odiarei*
- tu *odiarás*
- ele/ela *odiará*
- nós *odiaremos*
- vós *odiareis*
- eles/elas *odiarão*

Futuro do Pretérito
- eu *odiaria*
- tu *odiarias*
- ele/ela *odiaria*
- nós *odiaríamos*
- vós *odiaríeis*
- eles/elas *odiariam*

SUBJUNTIVO

Presente
- que eu *odeie*
- que tu *odeies*
- que ele/ela *odeie*
- que nós *odiemos*
- que vós *odieis*
- que eles/elas *odeiem*

Pretérito Imperfeito
- que eu *odiasse*
- que tu *odiasses*
- que ele/ela *odiasse*
- que nós *odiássemos*
- que vós *odiásseis*
- que eles/elas *odiassem*

Futuro
- quando eu *odiar*
- quando tu *odiares*
- quando ele/ela *odiar*
- quando nós *odiarmos*
- quando vós *odiardes*
- quando eles/elas *odiarem*

IMPERATIVO

Afirmativo	Negativo
odeia tu	não *odeies* tu
odeie você	não *odeie* você
odiemos nós	não *odiemos* nós
odiai vós	não *odieis* vós
odeiem vocês	não *odeiem* vocês

FORMAS NOMINAIS

Infinitivo Pessoal	Infinitivo Impessoal
para eu *odiar*	
para tu *odiares*	
para ele/ela *odiar*	*odiar*
para nós *odiarmos*	
para vós *odiardes*	
para eles/elas *odiarem*	

Gerúndio	Particípio
odiando	*odiado*

Notas importantes:

O verbo *odiar* é da 1ª Conjugação. O Acordo Ortográfico permitiu que a primeira pessoa do plural do Pretérito Perfeito do Indicativo tivesse grafia dupla: *odiamos* (Brasil) e *odiámos* (Portugal).

Verbo Irregular	**CABER** 25
INDICATIVO	**SUBJUNTIVO**

Presente	**Presente**
eu *caibo*	que eu *caiba*
tu *cabes*	que tu *caibas*
ele/ela *cabe*	que ele/ela *caiba*
nós *cabemos*	que nós *caibamos*
vós *cabeis*	que vós *caibais*
eles/elas *cabem*	que eles/elas *caibam*

Pretérito Imperfeito	**Pretérito Imperfeito**
eu *cabia*	que eu *coubesse*
tu *cabias*	que tu *coubesses*
ele/ela *cabia*	que ele/ela *coubesse*
nós *cabíamos*	que nós *coubéssemos*
vós *cabíeis*	que vós *coubésseis*
eles/elas *cabiam*	que eles/elas *coubessem*

Pretérito Perfeito	**Futuro**
eu *coube*	quando eu *couber*
tu *coubeste*	quando tu *couberes*
ele/ela *coube*	quando ele/ela *couber*
nós *coubemos*	quando nós *coubermos*
vós *coubestes*	quando vós *couberdes*
eles/elas *couberam*	quando eles/elas *couberem*

Pretérito-Mais-Que-Perfeito	**IMPERATIVO**	
eu *coubera*	**Afirmativo**	**Negativo**
tu *couberas*	*cabe* tu	não *caibas* tu
ele/ela *coubera*	*caibas* você	não *caiba* você
nós *coubéramos*	*caibamos* nós	não *caibamos* nós
vós *coubéreis*	*caibei* vós	não *caibais* vós
eles/elas *couberam*	*caibam* vocês	não *caibam* vocês

Futuro do Presente	**FORMAS NOMINAIS**	
eu *caberei*	**Infinitivo Pessoal**	**Infinitivo Impessoal**
tu *caberás*	para eu *caber*	
ele/ela *caberá*	para tu *caberes*	
nós *caberemos*	para ele/ela *caber*	*caber*
vós *cabereis*	para nós *cabermos*	
eles/elas *caberão*	para vós *caberdes*	

Futuro do Pretérito	para eles/elas *caberem*	
eu *caberia*	**Gerúndio**	**Particípio**
tu *caberias*		
ele/ela *caberia*		
nós *caberíamos*	*cabendo*	*cabido*
vós *caberíeis*		
eles/elas *caberiam*		

Notas importantes:
O verbo *caber* é da 2ª Conjugação.

26 ACUDIR — Verbo Irregular

INDICATIVO

Presente
- eu *acudo*
- tu *acodes*
- ele/ela *acode*
- nós *acudimos*
- vós *acudis*
- eles/elas *acodem*

Pretérito Imperfeito
- eu *acudia*
- tu *acudias*
- ele/ela *acudia*
- nós *acudíamos*
- vós *acudíeis*
- eles/elas *acudiam*

Pretérito Perfeito
- eu *acudi*
- tu *acudiste*
- ele/ela *acudiu*
- nós *acudimos*
- vós *acudistes*
- eles/elas *acudiram*

Pretérito-Mais-Que-Perfeito
- eu *acudira*
- tu *acudiras*
- ele/ela *acudira*
- nós *acudíramos*
- vós *acudíreis*
- eles/elas *acudiram*

Futuro do Presente
- eu *acudirei*
- tu *acudirás*
- ele/ela *acudirá*
- nós *acudiremos*
- vós *acudireis*
- eles/elas *acudirão*

Futuro do Pretérito
- eu *acudiria*
- tu *acudirias*
- ele/ela *acudiria*
- nós *acudiríamos*
- vós *acudiríeis*
- eles/elas *acudiriam*

SUBJUNTIVO

Presente
- que eu *acuda*
- que tu *acudas*
- que ele/ela *acuda*
- que nós *acudamos*
- que vós *acudais*
- que eles/elas *acudam*

Pretérito Imperfeito
- que eu *acudisse*
- que tu *acudisses*
- que ele/ela *acudisse*
- que nós *acudíssemos*
- que vós *acudísseis*
- que eles/elas *acudissem*

Futuro
- quando eu *acudir*
- quando tu *acudires*
- quando ele/ela *acudir*
- quando nós *acudirmos*
- quando vós *acudirdes*
- quando eles/elas *acudirem*

IMPERATIVO

Afirmativo	Negativo
acode tu	não *acudas* tu
acuda você	não *acuda* você
acudamos nós	não *acudamos* nós
acudi vós	não *acudais* vós
acudam vocês	não *acudam* vocês

FORMAS NOMINAIS

Infinitivo Pessoal	Infinitivo Impessoal
para eu *acudir*	
para tu *acudires*	
para ele/ela *acudir*	*acudir*
para nós *acudirmos*	
para vós *acudirdes*	
para eles/elas *acudirem*	

Gerúndio	Particípio
acudindo	*acudido*

Notas importantes:
O verbo *acudir* é da 3ª Conjugação.

Verbo Regular	**AVERIGUAR** 27
INDICATIVO	**SUBJUNTIVO**

INDICATIVO

Presente
eu *averiguo / averíguo*
tu *averiguas / averíguas*
ele/ela *averigua / averígua*
nós *averiguamos*
vós *averiguais*
eles/elas *averiguam / averíguam*

Pretérito Imperfeito
eu *averiguava*
tu *averiguavas*
ele/ela *averiguava*
nós *averiguávamos*
vós *averiguáveis*
eles/elas *averiguavam*

Pretérito Perfeito
eu *averiguei*
tu *averiguaste*
ele/ela *averiguou*
nós *averiguamos*
vós *averiguastes*
eles/elas *averiguaram*

Pretérito-Mais-Que-Perfeito
eu *averiguara*
tu *averiguaras*
ele/ela *averiguara*
nós *averiguáramos*
vós *averiguáreis*
eles/elas *averiguaram*

Futuro do Presente
eu *averiguarei*
tu *averiguarás*
ele/ela *averiguará*
nós *averiguaremos*
vós *averiguareis*
eles/elas *averiguarão*

Futuro do Pretérito
eu *averiguaria*
tu *averiguarias*
ele/ela *averiguaria*
nós *averiguaríamos*
vós *averiguaríeis*
eles/elas *averiguariam*

SUBJUNTIVO

Presente
que eu *averigue / averígue*
que tu *averigues / averígues*
que ele/ela *averigue / averígue*
que nós *averiguemos*
que vós *averigueis*
que eles/elas *averiguem / averíguem*

Pretérito Imperfeito
que eu *averiguasse*
que tu *averiguasses*
que ele/ela *averiguasse*
que nós *averiguássemos*
que vós *averiguásseis*
que eles/elas *averiguassem*

Futuro
quando eu *averiguar*
quando tu *averiguares*
quando ele/ela *averiguar*
quando nós *averiguarmos*
quando vós *averiguardes*
quando eles/elas *averiguarem*

IMPERATIVO

Afirmativo	Negativo
averigua* tu	não *averigues* tu
averigue* você	não *averigue* você
averiguemos nós	não *averiguemos* nós
averiguai vós	não *averigueis* vós
averiguem* vocês	não *averiguem* vocês

FORMAS NOMINAIS

Infinitivo Pessoal	Infinitivo Impessoal
para eu *averiguar*	
para tu *averiguares*	
para ele/ela *averiguar*	*averiguar*
para nós *averiguarmos*	
para vós *averiguardes*	
para eles/elas *averiguarem*	

Gerúndio	Particípio
averiguando	*averiguado*

Notas importantes:

O verbo *averiguar* é da 1ª Conjugação. É permitida a dupla grafia no Presente do Ind., Presente do Subj. e Imperativo Afirmativo.
*Acrescente ao Imperativo Afirmativo: *averigua/averígua tu*, *averigue/averígue você* e *averiguem/averíguem vocês*; no Imperativo Negativo: não *averigues/averígues tu*, não *averigue/averígue você*, não *averiguem/averíguem vocês*. Grafia dupla para a 1ª pess. do pl. do Pret. Perfeito do Ind.: *averiguamos* (Brasil) e *averiguámos* (Portugal). Cegalla contesta que o Acordo Otográfico tenha retirado o acento das formas: *averigúe, everigúes, averigúem*.

28 — ADERIR — Verbo Irregular

INDICATIVO

Presente
- eu *adiro*
- tu *aderes*
- ele/ela *adere*
- nós *aderimos*
- vós *aderis*
- eles/elas *aderem*

Pretérito Imperfeito
- eu *aderia*
- tu *aderias*
- ele/ela *aderia*
- nós *aderíamos*
- vós *aderíeis*
- eles/elas *aderiam*

Pretérito Perfeito
- eu *aderi*
- tu *aderiste*
- ele/ela *aderiu*
- nós *aderimos*
- vós *aderistes*
- eles/elas *aderiram*

Pretérito-Mais-Que-Perfeito
- eu *aderira*
- tu *aderiras*
- ele/ela *aderira*
- nós *aderíramos*
- vós *aderíreis*
- eles/elas *aderiram*

Futuro do Presente
- eu *aderirei*
- tu *aderirás*
- ele/ela *aderirá*
- nós *aderiremos*
- vós *aderireis*
- eles/elas *aderirão*

Futuro do Pretérito
- eu *aderiria*
- tu *aderirias*
- ele/ela *aderiria*
- nós *aderiríamos*
- vós *aderiríeis*
- eles/elas *adeririam*

SUBJUNTIVO

Presente
- que eu *adira*
- que tu *adiras*
- que ele/ela *adira*
- que nós *adiramos*
- que vós *adirais*
- que eles/elas *adiram*

Pretérito Imperfeito
- que eu *adequasse*
- que tu *adequasses*
- que ele/ela *adequasse*
- que nós *adequássemos*
- que vós *adequásseis*
- que eles/elas *adequassem*

Futuro
- quando eu *aderir*
- quando tu *aderires*
- quando ele/ela *aderir*
- quando nós *aderirmos*
- quando vós *aderirdes*
- quando eles/elas *aderirem*

IMPERATIVO

Afirmativo	Negativo
adere tu	não *adiras* tu
adira você	não *adira* você
adiramos nós	não *adiramos* nós
aderi vós	não *adirais* vós
adiram vocês	não *adiram* vocês

FORMAS NOMINAIS

Infinitivo Pessoal	Infinitivo Impessoal
para eu *aderir*	
para tu *aderires*	
para ele/ela *aderir*	*aderir*
para nós *aderirmos*	
para vós *aderirdes*	
para eles/elas *aderirem*	

Gerúndio	Particípio
aderindo	*aderido*

Notas importantes:
Verbo *aderir* é da 3ª Conjugação.

Verbo Regular	**CHEGAR** 29
INDICATIVO	**SUBJUNTIVO**

Presente	**Presente**
eu *chego*	que eu *chegue*
tu *chegas*	que tu *chegues*
ele/ela *chega*	que ele/ela *chegue*
nós *chegamos*	que nós *cheguemos*
vós *chegais*	que vós *chegueis*
eles/elas *chegam*	que eles/elas *cheguem*

Pretérito Imperfeito	**Pretérito Imperfeito**
eu *chegava*	que eu *chegasse*
tu *chegavas*	que tu *chegasses*
ele/ela *chegava*	que ele/ela *chegasse*
nós *chegávamos*	que nós *chegássemos*
vós *chegáveis*	que vós *chegásseis*
eles/elas *aderiam*	que eles/elas *chegassem*

Pretérito Perfeito	**Futuro**
eu *cheguei*	quando eu *chegar*
tu *chegaste*	quando tu *chegares*
ele/ela *chegou*	quando ele/ela *chegar*
nós *chegamos*	quando nós *chegarmos*
vós *chegastes*	quando vós *chegardes*
eles/elas *chegaram*	quando eles/elas *chegarem*

Pretérito-Mais-Que-Perfeito	**IMPERATIVO**	
eu *chegara*	**Afirmativo**	**Negativo**
tu *chegaras*	*chega* tu	não *chegues* tu
ele/ela *chegara*	*chegue* você	não *chegue* você
nós *chegáramos*	*cheguemos* nós	não *cheguemos* nós
vós *chegáreis*	*chegai* vós	não *chegueis* vós
eles/elas *chegaram*	*cheguem* vocês	não *cheguem* vocês

Futuro do Presente	**FORMAS NOMINAIS**	
eu *chegarei*	**Infinitivo Pessoal**	**Infinitivo Impessoal**
tu *chegarás*	para eu *chegar*	
ele/ela *chegará*	para tu *chegares*	
nós *chegaremos*	para ele/ela *chegar*	*chegar*
vós *chegareis*	para nós *chegarmos*	
eles/elas *chegarão*	para vós *chegardes*	

Futuro do Pretérito	para eles/elas *chegarem*	
eu *chegaria*	**Gerúndio**	**Particípio**
tu *chegarias*		
ele/ela *chegaria*		
nós *chegaríamos*	*chegando*	*chegado*
vós *chegaríeis*		
eles/elas *chegariam*		

Notas importantes:

Verbo *chegar* é da 1ª Conjugação. Os verbos regulares terminados em *-gar* trocam o *g* por *gu* antes de *e*: *jogar*, *jogue*; *negar*, *negue*, etc. O Acordo Ortográfico permitiu que a primeira pessoa do plural do Pretérito Perfeito do Indicativo tivesse grafia dupla: *chegamos* (Brasil) e *chegámos* (Portugal).

30 PERDER — Verbo Irregular

INDICATIVO

Presente
- eu *perco*
- tu *perdes*
- ele/ela *perde*
- nós *perdemos*
- vós *perdeis*
- eles/elas *perdem*

Pretérito Imperfeito
- eu *perdia*
- tu *perdias*
- ele/ela *perdia*
- nós *perdíamos*
- vós *perdíeis*
- eles/elas *perdiam*

Pretérito Perfeito
- eu *perdi*
- tu *perdeste*
- ele/ela *perdeu*
- nós *perdemos*
- vós *perdestes*
- eles/elas *perderam*

Pretérito-Mais-Que-Perfeito
- eu *perdera*
- tu *perderas*
- ele/ela *perdera*
- nós *perdêramos*
- vós *perdêreis*
- eles/elas *perderam*

Futuro do Presente
- eu *perderei*
- tu *perderás*
- ele/ela *perderá*
- nós *perderemos*
- vós *perdereis*
- eles/elas *perderão*

Futuro do Pretérito
- eu *perderia*
- tu *perderias*
- ele/ela *perderia*
- nós *perderíamos*
- vós *perderíeis*
- eles/elas *perderiam*

SUBJUNTIVO

Presente
- que eu *perca*
- que tu *percas*
- que ele/ela *perca*
- que nós *percamos*
- que vós *percais*
- que eles/elas *percam*

Pretérito Imperfeito
- que eu *perdesse*
- que tu *perdesses*
- que ele/ela *perdesse*
- que nós *perdêssemos*
- que vós *perdêsseis*
- que eles/elas *perdessem*

Futuro
- quando eu *perder*
- quando tu *perderes*
- quando ele/ela *perder*
- quando nós *perdermos*
- quando vós *perderdes*
- quando eles/elas *perderem*

IMPERATIVO

Afirmativo	Negativo
perde tu	não *percas* tu
perca você	não *perca* você
percamos nós	não *percamos* nós
perdei vós	não *percais* vós
percam vocês	não *percam* vocês

FORMAS NOMINAIS

Infinitivo Pessoal
- para eu *perder*
- para tu *perderes*
- para ele/ela *perder*
- para nós *perdermos*
- para vós *perderdes*
- para eles/elas *perderem*

Infinitivo Impessoal
perder

Gerúndio
perdendo

Particípio
perdido

Notas importantes:
Verbo *perder* é da 2ª Conjugação.

Verbo Irregular — AGREDIR

INDICATIVO

Presente
- eu *agrido*
- tu *agrides*
- ele/ela *agride*
- nós *agredimos*
- vós *agredis*
- eles/elas *agridem*

Pretérito Imperfeito
- eu *agredia*
- tu *agredias*
- ele/ela *agredia*
- nós *agredíamos*
- vós *agredíeis*
- eles/elas *agrediam*

Pretérito Perfeito
- eu *agredi*
- tu *agrediste*
- ele/ela *agrediu*
- nós *agredimos*
- vós *agredistes*
- eles/elas *agrediram*

Pretérito-Mais-Que-Perfeito
- eu *agredira*
- tu *agrediras*
- ele/ela *agredira*
- nós *agredíramos*
- vós *agredíreis*
- eles/elas *agrediram*

Futuro do Presente
- eu *agredirei*
- tu *agredirás*
- ele/ela *agredirá*
- nós *agrediremos*
- vós *agredireis*
- eles/elas *agredirão*

Futuro do Pretérito
- eu *agrediria*
- tu *agredirias*
- ele/ela *agrediria*
- nós *agrediríamos*
- vós *agrediríeis*
- eles/elas *agrediriam*

SUBJUNTIVO

Presente
- que eu *agrida*
- que tu *agridas*
- que ele/ela *agrida*
- que nós *agridamos*
- que vós *agridais*
- que eles/elas *agridam*

Pretérito Imperfeito
- que eu *agredisse*
- que tu *agredisses*
- que ele/ela *agredisse*
- que nós *agredíssemos*
- que vós *agredísseis*
- que eles/elas *agredissem*

Futuro
- quando eu *agredir*
- quando tu *agredires*
- quando ele/ela *agredir*
- quando nós *agredirmos*
- quando vós *agredirdes*
- quando eles/elas *agredirem*

IMPERATIVO

Afirmativo	Negativo
agride tu	não *agridas* tu
agrida você	não *agrida* você
agridamos nós	não *agridamos* nós
agredi vós	não *agridais* vós
agridam vocês	não *agridam* vocês

FORMAS NOMINAIS

Infinitivo Pessoal	Infinitivo Impessoal
para eu *agredir*	
para tu *agredires*	
para ele/ela *agredir*	*agredir*
para nós *agredirmos*	
para vós *agredirdes*	
para eles/elas *agredirem*	

Gerúndio	Particípio
agredindo	*agredido*

Notas importantes:
O verbo *agredir* é da 3ª Conjugação.

32 CAÇAR — Verbo Regular

INDICATIVO

Presente
- eu *caço*
- tu *caças*
- ele/ela *caça*
- nós *caçamos*
- vós *caçais*
- eles/elas *caçam*

Pretérito Imperfeito
- eu *caçava*
- tu *caçavas*
- ele/ela *caçava*
- nós *caçávamos*
- vós *caçáveis*
- eles/elas *caçavam*

Pretérito Perfeito
- eu *cacei*
- tu *caçaste*
- ele/ela *caçou*
- nós *caçamos*
- vós *caçastes*
- eles/elas *caçaram*

Pretérito-Mais-Que-Perfeito
- eu *caçara*
- tu *caçaras*
- ele/ela *caçara*
- nós *caçáramos*
- vós *caçáreis*
- eles/elas *caçaram*

Futuro do Presente
- eu *caçarei*
- tu *caçarás*
- ele/ela *caçará*
- nós *caçaremos*
- vós *caçareis*
- eles/elas *caçarão*

Futuro do Pretérito
- eu *caçaria*
- tu *caçarias*
- ele/ela *caçaria*
- nós *caçaríamos*
- vós *caçaríeis*
- eles/elas *caçariam*

SUBJUNTIVO

Presente
- que eu *cace*
- que tu *caces*
- que ele/ela *cace*
- que nós *cacemos*
- que vós *caceis*
- que eles/elas *cacem*

Pretérito Imperfeito
- que eu *caçasse*
- que tu *caçasses*
- que ele/ela *caçasse*
- que nós *caçássemos*
- que vós *caçásseis*
- que eles/elas *caçassem*

Futuro
- quando eu *caçar*
- quando tu *caçares*
- quando ele/ela *caçar*
- quando nós *caçarmos*
- quando vós *caçardes*
- quando eles/elas *caçarem*

IMPERATIVO

Afirmativo	Negativo
caça tu	não *caces* tu
cace você	não *cace* você
cacemos nós	não *cacemos* nós
caçai vós	não *caceis* vós
cacem vocês	não *cacem* vocês

FORMAS NOMINAIS

Infinitivo Pessoal	Infinitivo Impessoal
para eu *caçar*	
para tu *caçares*	
para ele/ela *caçar*	*caçar*
para nós *caçarmos*	
para vós *caçardes*	
para eles/elas *caçarem*	

Gerúndio	Particípio
caçando	*caçado*

Notas importantes:
O verbo *caçar* é da 1ª Conjugação. O Acordo Ortográfico permitiu que a primeira pessoa do plural do Pretérito Perfeito do Indicativo tivesse grafia dupla: *caçamos* (Brasil) e *caçámos* (Portugal).

Verbo Irregular	**REQUERER** 33	
INDICATIVO	**SUBJUNTIVO**	
Presente	**Presente**	
eu *requeiro*	que eu *requeira*	
tu *requeres*	que tu *requeiras*	
ele/ela *requer*	que ele/ela *requeira*	
nós *requeremos*	que nós *requeiramos*	
vós *requereis*	que vós *requeirais*	
eles/elas *requerem*	que eles/elas *requeiram*	
Pretérito Imperfeito	**Pretérito Imperfeito**	
eu *requeria*	que eu *requeresse*	
tu *requerias*	que tu *requeresses*	
ele/ela *requeria*	que ele/ela *requeresse*	
nós *requeríamos*	que nós *requerêssemos*	
vós *requeríeis*	que vós *requerêsseis*	
eles/elas *requeriam*	que eles/elas *requeressem*	
Pretérito Perfeito	**Futuro**	
eu *requeri*	quando eu *requerer*	
tu *requereste*	quando tu *requereres*	
ele/ela *requereu*	quando ele/ela *requerer*	
nós *requeremos*	quando nós *requerermos*	
vós *requerestes*	quando vós *requererdes*	
eles/elas *requereram*	quando eles/elas *requererem*	
Pretérito-Mais-Que-Perfeito	**IMPERATIVO**	
eu *requerera*	**Afirmativo**	**Negativo**
tu *requereras*	*requer* tu	não *requeiras* tu
ele/ela *requerera*	*requeira* você	não *requeira* você
nós *requerêramos*	*requeiramos* nós	não *requeiramos* nós
vós *requerêreis*	*requerei* vós	não *requeirais* vós
eles/elas *requereram*	*requeiram* vocês	não *requeiram* vocês
Futuro do Presente	**FORMAS NOMINAIS**	
eu *requererei*	**Infinitivo Pessoal**	**Infinitivo Impessoal**
tu *requererás*	para eu *requerer*	
ele/ela *requererá*	para tu *requereres*	
nós *requereremos*	para ele/ela *requerer*	*requerer*
vós *requerereis*	para nós *requerermos*	
eles/elas *requererão*	para vós *requererdes*	
Futuro do Pretérito	para eles/elas *requererem*	
eu *requereria*	**Gerúndio**	**Particípio**
tu *requererias*		
ele/ela *requereria*		
nós *requereríamos*	*requerendo*	*requerido*
vós *requereríeis*		
eles/elas *requereriam*		

Notas importantes:

O verbo *requerer* é da 2ª Conjugação.

34 — RIR — Verbo Irregular

INDICATIVO

Presente
- eu *rio*
- tu *ris*
- ele/ela *ri*
- nós *rimos*
- vós *rides*
- eles/elas *riem*

Pretérito Imperfeito
- eu *ria*
- tu *rias*
- ele/ela *ria*
- nós *ríamos*
- vós *ríeis*
- eles/elas *riam*

Pretérito Perfeito
- eu *ri*
- tu *riste*
- ele/ela *riu*
- nós *rimos*
- vós *ristes*
- eles/elas *riram*

Pretérito-Mais-Que-Perfeito
- eu *rira*
- tu *riras*
- ele/ela *rira*
- nós *ríramos*
- vós *ríreis*
- eles/elas *riram*

Futuro do Presente
- eu *rirei*
- tu *rirás*
- ele/ela *rirá*
- nós *riremos*
- vós *rireis*
- eles/elas *rirão*

Futuro do Pretérito
- eu *riria*
- tu *ririas*
- ele/ela *riria*
- nós *riríamos*
- vós *riríeis*
- eles/elas *ririam*

SUBJUNTIVO

Presente
- que eu *ria*
- que tu *rias*
- que ele/ela *ria*
- que nós *riamos*
- que vós *riais*
- que eles/elas *riam*

Pretérito Imperfeito
- que eu *risse*
- que tu *risses*
- que ele/ela *risse*
- que nós *ríssemos*
- que vós *rísseis*
- que eles/elas *rissem*

Futuro
- quando eu *rir*
- quando tu *rires*
- quando ele/ela *rir*
- quando nós *rirmos*
- quando vós *rirdes*
- quando eles/elas *rirem*

IMPERATIVO

Afirmativo	Negativo
ri tu	não *rias* tu
ria você	não *ria* você
riamos nós	não *riamos* nós
ride vós	não *riais* vós
riam vocês	não *riam* vocês

FORMAS NOMINAIS

Infinitivo Pessoal	Infinitivo Impessoal
para eu *rir*	
para tu *rires*	
para ele/ela *rir*	*rir*
para nós *rirmos*	
para vós *rirdes*	
para eles/elas *rirem*	

Gerúndio	Particípio
rindo	*rido*

Notas importantes:

O verbo *rir* é da 3ª Conjugação.

Verbo Irregular	**DAR** 35	
INDICATIVO	**SUBJUNTIVO**	
Presente	**Presente**	
eu *dou*	que eu *dê*	
tu *dás*	que tu *dês*	
ele/ela *dá*	que ele/ela *dê*	
nós *damos*	que nós *demos*	
vós *dais*	que vós *deis*	
eles/elas *dão*	que eles/elas *deem*	
Pretérito Imperfeito	**Pretérito Imperfeito**	
eu *dava*	que eu *desse*	
tu *davas*	que tu *desses*	
ele/ela *dava*	que ele/ela *desse*	
nós *dávamos*	que nós *déssemos*	
vós *dáveis*	que vós *désseis*	
eles/elas *davam*	que eles/elas *dessem*	
Pretérito Perfeito	**Futuro**	
eu *dei*	quando eu *der*	
tu *deste*	quando tu *deres*	
ele/ela *deu*	quando ele/ela *der*	
nós *demos*	quando nós *dermos*	
vós *destes*	quando vós *derdes*	
eles/elas *deram*	quando eles/elas *derem*	
Pretérito-Mais-Que-Perfeito	**IMPERATIVO**	
eu *dera*	**Afirmativo**	**Negativo**
tu *deras*	*dá* tu	não *dês* tu
ele/ela *dera*	*dê* você	não *dê* você
nós *déramos*	*demos* nós	não *demos* nós
vós *déreis*	*dai* vós	não *deis* vós
eles/elas *deram*	*deem* vocês	não *deem* vocês
Futuro do Presente	**FORMAS NOMINAIS**	
eu *darei*	**Infinitivo Pessoal**	**Infinitivo Impessoal**
tu *darás*	para eu *dar*	
ele/ela *dará*	para tu *dares*	
nós *daremos*	para ele/ela *dar*	*dar*
vós *dareis*	para nós *darmos*	
eles/elas *darão*	para vós *dardes*	
Futuro do Pretérito	para eles/elas *darem*	
eu *daria*	**Gerúndio**	**Particípio**
tu *darias*		
ele/ela *daria*		
nós *daríamos*	*dando*	*dado*
vós *daríeis*		
eles/elas *dariam*		

Notas importantes:

O verbo *dar* é da 1ª Conjugação.

36 PROTEGER — Verbo Regular

INDICATIVO

Presente
- eu *protejo*
- tu *proteges*
- ele/ela *protege*
- nós *protegemos*
- vós *protegeis*
- eles/elas *protegem*

Pretérito Imperfeito
- eu *protegia*
- tu *protegias*
- ele/ela *protegia*
- nós *protegíamos*
- vós *protegíeis*
- eles/elas *protegiam*

Pretérito Perfeito
- eu *protegi*
- tu *protegeste*
- ele/ela *protegeu*
- nós *protegemos*
- vós *protegestes*
- eles/elas *protegeram*

Pretérito-Mais-Que-Perfeito
- eu *protegera*
- tu *protegeras*
- ele/ela *protegera*
- nós *protegêramos*
- vós *protegêreis*
- eles/elas *protegeram*

Futuro do Presente
- eu *protegerei*
- tu *protegerás*
- ele/ela *protegerá*
- nós *protegeremos*
- vós *protegereis*
- eles/elas *protegerão*

Futuro do Pretérito
- eu *protegeria*
- tu *protegerias*
- ele/ela *protegeria*
- nós *protegeríamos*
- vós *protegeríeis*
- eles/elas *protegeriam*

SUBJUNTIVO

Presente
- que eu *proteja*
- que tu *protejas*
- que ele/ela *proteja*
- que nós *protejamos*
- que vós *protejais*
- que eles/elas *protejam*

Pretérito Imperfeito
- que eu *protegesse*
- que tu *protegesses*
- que ele/ela *protegesse*
- que nós *protegêssemos*
- que vós *protegêsseis*
- que eles/elas *protegessem*

Futuro
- quando eu *proteger*
- quando tu *protegeres*
- quando ele/ela *proteger*
- quando nós *protegermos*
- quando vós *protegerdes*
- quando eles/elas *protegerem*

IMPERATIVO

Afirmativo	Negativo
protege tu	não *protejas* tu
proteja você	não *proteja* você
protejamos nós	não *protejamos* nós
protegei vós	não *protejais* vós
protejam vocês	não *protejam* vocês

FORMAS NOMINAIS

Infinitivo Pessoal	Infinitivo Impessoal
para eu *proteger*	
para tu *protegeres*	
para ele/ela *proteger*	*proteger*
para nós *protegermos*	
para vós *protegerdes*	
para eles/elas *protegerem*	

Gerúndio	Particípio
protegendo	*protegido*

Notas importantes:
O verbo *proteger* é da 2ª Conjugação. Os verbos regulares terminados em *-ger* trocam o *g* por *j* antes de *o* e *a*, como em *eleger*: *elejo*, *eleja*, etc.

Verbo Irregular	**REFLETIR** 37
INDICATIVO	**SUBJUNTIVO**

INDICATIVO

Presente
eu *reflito*
tu *refletes*
ele/ela *reflete*
nós *refletimos*
vós *refletis*
eles/elas *refletem*

Pretérito Imperfeito
eu *refletia*
tu *refletias*
ele/ela *refletia*
nós *refletíamos*
vós *refletíeis*
eles/elas *refletiam*

Pretérito Perfeito
eu *refleti*
tu *refletiste*
ele/ela *refletiu*
nós *refletimos*
vós *refletistes*
eles/elas *refletiram*

Pretérito-Mais-Que-Perfeito
eu *refletira*
tu *refletiras*
ele/ela *refletira*
nós *refletíramos*
vós *refletíreis*
eles/elas *refletiram*

Futuro do Presente
eu *refletirei*
tu *refletirás*
ele/ela *refletirá*
nós *refletiremos*
vós *refletireis*
eles/elas *refletirão*

Futuro do Pretérito
eu *refletiria*
tu *refletirias*
ele/ela *refletiria*
nós *refletiríamos*
vós *refletiríeis*
eles/elas *refletiriam*

SUBJUNTIVO

Presente
que eu *reflita*
que tu *reflitas*
que ele/ela *reflita*
que nós *reflitamos*
que vós *reflitais*
que eles/elas *reflitam*

Pretérito Imperfeito
que eu *refletisse*
que tu *refletisses*
que ele/ela *refletisse*
que nós *refletíssemos*
que vós *refletísseis*
que eles/elas *refletissem*

Futuro
quando eu *refletir*
quando tu *refletires*
quando ele/ela *refletir*
quando nós *refletirmos*
quando vós *refletirdes*
quando eles/elas *refletirem*

IMPERATIVO

Afirmativo	Negativo
reflete tu	não *reflitas* tu
reflita você	não *reflita* você
reflitamos nós	não *reflitamos* nós
refleti vós	não *reflitais* vós
reflitam vocês	não *reflitam* vocês

FORMAS NOMINAIS

Infinitivo Pessoal	Infinitivo Impessoal
para eu *refletir*	
para tu *refletires*	
para ele/ela *refletir*	*refletir*
para nós *refletirmos*	
para vós *refletirdes*	
para eles/elas *refletirem*	

Gerúndio	Particípio
refletindo	*refletido*

Notas importantes:
O verbo *refletir* é da 3ª Conjugação.

38 MOBILIAR — Verbo Regular

INDICATIVO

Presente
- eu *mobílio*
- tu *mobílias*
- ele/ela *mobília*
- nós *mobiliamos*
- vós *mobiliais*
- eles/elas *mobíliam*

Pretérito Imperfeito
- eu *mobiliava*
- tu *mobiliavas*
- ele/ela *mobiliava*
- nós *mobiliávamos*
- vós *mobiliáveis*
- eles/elas *mobiliavam*

Pretérito Perfeito
- eu *mobiliei*
- tu *mobiliaste*
- ele/ela *mobiliou*
- nós *mobiliamos*
- vós *mobiliastes*
- eles/elas *mobiliaram*

Pretérito-Mais-Que-Perfeito
- eu *mobiliara*
- tu *mobiliaras*
- ele/ela *mobiliara*
- nós *mobiliáramos*
- vós *mobiliáreis*
- eles/elas *mobiliaram*

Futuro do Presente
- eu *mobiliarei*
- tu *mobiliarás*
- ele/ela *mobiliará*
- nós *mobiliaremos*
- vós *mobiliareis*
- eles/elas *mobiliarão*

Futuro do Pretérito
- eu *mobiliaria*
- tu *mobiliarias*
- ele/ela *mobiliaria*
- nós *mobiliaríamos*
- vós *mobiliaríeis*
- eles/elas *mobiliariam*

SUBJUNTIVO

Presente
- que eu *mobílie*
- que tu *mobílies*
- que ele/ela *mobílie*
- que nós *mobiliemos*
- que vós *mobilieis*
- que eles/elas *mobíliem*

Pretérito Imperfeito
- que eu *mobiliasse*
- que tu *mobiliasses*
- que ele/ela *mobiliasse*
- que nós *mobiliássemos*
- que vós *mobiliásseis*
- que eles/elas *mobiliassem*

Futuro
- quando eu *mobiliar*
- quando tu *mobiliares*
- quando ele/ela *mobiliar*
- quando nós *mobiliarmos*
- quando vós *mobiliardes*
- quando eles/elas *mobiliarem*

IMPERATIVO

Afirmativo	Negativo
mobília tu	não *mobílies* tu
mobílie você	não *mobílie* você
mobiliemos nós	não *mobiliemos* nós
mobiliai vós	não *mobilieis* vós
mobíliem vocês	não *mobíliem* vocês

FORMAS NOMINAIS

Infinitivo Pessoal	Infinitivo Impessoal
para eu *mobiliar*	
para tu *mobiliares*	
para ele/ela *mobiliar*	*mobiliar*
para nós *mobiliarmos*	
para vós *mobiliardes*	
para eles/elas *mobiliarem*	

Gerúndio	Particípio
mobiliando	*mobiliado*

Notas importantes:

O verbo *mobiliar* é da 1ª Conjugação. Este verbo é regular na escrita com particularicades fonéticas. Diferentemente de *conciliar*, o verbo *mobiliar* tem "í" tônico: *eu mobílio*, etc. (ver conjugação). Como o verbo *mobiliar*, seguem igualmente *mobilhar* e *mobilar*. A 1ª pess. do pl. do Pret. Perf. do Indic. tem grafia dupla: *mobiliamos* (Brasil) e *mobiliámos* (Portugal).

Verbo Irregular	**VALER**
INDICATIVO	**SUBJUNTIVO**

Presente	**Presente**
eu *valho*	que eu *valha*
tu *vales*	que tu *valhas*
ele/ela *vale*	que ele/ela *valha*
nós *valemos*	que nós *valhamos*
vós *valeis*	que vós *valhais*
eles/elas *valem*	que eles/elas *valham*

Pretérito Imperfeito	**Pretérito Imperfeito**
eu *valia*	que eu *valesse*
tu *valias*	que tu *valesses*
ele/ela *valia*	que ele/ela *valesse*
nós *valíamos*	que nós *valêssemos*
vós *valíeis*	que vós *valêsseis*
eles/elas *valiam*	que eles/elas *valessem*

Pretérito Perfeito	**Futuro**
eu *vali*	quando eu *valer*
tu *valeste*	quando tu *valeres*
ele/ela *valeu*	quando ele/ela *valer*
nós *valemos*	quando nós *valermos*
vós *valestes*	quando vós *valerdes*
eles/elas *valeram*	quando eles/elas *valerem*

Pretérito-Mais-Que-Perfeito	**IMPERATIVO**	
eu *valera*	**Afirmativo**	**Negativo**
tu *valeras*	*vale* tu	não *valhas* tu
ele/ela *valera*	*valha* você	não *valha* você
nós *valêramos*	*valhamos* nós	não *valhamos* nós
vós *valêreis*	*valei* vós	não *valhais* vós
eles/elas *valeram*	*valham* vocês	não *valham* vocês

Futuro do Presente	**FORMAS NOMINAIS**	
eu *valerei*	**Infinitivo Pessoal**	**Infinitivo Impessoal**
tu *valerás*	para eu *valer*	
ele/ela *valerá*	para tu *valeres*	
nós *valeremos*	para ele/ela *valer*	*valer*
vós *valereis*	para nós *valermos*	
eles/elas *valerão*	para vós *valerdes*	
Futuro do Pretérito	para eles/elas *valerem*	
eu *valeria*	**Gerúndio**	**Particípio**
tu *valerias*		
ele/ela *valeria*		
nós *valeríamos*	*valendo*	*valido*
vós *valeríeis*		
eles/elas *valeriam*		

Notas importantes:
O verbo *valer* é da 2ª Conjugação. Seguem este paradigma, os verbos *equivaler* e *desvaler*.

40 DISTINGUIR — Verbo Regular

INDICATIVO

Presente
- eu *distingo*
- tu *distingues*
- ele/ela *distingue*
- nós *distinguimos*
- vós *distinguis*
- eles/elas *distinguem*

Pretérito Imperfeito
- eu *distinguia*
- tu *distinguias*
- ele/ela *distinguia*
- nós *distinguíamos*
- vós *distinguíeis*
- eles/elas *distinguiam*

Pretérito Perfeito
- eu *distingui*
- tu *distinguiste*
- ele/ela *distinguiu*
- nós *distinguimos*
- vós *distinguistes*
- eles/elas *distinguiram*

Pretérito-Mais-Que-Perfeito
- eu *distinguira*
- tu *distinguiras*
- ele/ela *distinguira*
- nós *distinguíramos*
- vós *distinguíreis*
- eles/elas *distinguiram*

Futuro do Presente
- eu *distinguirei*
- tu *distinguirás*
- ele/ela *distinguirá*
- nós *distinguiremos*
- vós *distinguireis*
- eles/elas *distinguirão*

Futuro do Pretérito
- eu *distinguiria*
- tu *distinguirias*
- ele/ela *distinguiria*
- nós *distinguiríamos*
- vós *distinguiríeis*
- eles/elas *distinguiriam*

SUBJUNTIVO

Presente
- que eu *distinga*
- que tu *distingas*
- que ele/ela *distinga*
- que nós *distingamos*
- que vós *distingais*
- que eles/elas *distingam*

Pretérito Imperfeito
- que eu *distinguisse*
- que tu *distinguisses*
- que ele/ela *distinguisse*
- que nós *distinguíssemos*
- que vós *distinguísseis*
- que eles/elas *distinguissem*

Futuro
- quando eu *distinguir*
- quando tu *distinguires*
- quando ele/ela *distinguir*
- quando nós *distinguirmos*
- quando vós *distinguirdes*
- quando eles/elas *distinguirem*

IMPERATIVO

Afirmativo	Negativo
distingue tu	não *distingas* tu
distinga você	não *distinga* você
distingamos nós	não *distingamos* nós
distingui vós	não *distingais* vós
distingam vocês	não *distingam* vocês

FORMAS NOMINAIS

Infinitivo Pessoal	Infinitivo Impessoal
para eu *distinguir*	
para tu *distinguires*	
para ele/ela *distinguir*	*distinguir*
para nós *distinguirmos*	
para vós *distinguirdes*	
para eles/elas *distinguirem*	

Gerúndio	Particípio
distinguindo	*distinguido/ distinto*

Notas importantes:
O verbo *distinguir* é da 3ª Conjugação. Os verbos regulares terminados em *-guir* (com *u* não emitido) perdem o *u* antes de *o* e *a*, como em *extinguir*: *extingo*, *extinga*, etc.

Verbo Irregular	CRER 41
INDICATIVO	**SUBJUNTIVO**

INDICATIVO

Presente
- eu *creio*
- tu *crês*
- ele/ela *crê*
- nós *cremos*
- vós *credes*
- eles/elas *creem*

Pretérito Imperfeito
- eu *cria*
- tu *crias*
- ele/ela *cria*
- nós *críamos*
- vós *críeis*
- eles/elas *criam*

Pretérito Perfeito
- eu *cri*
- tu *creste*
- ele/ela *creu*
- nós *cremos*
- vós *crestes*
- eles/elas *creram*

Pretérito-Mais-Que-Perfeito
- eu *crera*
- tu *creras*
- ele/ela *crera*
- nós *crêramos*
- vós *crêreis*
- eles/elas *creram*

Futuro do Presente
- eu *crerei*
- tu *crerás*
- ele/ela *crerá*
- nós *creremos*
- vós *crereis*
- eles/elas *crerão*

Futuro do Pretérito
- eu *creria*
- tu *crerias*
- ele/ela *creria*
- nós *creríamos*
- vós *creríeis*
- eles/elas *creriam*

SUBJUNTIVO

Presente
- que eu *creia*
- que tu *creias*
- que ele/ela *creia*
- que nós *creiamos*
- que vós *creiais*
- que eles/elas *creiam*

Pretérito Imperfeito
- que eu *cresse*
- que tu *cresses*
- que ele/ela *cresse*
- que nós *crêssemos*
- que vós *crêsseis*
- que eles/elas *cressem*

Futuro
- quando eu *crer*
- quando tu *creres*
- quando ele/ela *crer*
- quando nós *crermos*
- quando vós *crerdes*
- quando eles/elas *crerem*

IMPERATIVO

Afirmativo	Negativo
crê tu	não *creias* tu
creia você	não *creia* você
creiamos nós	não *creiamos* nós
crede vós	não *creiais* vós
creiam vocês	não *creiam* vocês

FORMAS NOMINAIS

Infinitivo Pessoal	Infinitivo Impessoal
para eu *crer*	
para tu *creres*	
para ele/ela *crer*	*crer*
para nós *crermos*	
para vós *crerdes*	
para eles/elas *crerem*	

Gerúndio	Particípio
crendo	*crido*

Notas importantes:
O verbo *crer* é da 2ª Conjugação.

42 — FUGIR — Verbo Irregular

INDICATIVO

Presente
- eu *fujo*
- tu *foges*
- ele/ela *foge*
- nós *fugimos*
- vós *fugis*
- eles/elas *fogem*

Pretérito Imperfeito
- eu *fugia*
- tu *fugias*
- ele/ela *fugia*
- nós *fugíamos*
- vós *fugíeis*
- eles/elas *fugiam*

Pretérito Perfeito
- eu *fugi*
- tu *fugiste*
- ele/ela *fugiu*
- nós *fugimos*
- vós *fugistes*
- eles/elas *fugiram*

Pretérito-Mais-Que-Perfeito
- eu *fugira*
- tu *fugiras*
- ele/ela *fugira*
- nós *fugíramos*
- vós *fugíreis*
- eles/elas *fugiram*

Futuro do Presente
- eu *fugirei*
- tu *fugirás*
- ele/ela *fugirá*
- nós *fugiremos*
- vós *fugireis*
- eles/elas *fugirão*

Futuro do Pretérito
- eu *fugiria*
- tu *fugirias*
- ele/ela *fugiria*
- nós *fugiríamos*
- vós *fugiríeis*
- eles/elas *fugiriam*

SUBJUNTIVO

Presente
- que eu *fuja*
- que tu *fujas*
- que ele/ela *fuja*
- que nós *fujamos*
- que vós *fujais*
- que eles/elas *fujam*

Pretérito Imperfeito
- que eu *fugisse*
- que tu *fugisses*
- que ele/ela *fugisse*
- que nós *fugíssemos*
- que vós *fugísseis*
- que eles/elas *fugissem*

Futuro
- quando eu *fugir*
- quando tu *fugires*
- quando ele/ela *fugir*
- quando nós *fugirmos*
- quando vós *fugirdes*
- quando eles/elas *fugirem*

IMPERATIVO

Afirmativo	Negativo
foge tu	não *fujas* tu
fuja você	não *fuja* você
fujamos nós	não *fujamos* nós
fugi vós	não *fujais* vós
fujam vocês	não *fujam* vocês

FORMAS NOMINAIS

Infinitivo Pessoal	Infinitivo Impessoal
para eu *fugir*	
para tu *fugires*	
para ele/ela *fugir*	*fugir*
para nós *fugirmos*	
para vós *fugirdes*	
para eles/elas *fugirem*	

Gerúndio	Particípio
fugindo	*fugido*

Notas importantes:
O verbo *fugir* é da 3ª Conjugação.

Verbo Irregular	**DIZER** 43	
INDICATIVO	**SUBJUNTIVO**	
Presente	**Presente**	
eu *digo*	que eu *diga*	
tu *dizes*	que tu *digas*	
ele/ela *diz*	que ele/ela *diga*	
nós *dizemos*	que nós *digamos*	
vós *dizeis*	que vós *digais*	
eles/elas *dizem*	que eles/elas *digam*	
Pretérito Imperfeito	**Pretérito Imperfeito**	
eu *dizia*	que eu *dissesse*	
tu *dizias*	que tu *dissesses*	
ele/ela *dizia*	que ele/ela *dissesse*	
nós *dizíamos*	que nós *disséssemos*	
vós *dizíeis*	que vós *dissésseis*	
eles/elas *diziam*	que eles/elas *dissessem*	
Pretérito Perfeito	**Futuro**	
eu *disse*	quando eu *disser*	
tu *disseste*	quando tu *disseres*	
ele/ela *disse*	quando ele/ela *disser*	
nós *dissemos*	quando nós *dissermos*	
vós *dissestes*	quando vós *disserdes*	
eles/elas *disseram*	quando eles/elas *disserem*	
Pretérito-Mais-Que-Perfeito	**IMPERATIVO**	
eu *dissera*	**Afirmativo**	**Negativo**
tu *disseras*	*diz* tu	não *digas* tu
ele/ela *dissera*	*diga* você	não *diga* você
nós *disséramos*	*digamos* nós	não *digamos* nós
vós *disséreis*	*dizei* vós	não *digais* vós
eles/elas *disseram*	*digam* vocês	não *digam* vocês
Futuro do Presente	**FORMAS NOMINAIS**	
eu *direi*	**Infinitivo Pessoal**	**Infinitivo Impessoal**
tu *dirás*	para eu *dizer*	
ele/ela *dirá*	para tu *dizeres*	
nós *diremos*	para ele/ela *dizer*	*dizer*
vós *direis*	para nós *dizermos*	
eles/elas *dirão*	para vós *dizerdes*	
Futuro do Pretérito	para eles/elas *dizerem*	
eu *diria*	**Gerúndio**	**Particípio**
tu *dirias*		
ele/ela *diria*		
nós *diríamos*	*dizendo*	*dito*
vós *diríeis*		
eles/elas *diriam*		

Notas importantes:

O verbo *dizer* é da 2ª Conjugação.

44 INFLUIR — Verbo Regular

INDICATIVO

Presente
- eu *influo*
- tu *influis*
- ele/ela *influi*
- nós *influímos*
- vós *influís*
- eles/elas *influem*

Pretérito Imperfeito
- eu *influía*
- tu *influías*
- ele/ela *influía*
- nós *influíamos*
- vós *influíeis*
- eles/elas *influíam*

Pretérito Perfeito
- eu *influí*
- tu *influíste*
- ele/ela *influiu*
- nós *influímos*
- vós *influístes*
- eles/elas *influíram*

Pretérito-Mais-Que-Perfeito
- eu *influíra*
- tu *influíras*
- ele/ela *influíra*
- nós *influíramos*
- vós *influíreis*
- eles/elas *influíram*

Futuro do Presente
- eu *influirei*
- tu *influirás*
- ele/ela *influirá*
- nós *influiremos*
- vós *influireis*
- eles/elas *influirão*

Futuro do Pretérito
- eu *influiria*
- tu *influirias*
- ele/ela *influiria*
- nós *influiríamos*
- vós *influiríeis*
- eles/elas *influiriam*

SUBJUNTIVO

Presente
- que eu *influa*
- que tu *influas*
- que ele/ela *influa*
- que nós *influamos*
- que vós *influais*
- que eles/elas *influam*

Pretérito Imperfeito
- que eu *influísse*
- que tu *influísses*
- que ele/ela *influísse*
- que nós *influíssemos*
- que vós *influísseis*
- que eles/elas *influíssem*

Futuro
- quando eu *influir*
- quando tu *influíres*
- quando ele/ela *influir*
- quando nós *influirmos*
- quando vós *influirdes*
- quando eles/elas *influírem*

IMPERATIVO

Afirmativo	Negativo
influi tu	não *influas* tu
influa você	não *influa* você
influamos nós	não *influamos* nós
influí vós	não *influais* vós
influam vocês	não *influam* vocês

FORMAS NOMINAIS

Infinitivo Pessoal	Infinitivo Impessoal
para eu *influir*	
para tu *influires*	
para ele/ela *influir*	*influir*
para nós *influirmos*	
para vós *influirdes*	
para eles/elas *influírem*	

Gerúndio	Particípio
influindo	*influído*

Notas importantes:

O verbo *influir* é da 3ª Conjugação.

Verbo Irregular	**PODER** 45	
INDICATIVO	**SUBJUNTIVO**	
Presente	**Presente**	
eu *posso*	que eu *possa*	
tu *podes*	que tu *possas*	
ele/ela *pode*	que ele/ela *possa*	
nós *podemos*	que nós *possamos*	
vós *podeis*	que vós *possais*	
eles/elas *podem*	que eles/elas *possam*	
Pretérito Imperfeito	**Pretérito Imperfeito**	
eu *podia*	que eu *pudesse*	
tu *podias*	que tu *pudesses*	
ele/ela *podia*	que ele/ela *pudesse*	
nós *podíamos*	que nós *pudéssemos*	
vós *podíeis*	que vós *pudésseis*	
eles/elas *podiam*	que eles/elas *pudessem*	
Pretérito Perfeito	**Futuro**	
eu *pude*	quando eu *puder*	
tu *pudeste*	quando tu *puderes*	
ele/ela *pôde*	quando ele/ela *puder*	
nós *pudemos*	quando nós *pudermos*	
vós *pudestes*	quando vós *puderdes*	
eles/elas *puderam*	quando eles/elas *puderem*	
Pretérito-Mais-Que-Perfeito	**IMPERATIVO**	
eu *pudera*	**Afirmativo**	**Negativo**
tu *puderas*	*pode* tu	não *possas* tu
ele/ela *pudera*	*possa* você	não *possa* você
nós *pudéramos*	*possamos* nós	não *possamos* nós
vós *pudéreis*	*podei* vós	não *possais* vós
eles/elas *puderam*	*possam* vocês	não *possam* vocês
Futuro do Presente	**FORMAS NOMINAIS**	
eu *poderei*	**Infinitivo Pessoal**	**Infinitivo Impessoal**
tu *poderás*	para eu *poder*	
ele/ela *poderá*	para tu *poderes*	
nós *poderemos*	para ele/ela *poder*	*poder*
vós *podereis*	para nós *podermos*	
eles/elas *poderão*	para vós *poderdes*	
Futuro do Pretérito	para eles/elas *poderem*	
eu *poderia*	**Gerúndio**	**Particípio**
tu *poderias*		
ele/ela *poderia*		
nós *poderíamos*	*podendo*	*podido*
vós *poderíeis*		
eles/elas *poderiam*		

Notas importantes:

O verbo *poder* é da 2ª Conjugação.

46 — TRAZER

Verbo Irregular

INDICATIVO

Presente
- eu *trago*
- tu *trazes*
- ele/ela *traz*
- nós *trazemos*
- vós *trazeis*
- eles/elas *trazem*

Pretérito Imperfeito
- eu *trazia*
- tu *trazias*
- ele/ela *trazia*
- nós *trazíamos*
- vós *trazíeis*
- eles/elas *traziam*

Pretérito Perfeito
- eu *trouxe*
- tu *trouxeste*
- ele/ela *trouxe*
- nós *trouxemos*
- vós *trouxestes*
- eles/elas *trouxeram*

Pretérito-Mais-Que-Perfeito
- eu *trouxera*
- tu *trouxeras*
- ele/ela *trouxera*
- nós *trouxéramos*
- vós *trouxéreis*
- eles/elas *trouxeram*

Futuro do Presente
- eu *trarei*
- tu *trarás*
- ele/ela *trará*
- nós *traremos*
- vós *trareis*
- eles/elas *trarão*

Futuro do Pretérito
- eu *traria*
- tu *trarias*
- ele/ela *traria*
- nós *traríamos*
- vós *traríeis*
- eles/elas *trariam*

SUBJUNTIVO

Presente
- que eu *traga*
- que tu *tragas*
- que ele/ela *traga*
- que nós *tragamos*
- que vós *tragais*
- que eles/elas *tragam*

Pretérito Imperfeito
- que eu *trouxesse*
- que tu *trouxesses*
- que ele/ela *trouxesse*
- que nós *trouxéssemos*
- que vós *trouxésseis*
- que eles/elas *trouxessem*

Futuro
- quando eu *trouxer*
- quando tu *trouxeres*
- quando ele/ela *trouxer*
- quando nós *trouxermos*
- quando vós *trouxerdes*
- quando eles/elas *trouxerem*

IMPERATIVO

Afirmativo	Negativo
traz tu	não *tragas* tu
traga você	não *traga* você
tragamos nós	não *tragamos* nós
trazei vós	não *tragais* vós
tragam vocês	não *tragam* vocês

FORMAS NOMINAIS

Infinitivo Pessoal	Infinitivo Impessoal
para eu *trazer*	
para tu *trazeres*	
para ele/ela *trazer*	*trazer*
para nós *trazermos*	
para vós *trazerdes*	
para eles/elas *trazerem*	

Gerúndio	Particípio
trazendo	*trazido*

Notas importantes:

O verbo *trazer* é da 2ª Conjugação.

Verbo Irregular	**DORMIR**
INDICATIVO	**SUBJUNTIVO**

INDICATIVO / SUBJUNTIVO

Presente / Presente

Presente	Presente
eu *durmo*	que eu *durma*
tu *dormes*	que tu *durmas*
ele/ela *dorme*	que ele/ela *durma*
nós *dormimos*	que nós *durmamos*
vós *dormis*	que vós *durmais*
eles/elas *dormem*	que eles/elas *durmam*

Pretérito Imperfeito / Pretérito Imperfeito

Pretérito Imperfeito	Pretérito Imperfeito
eu *dormia*	que eu *dormisse*
tu *dormias*	que tu *dormisses*
ele/ela *dormia*	que ele/ela *dormisse*
nós *dormíamos*	que nós *dormíssemos*
vós *dormíeis*	que vós *dormísseis*
eles/elas *dormiam*	que eles/elas *dormissem*

Pretérito Perfeito / Futuro

Pretérito Perfeito	Futuro
eu *dormi*	quando eu *dormir*
tu *dormiste*	quando tu *dormires*
ele/ela *dormiu*	quando ele/ela *dormir*
nós *dormimos*	quando nós *dormirmos*
vós *dormistes*	quando vós *dormirdes*
eles/elas *dormiram*	quando eles/elas *dormirem*

Pretérito-Mais-Que-Perfeito

Pretérito-Mais-Que-Perfeito
eu *dormira*
tu *dormiras*
ele/ela *dormira*
nós *dormíramos*
vós *dormíreis*
eles/elas *dormiram*

IMPERATIVO

Afirmativo	Negativo
dorme tu	não *durmas* tu
durma você	não *durma* você
durmamos nós	não *durmamos* nós
dormi vós	não *durmais* vós
durmam vocês	não *durmam* vocês

Futuro do Presente

Futuro do Presente
eu *dormirei*
tu *dormirás*
ele/ela *dormirá*
nós *dormiremos*
vós *dormireis*
eles/elas *dormirão*

FORMAS NOMINAIS

Infinitivo Pessoal	Infinitivo Impessoal
para eu *dormir*	
para tu *dormires*	
para ele/ela *dormir*	*dormir*
para nós *dormirmos*	
para vós *dormirdes*	
para eles/elas *dormirem*	

Futuro do Pretérito

Futuro do Pretérito
eu *dormiria*
tu *dormirias*
ele/ela *dormiria*
nós *dormiríamos*
vós *dormiríeis*
eles/elas *dormiriam*

Gerúndio	Particípio
dormindo	*dormido*

Notas importantes:

O verbo *dormir* é da 3ª Conjugação.

48 SABER — Verbo Irregular

INDICATIVO

Presente
- eu *sei*
- tu *sabes*
- ele/ela *sabe*
- nós *sabemos*
- vós *sabeis*
- eles/elas *sabem*

Pretérito Imperfeito
- eu *sabia*
- tu *sabias*
- ele/ela *sabia*
- nós *sabíamos*
- vós *sabíeis*
- eles/elas *sabiam*

Pretérito Perfeito
- eu *soube*
- tu *soubeste*
- ele/ela *soube*
- nós *soubemos*
- vós *soubestes*
- eles/elas *souberam*

Pretérito-Mais-Que-Perfeito
- eu *soubera*
- tu *souberas*
- ele/ela *soubera*
- nós *soubéramos*
- vós *soubéreis*
- eles/elas *souberam*

Futuro do Presente
- eu *saberei*
- tu *saberás*
- ele/ela *saberá*
- nós *saberemos*
- vós *sabereis*
- eles/elas *saberão*

Futuro do Pretérito
- eu *saberia*
- tu *saberias*
- ele/ela *saberia*
- nós *saberíamos*
- vós *saberíeis*
- eles/elas *saberiam*

SUBJUNTIVO

Presente
- que eu *saiba*
- que tu *saibas*
- que ele/ela *saiba*
- que nós *saibamos*
- que vós *saibais*
- que eles/elas *saibam*

Pretérito Imperfeito
- que eu *soubesse*
- que tu *soubesses*
- que ele/ela *soubesse*
- que nós *soubéssemos*
- que vós *soubésseis*
- que eles/elas *soubessem*

Futuro
- quando eu *souber*
- quando tu *saberes*
- quando ele/ela *saber*
- quando nós *sabermos*
- quando vós *saberdes*
- quando eles/elas *saberem*

IMPERATIVO

Afirmativo	Negativo
sabe tu	não *saibas* tu
saiba você	não *saiba* você
saibamos nós	não *saibamos* nós
sabei vós	não *saibais* vós
saibam vocês	não *saibam* vocês

FORMAS NOMINAIS

Infinitivo Pessoal	Infinitivo Impessoal
para eu *saber*	
para tu *saberes*	
para ele/ela *saber*	*saber*
para nós *sabermos*	
para vós *saberdes*	
para eles/elas *saberem*	

Gerúndio	Particípio
sabendo	*sabido*

Notas importantes:

O verbo *saber* é da 2ª Conjugação.

Verbo Irregular	EXPELIR 49
INDICATIVO	**SUBJUNTIVO**

INDICATIVO / SUBJUNTIVO

Presente (Indicativo)
eu *expilo*
tu *expeles*
ele/ela *expele*
nós *expelimos*
vós *expelis*
eles/elas *expelem*

Presente (Subjuntivo)
que eu *expila*
que tu *expilas*
que ele/ela *expila*
que nós *expilamos*
que vós *expilais*
que eles/elas *expilam*

Pretérito Imperfeito (Indicativo)
eu *expelia*
tu *expelias*
ele/ela *expelia*
nós *expelíamos*
vós *expelíeis*
eles/elas *expeliam*

Pretérito Imperfeito (Subjuntivo)
que eu *expelisse*
que tu *expelisses*
que ele/ela *expelisse*
que nós *expelíssemos*
que vós *expelísseis*
que eles/elas *expelissem*

Pretérito Perfeito
eu *expeli*
tu *expeliste*
ele/ela *expeliu*
nós *expelimos*
vós *expelistes*
eles/elas *expeliram*

Futuro (Subjuntivo)
quando eu *expelir*
quando tu *expelires*
quando ele/ela *expelir*
quando nós *expelirmos*
quando vós *expelirdes*
quando eles/elas *expelirem*

Pretérito-Mais-Que-Perfeito
eu *expelira*
tu *expeliras*
ele/ela *expelira*
nós *expelíramos*
vós *expelíreis*
eles/elas *expeliram*

IMPERATIVO

Afirmativo	Negativo
expele tu	não *expilas* tu
expila você	não *expila* você
expilamos nós	não *expilamos* nós
expeli vós	não *expilais* vós
expilam vocês	não *expilam* vocês

Futuro do Presente
eu *expelirei*
tu *expelirás*
ele/ela *expelirá*
nós *expeliremos*
vós *expelireis*
eles/elas *expelirão*

FORMAS NOMINAIS

Infinitivo Pessoal	Infinitivo Impessoal
para eu *expelir*	
para tu *expelires*	
para ele/ela *expelir*	*expelir*
para nós *expelirmos*	
para vós *expelirdes*	
para eles/elas *expelirem*	

Futuro do Pretérito
eu *expeliria*
tu *expelirias*
ele/ela *expeliria*
nós *expeliríamos*
vós *expeliríeis*
eles/elas *expeliriam*

Gerúndio	Particípio
expelindo	*expelido/ expulso*

Notas importantes:
O verbo *expelir* é da 3ª Conjugação.

50 EXPLODIR — Verbo Regular

INDICATIVO

Presente
- eu *explodo**
- tu *explodes*
- ele/ela *explode*
- nós *explodimos*
- vós *explodis*
- eles/elas *explodem*

Pretérito Imperfeito
- eu *explodia*
- tu *explodias*
- ele/ela *explodia*
- nós *explodíamos*
- vós *explodíeis*
- eles/elas *explodiam*

Pretérito Perfeito
- eu *explodi*
- tu *explodiste*
- ele/ela *explodiu*
- nós *explodimos*
- vós *explodistes*
- eles/elas *explodiram*

Pretérito-Mais-Que-Perfeito
- eu *explodira*
- tu *explodiras*
- ele/ela *explodira*
- nós *explodíramos*
- vós *explodíreis*
- eles/elas *explodiram*

Futuro do Presente
- eu *explodirei*
- tu *explodirás*
- ele/ela *explodirá*
- nós *explodiremos*
- vós *explodireis*
- eles/elas *explodirão*

Futuro do Pretérito
- eu *explodiria*
- tu *explodirias*
- ele/ela *explodiria*
- nós *explodiríamos*
- vós *explodiríeis*
- eles/elas *explodiriam*

SUBJUNTIVO

Presente*
- que eu *explodа*
- que tu *explodas*
- que ele/ela *explodа*
- que nós *explodamos*
- que vós *explodais*
- que eles/elas *explodam*

Pretérito Imperfeito
- que eu **explodisse**
- que tu **explodisses**
- que ele/ela **explodisse**
- que nós **explodíssemos**
- que vós **explodísseis**
- que eles/elas **explodissem**

Futuro
- quando eu *explodir*
- quando tu *explodires*
- quando ele/ela *explodir*
- quando nós *explodirmos*
- quando vós *explodirdes*
- quando eles/elas *explodirem*

IMPERATIVO

Afirmativo	Negativo*
explode tu	não *explodas* tu
*exploda** você	não *exploda* você
*explodamos** nós	não *explodamos* nós
explodi vós	não *explodais* vós
*explodam** vocês	não *explodam* vocês

FORMAS NOMINAIS

Infinitivo Pessoal	Infinitivo Impessoal
para eu *explodir*	
para tu *explodires*	
para ele/ela *explodir*	*explodir*
para nós *explodirmos*	
para vós *explodirdes*	
para eles/elas *explodirem*	

Gerúndio	Particípio
explodindo	*explodido*

Notas importantes:

O verbo *explodir* é da 3ª Conjugação. *O verbo *explodir* não é considerado defectivo por muitos gramáticos. Aceitam-se as formas regulares no Brasil da 1ª pess. do Presente do Indicativo, *eu explodo*, e no Presente do Subjuntivo, *que eu exploda*, etc., e as formas irregulares em Portugal, *eu expludo* e *que eu expluda*, etc., bem como suas consequentes formas do Imperativo Afirmativo e Negativo.

Verbo Irregular	**PROVER**
INDICATIVO	**SUBJUNTIVO**

Presente	**Presente**
eu *provejo*	que eu *proveja*
tu *provês*	que tu *provejas*
ele/ela *provê*	que ele/ela *proveja*
nós *provemos*	que nós *provejamos*
vós *provedes*	que vós *provejais*
eles/elas *proveem*	que eles/elas *provejam*

Pretérito Imperfeito	**Pretérito Imperfeito**
eu *provia*	que eu *provesse*
tu *provias*	que tu *provesses*
ele/ela *provia*	que ele/ela *provesse*
nós *províamos*	que nós *provêssemos*
vós *províeis*	que vós *provêsseis*
eles/elas *proviam*	que eles/elas *provessem*

Pretérito Perfeito	**Futuro**
eu *provi*	quando eu *prover*
tu *proveste*	quando tu *proveres*
ele/ela *proveu*	quando ele/ela *prover*
nós *provemos*	quando nós *provermos*
vós *provestes*	quando vós *proverdes*
eles/elas *proveram*	quando eles/elas *proverem*

Pretérito-Mais-Que-Perfeito	**IMPERATIVO**	
eu *provera*	**Afirmativo**	**Negativo***
tu *proveras*	*provê* tu	não *provejas* tu
ele/ela *provera*	*proveja* você	não *proveja* você
nós *provêramos*	*provejamos* nós	não *provejamos* nós
vós *provêreis*	*provede* vós	não *provejais* vós
eles/elas *proveram*	*provejam* vocês	não *provejam* vocês

Futuro do Presente	**FORMAS NOMINAIS**	
eu *proverei*	**Infinitivo Pessoal**	**Infinitivo Impessoal**
tu *proverás*	para eu *prover*	
ele/ela *proverá*	para tu *proveres*	
nós *proveremos*	para ele/ela *prover*	*prover*
vós *provereis*	para nós *provermos*	
eles/elas *proverão*	para vós *proverdes*	
Futuro do Pretérito	para eles/elas *proverem*	
eu *proveria*	**Gerúndio**	**Particípio**
tu *proverias*		
ele/ela *proveria*		
nós *proveríamos*	*provendo*	*provido*
vós *proveríeis*		
eles/elas *proveriam*		

Notas importantes:

O verbo *prover* é da 2ª Conjugação. Conjuga-se como o verbo *ver*, exceto no Pretérito Perfeito do Indicativo e no Particípio em que apresenta regularidade.

52 SUBIR — Verbo Irregular

INDICATIVO

Presente
- eu *subo*
- tu *sobes*
- ele/ela *sobe*
- nós *subimos*
- vós *subis*
- eles/elas *sobem*

Pretérito Imperfeito
- eu *subia*
- tu *subias*
- ele/ela *subia*
- nós *subíamos*
- vós *subíeis*
- eles/elas *subiam*

Pretérito Perfeito
- eu *subi*
- tu *subiste*
- ele/ela *subiu*
- nós *subimos*
- vós *subistes*
- eles/elas *subiram*

Pretérito-Mais-Que-Perfeito
- eu *subira*
- tu *subiras*
- ele/ela *subira*
- nós *subíramos*
- vós *subíreis*
- eles/elas *subiram*

Futuro do Presente
- eu *subirei*
- tu *subirás*
- ele/ela *subirá*
- nós *subiremos*
- vós *subireis*
- eles/elas *subirão*

Futuro do Pretérito
- eu *subiria*
- tu *subirias*
- ele/ela *subiria*
- nós *subiríamos*
- vós *subiríeis*
- eles/elas *subiriam*

SUBJUNTIVO

Presente
- que eu *suba*
- que tu *subas*
- que ele/ela *suba*
- que nós *subamos*
- que vós *subais*
- que eles/elas *subam*

Pretérito Imperfeito
- que eu *subisse*
- que tu *subisses*
- que ele/ela *subisse*
- que nós *subíssemos*
- que vós *subísseis*
- que eles/elas *subissem*

Futuro
- quando eu *subir*
- quando tu *subires*
- quando ele/ela *subir*
- quando nós *subirmos*
- quando vós *subirdes*
- quando eles/elas *subirem*

IMPERATIVO

Afirmativo	Negativo
sobe tu	não *subas* tu
suba você	não *suba* você
subamos nós	não *subamos* nós
subi vós	não *subais* vós
subam vocês	não *subam* vocês

FORMAS NOMINAIS

Infinitivo Pessoal	Infinitivo Impessoal
para eu *subir*	
para tu *subires*	
para ele/ela *subir*	*subir*
para nós *subirmos*	
para vós *subirdes*	
para eles/elas *subirem*	

Gerúndio	Particípio
subindo	*subido*

Notas importantes:

O verbo *subir* é da 3ª Conjugação.

JAZER

Verbo Irregular — 53

INDICATIVO

Presente
eu *jazo*
tu *jazes*
ele/ela *jaz*
nós *jazemos*
vós *jazeis*
eles/elas *jazem*

Pretérito Imperfeito
eu *jazia*
tu *jazias*
ele/ela *jazia*
nós *jazíamos*
vós *jazíeis*
eles/elas *jaziam*

Pretérito Perfeito
eu *jazi*
tu *jazeste*
ele/ela *jazeu*
nós *jazemos*
vós *jazestes*
eles/elas *jazeram*

Pretérito-Mais-Que-Perfeito
eu *jazera*
tu *jazeras*
ele/ela *jazera*
nós *jazêramos*
vós *jazêreis*
eles/elas *jazeram*

Futuro do Presente
eu *jazerei*
tu *jazerás*
ele/ela *jazerá*
nós *jazeremos*
vós *jazereis*
eles/elas *jazerão*

Futuro do Pretérito
eu *jazeria*
tu *jazerias*
ele/ela *jazeria*
nós *jazeríamos*
vós *jazeríeis*
eles/elas *jazeriam*

SUBJUNTIVO

Presente
que eu *jaza*
que tu *jazas*
que ele/ela *jaza*
que nós *jazamos*
que vós *jazais*
que eles/elas *jazam*

Pretérito Imperfeito
que eu *jazesse*
que tu *jazesses*
que ele/ela *jazesse*
que nós *jazêssemos*
que vós *jazêsseis*
que eles/elas *jazessem*

Futuro
quando eu *jazer*
quando tu *jazeres*
quando ele/ela *jazer*
quando nós *jazermos*
quando vós *jazerdes*
quando eles/elas *jazerem*

IMPERATIVO

Afirmativo	Negativo
jaze tu	não *jazas* tu
jaza você	não *jaza* você
jazamos nós	não *jazamos* nós
jazei vós	não *jazais* vós
jazam vocês	não *jazam* vocês

FORMAS NOMINAIS

Infinitivo Pessoal	Infinitivo Impessoal
para eu *jazer*	
para tu *jazeres*	
para ele/ela *jazer*	*jazer*
para nós *jazermos*	
para vós *jazerdes*	
para eles/elas *jazerem*	

Gerúndio	Particípio
jazendo	*jazido*

Notas importantes:

O verbo *jazer* é da 2ª Conjugação.

54 — IR — Verbo Irregular

INDICATIVO

Presente
- eu *vou*
- tu *vais*
- ele/ela *vai*
- nós *vamos*
- vós *ides*
- eles/elas *vão*

Pretérito Imperfeito
- eu *ia*
- tu *ias*
- ele/ela *ia*
- nós *íamos*
- vós *íeis*
- eles/elas *iam*

Pretérito Perfeito
- eu *fui*
- tu *foste*
- ele/ela *foi*
- nós *fomos*
- vós *fostes*
- eles/elas *foram*

Pretérito-Mais-Que-Perfeito
- eu *fora*
- tu *foras*
- ele/ela *fora*
- nós *fôramos*
- vós *fôreis*
- eles/elas *foram*

Futuro do Presente
- eu *irei*
- tu *irás*
- ele/ela *irá*
- nós *iremos*
- vós *ireis*
- eles/elas *irão*

Futuro do Pretérito
- eu *iria*
- tu *irias*
- ele/ela *iria*
- nós *iríamos*
- vós *iríeis*
- eles/elas *iriam*

SUBJUNTIVO

Presente
- que eu *vá*
- que tu *vás*
- que ele/ela *vá*
- que nós *vamos*
- que vós *vades*
- que eles/elas *vão*

Pretérito Imperfeito
- que eu *fosse*
- que tu *fosses*
- que ele/ela *fosse*
- que nós *fôssemos*
- que vós *fôsseis*
- que eles/elas *fossem*

Futuro
- quando eu *for*
- quando tu *fores*
- quando ele/ela *for*
- quando nós *formos*
- quando vós *fordes*
- quando eles/elas *forem*

IMPERATIVO

Afirmativo	Negativo
vai tu	não *vás* tu
vá você	não *vá* você
vamos nós	não *vamos* nós
ide vós	não *vades* vós
vão vocês	não *vão* vocês

FORMAS NOMINAIS

Infinitivo Pessoal	Infinitivo Impessoal
para eu *ir*	
para tu *ires*	
para ele/ela *ir*	
para nós *irmos*	*ir*
para vós *irdes*	
para eles/elas *irem*	

Gerúndio	Particípio
indo	*ido*

Notas importantes:

O verbo *ir* é da 3ª Conjugação.

Verbo Irregular	OUVIR	55

INDICATIVO

Presente
eu *ouço / oiço**
tu *ouves*
ele/ela *ouve*
nós *ouvimos*
vós *ouvis*
eles/elas *ouvem*

Pretérito Imperfeito
eu *ouvia*
tu *ouvias*
ele/ela *ouvia*
nós *ouvíamos*
vós *ouvíeis*
eles/elas *ouviam*

Pretérito Perfeito
eu *ouvi*
tu *ouviste*
ele/ela *ouviu*
nós *ouvimos*
vós *ouvistes*
eles/elas *ouviram*

Pretérito-Mais-Que-Perfeito
eu *ouvira*
tu *ouviras*
ele/ela *ouvira*
nós *ouvíramos*
vós *ouvíreis*
eles/elas *ouviram*

Futuro do Presente
eu *ouvirei*
tu *ouvirás*
ele/ela *ouvirá*
nós *ouviremos*
vós *ouvireis*
eles/elas *ouvirão*

Futuro do Pretérito
eu *ouviria*
tu *ouvirias*
ele/ela *ouviria*
nós *ouviríamos*
vós *ouviríeis*
eles/elas *ouviriam*

SUBJUNTIVO

Presente
que eu *ouça / oiça**
que tu *ouças / oiças*
que ele/ela *ouça / oiça*
que nós *ouçamos / oiçamos*
que vós *ouçais / oiçais*
que eles/elas *ouçam / oiçam*

Pretérito Imperfeito
que eu *ouvisse*
que tu *ouvisses*
que ele/ela *ouvisse*
que nós *ouvíssemos*
que vós *ouvísseis*
que eles/elas *ouvissem*

Futuro
quando eu *ouvir*
quando tu *ouvires*
quando ele/ela *ouvir*
quando nós *ouvirmos*
quando vós *ouvirdes*
quando eles/elas *ouvirem*

IMPERATIVO

Afirmativo	Negativo*
ouve tu	não *ouças* tu
*ouça** você	não *ouça* você
*ouçamos** nós	não *ouçamos* nós
ouvi vós	não *ouçais* vós
*ouçam** vocês	não *ouçam* vocês

FORMAS NOMINAIS

Infinitivo Pessoal	Infinitivo Impessoal
para eu *ouvir*	-
para tu *ouvires*	
para ele/ela *ouvir*	*ouvir*
para nós *ouvirmos*	
para vós *ouvirdes*	
para eles/elas *ouvirem*	

Gerúndio	Particípio
ouvindo	*ouvido*

Notas importantes:
O verbo *ouvir* é da 3ª Conjugação. * O Acordo Ortográfico permitiu que duas grafias fossem aceitas para a 1ª pessoa do singular do Presente do Indicativo e para todas as pessoas do Presente do Subjuntivo; para a 3ª pessoa do singular, 3ª do singular, 1ª e 3ª do plural do Imperativo Afirmativo e todas as pessoas do Imperativo Negativo.

56 VENCER — Verbo Regular

INDICATIVO

Presente
- eu *venço*
- tu *vences*
- ele/ela *vence*
- nós *vencemos*
- vós *venceis*
- eles/elas *vencem*

Pretérito Imperfeito
- eu *vencia*
- tu *vencias*
- ele/ela *vencia*
- nós *vencíamos*
- vós *vencíeis*
- eles/elas *venciam*

Pretérito Perfeito
- eu *venci*
- tu *venceste*
- ele/ela *venceu*
- nós *vencemos*
- vós *vencestes*
- eles/elas *venceram*

Pretérito-Mais-Que-Perfeito
- eu *vencera*
- tu *venceras*
- ele/ela *vencera*
- nós *vencêramos*
- vós *vencêreis*
- eles/elas *venceram*

Futuro do Presente
- eu *vencerei*
- tu *vencerás*
- ele/ela *vencerá*
- nós *venceremos*
- vós *vencereis*
- eles/elas *vencerão*

Futuro do Pretérito
- eu *venceria*
- tu *vencerias*
- ele/ela *venceria*
- nós *venceríamos*
- vós *venceríeis*
- eles/elas *venceriam*

SUBJUNTIVO

Presente
- que eu *vença*
- que tu *venças*
- que ele/ela *vença*
- que nós *vençamos*
- que vós *vençais*
- que eles/elas *vençam*

Pretérito Imperfeito
- que eu *vencesse*
- que tu *vencesses*
- que ele/ela *vencesse*
- que nós *vencêssemos*
- que vós *vencêsseis*
- que eles/elas *vencessem*

Futuro
- quando eu *vencer*
- quando tu *venceres*
- quando ele/ela *vencer*
- quando nós *vencermos*
- quando vós *vencerdes*
- quando eles/elas *vencerem*

IMPERATIVO

Afirmativo	Negativo
vence tu	não *venças* tu
vença você	não *vença* você
vençamos nós	não *vençamos* nós
vencei vós	não *vençais* vós
vençam vocês	não *vençam* vocês

FORMAS NOMINAIS

Infinitivo Pessoal	Infinitivo Impessoal
para eu *vencer*	
para tu *venceres*	
para ele/ela *vencer*	*vencer*
para nós *vencermos*	
para vós *vencerdes*	
para eles/elas *vencerem*	

Gerúndio	Particípio
vencendo	*vencido*

Notas importantes:

O verbo *vencer* é da 2ª Conjugação. Os verbos regulares terminados em *-cer*, como descer, aquecer, etc., têm ç antes de *o* e *a*: desço, desça, desçamos, desçam; aqueço, aqueça, aqueçamos, aqueçam; etc.

Verbo Regular	**SAUDAR** 57
INDICATIVO	**SUBJUNTIVO**

Presente	Presente
eu *saúdo*	que eu *saúde*
tu *saúdas*	que tu *saúdes*
ele/ela *saúda*	que ele/ela *saúde*
nós *saudamos*	que nós *saudemos*
vós *saudais*	que vós *saudeis*
eles/elas *saúdam*	que eles/elas *saúdem*

Pretérito Imperfeito	Pretérito Imperfeito
eu *saudava*	que eu *saudasse*
tu *saudavas*	que tu *saudasses*
ele/ela *saudava*	que ele/ela *saudasse*
nós *saudávamos*	que nós *saudássemos*
vós *saudáveis*	que vós *saudásseis*
eles/elas *saudavam*	que eles/elas *saudassem*

Pretérito Perfeito	Futuro
eu *saudei*	quando eu *saudar*
tu *saudaste*	quando tu *saudares*
ele/ela *saudou*	quando ele/ela *saudar*
nós *saudamos*	quando nós *saudarmos*
vós *saudastes*	quando vós *saudardes*
eles/elas *saudaram*	quando eles/elas *saudarem*

Pretérito-Mais-Que-Perfeito	**IMPERATIVO**	
eu *saudara*	**Afirmativo**	**Negativo**
tu *saudaras*	*saúda* tu	não *saúdes* tu
ele/ela *saudara*	*saúde* você	não *saúde* você
nós *saudáramos*	*saudemos* nós	não *saudemos* nós
vós *saudáreis*	*saudai* vós	não *saudeis* vós
eles/elas *saudaram*	*saúdem* vocês	não *saúdem* vocês

Futuro do Presente	**FORMAS NOMINAIS**	
eu *saudarei*	**Infinitivo Pessoal**	**Infinitivo Impessoal**
tu *saudarás*	para eu *saudar*	
ele/ela *saudará*	para tu *saudares*	
nós *saudaremos*	para ele/ela *saudar*	*saudar*
vós *saudareis*	para nós *saudarmos*	
eles/elas *saudarão*	para vós *saudardes*	
Futuro do Pretérito	para eles/elas *saudarem*	
eu *saudaria*	**Gerúndio**	**Particípio**
tu *saudarias*		
ele/ela *saudaria*		
nós *saudaríamos*	*saudando*	*saudado*
vós *saudaríeis*		
eles/elas *saudariam*		

Notas importantes:

O verbo *saudar* é da 1ª Conjugação. O Acordo Ortográfico permitiu que a primeira pessoa do plural do Pretérito Perfeito do Indicativo tivesse grafia dupla: *saudamos* (Brasil) e *saudámos* (Portugal).

58 QUERER — Verbo Irregular

INDICATIVO

Presente
- eu *quero*
- tu *queres*
- ele/ela *quer*
- nós *queremos*
- vós *quereis*
- eles/elas *querem*

Pretérito Imperfeito
- eu *queria*
- tu *querias*
- ele/ela *queria*
- nós *queríamos*
- vós *queríeis*
- eles/elas *queriam*

Pretérito Perfeito
- eu *quis*
- tu *quiseste*
- ele/ela *quis*
- nós *quisemos*
- vós *quisestes*
- eles/elas *quiseram*

Pretérito-Mais-Que-Perfeito
- eu *quisera*
- tu *quiseras*
- ele/ela *quisera*
- nós *quiséramos*
- vós *quiséreis*
- eles/elas *quiseram*

Futuro do Presente
- eu *quererei*
- tu *quererás*
- ele/ela *quererá*
- nós *quereremos*
- vós *querereis*
- eles/elas *quererão*

Futuro do Pretérito
- eu *quereria*
- tu *quererias*
- ele/ela *quereria*
- nós *quereríamos*
- vós *quereríeis*
- eles/elas *quereriam*

SUBJUNTIVO

Presente
- que eu *queira*
- que tu *queiras*
- que ele/ela *queira*
- que nós *queiramos*
- que vós *queirais*
- que eles/elas *queiram*

Pretérito Imperfeito
- que eu *quisesse*
- que tu *quisesses*
- que ele/ela *quisesse*
- que nós *quiséssemos*
- que vós *quisésseis*
- que eles/elas *quisessem*

Futuro
- quando eu *quiser*
- quando tu *quiseres*
- quando ele/ela *quiser*
- quando nós *quisermos*
- quando vós *quiserdes*
- quando eles/elas *quiserem*

IMPERATIVO

Afirmativo	Negativo
quer tu	não *queiras* tu
queira você	não *queira* você
queiramos nós	não *queiramos* nós
querei vós	não *queirais* vós
queiram vocês	não *queiram* vocês

FORMAS NOMINAIS

Infinitivo Pessoal	Infinitivo Impessoal
para eu *querer*	
para tu *quereres*	
para ele/ela *querer*	*querer*
para nós *querermos*	
para vós *quererdes*	
para eles/elas *quererem*	

Gerúndio	Particípio
querendo	*querido*

Notas importantes:

O verbo *querer* é da 2ª Conjugação. Na 2ª pessoa do Presente do Indicativo (*tu queres*), quando acompanhado de pronomes como 'o', 'a', 'os', 'as', assume a forma 'quere'. Ex.: *quere-o*, *quere-os*, *quere-a*, *quere-as* (e não a forma *quere-lo*, como manda a regra).

Verbo Irregular	ABRIR
INDICATIVO	**SUBJUNTIVO**

Presente	Presente
eu *abro*	que eu *abra*
tu *abres*	que tu *abras*
ele/ela *abre*	que ele/ela *abra*
nós *abrimos*	que nós *abramos*
vós *abris*	que vós *abrais*
eles/elas *abrem*	que eles/elas *abram*

Pretérito Imperfeito	Pretérito Imperfeito
eu *abria*	que eu *abrisse*
tu *abrias*	que tu *abrisses*
ele/ela *abria*	que ele/ela *abrisse*
nós *abríamos*	que nós *abríssemos*
vós *abríeis*	que vós *abrísseis*
eles/elas *abriam*	que eles/elas *abrissem*

Pretérito Perfeito	Futuro
eu *abri*	quando eu *abrir*
tu *abriste*	quando tu *abrires*
ele/ela *abriu*	quando ele/ela *abrir*
nós *abrimos*	quando nós *abrirmos*
vós *abristes*	quando vós *abrirdes*
eles/elas *abriram*	quando eles/elas *abrirem*

Pretérito-Mais-Que-Perfeito	**IMPERATIVO**	
eu *abrira*	**Afirmativo**	**Negativo**
tu *abriras*	*abre* tu	não *abras* tu
ele/ela *abrira*	*abra* você	não *abra* você
nós *abríramos*	*abramos* nós	não *abramos* nós
vós *abríreis*	*abri* vós	não *abrais* vós
eles/elas *abriram*	*abram* vocês	não *abram* vocês

Futuro do Presente	**FORMAS NOMINAIS**	
eu *abrirei*	**Infinitivo Pessoal**	**Infinitivo Impessoal**
tu *abrirás*	para eu *abrir*	
ele/ela *abrirá*	para tu *abrires*	
nós *abriremos*	para ele/ela *abrir*	*abrir*
vós *abrireis*	para nós *abrirmos*	
eles/elas *abrirão*	para vós *abrirdes*	
Futuro do Pretérito	para eles/elas *abrirem*	
eu *abriria*	**Gerúndio**	**Particípio**
tu *abririas*		
ele/ela *abriria*		
nós *abriríamos*	*abrindo*	*aberto/*
vós *abriríeis*		*abrido*
eles/elas *abririam*		

Notas importantes:

O verbo *abrir* é da 3ª Conjugação. O forma nominal do Particípio é que torna este verbo irregular. A forma *abrido* não é usada, mas consta como "particípio abundante" em diversas gramáticas.

60 RESFOLEGAR — Verbo Regular

INDICATIVO

Presente
- eu *resfolego / resfólego*
- tu *resfolegas / resfólegas*
- ele/ela *resfolega / resfólega*
- nós *resfolegamos*
- vós *resfolegais*
- eles/elas *resfolegam / resfólegam*

Pretérito Imperfeito
- eu *resfolegava*
- tu *resfolegavas*
- ele/ela *resfolegava*
- nós *resfolegávamos*
- vós *resfolegáveis*
- eles/elas *resfolegavam*

Pretérito Perfeito
- eu *resfoleguei*
- tu *resfolegaste*
- ele/ela *resfolegou*
- nós *resfolegamos*
- vós *resfolegastes*
- eles/elas *resfolegaram*

Pretérito-Mais-Que-Perfeito
- eu *resfolegara*
- tu *resfolegaras*
- ele/ela *resfolegara*
- nós *resfolegáramos*
- vós *resfolegáreis*
- eles/elas *resfolegaram*

Futuro do Presente
- eu *resfolegarei*
- tu *resfolegarás*
- ele/ela *resfolegará*
- nós *resfolegaremos*
- vós *resfolegareis*
- eles/elas *resfolegarão*

Futuro do Pretérito
- eu *resfolegaria*
- tu *resfolegarias*
- ele/ela *resfolegaria*
- nós *resfolegaríamos*
- vós *resfolegaríeis*
- eles/elas *resfolegariam*

SUBJUNTIVO

Presente
- que eu *resfolegue / resfólegue*
- que tu *resfolegues / resfólegues*
- que ele/ela *resfolegue / resfólegue*
- que nós *resfoleguemos*
- que vós *resfolegueis*
- que eles/elas *resfoleguem / resfóleguem*

Pretérito Imperfeito
- que eu *resfolegasse*
- que tu *resfolegasses*
- que ele/ela *resfolegasse*
- que nós *resfolegássemos*
- que vós *resfolegásseis*
- que eles/elas *resfolegassem*

Futuro
- quando eu *resfolegar*
- quando tu *resfolegares*
- quando ele/ela *resfolegar*
- quando nós *resfolegarmos*
- quando vós *resfolegardes*
- quando eles/elas *resfolegarem*

IMPERATIVO

Afirmativo	Negativo
resfolega* tu	não *resfolegues** tu
resfolegue* você	não *resfolegue** você
resfoleguemos nós	não *resfoleguemos* nós
resfolegai vós	não *resfolegueis* vós
resfoleguem* vocês	não *resfoleguem** vocês

FORMAS NOMINAIS

Infinitivo Pessoal	Infinitivo Impessoal
para eu *resfolegar*	
para tu *resfolegres*	
para ele/ela *resfolegar*	*resfolegar*
para nós *resfolegarmos*	
para vós *resfolegardes*	
para eles/elas *resfolegarem*	

Gerúndio	Particípio
resfolegando	*resfolegado*

Notas importantes:
O verbo *resfolegar* é da 1ª Conjugação. A 1ª pess. do pl. do Pret. Perf. do Indicativo tem dupla grafia: *resfolegamos* (Brasil) e *resfolegámos* (Portugal). * Acrescente variantes aos Imperativos as formas rizotônicas na 2ª e 3ª pessoa do singular e 3ª pessoa do plural. No Imperativo Afirmativo: *resfólega tu, resfólega você; resfóleguem vocês*. E no Imperativo Negativo: *não resfólegues tu, não resfólegue você, não resfóleguem vocês*.

Verbo Irregular	FAZER	
INDICATIVO	**SUBJUNTIVO**	
Presente	**Presente**	
eu *faço*	que eu *faça*	
tu *fazes*	que tu *faças*	
ele/ela *faz*	que ele/ela *faça*	
nós *fazemos*	que nós *façamos*	
vós *fazeis*	que vós *façais*	
eles/elas *fazem*	que eles/elas *façam*	
Pretérito Imperfeito	**Pretérito Imperfeito**	
eu *fazia*	que eu *fizesse*	
tu *fazias*	que tu *fizesses*	
ele/ela *fazia*	que ele/ela *fizesse*	
nós *fazíamos*	que nós *fizéssemos*	
vós *fazíeis*	que vós *fizésseis*	
eles/elas *faziam*	que eles/elas *fizessem*	
Pretérito Perfeito	**Futuro**	
eu *fiz*	quando eu *fizer*	
tu *fizeste*	quando tu *fizeres*	
ele/ela *fez*	quando ele/ela *fizer*	
nós *fizemos*	quando nós *fizermos*	
vós *fizestes*	quando vós *fizerdes*	
eles/elas *fizeram*	quando eles/elas *fizerem*	
Pretérito-Mais-Que-Perfeito	**IMPERATIVO**	
eu *fizera*	**Afirmativo**	**Negativo**
tu *fizeras*	*faze* tu	não *faças* tu
ele/ela *fizera*	*faça* você	não *faça* você
nós *fizéramos*	*façamos* nós	não *façamos* nós
vós *fizéreis*	*fazei* vós	não *façais* vós
eles/elas *fizeram*	*façam* vocês	não *façam* vocês
Futuro do Presente	**FORMAS NOMINAIS**	
eu *farei*	**Infinitivo Pessoal**	**Infinitivo Impessoal**
tu *farás*	para eu *fazer*	
ele/ela *fará*	para tu *fazeres*	
nós *faremos*	para ele/ela *fazer*	*fazer*
vós *fareis*	para nós *fazermos*	
eles/elas *farão*	para vós *fazerdes*	
Futuro do Pretérito	para eles/elas *fazerem*	
eu *faria*	**Gerúndio**	**Particípio**
tu *farias*		
ele/ela *faria*		
nós *faríamos*	*fazendo*	*feito*
vós *faríeis*		
eles/elas *fariam*		

Notas importantes:

O verbo *fazer* é da 2ª Conjugação.

62 SERVIR — Verbo Irregular

INDICATIVO

Presente
- eu *sirvo*
- tu *serves*
- ele/ela *serve*
- nós *servimos*
- vós *servis*
- eles/elas *servem*

Pretérito Imperfeito
- eu *servia*
- tu *servias*
- ele/ela *servia*
- nós *servíamos*
- vós *servíeis*
- eles/elas *serviam*

Pretérito Perfeito
- eu *servi*
- tu *serviste*
- ele/ela *serviu*
- nós *servimos*
- vós *servistes*
- eles/elas *serviram*

Pretérito-Mais-Que-Perfeito
- eu *servira*
- tu *serviras*
- ele/ela *servira*
- nós *servíramos*
- vós *servíreis*
- eles/elas *serviram*

Futuro do Presente
- eu *servirei*
- tu *servirás*
- ele/ela *servirá*
- nós *serviremos*
- vós *servireis*
- eles/elas *servirão*

Futuro do Pretérito
- eu *serviria*
- tu *servirias*
- ele/ela *serviria*
- nós *serviríamos*
- vós *serviríeis*
- eles/elas *serviriam*

SUBJUNTIVO

Presente
- que eu *sirva*
- que tu *sirvas*
- que ele/ela *sirva*
- que nós *sirvamos*
- que vós *sirvais*
- que eles/elas *sirvam*

Pretérito Imperfeito
- que eu *servisse*
- que tu *servisses*
- que ele/ela *servisse*
- que nós *servíssemos*
- que vós *servísseis*
- que eles/elas *servissem*

Futuro
- quando eu *servir*
- quando tu *servires*
- quando ele/ela *servir*
- quando nós *servirmos*
- quando vós *servirdes*
- quando eles/elas *servirem*

IMPERATIVO

Afirmativo	Negativo
serve tu	não *sirvas* tu
sirva você	não *sirva* você
sirvamos nós	não *sirvamos* nós
servi vós	não *sirvais* vós
sirvam vocês	não *sirvam* vocês

FORMAS NOMINAIS

Infinitivo Pessoal	Infinitivo Impessoal
para eu *servir*	
para tu *servires*	
para ele/ela *servir*	*servir*
para nós *servirmos*	
para vós *servirdes*	
para eles/elas *servirem*	

Gerúndio	Particípio
servindo	*servido*

Notas importantes:
O verbo *servir* é da 3ª Conjugação. A vogal *e* no radical é substituída pela vogal *i* nas formas do Presente do Indicativo, Presente do Subjuntivo e do Imperativo, conforme a regra.

Verbo Regular	**FICAR** 63
INDICATIVO	**SUBJUNTIVO**

INDICATIVO

Presente
eu *fico*
tu *ficas*
ele/ela *fica*
nós *ficamos*
vós *ficais*
eles/elas *ficam*

Pretérito Imperfeito
eu *ficava*
tu *ficavas*
ele/ela *ficava*
nós *ficávamos*
vós *ficáveis*
eles/elas *ficavam*

Pretérito Perfeito
eu *fiquei*
tu *ficaste*
ele/ela *ficou*
nós *ficamos*
vós *ficastes*
eles/elas *ficaram*

Pretérito-Mais-Que-Perfeito
eu *ficara*
tu *ficaras*
ele/ela *ficara*
nós *ficáramos*
vós *ficáreis*
eles/elas *ficaram*

Futuro do Presente
eu *ficarei*
tu *ficarás*
ele/ela *ficará*
nós *ficaremos*
vós *ficareis*
eles/elas *ficarão*

Futuro do Pretérito
eu *ficaria*
tu *ficarias*
ele/ela *ficaria*
nós *ficaríamos*
vós *ficaríeis*
eles/elas *ficariam*

SUBJUNTIVO

Presente
que eu *fique*
que tu *fiques*
que ele/ela *fique*
que nós *fiquemos*
que vós *fiqueis*
que eles/elas *fiquem*

Pretérito Imperfeito
que eu *ficasse*
que tu *ficasses*
que ele/ela *ficasse*
que nós *ficássemos*
que vós *ficásseis*
que eles/elas *ficassem*

Futuro
quando eu *ficar*
quando tu *ficares*
quando ele/ela *ficar*
quando nós *ficarmos*
quando vós *ficardes*
quando eles/elas *ficarem*

IMPERATIVO

Afirmativo	Negativo
fica tu	não *fiques* tu
fique você	não *fique* você
fiquemos nós	não *fiquemos* nós
ficai vós	não *fiqueis* vós
fiquem vocês	não *fiquem* vocês

FORMAS NOMINAIS

Infinitivo Pessoal	Infinitivo Impessoal
para eu *ficar*	
para tu *ficares*	
para ele/ela *ficar*	*ficar*
para nós *ficarmos*	
para vós *ficardes*	
para eles/elas *ficarem*	

Gerúndio	Particípio
ficando	*ficado*

Notas importantes:

O verbo *ficar* é da 1ª Conjugação. Os verbos terminados em *-car* trocam o *c* por *qu* antes de *e*: *secar, seque*, etc. O Acordo Ortográfico permitiu que a primeira pessoa do plural do Pretérito Perfeito do Indicativo tivesse grafia dupla: *ficamos* (Brasil) e *ficámos* (Portugal).

64 — ARGUIR — Verbo Regular

INDICATIVO

Presente
- eu *arguo*
- tu *arguis*
- ele/ela *argui*
- nós *arguimos*
- vós *arguis*
- eles/elas *arguem*

Pretérito Imperfeito
- eu *arguia*
- tu *arguias*
- ele/ela *arguia*
- nós *arguíamos*
- vós *arguíeis*
- eles/elas *arguiam*

Pretérito Perfeito
- eu *argui*
- tu *arguiste*
- ele/ela *arguiu*
- nós *arguimos*
- vós *arguistes*
- eles/elas *arguiram*

Pretérito-Mais-Que-Perfeito
- eu *arguira*
- tu *arguiras*
- ele/ela *arguira*
- nós *arguíramos*
- vós *arguireis*
- eles/elas *arguiram*

Futuro do Presente
- eu *arguirei*
- tu *arguirás*
- ele/ela *arguirá*
- nós *arguiremos*
- vós *arguireis*
- eles/elas *arguirão*

Futuro do Pretérito
- eu *arguiria*
- tu *arguirias*
- ele/ela *arguiria*
- nós *arguiríamos*
- vós *arguiríeis*
- eles/elas *arguiriam*

SUBJUNTIVO

Presente
- que eu *argua*
- que tu *arguas*
- que ele/ela *argua*
- que nós *arguamos*
- que vós *arguais*
- que eles/elas *arguam*

Pretérito Imperfeito
- que eu *arguisse*
- que tu *arguisses*
- que ele/ela *arguisse*
- que nós *arguíssemos*
- que vós *arguísseis*
- que eles/elas *arguissem*

Futuro
- quando eu *arguir*
- quando tu *arguires*
- quando ele/ela *arguir*
- quando nós *arguirmos*
- quando vós *arguirdes*
- quando eles/elas *arguirem*

IMPERATIVO

Afirmativo	Negativo
argui tu	não *arguas* tu
argua você	não *argua* você
arguamos nós	não *arguamos* nós
arguais vós	não *arguais* vós
arguam vocês	não *arguam* vocês

FORMAS NOMINAIS

Infinitivo Pessoal	Infinitivo Impessoal
para eu *arguir*	
para tu *arguires*	
para ele/ela *arguir*	*arguir*
para nós *arguirmos*	
para vós *arguirdes*	
para eles/elas *arguirem*	

Gerúndio	Particípio
arguindo	*arguido*

Notas importantes:

O verbo *arguir* é da 3ª Conjugação. Com o novo Acordo Ortográfico, o *u* tônico perdeu o acento, apesar do protesto de muitos gramáticos. Como *arguir*, conjuga-se *redarguir*.

Verbo Regular	**DIRIGIR**
INDICATIVO	**SUBJUNTIVO**

Presente	**Presente**
eu *dirijo*	que eu *dirija*
tu *diriges*	que tu *dirijas*
ele/ela *dirige*	que ele/ela *dirija*
nós *dirigimos*	que nós *dirijamos*
vós *dirigis*	que vós *dirijais*
eles/elas *dirigem*	que eles/elas *dirijam*
Pretérito Imperfeito	**Pretérito Imperfeito**
eu *dirigia*	que eu *dirigisse*
tu *dirigias*	que tu *dirigisses*
ele/ela *dirigia*	que ele/ela *dirigisse*
nós *dirigíamos*	que nós *dirigíssemos*
vós *dirigíeis*	que vós *dirigísseis*
eles/elas *dirigiam*	que eles/elas *dirigissem*
Pretérito Perfeito	**Futuro**
eu *dirigi*	quando eu *dirigir*
tu *dirigiste*	quando tu *dirigires*
ele/ela *dirigiu*	quando ele/ela *dirigir*
nós *dirigimos*	quando nós *dirigirmos*
vós *dirigistes*	quando vós *dirigirdes*
eles/elas *dirigiram*	quando eles/elas *dirigirem*

Pretérito-Mais-Que-Perfeito	**IMPERATIVO**	
eu *dirigira*	**Afirmativo**	**Negativo**
tu *dirigiras*	*dirige* tu	não *dirijas* tu
ele/ela *dirigira*	*dirija* você	não *dirija* você
nós *dirigíramos*	*dirijamos* nós	não *dirijamos* nós
vós *dirigíreis*	*dirigi* vós	não *dirijais* vós
eles/elas *dirigiram*	*dirijam* vocês	não *dirijam* vocês

Futuro do Presente	**FORMAS NOMINAIS**	
eu *dirigirei*	**Infinitivo Pessoal**	**Infinitivo Impessoal**
tu *dirigirás*	para eu *dirigir*	
ele/ela *dirigirá*	para tu *dirigires*	
nós *dirigiremos*	para ele/ela *dirigir*	*dirigir*
vós *dirigireis*	para nós *dirigirmos*	
eles/elas *dirigirão*	para vós *dirigirdes*	
Futuro do Pretérito	para eles/elas *dirigirem*	
eu *dirigiria*	**Gerúndio**	**Particípio**
tu *dirigirias*		
ele/ela *dirigiria*		
nós *dirigiríamos*	*dirigindo*	*dirigido*
vós *dirigiríeis*		
eles/elas *dirigiriam*		

Notas importantes:

O verbo *dirigir* é da 3ª Conjugação. Os verbos regulares terminados em *-gir* trocam *g* por *j* antes de *o* e *a*: atingir, atinjo, atinja, etc.

66 SAIR — Verbo Irregular

INDICATIVO

Presente
- eu *saio*
- tu *sais*
- ele/ela *sai*
- nós *saímos*
- vós *saís*
- eles/elas *saem*

Pretérito Imperfeito
- eu *saía*
- tu *saías*
- ele/ela *saía*
- nós *saíamos*
- vós *saíeis*
- eles/elas *saíam*

Pretérito Perfeito
- eu *saí*
- tu *saíste*
- ele/ela *saiu*
- nós *saímos*
- vós *saístes*
- eles/elas *saíram*

Pretérito-Mais-Que-Perfeito
- eu *saíra*
- tu *saíras*
- ele/ela *saíra*
- nós *saíramos*
- vós *saíreis*
- eles/elas *saíram*

Futuro do Presente
- eu *sairei*
- tu *sairás*
- ele/ela *sairá*
- nós *sairemos*
- vós *saireis*
- eles/elas *sairão*

Futuro do Pretérito
- eu *sairia*
- tu *sairias*
- ele/ela *sairia*
- nós *sairíamos*
- vós *sairíeis*
- eles/elas *sairiam*

SUBJUNTIVO

Presente
- que eu *saia*
- que tu *saias*
- que ele/ela *saia*
- que nós *saiamos*
- que vós *saiais*
- que eles/elas *saiam*

Pretérito Imperfeito
- que eu *saísse*
- que tu *saísses*
- que ele/ela *saísse*
- que nós *saíssemos*
- que vós *saísseis*
- que eles/elas *saíssem*

Futuro
- quando eu *sair*
- quando tu *saíres*
- quando ele/ela *sair*
- quando nós *sairmos*
- quando vós *sairdes*
- quando eles/elas *saírem*

IMPERATIVO

Afirmativo	Negativo
sai tu	não *saias* tu
saia você	não *saia* você
saiamos nós	não *saiamos* nós
saí vós	não *saiais* vós
saiam vocês	não *saiam* vocês

FORMAS NOMINAIS

Infinitivo Pessoal	Infinitivo Impessoal
para eu *sair*	
para tu *saíres*	
para ele/ela *sair*	*sair*
para nós *sairmos*	
para vós *sairdes*	
para eles/elas *saírem*	

Gerúndio	Particípio
saindo	*saído*

Notas importantes:

O verbo *sair* é da 3ª Conjugação.

Verbo Irregular	**CONSTRUIR** 67
INDICATIVO	**SUBJUNTIVO**

Presente	Presente
eu *construo*	que eu *construa*
tu *constróis* / *construis*	que tu *construas*
ele/ela *constrói* / *construi*	que ele/ela *construa*
nós *construímos*	que nós *construamos*
vós *construís*	que vós *construais*
eles/elas *constroem* / *construem*	que eles/elas *construam*

Pretérito Imperfeito	Pretérito Imperfeito
eu *construía*	que eu *construísse*
tu *construías*	que tu *construísses*
ele/ela *construía*	que ele/ela *construísse*
nós *construíamos*	que nós *construíssemos*
vós *construíeis*	que vós *construísseis*
eles/elas *construíam*	que eles/elas *construíssem*

Pretérito Perfeito	Futuro
eu *construí*	quando eu *construir*
tu *construíste*	quando tu *construíres*
ele/ela *construiu*	quando ele/ela *construir*
nós *construímos*	quando nós *construirmos*
vós *construístes*	quando vós *construirdes*
eles/elas *construíram*	quando eles/elas *construírem*

Pretérito-Mais-Que-Perfeito	**IMPERATIVO**	
eu *construíra*	**Afirmativo**	**Negativo**
tu *construíras*	*constrói* tu	não *construas* tu
ele/ela *construíra*	*construa* você	não *construa* você
nós *construíramos*	*construamos* nós	não *construamos* nós
vós *construíreis*	*construí* vós	não *construaia* vós
eles/elas *construíram*	*construam* vocês	não *construam* vocês

Futuro do Presente	**FORMAS NOMINAIS**	
eu *construirei*	**Infinitivo Pessoal**	**Infinitivo Impessoal**
tu *construirás*	para eu *construir*	
ele/ela *construirá*	para tu *construíres*	
nós *construiremos*	para ele/ela *construir*	*construir*
vós *construireis*	para nós *construirmos*	
eles/elas *construirão*	para vós *construirdes*	
Futuro do Pretérito	para eles/elas *construírem*	
eu *construiria*	**Gerúndio**	**Particípio**
tu *construirias*		
ele/ela *construiria*		
nós *construiríamos*	*construindo*	*construído*
vós *construiríeis*		
eles/elas *construiriam*		

Notas importantes:

O verbo *construir* é da 3ª Conjugação. As formas regulares do Presente do Indicativo *construis*, *construi*, *construem* e do Imperativo Afirmativo *construi* não são usadas.

68 — PEDIR — Verbo Irregular

INDICATIVO

Presente
- eu *peço*
- tu *pedes*
- ele/ela *pede*
- nós *pedimos*
- vós *pedis*
- eles/elas *pedem*

Pretérito Imperfeito
- eu *pedia*
- tu *pedias*
- ele/ela *pedia*
- nós *pedíamos*
- vós *pedíeis*
- eles/elas *pediam*

Pretérito Perfeito
- eu *pedi*
- tu *pediste*
- ele/ela *pediu*
- nós *pedimos*
- vós *pedistes*
- eles/elas *pediram*

Pretérito-Mais-Que-Perfeito
- eu *pedira*
- tu *pediras*
- ele/ela *pedira*
- nós *pedíramos*
- vós *pedíreis*
- eles/elas *pediram*

Futuro do Presente
- eu *pedirei*
- tu *pedirás*
- ele/ela *pedirá*
- nós *pediremos*
- vós *pedireis*
- eles/elas *pedirão*

Futuro do Pretérito
- eu *pediria*
- tu *pedirias*
- ele/ela *pediria*
- nós *pediríamos*
- vós *pediríeis*
- eles/elas *pediriam*

SUBJUNTIVO

Presente
- que eu *peça*
- que tu *peças*
- que ele/ela *peça*
- que nós *peçamos*
- que vós *peçais*
- que eles/elas *peçam*

Pretérito Imperfeito
- que eu *pedisse*
- que tu *pedisses*
- que ele/ela *pedisse*
- que nós *pedíssemos*
- que vós *pedísseis*
- que eles/elas *pedissem*

Futuro
- quando eu *pedir*
- quando tu *pedires*
- quando ele/ela *pedir*
- quando nós *pedirmos*
- quando vós *pedirdes*
- quando eles/elas *pedirem*

IMPERATIVO

Afirmativo	Negativo
pede tu	não *peças* tu
peça você	não *peça* você
peçamos nós	não *peçamos* nós
pedi vós	não *peçais* vós
peçam vocês	não *peçam* vocês

FORMAS NOMINAIS

Infinitivo Pessoal	Infinitivo Impessoal
para eu *pedir*	
para tu *pedires*	
para ele/ela *pedir*	*pedir*
para nós *pedirmos*	
para vós *pedirdes*	
para eles/elas *pedirem*	

Gerúndio	Particípio
pedindo	*pedido*

Notas importantes:

O verbo *trazer* é da 2ª Conjugação.

Verbo Irregular	**VER** 69
INDICATIVO	**SUBJUNTIVO**

Indicativo

Presente
- eu *vejo*
- tu *vês*
- ele/ela *vê*
- nós *vemos*
- vós *vedes*
- eles/elas *veem*

Pretérito Imperfeito
- eu *via*
- tu *vias*
- ele/ela *via*
- nós *víamos*
- vós *víeis*
- eles/elas *viam*

Pretérito Perfeito
- eu *vi*
- tu *viste*
- ele/ela *viu*
- nós *vimos*
- vós *vistes*
- eles/elas *viram*

Pretérito-Mais-Que-Perfeito
- eu *vira*
- tu *viras*
- ele/ela *vira*
- nós *víramos*
- vós *víreis*
- eles/elas *viram*

Futuro do Presente
- eu *verei*
- tu *verás*
- ele/ela *verá*
- nós *veremos*
- vós *vereis*
- eles/elas *verão*

Futuro do Pretérito
- eu *veria*
- tu *verias*
- ele/ela *veria*
- nós *veríamos*
- vós *veríeis*
- eles/elas *veriam*

Subjuntivo

Presente
- que eu *veja*
- que tu *vejas*
- que ele/ela *veja*
- que nós *vejamos*
- que vós *vejais*
- que eles/elas *vejam*

Pretérito Imperfeito
- que eu *visse*
- que tu *visses*
- que ele/ela *visse*
- que nós *víssemos*
- que vós *vísseis*
- que eles/elas *vissem*

Futuro
- quando eu *vir*
- quando tu *vires*
- quando ele/ela *vir*
- quando nós *virmos*
- quando vós *virdes*
- quando eles/elas *virem*

IMPERATIVO

Afirmativo	Negativo
vê tu	não *vejas* tu
veja você	não *veja* você
vejamos nós	não *vejamos* nós
vede vós	não *vejais* vós
vejam vocês	não *vejam* vocês

FORMAS NOMINAIS

Infinitivo Pessoal	Infinitivo Impessoal
para eu *ver*	
para tu *veres*	
para ele/ela *ver*	*ver*
para nós *vermos*	
para vós *verdes*	
para eles/elas *verem*	

Gerúndio	Particípio
vendo	*visto*

Notas importantes:

O verbo *trazer* é da 2ª Conjugação.

70 SEDUZIR — Verbo Irregular

INDICATIVO

Presente
- eu *seduzo*
- tu *seduzes*
- ele/ela *seduz*
- nós *seduzimos*
- vós *seduzis*
- eles/elas *seduzem*

Pretérito Imperfeito
- eu *seduzia*
- tu *seduzias*
- ele/ela *seduzia*
- nós *seduzíamos*
- vós *seduzíeis*
- eles/elas *seduziam*

Pretérito Perfeito
- eu *seduzi*
- tu *seduziste*
- ele/ela *seduziu*
- nós *seduzimos*
- vós *seduzistes*
- eles/elas *seduziram*

Pretérito-Mais-Que-Perfeito
- eu *seduzira*
- tu *seduziras*
- ele/ela *seduzira*
- nós *seduzíramos*
- vós *seduzíreis*
- eles/elas *seduziram*

Futuro do Presente
- eu *seduzirei*
- tu *seduzirás*
- ele/ela *seduzirá*
- nós *seduziremos*
- vós *seduzireis*
- eles/elas *seduzirão*

Futuro do Pretérito
- eu *seduziria*
- tu *seduzirias*
- ele/ela *seduziria*
- nós *seduziríamos*
- vós *seduziríeis*
- eles/elas *seduziriam*

SUBJUNTIVO

Presente
- que eu *seduza*
- que tu *seduzas*
- que ele/ela *seduza*
- que nós *seduzamos*
- que vós *seduzais*
- que eles/elas *seduzam*

Pretérito Imperfeito
- que eu *seduzisse*
- que tu *seduzisses*
- que ele/ela *seduzisse*
- que nós *seduzíssemos*
- que vós *seduzísseis*
- que eles/elas *seduzissem*

Futuro
- quando eu *seduzir*
- quando tu *seduzires*
- quando ele/ela *seduzir*
- quando nós *seduzirmos*
- quando vós *seduzirdes*
- quando eles/elas *seduzirem*

IMPERATIVO

Afirmativo	Negativo
seduze / *seduz* tu	não *seduzas* tu
seduza você	não *seduza* você
seduzamos nós	não *seduzamos* nós
seduzi vós	não *seduzais* vós
seduzam vocês	não *seduzam* vocês

FORMAS NOMINAIS

Infinitivo Pessoal	Infinitivo Impessoal
para eu *seduzir*	
para tu *seduzires*	
para ele/ela *seduzir*	*seduzir*
para nós *seduzirmos*	
para vós *seduzirdes*	
para eles/elas *seduzirem*	

Gerúndio	Particípio
seduzindo	*seduzido*

Notas importantes:
O verbo *seduzir* é da 3ª Conjugação.

Verbo Irregular	**LER** 71	
INDICATIVO	**SUBJUNTIVO**	
Presente	**Presente**	
eu *leio*	que eu *leia*	
tu *lês*	que tu *leias*	
ele/ela *lê*	que ele/ela *leia*	
nós *lemos*	que nós *leiamos*	
vós *ledes*	que vós *leiais*	
eles/elas *leem*	que eles/elas *leiam*	
Pretérito Imperfeito	**Pretérito Imperfeito**	
eu *lia*	que eu *lesse*	
tu *lias*	que tu *lesses*	
ele/ela *lia*	que ele/ela *lesse*	
nós *líamos*	que nós *lêssemos*	
vós *líeis*	que vós *lêsseis*	
eles/elas *liam*	que eles/elas *lessem*	
Pretérito Perfeito	**Futuro**	
eu *li*	quando eu *ler*	
tu *leste*	quando tu *leres*	
ele/ela *leu*	quando ele/ela *ler*	
nós *lemos*	quando nós *lermos*	
vós *lestes*	quando vós *lerdes*	
eles/elas *leram*	quando eles/elas *lerem*	
Pretérito-Mais-Que-Perfeito	**IMPERATIVO**	
eu *lera*	**Afirmativo**	**Negativo**
tu *leras*	*lê* tu	não *leias* tu
ele/ela *lera*	*leia* você	não *leia* você
nós *lêramos*	*leiamos* nós	não *leiamos* nós
vós *lêreis*	*lede* vós	não *leiais* vós
eles/elas *leram*	*leiam* vocês	não *leiam* vocês
Futuro do Presente	**FORMAS NOMINAIS**	
eu *lerei*	**Infinitivo Pessoal**	**Infinitivo Impessoal**
tu *lerás*	para eu *ler*	
ele/ela *lerá*	para tu *leres*	
nós *leremos*	para ele/ela *ler*	*ler*
vós *lereis*	para nós *lermos*	
eles/elas *lerão*	para vós *lerdes*	
Futuro do Pretérito	para eles/elas *lerem*	
eu *leria*	**Gerúndio**	**Particípio**
tu *lerias*		
ele/ela *leria*		
nós *leríamos*	*lendo*	*lido*
vós *leríeis*		
eles/elas *leriam*		

Notas importantes:
O verbo *ler* é da 2ª Conjugação.

72 — VIR — Verbo Irregular

INDICATIVO

Presente
- eu *venho*
- tu *vens*
- ele/ela *vem*
- nós *vimos*
- vós *vindes*
- eles/elas *vêm*

Pretérito Imperfeito
- eu *vinha*
- tu *vinhas*
- ele/ela *vinha*
- nós *vínhamos*
- vós *vínheis*
- eles/elas *vinham*

Pretérito Perfeito
- eu *vim*
- tu *vieste*
- ele/ela *veio*
- nós *viemos*
- vós *viestes*
- eles/elas *vieram*

Pretérito-Mais-Que-Perfeito
- eu *viera*
- tu *vieras*
- ele/ela *viera*
- nós *viéramos*
- vós *viéreis*
- eles/elas *vieram*

Futuro do Presente
- eu *virei*
- tu *virás*
- ele/ela *virá*
- nós *viremos*
- vós *vireis*
- eles/elas *virão*

Futuro do Pretérito
- eu *viria*
- tu *virias*
- ele/ela *viria*
- nós *viríamos*
- vós *viríeis*
- eles/elas *viriam*

SUBJUNTIVO

Presente
- que eu *venha*
- que tu *venhas*
- que ele/ela *venha*
- que nós *venhamos*
- que vós *venhais*
- que eles/elas *venham*

Pretérito Imperfeito
- que eu *viesse*
- que tu *viesses*
- que ele/ela *viesse*
- que nós *viéssemos*
- que vós *viésseis*
- que eles/elas *viessem*

Futuro
- quando eu *vier*
- quando tu *vieres*
- quando ele/ela *vier*
- quando nós *viermos*
- quando vós *vierdes*
- quando eles/elas *vierem*

IMPERATIVO

Afirmativo	Negativo
vem tu	não *venhas* tu
venha você	não *venha* você
venhamos nós	não *venhamos* nós
vinde vós	não *venhais* vós
venham vocês	não *venham* vocês

FORMAS NOMINAIS

Infinitivo Pessoal	Infinitivo Impessoal
para eu *vir*	
para tu *vires*	
para ele/ela *vir*	*vir*
para nós *virmos*	
para vós *virdes*	
para eles/elas *virem*	

Gerúndio	Particípio
vindo	*vindo*

Notas importantes:

O verbo *vir* é da 3ª Conjugação.

Verbo Irregular	COBRIR	73

INDICATIVO

Presente
eu *cubro*
tu *cobres*
ele/ela *cobre*
nós *cobrimos*
vós *cobris*
eles/elas *cobrem*

Pretérito Imperfeito
eu *cobria*
tu *cobrias*
ele/ela *cobria*
nós *cobríamos*
vós *cobríeis*
eles/elas *cobriam*

Pretérito Perfeito
eu *cobri*
tu *cobriste*
ele/ela *cobriu*
nós *cobrimos*
vós *cobristes*
eles/elas *cobriram*

Pretérito-Mais-Que-Perfeito
eu *cobrira*
tu *cobriras*
ele/ela *cobrira*
nós *cobríramos*
vós *cobríreis*
eles/elas *cobriram*

Futuro do Presente
eu *cobrirei*
tu *cobrirás*
ele/ela *cobrirá*
nós *cobriremos*
vós *cobrireis*
eles/elas *cobrirão*

Futuro do Pretérito
eu *cobriria*
tu *cobririas*
ele/ela *cobriria*
nós *cobriríamos*
vós *cobriríeis*
eles/elas *cobririam*

SUBJUNTIVO

Presente
que eu *cubra*
que tu *cubras*
que ele/ela *cubra*
que nós *cubramos*
que vós *cubrais*
que eles/elas *cubram*

Pretérito Imperfeito
que eu *cobrisse*
que tu *cobrisses*
que ele/ela *cobrisse*
que nós *cobríssemos*
que vós *cobrísseis*
que eles/elas *cobrissem*

Futuro
quando eu *cobrir*
quando tu *cobrires*
quando ele/ela *cobrir*
quando nós *cobrirmos*
quando vós *cobrirdes*
quando eles/elas *cobrirem*

IMPERATIVO

Afirmativo	Negativo
cobre tu	não *cubras* tu
cubra você	não *cubra* você
cubramos nós	não *cubramos* nós
cubri vós	não *cubrais* vós
cubram vocês	não *cubram* vocês

FORMAS NOMINAIS

Infinitivo Pessoal	Infinitivo Impessoal
para eu *cobrir*	
para tu *cobrires*	
para ele/ela *cobrir*	*cobrir*
para nós *cobrirmos*	
para vós *cobrirdes*	
para eles/elas *cobrirem*	

Gerúndio	Particípio
cobrindo	*cobrido/ coberto*

Notas importantes:
O verbo *cobrir* é da 3ª Conjugação.

74 ERGUER — Verbo Regular

INDICATIVO

Presente
- eu *ergo*
- tu *ergues*
- ele/ela *ergue*
- nós *erguemos*
- vós *ergueis*
- eles/elas *erguem*

Pretérito Imperfeito
- eu *erguia*
- tu *erguias*
- ele/ela *erguia*
- nós *erguíamos*
- vós *erguíeis*
- eles/elas *erguiam*

Pretérito Perfeito
- eu *ergui*
- tu *ergueste*
- ele/ela *ergueu*
- nós *erguemos*
- vós *erguestes*
- eles/elas *ergueram*

Pretérito-Mais-Que-Perfeito
- eu *erguera*
- tu *ergueras*
- ele/ela *erguera*
- nós *erguêramos*
- vós *erguêreis*
- eles/elas *ergueram*

Futuro do Presente
- eu *erguerei*
- tu *erguerás*
- ele/ela *erguerá*
- nós *ergueremos*
- vós *erguereis*
- eles/elas *erguerão*

Futuro do Pretérito
- eu *ergueria*
- tu *erguerias*
- ele/ela *ergueria*
- nós *erguerίamos*
- vós *erguerίeis*
- eles/elas *ergueriam*

SUBJUNTIVO

Presente
- que eu *erga*
- que tu *ergas*
- que ele/ela *erga*
- que nós *ergamos*
- que vós *ergais*
- que eles/elas *ergam*

Pretérito Imperfeito
- que eu *erguesse*
- que tu *erguesses*
- que ele/ela *erguesse*
- que nós *erguêssemos*
- que vós *erguêsseis*
- que eles/elas *erguessem*

Futuro
- quando eu *erguer*
- quando tu *ergueres*
- quando ele/ela *erguer*
- quando nós *erguermos*
- quando vós *erguerdes*
- quando eles/elas *erguerem*

IMPERATIVO

Afirmativo	Negativo
ergue tu	não *ergas* tu
erga você	não *erga* você
ergamos nós	não *ergamos* nós
erguei vós	não *ergais* vós
ergam vocês	não *ergam* vocês

FORMAS NOMINAIS

Infinitivo Pessoal	Infinitivo Impessoal
para eu *erguer*	
para tu *ergueres*	
para ele/ela *erguer*	*erguer*
para nós *erguermos*	
para vós *erguerdes*	
para eles/elas *erguerem*	

Gerúndio	Particípio
erguendo	*erguido*

Notas importantes:

O verbo *erguer* é da 2ª Conjugação.

Verbo Irregular	POLIR	
INDICATIVO	**SUBJUNTIVO**	
Presente	**Presente**	
eu *pulo*	que eu *pula*	
tu *pules*	que tu *pulas*	
ele/ela *pule*	que ele/ela *pula*	
nós *polimos*	que nós *pulamos*	
vós *polis*	que vós *pulais*	
eles/elas *pulem*	que eles/elas *pulam*	
Pretérito Imperfeito	**Pretérito Imperfeito**	
eu *polia*	que eu *polisse*	
tu *polias*	que tu *polisses*	
ele/ela *polia*	que ele/ela *polisse*	
nós *políamos*	que nós *políssemos*	
vós *políeis*	que vós *polísseis*	
eles/elas *poliam*	que eles/elas *polissem*	
Pretérito Perfeito	**Futuro**	
eu *poli*	quando eu *polir*	
tu *poliste*	quando tu *polires*	
ele/ela *poliu*	quando ele/ela *polir*	
nós *polimos*	quando nós *polirmos*	
vós *polistes*	quando vós *polirdes*	
eles/elas *poliram*	quando eles/elas *polirem*	
Pretérito-Mais-Que-Perfeito	**IMPERATIVO**	
eu *polira*	**Afirmativo**	**Negativo**
tu *poliras*	*pule* tu	não *pulas* tu
ele/ela *polira*	*pula* você	não *pula* você
nós *políramos*	*pulamos* nós	não *pulamos* nós
vós *políreis*	*poli* vós	não *pulais* vós
eles/elas *poliram*	*pulam* vocês	não *pulam* vocês
Futuro do Presente	**FORMAS NOMINAIS**	
eu *polirei*	**Infinitivo Pessoal**	**Infinitivo Impessoal**
tu *polirás*	para eu *polir*	
ele/ela *polirá*	para tu *polires*	
nós *poliremos*	para ele/ela *polir*	*polir*
vós *polireis*	para nós *polirmos*	
eles/elas *polirão*	para vós *polirdes*	
Futuro do Pretérito	para eles/elas *polirem*	
eu *poliria*	**Gerúndio**	**Particípio**
tu *polirias*		
ele/ela *poliria*		
nós *poliríamos*	*polindo*	*polido*
vós *poliríeis*		
eles/elas *poliriam*		

Notas importantes:

O verbo *polir* é da 3ª Conjugação. Este verbo é considerado por muito gramáticos como defectivo (conjugando-se como *colorir*), mas a maioria já o aceita como verbo irregular de conjugação completa.

76 OFERECER — Verbo Regular

INDICATIVO

Presente
- eu *ofereço*
- tu *eferece*s
- ele/ela *eferece*
- nós *eferecemos*
- vós *efereceis*
- eles/elas *eferecem*

Pretérito Imperfeito
- eu *oferecia*
- tu *oferecias*
- ele/ela *oferecia*
- nós *oferecíamos*
- vós *oferecíeis*
- eles/elas *ofereciam*

Pretérito Perfeito
- eu *ofereci*
- tu *efereceste*
- ele/ela *efereceu*
- nós *eferecemos*
- vós *eferecestes*
- eles/elas *efereceram*

Pretérito-Mais-Que-Perfeito
- eu *eferecera*
- tu *efereceras*
- ele/ela *eferecera*
- nós *eferecêramos*
- vós *eferecêreis*
- eles/elas *efereceram*

Futuro do Presente
- eu *eferecerei*
- tu *eferecerás*
- ele/ela *eferecerá*
- nós *efereceremos*
- vós *eferecereis*
- eles/elas *eferecerão*

Futuro do Pretérito
- eu *efereceria*
- tu *efereceria*s
- ele/ela *efereceria*
- nós *ofereceríamos*
- vós *efererecíeis*
- eles/elas *efereceriam*

SUBJUNTIVO

Presente
- que eu *ofereça*
- que tu *ofereças*
- que ele/ela *ofereça*
- que nós *ofereçamos*
- que vós *ofereçais*
- que eles/elas *ofereçam*

Pretérito Imperfeito
- que eu *eferecesse*
- que tu *eferecesses*
- que ele/ela *eferecesse*
- que nós *eferecêssemos*
- que vós *eferecêsseis*
- que eles/elas *eferecessem*

Futuro
- quando eu *oferecer*
- quando tu *ofereceres*
- quando ele/ela *oferecer*
- quando nós *oferecermos*
- quando vós *oferecerdes*
- quando eles/elas *oferecerem*

IMPERATIVO

Afirmativo	Negativo
oferece tu	não *ofereças* tu
ofereça você	não *ofereça* você
ofereçamos nós	não *ofereçamos* nós
oferecei vós	não *ofereçais* vós
ofereçam vocês	não *ofereçam* vocês

FORMAS NOMINAIS

Infinitivo Pessoal	Infinitivo Impessoal
para eu *oferecer*	
para tu *ofereceres*	
para ele/ela *oferecer*	*oferecer*
para nós *oferecermos*	
para vós *oferecerdes*	
para eles/elas *oferecerem*	

Gerúndio	Particípio
oferecendo	*oferecido*

Notas importantes:
O verbo *oferecer* é da 2ª Conjugação.

Verbo Irregular	**FRIGIR**
INDICATIVO	**SUBJUNTIVO**

Presente	Presente
eu *frijo*	que eu *frija*
tu *freges*	que tu *frijas*
ele/ela *frege*	que ele/ela *frija*
nós *frigimos*	que nós *frijamos*
vós *frigis*	que vós *frijais*
eles/elas *fregem*	que eles/elas *frijam*

Pretérito Imperfeito	Pretérito Imperfeito
eu *frigia*	que eu *frigisse*
tu *frigias*	que tu *frigisses*
ele/ela *frigia*	que ele/ela *frigisse*
nós *frigíamos*	que nós *frigíssemos*
vós *frigíeis*	que vós *frigísseis*
eles/elas *frigiam*	que eles/elas *frigissem*

Pretérito Perfeito	Futuro
eu *frigi*	quando eu *frigir*
tu *frigiste*	quando tu *frigires*
ele/ela *frigiu*	quando ele/ela *frigir*
nós *frigimos*	quando nós *frigirmos*
vós *frigistes*	quando vós *frigirdes*
eles/elas *frigiram*	quando eles/elas *frigirem*

Pretérito-Mais-Que-Perfeito	**IMPERATIVO**	
eu *frigira*	**Afirmativo**	**Negativo**
tu *frigiras*	*frege* tu	não *frijas* tu
ele/ela *frigira*	*frija* você	não *frija* você
nós *frigíramos*	*frijamos* nós	não *frijamos* nós
vós *frigíreis*	*frigi* vós	não *frijais* vós
eles/elas *frigiram*	*frijam* vocês	não *frijam* vocês

Futuro do Presente	**FORMAS NOMINAIS**	
eu *frigirei*	**Infinitivo Pessoal**	**Infinitivo Impessoal**
tu *frigirás*	para eu *frigir*	
ele/ela *frigirá*	para tu *frigires*	
nós *frigiremos*	para ele/ela *frigir*	*frigir*
vós *frigireis*	para nós *frigirmos*	
eles/elas *frigirão*	para vós *frigirdes*	
Futuro do Pretérito	para eles/elas *frigirem*	
eu *frigiria*	**Gerúndio**	**Particípio**
tu *frigirias*		
ele/ela *frigiria*		
nós *frigiríamos*	*frigindo*	*frigido/*
vós *frigiríeis*		*frito*
eles/elas *frigiriam*		

Notas importantes:

O verbo *frigir* é da 3ª Conjugação. O Particípio *frigido* não é usado, mas consta de diversos manuais de Gramática como particípio duplo.

78 — PÔR — Verbo Irregular

INDICATIVO

Presente
- eu *ponho*
- tu *pões*
- ele/ela *põe*
- nós *pomos*
- vós *pondes*
- eles/elas *põem*

Pretérito Imperfeito
- eu *punha*
- tu *punhas*
- ele/ela *punha*
- nós *púnhamos*
- vós *púnheis*
- eles/elas *punham*

Pretérito Perfeito
- eu *pus*
- tu *puseste*
- ele/ela *pôs*
- nós *pusemos*
- vós *pusestes*
- eles/elas *puseram*

Pretérito-Mais-Que-Perfeito
- eu *pusera*
- tu *puseras*
- ele/ela *pusera*
- nós *puséramos*
- vós *puséreis*
- eles/elas *puseram*

Futuro do Presente
- eu *porei*
- tu *porás*
- ele/ela *porá*
- nós *poremos*
- vós *poreis*
- eles/elas *porão*

Futuro do Pretérito
- eu *poria*
- tu *porias*
- ele/ela *poria*
- nós *poríamos*
- vós *poríeis*
- eles/elas *poriam*

SUBJUNTIVO

Presente
- que eu *ponha*
- que tu *ponhas*
- que ele/ela *ponha*
- que nós *ponhamos*
- que vós *ponhais*
- que eles/elas *ponham*

Pretérito Imperfeito
- que eu *pusesse*
- que tu *pusesses*
- que ele/ela *pusesse*
- que nós *puséssemos*
- que vós *pusésseis*
- que eles/elas *pusessem*

Futuro
- quando eu *puser*
- quando tu *puseres*
- quando ele/ela *puser*
- quando nós *pusermos*
- quando vós *puserdes*
- quando eles/elas *puserem*

IMPERATIVO

Afirmativo	Negativo
põe tu	não *ponhas* tu
ponha você	não *ponha* você
ponhamos nós	não *ponhamos* nós
ponhai vós	não *ponhais* vós
ponham vocês	não *ponham* vocês

FORMAS NOMINAIS

Infinitivo Pessoal	Infinitivo Impessoal
para eu *pôr*	
para tu *pores*	
para ele/ela *pôr*	*pôr*
para nós *pormos*	
para vós *pordes*	
para eles/elas *porem*	

Gerúndio	Particípio
pondo	*posto*

Notas importantes:

Pôr é um verbo anômalo da 2ª Conjugação (veio da forma antiga "*poer*").

Verbo Defectivo — APRAZER

INDICATIVO

Presente
- eu aprazo
- tu aprazes
- ele/ela **apraz**
- nós aprazemos
- vós aprazeis
- eles/elas aprazem

Pretérito Imperfeito
- eu aprazia
- tu aprazias
- ele/ela **aprazia**
- nós aprazíamos
- vós aprazíeis
- eles/elas apraziam

Pretérito Perfeito
- eu aprouve
- tu aprouveste
- ele/ela **aprouve**
- nós aprouvemos
- vós aprouvestes
- eles/elas aprouveram

Pretérito-Mais-Que-Perfeito
- eu aprouvera
- tu aprouveras
- ele/ela **aprouvera**
- nós aprouvéramos
- vós aprouvéreis
- eles/elas aprouveram

Futuro do Presente
- eu aprazerei
- tu aprazerás
- ele/ela **aprazerá**
- nós aprazeremos
- vós aprazereis
- eles/elas aprazerão

Futuro do Pretérito
- eu aprazeria
- tu aprazerias
- ele/ela **aprazeria**
- nós aprazeríamos
- vós aprazeríeis
- eles/elas aprazeriam

SUBJUNTIVO

Presente
- que eu apraza
- que tu aprazas
- que ele/ela **apraza**
- que nós aprazamos
- que vós aprazais
- que eles/elas aprazam

Pretérito Imperfeito
- que eu aprouvesse
- que tu aprouvesses
- que ele/ela **aprouvesse**
- que nós aprouvéssemos
- que vós aprouvésseis
- que eles/elas aprouvessem

Futuro
- quando eu aprouver
- quando tu aprouveres
- quando ele/ela **aprouver**
- quando nós aprouvermos
- quando vós aprouverdes
- quando eles/elas aprouverem

IMPERATIVO

Afirmativo	Negativo
apraz tu	não aprazas tu
apraza você	não apraza você
aprazamos nós	não aprazamos nós
aprazei vós	não aprazais vós
aprazam vocês	não aprazam vocês

FORMAS NOMINAIS

Infinitivo Pessoal	Infinitivo Impessoal
para eu aprazer	
para tu aprazeres	
para ele/ela **aprazer**	aprazer
para nós aprazermos	
para vós aprazerdes	
para eles/elas aprazerem	

Gerúndio	Particípio
aprazendo	aprazido

Notas importantes:

O verbo *aprazer* é da 2ª Conjugação e irregular. Os verbos *prazer*, *desprazer* e *comprazer* são conjugados igualmente. Todos estes verbos podem ser conjugados integralmente, mas são considerados defectivos devido à questões eufônicas. Os imperativos não são usados.

80 COLORIR — Verbo Defectivo

INDICATIVO

Presente
- eu –
- tu *colores*
- ele/ela *colore*
- nós *colorimos*
- vós *coloris*
- eles/elas *colorem*

Pretérito Imperfeito
- eu *coloria*
- tu *colorias*
- ele/ela *coloria*
- nós *coloríamos*
- vós *coloríeis*
- eles/elas *coloriam*

Pretérito Perfeito
- eu *colori*
- tu *coloriste*
- ele/ela *coloriu*
- nós *colorimos*
- vós *coloristes*
- eles/elas *coloriram*

Pretérito-Mais-Que-Perfeito
- eu *colorira*
- tu *coloriras*
- ele/ela *colorira*
- nós *coloríramos*
- vós *coloríreis*
- eles/elas *coloriram*

Futuro do Presente
- eu *colorirei*
- tu *colorirás*
- ele/ela *colorirá*
- nós *coloriremos*
- vós *colorireis*
- eles/elas *colorirão*

Futuro do Pretérito
- eu *coloriria*
- tu *coloririas*
- ele/ela *coloriria*
- nós *coloriríamos*
- vós *coloriríeis*
- eles/elas *coloririam*

SUBJUNTIVO

Presente
- que eu *colora*
- que tu *coloras*
- que ele/ela *colora*
- que nós *coloramos*
- que vós *colorais*
- que eles/elas *coloram*

Pretérito Imperfeito
- que eu *colorisse*
- que tu *colorisses*
- que ele/ela *colorisse*
- que nós *coloríssemos*
- que vós *colorísseis*
- que eles/elas *colorissem*

Futuro
- quando eu *colorir*
- quando tu *colorires*
- quando ele/ela *colorir*
- quando nós *colorimos*
- quando vós *colorirdes*
- quando eles/elas *colorirem*

IMPERATIVO

Afirmativo	Negativo
colore tu	– tu
colora você	você
coloramos nós	nós
colori vós	vós
coloram vocês	vocês

FORMAS NOMINAIS

Infinitivo Pessoal	Infinitivo Impessoal
para eu *colorir*	
para tu *colorires*	
para ele/ela *colorir*	*colorir*
para nós *colorirmos*	
para vós *colorirdes*	
para eles/elas *colorirem*	

Gerúndio	Particípio
colorindo	*colorido*

Notas importantes:

O verbo *colorir* é da 3ª Conjugação. Conjugam-se igualmente, *aturdir, delinquir, demolir, ruir, urgir, tinir,* etc.

Verbo Defectivo	ABOLIR
INDICATIVO	**SUBJUNTIVO**

Presente	Presente
eu -	que eu -
tu *aboles*	que tu -
ele/ela *abole*	que ele/ela -
nós *abolimos*	que nós -
vós *abolis*	que vós -
eles/elas *abolem*	que eles/elas -

Pretérito Imperfeito	Pretérito Imperfeito
eu *abolia*	que eu *abolisse*
tu *abolias*	que tu *abolisses*
ele/ela *abolia*	que ele/ela *abolisse*
nós *abolíamos*	que nós *abolíssemos*
vós *abolíeis*	que vós *abolísseis*
eles/elas *aboliam*	que eles/elas *abolissem*

Pretérito Perfeito	Futuro
eu *aboli*	quando eu *abolir*
tu *aboliste*	quando tu *abolires*
ele/ela *aboliu*	quando ele/ela *abolir*
nós *abolimos*	quando nós *abolirmos*
vós *abolistes*	quando vós *abolirdes*
eles/elas *aboliram*	quando eles/elas *abolirem*

Pretérito-Mais-Que-Perfeito	**IMPERATIVO**	
eu *abolira*	**Afirmativo**	**Negativo**
tu *aboliras*	*abole* tu	- tu
ele/ela *abolira*	- você	você
nós *abolíramos*	- nós	nós
vós *abolíreis*	*aboli* vós	vós
eles/elas *aboliram*	- vocês	vocês

Futuro do Presente	**FORMAS NOMINAIS**	
eu *abolirei*	**Infinitivo Pessoal**	**Infinitivo Impessoal**
tu *abolirás*	para eu *abolir*	
ele/ela *abolirá*	para tu *abolires*	
nós *aboliremos*	para ele/ela *abolir*	*abolir*
vós *abolireis*	para nós *abolirmos*	
eles/elas *abolirão*	para vós *abolirdes*	

Futuro do Pretérito	para eles/elas *abolirem*	
eu *aboliria*	**Gerúndio**	**Particípio**
tu *abolirias*		
ele/ela *aboliria*		
nós *aboliríamos*	*abolindo*	*abolido*
vós *aboliríeis*		
eles/elas *aboliriam*		

Notas importantes:
O verbo *abolir* é da 2ª Conjugação e irregular. Os verbos *brandir*, *carpir* e *exaurir* são conjugados igualmente.

82 FALIR — Verbo Defectivo

INDICATIVO

Presente
- eu -
- tu -
- ele/ela -
- nós *falimos*
- vós *falis*
- eles/elas -

Pretérito Imperfeito
- eu *falia*
- tu *falias*
- ele/ela *falia*
- nós *falíamos*
- vós *falíeis*
- eles/elas *faliam*

Pretérito Perfeito
- eu *fali*
- tu *faliste*
- ele/ela *faliu*
- nós *falimos*
- vós *falistes*
- eles/elas *faliram*

Pretérito-Mais-Que-Perfeito
- eu *falira*
- tu *faliras*
- ele/ela *falira*
- nós *falíramos*
- vós *falíreis*
- eles/elas *faliram*

Futuro do Presente
- eu *falirei*
- tu *falirás*
- ele/ela *falirá*
- nós *faliremos*
- vós *falireis*
- eles/elas *falirão*

Futuro do Pretérito
- eu *faliria*
- tu *falirias*
- ele/ela *faliria*
- nós *faliríamos*
- vós *faliríeis*
- eles/elas *faliriam*

SUBJUNTIVO

Presente
- que eu -
- que tu -
- que ele/ela -
- que nós -
- que vós -
- que eles/elas -

Pretérito Imperfeito
- que eu *falisse*
- que tu *falisses*
- que ele/ela *falisse*
- que nós *falíssemos*
- que vós *falísseis*
- que eles/elas *falissem*

Futuro
- quando eu *falir*
- quando tu *falires*
- quando ele/ela *falir*
- quando nós *falimos*
- quando vós *falirdes*
- quando eles/elas *falirem*

IMPERATIVO

Afirmativo	Negativo
- tu	- tu
- você	- você
- nós	- nós
fali vós	- vós
- vocês	- vocês

FORMAS NOMINAIS

Infinitivo Pessoal	Infinitivo Impessoal
para eu *falir*	
para tu *falires*	
para ele/ela *falir*	*falir*
para nós *falirmos*	
para vós *falirdes*	
para eles/elas *falirem*	

Gerúndio	Particípio
falindo	*falido*

Notas importantes:

O verbo *falir* é da 3ª Conjugação e irregular. Apenas as formas com a vogal temática "i" se mantêm. Seguem este paradigma *empedernir*, *remir*, etc.

Verbo Defectivo — PRECAVER

INDICATIVO

Presente
- eu -
- tu -
- ele/ela -
- nós *precavemos*
- vós *precaveis*
- eles/elas -

Pretérito Imperfeito
- eu *precavia*
- tu *precavias*
- ele/ela *precavia*
- nós *precavíamos*
- vós *precavíeis*
- eles/elas *precaviam*

Pretérito Perfeito
- eu *precavi*
- tu *precaveste*
- ele/ela *precaveu*
- nós *precavemos*
- vós *precavestes*
- eles/elas *precaveram*

Pretérito-Mais-Que-Perfeito
- eu *precavera*
- tu *precaveras*
- ele/ela *precavera*
- nós *precavêramos*
- vós *precavêreis*
- eles/elas *precaveram*

Futuro do Presente
- eu *precaverei*
- tu *precaverás*
- ele/ela *precaverá*
- nós *precaveremos*
- vós *precavereis*
- eles/elas *precaverão*

Futuro do Pretérito
- eu *precaveria*
- tu *precaverias*
- ele/ela *precaveria*
- nós *precaveríamos*
- vós *precaveríeis*
- eles/elas *precaveriam*

SUBJUNTIVO

Presente
- que eu -
- que tu -
- que ele/ela -
- que nós -
- que vós -
- que eles/elas -

Pretérito Imperfeito
- que eu *precavesse*
- que tu *precavesses*
- que ele/ela *precavesse*
- que nós *precavêssemos*
- que vós *precavêsseis*
- que eles/elas *precavessem*

Futuro
- quando eu *precaver*
- quando tu *precaveres*
- quando ele/ela *precaver*
- quando nós *precavermos*
- quando vós *precaverdes*
- quando eles/elas *precaverem*

IMPERATIVO

Afirmativo	Negativo
- tu	- tu
- você	- você
- nós	- nós
precavei vós	- vós
- vocês	- vocês

FORMAS NOMINAIS

Infinitivo Pessoal	Infinitivo Impessoal
para eu *precaver*	
para tu *precaveres*	
para ele/ela *precaver*	*precaver*
para nós *precavermos*	
para vós *precaverdes*	
para eles/elas *precaverem*	

Gerúndio	Particípio
precavendo	*precavido*

Notas importantes:

O verbo *precaver* é da 2ª Conjugação. Cegalla sugere que nas formas em que *precaver* é defectivo, empregar os verbos *acautelar*, *cuidar*, *precatar* ou *prevenir*.

84 REAVER

Verbo Defectivo

INDICATIVO

Presente
- eu -
- tu -
- ele/ela -
- nós *reavemos*
- vós *reaveis*
- eles/elas -

Pretérito Imperfeito
- eu *reavia*
- tu *reavias*
- ele/ela *reavia*
- nós *reavíamos*
- vós *reavíeis*
- eles/elas *reaviam*

Pretérito Perfeito
- eu *reouve*
- tu *reouveste*
- ele/ela *reouve*
- nós *reouvemos*
- vós *reouvestes*
- eles/elas *reouveram*

Pretérito-Mais-Que-Perfeito
- eu *reouvera*
- tu *reouveras*
- ele/ela *reouvera*
- nós *reouvéramos*
- vós *reouvéreis*
- eles/elas *reouveram*

Futuro do Presente
- eu *reaverei*
- tu *reaverás*
- ele/ela *reaverá*
- nós *reaveremos*
- vós *reavereis*
- eles/elas *reaverão*

Futuro do Pretérito
- eu *reaveria*
- tu *reaverias*
- ele/ela *reaveria*
- nós *reaveríamos*
- vós *reaveríeis*
- eles/elas *reaveriam*

SUBJUNTIVO

Presente
- que eu -
- que tu -
- que ele/ela -
- que nós -
- que vós -
- que eles/elas -

Pretérito Imperfeito
- que eu *reouvesse*
- que tu *reouvesses*
- que ele/ela *reouvesse*
- que nós *reouvéssemos*
- que vós *reouvésseis*
- que eles/elas *reouvessem*

Futuro
- quando eu *reouver*
- quando tu *reouveres*
- quando ele/ela *reouver*
- quando nós *reouvermos*
- quando vós *reouverdes*
- quando eles/elas *reouverem*

IMPERATIVO

Afirmativo	Negativo
- tu	- tu
- você	você
- nós	nós
reavei vós	vós
- vocês	vocês

FORMAS NOMINAIS

Infinitivo Pessoal	Infinitivo Impessoal
para eu *reaver*	
para tu *reaveres*	
para ele/ela *reaver*	*reaver*
para nós *reavermos*	
para vós *reaverdes*	
para eles/elas *reaverem*	

Gerúndio	Particípio
reavendo	*reavido*

Notas importantes:

O verbo *reaver* é da 2ª Conjugação.

Verbo Defectivo	IMPLODIR	
INDICATIVO	**SUBJUNTIVO**	

INDICATIVO

Presente
- eu *implodo*
- tu *implodes*
- ele/ela *implode*
- nós *implodimos*
- vós *implodis*
- eles/elas *implodem*

Pretérito Imperfeito
- eu *implodia*
- tu *implodias*
- ele/ela *implodia*
- nós *implodíamos*
- vós *implodíeis*
- eles/elas *implodiam*

Pretérito Perfeito
- eu *implodi*
- tu *implodiste*
- ele/ela *implodiu*
- nós *implodimos*
- vós *implodistes*
- eles/elas *implodiram*

Pretérito-Mais-Que-Perfeito
- eu *implodira*
- tu *implodiras*
- ele/ela *implodira*
- nós *implodíramos*
- vós *implodíreis*
- eles/elas *implodiram*

Futuro do Presente
- eu *implodirei*
- tu *implodirás*
- ele/ela *implodirá*
- nós *implodiremos*
- vós *implodireis*
- eles/elas *implodirão*

Futuro do Pretérito
- eu *implodiria*
- tu *implodirias*
- ele/ela *implodiria*
- nós *implodiríamos*
- vós *implodiríeis*
- eles/elas *implodiriam*

SUBJUNTIVO

Presente
- que eu *imploda*
- que tu *implodas*
- que ele/ela *imploda*
- que nós *implodamos*
- que vós *implodais*
- que eles/elas *implodam*

Pretérito Imperfeito
- que eu *implodisse*
- que tu *implodisses*
- que ele/ela *implodisse*
- que nós *implodíssemos*
- que vós *implodisseis*
- que eles/elas *implodissem*

Futuro
- quando eu *implodir*
- quando tu *implodires*
- quando ele/ela *implodir*
- quando nós *implodirmos*
- quando vós *implodirdes*
- quando eles/elas *implodirem*

IMPERATIVO

Afirmativo	Negativo
implode tu	*implodas* tu
imploda você	*imploda* você
implodamos nós	*implodamos* nós
implodi vós	*implodais* vós
implodam vocês	*implodam* vocês

FORMAS NOMINAIS

Infinitivo Pessoal	Infinitivo Impessoal
para eu *implodir*	
para tu *implodires*	
para ele/ela *implodir*	*implodir*
para nós *implodirmos*	
para vós *implodirdes*	
para eles/elas *implodirem*	

Gerúndio	Particípio
implodindo	*implodido*

Notas importantes:

O verbo *implodir* é da 3ª Conjugação.

86 — PARIR — Verbo Defectivo

INDICATIVO

Presente
- eu pairo
- tu pares
- ela pare
- nós parimos
- vós paris
- elas parem

Pretérito Imperfeito
- eu paria
- tu parias
- ela paria
- nós paríamos
- vós paríeis
- elas pariam

Pretérito Perfeito
- eu pari
- tu pariste
- ela pariu
- nós parimos
- vós paristes
- elas pariram

Pretérito-Mais-Que-Perfeito
- eu parira
- tu pariras
- ela parira
- nós paríramos
- vós paríreis
- elas pariram

Futuro do Presente
- eu parirei
- tu parirás
- ela parirá
- nós pariremos
- vós parireis
- elas parirão

Futuro do Pretérito
- eu pariria
- tu paririas
- ela pariria
- nós pariríamos
- vós pariríeis
- elas paririam

SUBJUNTIVO

Presente
- que eu paira
- que tu pairas
- que ela paira
- que nós pairamos
- que vós pairais
- que elas pairam

Pretérito Imperfeito
- que eu parisse
- que tu parisses
- que ela parisse
- que nós paríssemos
- que vós parísseis
- que elas parissem

Futuro
- quando eu parir
- quando tu parires
- quando ela parir
- quando nós parirmos
- quando vós parirdes
- quando elas parirem

IMPERATIVO

Afirmativo	Negativo
pare tu	não pairas tu
paira você	não paira você
pairamos nós	não pairamos nós
pari vós	não pairais vós
pairam vocês	não pairam vocês

FORMAS NOMINAIS

Infinitivo Pessoal	Infinitivo Impessoal
para eu parir	
para tu parires	
para ela parir	parir
para nós parirmos	
para vós parirdes	
para elas parirem	

Gerúndio	Particípio
parindo	parido

Notas importantes:

O verbo *parir* é da 3ª Conjugação e irregular. Na língua culta, as formas irregulares não são usadas e também por apresentar formas semelhantes ao verbo *pairar*.

Verbo Defectivo	**TROVEJAR** 87
INDICATIVO	**SUBJUNTIVO**

Presente	**Presente**
eu *trovejo*	que eu *troveje*
tu *trovejas*	que tu *trovejes*
ele/ela *troveja*	que ele/ela *troveje*
nós *trovejamos*	que nós *trovejemos*
vós *trovejais*	que vós *trovejeis*
eles/elas *trovejam*	que eles/elas *trovejem*

Pretérito Imperfeito	**Pretérito Imperfeito**
eu *trovejava*	que eu *trovejasse*
tu *trovejavas*	que tu *trovejasses*
ele/ela *trovejava*	que ele/ela *trovejasse*
nós *trovejávamos*	que nós *trovejássemos*
vós *trovejáveis*	que vós *trovejásseis*
eles/elas *trovejavam*	que eles/elas *trovejassem*

Pretérito Perfeito	**Futuro**
eu *trovejei*	quando eu *trovejar*
tu *trovejaste*	quando tu *trovejares*
ele/ela *trovejou*	quando ele/ela *trovejar*
nós *trovejamos*	quando nós *trovejarmos*
vós *trovejastes*	quando vós *trovejardes*
eles/elas *trovejaram*	quando eles/elas *trovejarem*

Pretérito-Mais-Que-Perfeito	**IMPERATIVO**	
eu *trovejara*	**Afirmativo**	**Negativo**
tu *trovejaras*	*troveja* tu	não *trovejes* tu
ele/ela *trovejara*	*troveje* você	não *troveje* você
nós *trovejáramos*	*trovejemos* nós	não *trovejemos* nós
vós *trovejáreis*	*trovejai* vós	não *trovejeis* vós
eles/elas *trovejaram*	*trovejem* vocês	não *trovejem* vocês

Futuro do Presente	**FORMAS NOMINAIS**	
eu *trovejarei*	**Infinitivo Pessoal**	**Infinitivo Impessoal**
tu *trovejarás*	para eu *trovejar*	
ele/ela *trovejará*	para tu *trovejares*	
nós *trovejaremos*	para ele/ela *trovejar*	*trovejar*
vós *trovejareis*	para nós *trovejarmos*	
eles/elas *trovejarão*	para vós *trovejardes*	
Futuro do Pretérito	para eles/elas *trovejarem*	
eu *trovejaria*	**Gerúndio**	**Particípio**
tu *trovejarias*		
ele/ela *trovejaria*		
nós *trovejaríamos*	*trovejando*	*trovejado*
vós *trovejaríeis*		
eles/elas *trovejariam*		

Notas importantes:

O verbo *trovejar* é da 1ª Conjugação. Os verbos impessoais (relativos a fenômenos da natureza) apenas se conjugam na 3ª pessoa do singular, como *nevar*, *ventar* etc. (e muitos, também, na 3ª pessoa do plural). Não se conjugam nos imperativos. A conjugação completa não está proibida em casos particulares de acordo com o novo acordo: prosopopeia ou animismos.

88 | GEAR* | Verbo Defectivo

INDICATIVO

Presente
- eu geio
- tu geias
- ele/ela **geia**
- nós geamos
- vós geais
- eles/elas geiam

Pretérito Imperfeito
- eu geava
- tu geavas
- ele/ela **geava**
- nós geávamos
- vós geáveis
- eles/elas geavam

Pretérito Perfeito
- eu geei
- tu geaste
- ele/ela **geou**
- nós geamos
- vós geastes
- eles/elas gearam

Pretérito-Mais-Que-Perfeito
- eu geara
- tu gearas
- ele/ela **geara**
- nós geáramos
- vós geáreis
- eles/elas gearam

Futuro do Presente
- eu gearei
- tu gearás
- ele/ela **geará**
- nós gearemos
- vós geareis
- eles/elas gearão

Futuro do Pretérito
- eu gearia
- tu gearias
- ele/ela **gearia**
- nós gearíamos
- vós gearíeis
- eles/elas geariam

SUBJUNTIVO

Presente
- que eu geies
- que tu geies
- que ele/ela **geie**
- que nós geemos
- que vós geeis
- que eles/elas geiem

Pretérito Imperfeito
- que eu geasse
- que tu geasses
- que ele/ela **geasse**
- que nós geássemos
- que vós geásseis
- que eles/elas geassem

Futuro
- quando eu gear
- quando tu geares
- quando ele/ela **gear**
- quando nós gearmos
- quando vós geardes
- quando eles/elas gearem

IMPERATIVO

Afirmativo	Negativo
geia tu	não geies tu
geie você	não geie você
geemos nós	não geemos nós
geai vós	não geeis vós
geiam vocês	não geiem vocês

FORMAS NOMINAIS

Infinitivo Pessoal	Infinitivo Impessoal
para eu gear	
para tu geares	
para ele/ela **gear**	gear
para nós gearmos	
para vós geardes	
para eles/elas gearem	

Gerúndio	Particípio
geando	geado

Notas importantes:

O verbo *gear* é da 1ª Conjugação. Os verbos deste tipo (fenômenos da natureza) se conjugam nas 3ᵃˢ pessoas do singular (e do plural, ver asterisco) e não se conjugam nos imperativos. A conjugação não estaria proibida em casos particulares de prosopopeia ou animismos. *Verbos como *estrondear* possuem as 3ᵃˢ pessoas do singular e do plural: *estrondeia*, *estrondeiam*, etc.

Verbo Defectivo — CACAREJAR

INDICATIVO

Presente
- eu cacarejo
- tu cacarejas
- ele/ela **cacareja**
- nós cacarejamos
- vós cacarejais
- eles/elas **cacarejam**

Pretérito Imperfeito
- eu cacarejava
- tu cacarejavas
- ele/ela **cacarejava**
- nós cacarejávamos
- vós cacarejáveis
- eles/elas **cacarejavam**

Pretérito Perfeito
- eu cacarejei
- tu cacarejaste
- ele/ela **cacarejou**
- nós cacarejamos
- vós cacarejastes
- eles/elas **cacarejaram**

Pretérito-Mais-Que-Perfeito
- eu cacarejara
- tu cacarejaras
- ele/ela **cacarejara**
- nós cacarejáramos
- vós cacarejáreis
- eles/elas **cacarejaram**

Futuro do Presente
- eu cacarejarei
- tu cacarejarás
- ele/ela **cacarejará**
- nós cacarejaremos
- vós cacarejareis
- eles/elas **cacarejarão**

Futuro do Pretérito
- eu cacarejaria
- tu cacarejarias
- ele/ela **cacarejaria**
- nós cacarejaríamos
- vós cacarejaríeis
- eles/elas **cacarejariam**

SUBJUNTIVO

Presente
- que eu cacareje
- que tu cacarejes
- que ele/ela **cacareje**
- que nós cacarejemos
- que vós cacarejeis
- que eles/elas **cacarejem**

Pretérito Imperfeito
- que eu cacarejasse
- que tu cacarejasses
- que ele/ela **cacarejasse**
- que nós cacarejássemos
- que vós cacarejásseis
- que eles/elas **cacarejassem**

Futuro
- quando eu cacarejar
- quando tu cacarejares
- quando ele/ela **cacarejar**
- quando nós cacarejarmos
- quando vós cacarejardes
- quando eles/elas **cacarejarem**

IMPERATIVO

Afirmativo	Negativo
cacareja tu	não cacarejes tu
cacareje você	não cacareje você
cacarejemos nós	não cacarejemos nós
cacarejai vós	não cacarejeis vós
cacarejem vocês	não cacarejem vocês

FORMAS NOMINAIS

Infinitivo Pessoal	Infinitivo Impessoal
para eu cacarejar	
para tu cacarejares	
para ele/ela **cacarejar**	cacarejar
para nós cacarejarmos	
para vós cacarejardes	
para eles/elas **cacarejarem**	

Gerúndio	Particípio
cacarejando	cacarejado

Notas importantes:
O verbo *cacarejar* é da 1ª Conjugação. Os verbos deste tipo podem se conjugar, dependendo de seus significados, apenas nas 3ªs pessoas do singular e do plural. Não se conjugam nos imperativos. A conjugação não estaria proibida em casos particulares de prosopopeia ou animismos.

90 CHOVER — Verbo Defectivo

INDICATIVO

Presente
- eu chovo
- tu choves
- ele/ela **chove**
- nós chovemos
- vós choveis
- eles/elas chovem

Pretérito Imperfeito
- eu chovia
- tu chovias
- ele/ela **chovia**
- nós chovíamos
- vós chovíeis
- eles/elas choviam

Pretérito Perfeito
- eu chovi
- tu choveste
- ele/ela **choveu**
- nós chovemos
- vós chovestes
- eles/elas choveram

Pretérito-Mais-Que-Perfeito
- eu chovera
- tu choveras
- ele/ela **chovera**
- nós chovêramos
- vós chovêreis
- eles/elas choveram

Futuro do Presente
- eu choverei
- tu choverás
- ele/ela **choverá**
- nós choveremos
- vós chovereis
- eles/elas choverão

Futuro do Pretérito
- eu choveria
- tu choverias
- ele/ela **choveria**
- nós choveríamos
- vós choveríeis
- eles/elas choveriam

SUBJUNTIVO

Presente
- que eu chova
- que tu chovas
- que ele/ela **chova**
- que nós chovamos
- que vós chovais
- que eles/elas chovam

Pretérito Imperfeito
- que eu chovesse
- que tu chovesses
- que ele/ela **chovesse**
- que nós chovêssemos
- que vós chovêsseis
- que eles/elas chovessem

Futuro
- quando eu chover
- quando tu choveres
- quando ele/ela **chover**
- quando nós chovermos
- quando vós choverdes
- quando eles/elas choverem

IMPERATIVO

Afirmativo	Negativo
chove tu	não chovas tu
chova você	não chova você
chovamos nós	não chovamos nós
chovei vós	não chovais vós
chovam vocês	não chovam vocês

FORMAS NOMINAIS

Infinitivo Pessoal	Infinitivo Impessoal
para eu chover	
para tu choveres	
para ele/ela **chover**	chover
para nós chovermos	
para vós choverdes	
para eles/elas choverem	

Gerúndio	Particípio
chovendo	chovido

Notas importantes:

O verbo *chover* é da 2ª Conjugação. Os verbos deste tipo (fenômenos da natureza) conjugam-se nas 3ªs pessoas do singular e, dependendo das características, do plural. Não se conjugam nos imperativos. É livre a conjugação em casos de prosopopeia ou animismos.

Verbo Defectivo	**BRAMIR**
INDICATIVO	**SUBJUNTIVO**

Presente	Presente
eu bramo	que eu brama
tu brames	que tu bramas
ele/ela **brame**	que ele/ela **brama**
nós bramimos	que nós bramamos
vós bramis	que vós bramais
eles/elas **bramem**	que eles/elas **bramam**

Pretérito Imperfeito	Pretérito Imperfeito
eu bramia	que eu bramisse
tu bramias	que tu bramisses
ele/ela **bramia**	que ele/ela **bramisse**
nós bramíamos	que nós bramíssemos
vós bramíeis	que vós bramísseis
eles/elas **bramiam**	que eles/elas **bramissem**

Pretérito Perfeito	Futuro
eu brami	quando eu bramir
tu bramiste	quando tu bramires
ele/ela **bramiu**	quando ele/ela **bramir**
nós bramimos	quando nós bramirmos
vós bramistes	quando vós bramirdes
eles/elas **bramiram**	quando eles/elas **bramirem**

Pretérito-Mais-Que-Perfeito	**IMPERATIVO**	
eu bramira	**Afirmativo**	**Negativo**
tu bramiras	brame tu	não bramas tu
ele/ela **bramira**	brama você	não brama você
nós bramíramos	bramamos nós	não bramamos nós
vós bramíreis	brami vós	não bramais vós
eles/elas **bramiram**	bramam vocês	não bramam vocês

Futuro do Presente	**FORMAS NOMINAIS**	
eu bramirei	**Infinitivo Pessoal**	**Infinitivo Impessoal**
tu bramirás	para eu bramir	
ele/ela **bramirá**	para tu bramires	
nós bramiremos	para ele/ela **bramir**	bramir
vós bramireis	para nós bramirmos	
eles/elas **bramirão**	para vós bramirdes	
Futuro do Pretérito	para eles/elas **bramirem**	
eu bramiria	**Gerúndio**	**Particípio**
tu bramirias		
ele/ela **bramiria**		
nós bramiríamos	bramindo	bramido
vós bramiríeis		
eles/elas **bramiriam**		

Notas importantes:

O verbo *bramir* é da 3ª Conjugação. Os verbos deste tipo (vozes de animais) conjugam-se na 3ª pessoa do singular e do plural, como *balir*, *grunhir*, *ganir* etc. Não se conjugam nos imperativos. É livre a conjugação em casos de prosopopeia ou animismos.

92 — MUGIR
Verbo Defectivo

INDICATIVO

Presente
- eu mujo
- tu muges
- ele/ela **muge**
- nós mugimos
- vós mugis
- eles/elas **mugem**

Pretérito Imperfeito
- eu mugia
- tu mugias
- ele/ela **mugia**
- nós mugíamos
- vós mugíeis
- eles/elas **mugiam**

Pretérito Perfeito
- eu mugi
- tu mugiste
- ele/ela **mugiu**
- nós mugimos
- vós mugistes
- eles/elas **mugiram**

Pretérito-Mais-Que-Perfeito
- eu mugira
- tu muciras
- ele/ela **mugira**
- nós mugíramos
- vós mugíreis
- eles/elas **mugiram**

Futuro do Presente
- eu mugirei
- tu mugirás
- ele/ela **mugirá**
- nós mugiremos
- vós mugireis
- eles/elas **mugirão**

Futuro do Pretérito
- eu mugiria
- tu mugirias
- ele/ela **mugiria**
- nós mugiríamos
- vós mugiríeis
- eles/elas **mugiriam**

SUBJUNTIVO

Presente
- que eu muja
- que tu mujas
- que ele/ela **muja**
- que nós mujamos
- que vós mujais
- que eles/elas **mujam**

Pretérito Imperfeito
- que eu mugisse
- que tu mugisses
- que ele/ela **mugisse**
- que nós mugíssemos
- que vós mugísseis
- que eles/elas **mugissem**

Futuro
- quando eu mugir
- quando tu mugires
- quando ele/ela **mugir**
- quando nós mugirmos
- quando vós mugirdes
- quando eles/elas **mugirem**

IMPERATIVO

Afirmativo	Negativo
muge tu	não mujas tu
muja você	não muja você
mujamos nós	não mujmos nós
mugi vós	não mujais vós
mujvam vocês	não mujam vocês

FORMAS NOMINAIS

Infinitivo Pessoal	Infinitivo Impessoal
para eu mugir	
para tu mugires	
para ele/ela **mugir**	mugir
para nós mugirmos	
para vós mugirdes	
para eles/elas **mugirem**	

Gerúndio	Particípio
mugindo	mugido

Notas importantes:
O verbo *mugir* é da 3ª Conjugação. Os verbos deste tipo (fenômenos meteorológicos e vozes de animais) conjugam-se na 3ª pessoa do singular e do plural. Não se conjugam nos imperativos. Muitos gramáticos, porém, não consideram estes verbos como defectivos uma vez que podem ser usados em casos particulares de prosopopeia ou animismos.

Verbo Defectivo	FLORIR
INDICATIVO	**SUBJUNTIVO**

INDICATIVO / SUBJUNTIVO

Presente	Presente
eu *fluro*	que eu *flura*
tu *flores*	que tu *fluras*
ele/ela *flore*	que ele/ela *flura*
nós *florimos*	que nós *fluramos*
vós *floris*	que vós *flurais*
eles/elas *florem*	que eles/elas *fluram*

Pretérito Imperfeito	Pretérito Imperfeito
eu *floria*	que eu *florisse*
tu *florias*	que tu *florisses*
ele/ela *floria*	que ele/ela *florisse*
nós *floríamos*	que nós *floríssemos*
vós *floríeis*	que vós *florísseis*
eles/elas *floriam*	que eles/elas *florissem*

Pretérito Perfeito	Futuro
eu *flori*	quando eu *florir*
tu *floriste*	quando tu *florires*
ele/ela *floriu*	quando ele/ela *florir*
nós *florimos*	quando nós *florirmos*
vós *floristes*	quando vós *florirdes*
eles/elas *floriram*	quando eles/elas *florirem*

Pretérito-Mais-Que-Perfeito

eu *florira*
tu *floriras*
ele/ela *florira*
nós *floríramos*
vós *florireis*
eles/elas *floriram*

IMPERATIVO

Afirmativo	Negativo
flore tu	não *fluras* tu
flura você	não *flura* você
fluramos nós	não *fluramos* nós
flori vós	não *flurais* vós
fluram vocês	não *fluram* vocês

Futuro do Presente

eu *florirei*
tu *florirás*
ele/ela *florirá*
nós *floriremos*
vós *florireis*
eles/elas *florirão*

FORMAS NOMINAIS

Infinitivo Pessoal	Infinitivo Impessoal
para eu *florir*	
para tu *florires*	
para ele/ela *florir*	*florir*
para nós *florirmos*	
para vós *florirdes*	
para eles/elas *florirem*	

Futuro do Pretérito

eu *floriria*
tu *floririas*
ele/ela *floriria*
nós *floriríamos*
vós *floriríeis*
eles/elas *floririam*

Gerúndio	Particípio
florindo	*florido*

Notas importantes:

O verbo *florir* é da 3ª Conjugação.

94 SOER* — Verbo Defectivo

INDICATIVO

Presente
- eu -
- tu *sóis*
- ele/ela *sói*
- nós *soemos*
- vós *soeis*
- eles/elas *soem*

Pretérito Imperfeito
- eu *soía*
- tu *soías*
- ele/ela *soía*
- nós *soíamos*
- vós *soíeis*
- eles/elas *soíam*

Pretérito Perfeito
- eu *soí*
- tu *soeste*
- ele/ela *soeu*
- nós *soemos*
- vós *soestes*
- eles/elas *soeram*

Pretérito-Mais-Que-Perfeito
- eu *soera*
- tu *soeras*
- ele/ela *soera*
- nós *soêramos*
- vós *soêreis*
- eles/elas *soeram*

Futuro do Presente
- eu *soerei*
- tu *soerás*
- ele/ela *soerá*
- nós *soeremos*
- vós *soereis*
- eles/elas *soerão*

Futuro do Pretérito
- eu *soeria*
- tu *soerias*
- ele/ela *soeria*
- nós *soeríamos*
- vós *soeríeis*
- eles/elas *soeriam*

SUBJUNTIVO

Presente
- que eu -
- que tu -
- que ele/ela -
- que nós -
- que vós -
- que eles/elas -

Pretérito Imperfeito
- que eu *soesse*
- que tu *soesses*
- que ele/ela *soesse*
- que nós *soêssemos*
- que vós *soêsseis*
- que eles/elas *soessem*

Futuro
- quando eu *soer*
- quando tu *soeres*
- quando ele/ela *soer*
- quando nós *soermos*
- quando vós *soerdes*
- quando eles/elas *soerem*

IMPERATIVO

Afirmativo	Negativo	
sói tu	-	tu
- você	-	você
- nós	-	nós
soei vós	-	vós
- vocês	-	vocês

FORMAS NOMINAIS

Infinitivo Pessoal	Infinitivo Impessoal
para eu *soer*	
para tu *soeres*	
para ele/ela *soer*	*soer*
para nós *soermos*	
para vós *soerdes*	
para eles/elas *soerem*	

Gerúndio	Particípio
soendo	*soído*

Notas importantes:
O verbo *soer* é da 2ª Conjugação. Atenção: *O verbo defectivo *doer* apresenta apenas as 3ªs pessoas do singular e do plural, não apresenta os Imperativos.

Voz Passiva — SER EDUCADO

INDICATIVO

Presente
- eu *sou educado*
- tu *és educado*
- ele/ela *é educado*
- nós *somos educados*
- vós *sois educados*
- eles/elas *são educados*

Pretérito Imperfeito
- eu *era educado*
- tu *eras educado*
- ele/ela *era educado*
- nós *éramos educados*
- vós *éreis educados*
- eles/elas *eram educados*

Pretérito Perfeito
- eu *fui educado*
- tu *foste educado*
- ele/ela *foi educado*
- nós *fomos educados*
- vós *fostes educados*
- eles/elas *foram educados*

Pretérito-Mais-Que-Perfeito
- eu *fora educado*
- tu *foras educado*
- ele/ela *fora educado*
- nós *fôramos educados*
- vós *fôreis educados*
- eles/elas *foram educados*

Futuro do Presente
- eu *serei educado*
- tu *serás educado*
- ele/ela *será educado*
- nós *seremos educados*
- vós *sereis educados*
- eles/elas *serão educados*

Futuro do Pretérito
- eu *seria educado*
- tu *serias educado*
- ele/ela *seria educado*
- nós *seríamos educados*
- vós *seríeis educados*
- eles/elas *seriam educados*

SUBJUNTIVO

Presente
- que eu *seja educado*
- que tu *sejas educado*
- que ele/ela *seja educado*
- que nós *sejamos educados*
- que vós *sejais educados*
- que eles/elas *sejam educados*

Pretérito Imperfeito
- que eu *fosse educado*
- que tu *fosses educado*
- que ele/ela *fosse educado*
- que nós *fôssemos educados*
- que vós *fôsseis educados*
- que eles/elas *fossem educados*

Futuro
- quando eu *for educado*
- quando tu *fores educado*
- quando ele/ela *for educado*
- quando nós *formos educados*
- quando vós *fordes educados*
- quando eles/elas *forem educados*

IMPERATIVO

Afirmativo	Negativo
sê educado tu	não *sejas educado* tu
seja educado você	não *seja educado* você
sejamos educados nós	não *sejamos educados* nós
sede educados vós	não *sejais educados* vós
sejam educados vocês	não *sejam educados* vocês

FORMAS NOMINAIS

Infinitivo Presente Pessoal	Infinitivo Presente Impessoal
para eu *ser educado*	
para tu *seres educado*	
para ele/ela *ser educado*	
para nós *sermos educados*	*ser educado*
para vós *serdes educados*	
para eles/elas *serem educados*	

Gerúndio	Particípio
sendo educado	*educado*

Notas importantes:

Sendo o sujeito do gênero feminino, todas as formas do particípio farão a concordância como segue: *eu sou educada, tu és educada, ela é educada, nós somos educadas,* etc. *Alguns gramáticos entendem que na voz passiva não há imperativo.

96 TER SIDO EDUCADO — Tempo Composto

INDICATIVO

Pretérito Perfeito
- eu *tenho sido educado*
- tu *tens sido educado*
- ele/ela *tem sido educado*
- nós *temos sido educados*
- vós *tendes sido educados*
- eles/elas *têm sido educados*

Pretérito-Mais-Que-Perfeito
- eu *tinha sido educado*
- tu *tinhas sido educado*
- ele/ela *tinha sido educado*
- nós *tínhamos sido educados*
- vós *tínheis sido educados*
- eles/elas *tinham sido educados*

Futuro do Presente
- eu *terei sido educado*
- tu *terás sido educado*
- ele/ela *terá sido educado*
- nós *teremos sido educados*
- vós *tereis sido educados*
- eles/elas *terão sido educados*

Futuro do Pretérito
- eu *teria sido educado*
- tu *terias sido educado*
- ele/ela *teria sido educado*
- nós *teríamos sido educados*
- vós *teríeis sido educados*
- eles/elas *teriam sido educados*

SUBJUNTIVO

Pretérito Perfeito
- que eu *tenha sido educado*
- que tu *tenhas sido educado*
- que ele/ela *tenha sido educado*
- que nós *tenhamos sido educados*
- que vós *tenhais sido educados*
- que eles/elas *tenham sido educados*

Futuro
- que eu *tiver sido educado*
- que tu *tiveres sido educado*
- que ele/ela *tiver sido educado*
- que nós *tivermos sido educados*
- que vós *tiverdes sido educados*
- que eles/elas *tiverem sido educados*

FORMAS NOMINAIS

Infinitivo Pretérito Pessoal
- para eu *ter sido educado*
- para tu *teres sido educado*
- para ele/ela *ter sido educado*
- para nós *termos sido educados*
- para vós *terdes sido educados*
- para eles/elas *terem sido educados*

Gerúndio Pretérito	Infinitivo Impessoal
tendo sido educado	*ter sido educado*

Notas importantes:

Sendo o sujeito do gênero feminino, todas as formas do particípio farão a concordância como segue: *eu tenho sido educada, tu tens sido educada, ela tem sido educada, nós temos sido educadas*, etc.

Verbo Reflexivo (Pronominal)	**CALAR-SE** 97
INDICATIVO	**SUBJUNTIVO**
Presente	**Presente**
eu *calo-me*	que eu *me cale*
tu *calas-te*	que tu *te cales*
ele/ela *cala-se*	que ele/ela *se cale*
nós *calamo-nos*	que nós *nos calemos*
vós *calais-vos*	que vós *vos caleis*
eles/elas *calam-se*	que eles/elas *se calem*
Pretérito Imperfeito	**Pretérito Imperfeito**
eu *calava-me*	que eu *me calasse*
tu *calavas-te*	que tu *te calasses*
ele/ela *calava-se*	que ele/ela *se calasse*
nós *calávamo-nos*	que nós *nos calássemos*
vós *caláveis-vos*	que vós *vos calásseis*
eles/elas *calavam-se*	que eles/elas *se calassem*
Pretérito Perfeito	**Futuro**
eu *calei-me*	quando eu *me calar*
tu *calaste-te*	quando tu *te calares*
ele/ela *calou-se*	quando ele/ela *se calar*
nós *calamo-nos*	quando nós *nos calarmos*
vós *calastes-vos*	quando vós *vos calardes*
eles/elas *calaram-se*	quando eles/elas *se calarem*
Pretérito-Mais-Que-Perfeito	**IMPERATIVO**
eu *calara-me*	- eu
tu *calaras-te*	*cala-te* tu
ele/ela *calara-se*	*cale-se* ele/ela
nós *caláramo-nos*	*calemo-nos* nós
vós *caláreis-vos*	*calai-vos* vós
eles/elas *calaram-se*	*calam-se* eles/elas
Futuro do Presente	**FORMAS NOMINAIS**

Futuro do Presente	**Infinitivo Pessoal**	**Infinitivo Impessoal**
eu *calar-me-ei*	para eu *me calar*	
tu *calar-te-ás*	para tu *te calares*	
ele/ela *calar-se-á*	para ele/ela *se calar*	*calar-se*
nós *calar-nos-emos*	para nós *nos calarmos*	
vós *calar-vos-íeis*	para vós *vos calardes*	
eles/elas *calar-se-ão*	para eles/elas *se calarem*	

Futuro do Pretérito	**Gerúndio**	**Particípio**
eu *calar-me-ia*		
tu *calar-te-ias*		
ele/ela *calar-se-ia*	*calando-se*	-
nós *calar-nos-íamos*		
vós *calar-vos-íeis*		
eles/elas *calar-se-iam*		

Notas importantes:
O verbo *calar-se* é da 1ª Conjugação. O Acordo Ortográfico permitiu que a primeira pessoa do plural do Pretérito Perfeito do Indicativo tivesse grafia dupla: *calamo-nos* (Brasil) e *calámo-nos* (Portugal).

98 ESQUECER-SE — Verbo Reflexivo (Pronominal)

INDICATIVO

Presente
- eu *esqueço-me*
- tu *esqueces-te*
- ele/ela *esquece-se*
- nós *esquecemo-nos*
- vós *esqueceis-vos*
- eles/elas *esquecem-se*

Pretérito Imperfeito
- eu *esquecia-me*
- tu *esquecias-te*
- ele/ela *esquecia-se*
- nós *esquecíamo-nos*
- vós *esquecíeis-vos*
- eles/elas *esqueciam-se*

Pretérito Perfeito
- eu *esqueci-me*
- tu *esqueceste-te*
- ele/ela *esqueceu-se*
- nós *esquecemo-nos*
- vós *esquecestes-vos*
- eles/elas *esqueceram-se*

Pretérito-Mais-Que-Perfeito
- eu *esquecera-me*
- tu *esqueceras-te*
- ele/ela *esquecera-se*
- nós *esquecêramo-nos*
- vós *esquecêreis-vos*
- eles/elas *esqueceram-se*

Futuro do Presente
- eu *esquecer-me-ei*
- tu *esquecer-te-ás*
- ele/ela *esquecer-se-á*
- nós *esquecer-nos-emos*
- vós *esquecer-vos-eis*
- eles/elas *esquecer-se-ão*

Futuro do Pretérito
- eu *esquecer-me-ia*
- tu *esquecer-te-ias*
- ele/ela *esquecer-se-ia*
- nós *esquecer-nos-íamos*
- vós *esquecer-vos-íeis*
- eles/elas *esquecer-se-iam*

SUBJUNTIVO

Presente
- que eu *me esqueça*
- que tu *te esqueças*
- que ele/ela *se esqueça*
- que nós *nos esqueçamos*
- que vós *vos esqueçais*
- que eles/elas *se esqueçam*

Pretérito Imperfeito
- que eu *me esquecesse*
- que tu *te esquecesses*
- que ele/ela *se esquecesse*
- que nós *nos esquecêssemos*
- que vós *vos esquecêsseis*
- que eles/elas *se esquecessem*

Futuro
- quando eu *me esquecer*
- quando tu *te esqueceres*
- quando ele/ela *se esquecer*
- quando nós *nos esquecermos*
- quando vós *vos esquecerdes*
- quando eles/elas *se esquecerem*

IMPERATIVO

- eu
- *esquece-te* tu
- *esqueça-se* você
- *esqueçamo-nos* nós
- *esquecei-vos* vós
- *esqueçam-se* vocês

FORMAS NOMINAIS

Infinitivo Pessoal	Infinitivo Impessoal
para eu *me esquecer*	
para tu *te esqueceres*	
para ele/ela *se esquecer*	*esquecer-se*
para nós *nos esquecermos*	
para vós *vos esquecerdes*	
para eles/elas *se esquecerem*	

Gerúndio	Particípio
esquecendo-se	-

Notas importantes:
O verbo *esquecer-se* é da 2ª Conjugação.

DIVERTIR-SE

Verbo Reflexivo (Pronominal)

INDICATIVO

Presente
eu *divirto-me*
tu *divertes-te*
ele/ela *diverte-se*
nós *divertimo-nos*
vós *divertis-vos*
eles/elas *divertem-se*

Pretérito Imperfeito
eu *divertia-me*
tu *divertias-te*
ele/ela *divertia-se*
nós *divertíamo-nos*
vós *divertíeis-vos*
eles/elas *divertiam-se*

Pretérito Perfeito
eu *diverti-me*
tu *divertiste-te*
ele/ela *divertiu-se*
nós *divertimo-nos*
vós *divertistes-vos*
eles/elas *divertiram-se*

Pretérito-Mais-Que-Perfeito
eu *divertira-me*
tu *divertiras-te*
ele/ela *divertira-se*
nós *divertíramo-nos*
vós *divertíreis-vos*
eles/elas *divertiram-se*

Futuro do Presente
eu *divertir-me-ei*
tu *divertir-te-ás*
ele/ela *divertir-se-á*
nós *divertir-nos-emos*
vós *divertir-vos-eis*
eles/elas *divertir-se-ão*

Futuro do Pretérito
eu *divertir-me-ia*
tu *divertir-te-ias*
ele/ela *divertir-se-ia*
nós *divertir-nos-íamos*
vós *divertir-vos-íeis*
eles/elas *divertir-se-iam*

SUBJUNTIVO

Presente
que eu *me divirta*
que tu *te divirtas*
que ele/ela *se divirta*
que nós *nos divirtamos*
que vós *vos divirtais*
que eles/elas *se divirtam*

Pretérito Imperfeito
que eu *me divertisse*
que tu *te divertisses*
que ele/ela *se divertisse*
que nós *nos divertíssemos*
que vós *vos divertísseis*
que eles/elas *se divertissem*

Futuro
quando eu *me divertir*
quando tu *te divertires*
quando ele/ela *se divertir*
quando nós *nos divertirmos*
quando vós *vos divertirdes*
quando eles/elas *se divertirem*

IMPERATIVO
- eu
diverte-te tu
divirta-se você
divirtamo-nos nós
diverti-vos vós
divirtam-se vocês

FORMAS NOMINAIS

Infinitivo Pessoal	Infinitivo Impessoal
para eu *me divertir*	
para tu *te divertires*	
para ele/ela *se divertir*	*divertir-se*
para nós *nos divertirmos*	
para vós *vos divertirdes*	
para eles/elas *se divertirem*	

Gerúndio	Particípio
divertindo-se	-

Notas importantes:

O verbo *divertir-se* é da 3ª Conjugação.

100 CONTRAIR-SE
Verbo Reflexivo (Pronominal)

INDICATIVO

Presente
eu *contraio-me*
tu *contrais-te*
ele/ela *contrai-se*
nós *contraímo-nos*
vós *contraís-vos*
eles/elas *contraem-se*

Pretérito Imperfeito
eu *contraía-me*
tu *contraías-te*
ele/ela *contraía-se*
nós *contraíamo-nos*
vós *contraíeis-vos*
eles/elas *contraíam-se*

Pretérito Perfeito
eu *contraí-me*
tu *contraíste-te*
ele/ela *contraiu-se*
nós *contraímo-nos*
vós *contraístes-vos*
eles/elas *contraíram-se*

Pretérito-Mais-Que-Perfeito
eu *contraíra-me*
tu *contraíras-te*
ele/ela *contraíra-se*
nós *contraíramo-nos*
vós *contraíreis-vos*
eles/elas *contraíram-se*

Futuro do Presente
eu *contrair-me-ei*
tu *contrair-te-ás*
ele/ela *contrair-se-á*
nós *contrair-nos-emos*
vós *contrair-vos-eis*
eles/elas *contrair-se-ão*

Futuro do Pretérito
eu *contrair-me-ia*
tu *contrair-te-ias*
ele/ela *contrair-se-ia*
nós *contrair-nos-íamos*
vós *contrair-vos-íeis*
eles/elas *contrair-se-iam*

SUBJUNTIVO

Presente
que eu *me contraia*
que tu *te contraias*
que ele/ela *se contraia*
que nós *nos contraiamos*
que vós *vos contraiais*
que eles/elas *se contraiam*

Pretérito Imperfeito
que eu *me contraísse*
que tu *te contraísses*
que ele/ela *se contraísse*
que nós *nos contraíssemos*
que vós *vos contraísseis*
que eles/elas *se contraíssem*

Futuro
quando eu *me contrair*
quando tu *te contraíres*
quando ele/ela *se contrair*
quando nós *nos contrairmos*
quando vós *vos contrairdes*
quando eles/elas *se contraírem*

IMPERATIVO
- eu
contrai-te tu
contraia-se ele/ela
contraiamo-nos nós
contraí-vos vós
contraiam-se eles/elas

FORMAS NOMINAIS

Infinitivo Pessoal	Infinitivo Impessoal
para eu *me contrair*	
para tu *te contraíres*	
para ele/ela *se contrair*	*contrair-se*
para nós *nos contrairmos*	
para vós *vos contrairdes*	
para eles/elas *se contraírem*	

Gerúndio	Particípio
contraindo-se	-

Notas importantes:

O verbo *contrair-se* é da 3ª Conjugação.

Verbo Pronominal	PEGÁ-LO
INDICATIVO	**SUBJUNTIVO**
Presente	**Presente**
eu *pego-o*	que eu *o pegue*
tu *pega-lo*	que tu *o pegues*
ele/ela *pega-o*	que ele/ela *o pegue*
nós *pegamo-lo*	que nós *o peguemos*
vós *pegai-lo*	que vós *o pegueis*
eles/elas *pegam-no*	que eles/elas *o peguem*
Pretérito Imperfeito	**Pretérito Imperfeito**
eu *pegava-o*	que eu *o pegasse*
tu *pegava-lo*	que tu *o pegasses*
ele/ela *pegava-o*	que ele/ela *o pegasse*
nós *pegávamo-lo*	que nós *o pegássemos*
vós *pegávei-lo*	que vós *o pegásseis*
eles/elas *pegavam-no*	que eles/elas *o pegassem*
Pretérito Perfeito	**Futuro**
eu *peguei-o*	quando eu *o pegar*
tu *pegaste-o*	quando tu *o pegares*
ele/ela *pegou-o*	quando ele/ela *o pegar*
nós *pegamo-lo*	quando nós *o pegarmos*
vós *pegaste-lo*	quando vós *o pegardes*
eles/elas *pegaram-no*	quando eles/elas *o pegarem*
Pretérito-Mais-Que-Perfeito	**IMPERATIVO**
eu *pegara-o*	- eu
tu *pegara-lo*	*pega-o* tu
ele/ela *pegara-o*	*pegue-o* você
nós *pegáramo-lo*	*pegamo-lo* nós
vós *pegárei-lo*	*pegai-o* vós
eles/elas *pegaram-no*	*peguem-no* vocês
Futuro do Presente	**FORMAS NOMINAIS**

Futuro do Presente		
eu *pegá-lo-ei*	**Infinitivo Pessoal**	**Infinitivo Impessoal**
tu *pegá-lo-ás*	para eu *pegá-lo*	
ele/ela *pegá-lo-á*	para tu *pegare-lo*	
nós *pegá-lo-emos*	para ele/ela *pegá-lo*	*pegá-lo*
vós *pegá-lo-eis*	para nós *pegarmo-lo*	
eles/elas *pegá-lo-ão*	para vós *pegarde-lo*	
Futuro do Pretérito	para eles/elas *pegarem-no*	
eu *pegá-lo-ia*	**Gerúndio**	**Particípio**
tu *pegá-lo-ias*		
ele/ela *pegá-lo-ia*		
nós *pegá-lo-íamos*	*pegando-o*	-
vós *pegá-lo-íeis*		
eles/elas *pegá-lo-iam*		

Notas importantes:

O verbo *pegá-lo* é da 1ª Conjugação.

102 RECEBÊ-LO — Verbo Pronominal

INDICATIVO

Presente
- eu *recebo-o*
- tu *recebe-lo*
- ele/ela *recebe-o*
- nós *recebemo-lo*
- vós *recebei-lo*
- eles/elas *recebem-no*

Pretérito Imperfeito
- eu *recebia-o*
- tu *recebia-lo*
- ele/ela *recebia-o*
- nós *recebíamo-lo*
- vós *recebíei-lo*
- eles/elas *recebiam-no*

Pretérito Perfeito
- eu *recebi-o*
- tu *recebeste-o*
- ele/ela *recebeu-o*
- nós *recebemo-lo*
- vós *recebeste-lo*
- eles/elas *receberam-no*

Pretérito-Mais-Que-Perfeito
- eu *recebera-o*
- tu *recebera-lo*
- ele/ela *recebera-o*
- nós *recebêramo-lo*
- vós *recebêrei-lo*
- eles/elas *receberam-no*

Futuro do Presente
- eu *recebê-lo-ei*
- tu *recebê-lo-ás*
- ele/ela *recebê-lo-á*
- nós *recebê-lo-emos*
- vós *recebê-lo-eis*
- eles/elas *recebê-lo-ão*

Futuro do Pretérito
- eu *recebê-lo-ia*
- tu *recebê-lo-ias*
- ele/ela *recebê-lo-ia*
- nós *recebê-lo-íamos*
- vós *recebê-lo-íeis*
- eles/elas *recebê-lo-iam*

SUBJUNTIVO

Presente
- que eu *o receba*
- que tu *o recebas*
- que ele/ela *o receba*
- que nós *o recebamos*
- que vós *o recebais*
- que eles/elas *o recebam*

Pretérito Imperfeito
- que eu *o recebesse*
- que tu *o recebesses*
- que ele/ela *o recebesse*
- que nós *o recebêssemos*
- que vós *o recebêsseis*
- que eles/elas *o recebessem*

Futuro
- quando eu *o receber*
- quando tu *o receberes*
- quando ele/ela *o receber*
- quando nós *o recebermos*
- quando vós *o receberdes*
- quando eles/elas *o receberem*

IMPERATIVO

- — eu
- *recebe-o* tu
- *receba-o* você
- *recebamo-lo* nós
- *recebei-o* vós
- *recebam-no* vocês

FORMAS NOMINAIS

Infinitivo Pessoal	Infinitivo Impessoal
para eu *recebê-lo*	
para tu *recebere-lo*	
para ele/ela *recebê-lo*	*recebê-lo*
para nós *recebermo-lo*	
para vós *receberde-lo*	
para eles/elas *receberem-no*	

Gerúndio	Particípio
recebendo-o	-

Notas importantes:
O verbo *recebê-lo* é da 2ª Conjugação.

Verbo Pronominal	**ABRI-LO**
INDICATIVO	**SUBJUNTIVO**

Presente	Presente
eu *abro-o*	que eu *o abra*
tu *abre-lo*	que tu *o abras*
ele/ela *abre-o*	que ele/ela *o abra*
nós *abrimo-lo*	que nós *o abramos*
vós *abri-lo*	que vós *o abrais*
eles/elas *abrem-no*	que eles/elas *o abram*

Pretérito Imperfeito	Pretérito Imperfeito
eu *abria-o*	que eu *o abrisse*
tu *abria-lo*	que tu *o abrisses*
ele/ela *abria-o*	que ele/ela *o abrisse*
nós *abríamo-lo*	que nós *o abríssemos*
vós *abríei-lo*	que vós *o abrísseis*
eles/elas *abriam-no*	que eles/elas *o abrissem*

Pretérito Perfeito	Futuro
eu *abri-o*	quando eu *o abrir*
tu *abriste-o*	quando tu *o abrires*
ele/ela *abriu-o*	quando ele/ela *o abrir*
nós *abrimo-lo*	quando nós *o abrirmos*
vós *abriste-lo*	quando vós *o abrirdes*
eles/elas *abriram-no*	quando eles/elas *o abrirem*

Pretérito-Mais-Que-Perfeito	**IMPERATIVO**
eu *abrira-o*	- eu
tu *abrira-lo*	*abre-o* tu
ele/ela *abrira-o*	*abra-o* você
nós *abríramo-lo*	*abramo-lo* nós
vós *abrírei-lo*	*abri-o* vós
eles/elas *abriram-no*	*abram-no* vocês

Futuro do Presente	**FORMAS NOMINAIS**	
eu *abri-lo-ei*	**Infinitivo Pessoal**	**Infinitivo Impessoal**
tu *abri-lo-ás*	para eu *abri-lo*	
ele/ela *abri-lo-á*	para tu *abrire-lo*	
nós *abri-lo-emos*	para ele/ela *abri-lo*	*abri-lo*
vós *abri-lo-eis*	para nós *abrirmo-lo*	
eles/elas *abri-lo-ão*	para vós *abrirde-lo*	

Futuro do Pretérito	para eles/elas *abrirem-no*	
eu *abri-lo-ia*	**Gerúndio**	**Particípio**
tu *abri-lo-ias*		
ele/ela *abri-lo-ia*		
nós *abri-lo-íamos*	*abrindo-o*	-
vós *abri-lo-íeis*		
eles/elas *abri-lo-iam*		

Notas importantes:

O verbo *abri-lo* é da 3ª Conjugação.

104 TER-ME LEMBRADO — Composto Pronominal

INDICATIVO

Pretérito Perfeito
- eu *tenho-me lembrado*
- tu *tens-te lembrado*
- ele/ela *tem-se lembrado*
- nós *temo-nos lembrado*
- vós *tendes-vos lembrado*
- eles/elas *têm-se lembrado*

Pretérito-Mais-Que-Perfeito
- eu *tinha-me lembrado*
- tu *tinhas-te lembrado*
- ele/ela *tinha-se lembrado*
- nós *tínhamo-nos lembrado*
- vós *tínheis-vos lembrado*
- eles/elas *tinham-se lembrado*

Futuro do Presente
- eu *ter-me-ei lembrado*
- tu *ter-te-ás lembrado*
- ele/ela *ter-se-á lembrado*
- nós *ter-nos-emos lembrado*
- vós *ter-vos-eis lembrado*
- eles/elas *ter-se-ão lembrado*

Futuro do Pretérito
- eu *ter-me-ia lembrado*
- tu *ter-te-ias lembrado*
- ele/ela *ter-se-ia lembrado*
- nós *ter-nos-íamos lembrado*
- vós *ter-vos-íeis lembrado*
- eles/elas *ter-se-iam lembrado*

SUBJUNTIVO

Pretérito Imperfeito
- que eu *me tenha lembrado*
- que tu *te tenhas lembrado*
- que ele/ela *se tenha lembrado*
- que nós *nos tenhamos lembrado*
- que vós *vos tenhais lembrado*
- que eles/elas *se tenham lembrado*

Futuro
- quando eu *me tiver lembrado*
- quando tu *te tiveres lembrado*
- quando ele/ela *se tiver lembrado*
- quando nós *nos tivermos lembrado*
- quando vós *vos tiverdes lembrado*
- quando eles/elas *se tiverem lembrado*

IMPERATIVO

Afirmativo	Negativo
lembra-te tu	não *te lembres*
lembre-se você	não *se lembre*
lembremo-nos nós	não *nos lembremos*
lembrai-vos vós	não *vos lembreis*
lembrem-se vocês	não *se lembrem*

FORMAS NOMINAIS

Infinitivo Pretérito Pessoal	Gerúndio Pretérito
para *ter-me lembrado*	
para *teres-te lembrado*	
para *ter-se lembrado*	*tendo-se lembrado*
para *termo-nos lembrado*	
para *terdes-vos lembrado*	
para *terem-se lembrado*	

Notas importantes:

Sendo o sujeito do gênero feminino, todas as formas do particípio farão a concordância como segue: *eu tenho sido educada, tu tens sido educada*, etc.

Lista Remissiva de Verbos

A

ababadar:	V.T.D.I.	1
ababalhar:	V.T.D.	21
ababelar:	V.T.D.	21
ababosar-se:	V. Pr.	97
abacalhoar:	V.T.D./V. Pr.	18
abaçanar:	V.T.D.	1
abacelar:	V.T.D.I.	14
abaciar:	V.T.D.	1
abacinar:	V.T.D./V. Pr.	21
abadanar:	V.T.D.	21
abadar:	V.T.D.	21
abadernar:	V.T.D.	1
abadessar:	V.I./V.T.D.	21
abadiar:	V.T.D.	1
abaetar:	V.T.D./V. Pr.	14
abafar:	V.T.D.	21
abagaçar:	V.T.D.	21
abaganhar:	V.I./V.T.D.	14
abagoar:	V.I.	18
abagunçar:	V.T.D.	21
abainhar:	V.T.D.	1
abaionetar:	V.T.D.	14
abairrar:	V.T.D.	14
abaiucar:	V.T.D./V. Pr.	1
abaixar:	V.I./V.T.D./V. Pr.	1
abajoujar-se:	V. Pr.	97
abalançar:	V.I./V.T.D.	1
abalar:	V.T.D.	21
abalaustrar:	V.T.D.	1
abalienar:	V.T.D.	1
abalistar:	V.T.D.	1
abalizar:	V.T.D./V. Pr.	1
abaloar:	V.T.D./V.I.	18
abalofar:	V.T.D./V. Pr.	19
abalonar:	V.T.D.	19
abalroar:	V.T.D.	18
abalsamar:	V.T.D.	1
abalsar:	V.T.D.	1
abalseirar:	V.T.D.	1
abaluartar:	V.T.D.	21
abambolinar:	V.T.D.	1
abananar:	V.T.D.	1
abanar:	V.T.D.	1
abancar:	V.T.D.	1
abandalhar:	V.T.D.	21
abandar:	V.T.D.	1
abandear:	V.T.D.	8
abandeirar:	V.T.D.	1
abandejar:	V.T.D.	14
abandidar-se:	V. Pr.	97
abandoar:	V.T.D.	18
abandonar:	V.T.D.	19
abanicar:	V.T.D.	63
abaquetar:	V.T.D.	14
abar:	V.T.D.	21
abaratar:	V.T.D.	21
abarbar:	V.T.D.	1
abarbarizar:	V.T.D.	1
abarbatar:	V.T.D.	21
abarbelar:	V.T.D.	14
abarbetar:	V.T.D.	21
abarbilhar:	V.T.D.	1
abarcar:	V.T.D.	21
abargantar-se:	V. Pr.	97
abaritonar:	V.T.D.	19
abaronar:	V.T.D.	19
abarracar:	V.I./V.T.D.	63
abarrancar:	V.T.D.	63
abarregar:	V.T.D.	29
abarreirar:	V.T.D.	1
abarretar:	V.T.D.	14
abarretinar:	V.T.D.	14
abarricar:	V.T.D.	63
abarrigar:	V.T.D.	29
abarrilar:	V.T.D.	1
abarrocar:	V.T.D.	63
abarrotar:	V.T.D.	14
abarruntar:	V.T.D.	14
abasbacar-se:	V. Pr.	21, 97
abasmar:	V.T.D.	21
abastar:	V.T.D./V.T.I.	21
abastardar:	V.T.D.	21
abastecer:	V.T.D./V.T.D.I.	76
abastionar:	V.T.D.	19
abastonar:	V.T.D.	19
abatatar:	V.T.D.	21
abatelar:	V.T.D.	14
abater:	V.I./V.T.D./V.T.D.I.	10
abatinar:	V.T.D.	1
abatocar:	V.T.D.	63
abaular:	V.T.D.	1
abaunilhar:	V.T.D.	1
abceder:	V.I.	17
abdicar:	V.T.D.	63
abduzir:	V.T.D.	70
abeatar:	V.T.D.	21
abeberar:	V.T.D.	14
abecar:	V.T.D.	14
abeiçar:	V.T.D.	63
abeirar:	V.T.D./V.T.D.I.	1
abelgar:	V.T.D.	1
abelhar:	V.I./V.T.D.	16
abelidar-se:	V. Pr.	97
abençoar:	V.T.D.	18
abendiçoar:	V.T.D.	18
aberir:	V.T.D.	28

aberrar:	V.I. 14	aboldriar:	V.T.D. 1
aberregar-se:	V. Pr. 97	aboleimar:	V.T.D. 1
abesantar:	V.T.D. 1	aboletar:	V.T.D. 14
abesoirar:	V.T.D. 1	abolinar:	V.I. 1
abesourar:	V.T.D. 1	abolir:	V.T.D. 81
abespinhar:	V.T.D. 1	abolorecer:	V.I. 76, 90
abestalhar-se:	V. Pr. ...21, 97	abolorentar:	V.I./V.T.D. 89
abestiar:	V.T.D. 1	abolsar:	V.I. 21
abetumar:	V.T.D. 1	abolver:	V.T.D. 15
abeverar:	V.T.D. 14	abombar:	V.I. 14
abexigar:	V.T.D. 1	abominar:	V.T.D. 14
abibliotecar:	V.T.D. 14	abonançar:	V.I./V.T.D. 32
abicar:	V.I./V.T.D./V.T.D.I. 1	abonar:	V.T.D./V.T.D.I. 19
abichar:	V.I./V.T.D. 1	abondar:	V.T.D. 1
abichornar-se:	V. Pr. 97	abonecar:	V.I./V.T.D. 14
abicorar:	V.T.D. 21	aboquejar:	V.T.D. 16
abilhar:	V.T.D. 1	aborbulhar:	V.I. 1
abiombar:	V.T.D. 1	aborcar:	V.I./V.T.D. 63
abiscoitar:	V.T.D. 1	abordar:	V.T.D./V.T.I. 19
abiscoutar:	V.T.D. 1	abordoar:	V.T.D. 18
abismar:	V.T.D. 1	abornalar:	V.I./V.T.D. 21
abisonhar:	V.T.D. 19	aborrascar-se:	V. Pr. 97
abispar-se:	V. Pr. 97	aborrecer:	V.I./V.T.D. 76
abitar:	V.T.D. 1	aborregar:	V.T.D. 29
abitolar:	V.T.D. 19	aborrir:	V.T.D. 81
abizantinar:	V.T.D. 1	abortar:	V.I./V.T.D. 21
abjudicar:	V.T.D. 1	aboscar:	V.T.D. 63
abjugar:	V.T.D. 1	abostelar:	V.I. 14
abjungir:	V.T.D. 65	aboticar:	V.T.D. 63
abjurar:	V.I./V.T.D. 1	abotijar:	V.T.D. 1
abjurgar:	V.T.D. 29	abotinar:	V.T.D. 1
ablactar:	V.T.D. 21	abotoar:	V.T.D. 18
ablaquear:	V.T.D. 8	abotocar:	V.T.D. 63
ablaquecer:	V.T.D. 76	aboubar-se:	V. Pr. 97
ablegar:	V.T.D. 29	abougar:	V.I. 29
ableitar:	V.T.D. 1	abraçar:	V.T.D. 21
abluir:	V.T.D. 44	abrandar	V.T.D. 1
abnegar:	V.T.D. 29	abrandecer:	V.T.D. 76
abnodar:	V.T.D. 21	abranger:	V.T.D. 36
abnoitar:	V.I. 1	abrasar:	V.T.D. 21
aboar:	V.I./V.T.D. 18	abrasear:	V.T.D. 8
abobadar:	V.T.D. 21	abrasileirar:	V.T.D. 1
abobar-se:	V. Pr. 97	abrasoar:	V.T.D. 18
aboborar:	V.I./V.T.D. 14	abrasonar:	V.T.D. 21
abocadar:	V.T.D. 21	abrejar:	V.T.D. 16
abocanhar:	V.T.D. 1	abrejeirar:	V.T.D. 1
abocar:	V.T.D./V.T.D.I. 63	abrenhar:	V.T.D. 16
aboçar:	V.T.D. 32	abrenunciar:	V.T.D. 1
abocetar:	V.T.D. 14	abrevar:	V.T.D. 14
abochornar:	V.I. 19	abreviar:	V.T.D. 1
abodegar:	V.T.D. 29	abrigar:	V.T.D. 29
aboiar:	V.I. 13	abrilhantar:	V.I. 1
abolachar:	V.T.D. 21	abri-lo:	V. Pr. 103
abolar:	V.T.D. 19	abrir:	V.T.D. 59
abolçar:	V.T.D. 1	abrocadar:	V.T.D. 21

A

abrochar:	V.T.D. ..19	acadar:	V.T.D. ..21
ab-rogar:	V.T.D. ..29	acadeirar-se:	V. Pr. ..97
abrolhar:	V.I./V.T.D. ..19	academiar:	V.I. ..1
abronzar:	V.T.D. ..1	academizar:	V.T.D. ..21
abronzear:	V.T.D. ..8	acadimar:	V.T.D. ..1
abroquelar:	V.T.D./V.T.D.I. ..14	acadrimar-se:	V. Pr. ..97
abrotar:	V.I./V.T.D./V.T.I. ..19	acaecer:	V.I./V.T.D. ..76
abrumar:	V.T.D. ..21	acaentar:	V.T.D. ..1
abrutalhar:	V.T.D. ..21	acafalar:	V.T.D. ..21
abrutar:	V.T.D. ..1	acafelar:	V.T.D. ..14
abrutecer:	V.T.D. ..76	acafetar:	V.T.D. ..14
absceder:	V.I. ..17	acafobar:	V.T.D. ..19
abscidar:	V.I./V.T.D. ..14	açafroar:	V.T.D. ..18
abscindir:	V.T.D. ..11	açaimar:	V.T.D. ..1
absconder:	V.T.D. ..10	acairelar:	V.T.D. ..14
absentar:	V.T.D. ..1	acajadar:	V.T.D. ..21
absintar:	V.T.D. ..1	acalantar:	V.T.D./V.I. ..21
absintiar:	V.T.D. ..21	acalcanhar:	V.T.D. ..1
absolver:	V.T.D./V.T.D.I. ..15	acalcar:	V.T.D. ..1
absonar:	V.I. ..19	acalçar:	V.T.D. ..1
absorver:	V.T.D./V.T.D.I. ..15	acalentar:	V.T.D. ..1
abster:	V.T.D.I. ..1	acalhoar:	V.T.D. ..18
absterger:	V.T.D. ..36	acalmar:	V.T.D. ..21
abstrair:	V.T.D./V.T.I./V.T.D.I. ..67	acalorar:	V.T.D. ..19
abstruir:	V.T.D. ..44	acamar:	V.T.D. ..1
absumir:	V.T.D. ..11	açamar:	V.T.D. ..1
abuçar:	V.T.D. ..32	acamaradar:	V.I. ..21
abufelar:	V.T.D. ..19	acambaiar:	V.T.D. ..21
abugalhar:	V.T.D. ..21	açambarcar:	V.T.D. ..63
abular:	V.T.D. ..19	acambetar:	V.I. ..21
abundar:	V.T.D./V.T.I. ..1	acamboar:	V.T.D. ..18
abunhar:	V.I./V.T.D. ..1	acambulhar:	V.T.D. ..1
aburacar:	V.T.D. ..21	acamelar-se:	V. Pr. ..97
aburelar:	V.T.D. ..14	acampainhar:	V.T.D. ..1
aburguesar:	V.T.D. ..14	acampanar:	V.I./V.T.D. ..14
aburilar:	V.T.D. ..1	acampar:	V.T.D. ..1
aburrar:	V.T.D. ..1	acamurçar:	V.T.D. ..32
aburrinhar:	V.I. ..14	acanalar:	V.T.D. ..21
abusar:	V.T.I. ..21	acanalhar:	V.T.D. ..21
abuzinar:	V.I./V.T.D. ..1	acanastrar:	V.T.D. ..21
acabaçar:	V.T.D. ..32	acanavear:	V.T.D. ..8
acabanar:	V.T.D. ..21	acancelar:	V.T.D. ..14
acabar:	V.I./V.T.D./V.T.I. ..21	acandilar:	V.T.D. ..1
acabelar:	V.I. ..14	acanelar:	V.T.D. ..14
acaboclar:	V.T.D. ..1	acanhar:	V.T.D. ..1
acabramar:	V.T.D. ..1	acanhoar:	V.T.D. ..18
acabrunhar:	V.I./V.T.D. ..1	acanhonear:	V.T.D. ..8
açacalar:	V.T.D. ..21	acanivetar:	V.T.D. ..14
açacanhar:	V.T.D. ..21	acanoar:	V.T.D. ..18
açaçapar:	V.T.D. ..21	acanteirar:	V.T.D. ..1
acacetar:	V.T.D. ..14	acantoar:	V.T.D. ..18
acachafundar:	V.T.D. ..1	acantonar:	V.T.D. ..18
acachapar:	V.T.D. ..21	acanuda:	V.T.D. ..1
acachoar:	V.T.D. ..18	acanular:	V.T.D. ..1
acacifar:	V.T.D. ..1	acapachar:	V.T.D. ..21

açapar:	V.T.D.	21
acapelar:	V.T.D.	14
acapitular:	V.T.D.	1
acaramelar:	V.T.D.	14
acaramujar:	V.T.D.	1
acarapinhar:	V.T.D./V.I.	1
acarapuçar:	V.T.D.	1
acarar:	V.T.D./V.T.I.	21
acaravelhar:	V.T.D.	1
acarçalhar:	V.T.D.	21
acardumar:	V.T.D.	1
acarear:	V.I./V.T.D.	8
acariciar:	V.T.D.	1
acaridar:	V.T.D.	1
acarinhar:	V.T.D.	1
acarminar:	V.T.D.	1
acarneirar:	V.T.D.	1
acaroar:	V.T.D.	18
acarpetar:	V.T.D.	14
acarraçar-se:	V. Pr.	97
acarrancar-se:	V. Pr.	97
acarrançar-se:	V. Pr.	97
acarrapatar:	V.T.D.	21
acarrapatar-se:	V. Pr.	21, 97
acarrar:	V.I.	21
acarrear:	V.T.D./V.T.D.I.	8
acarrejar:	V.I./V.T.D./V.T.D.I.	16
acarretar:	V.T.D./V.T.D.I.	14
acartar:	V.T.D./V.T.D.I.	21
acartonar:	V.T.D.	19
acartuchar:	V.T.D.	1
acarvalhar:	V.T.D.	21
acarvoar:	V.T.D.	18
acasacar:	V.T.D.	63
acasalar:	V.T.D.	21
acasamatar:	V.T.D.	21
acasear:	V.T.D.	8
acasernar:	V.T.D.	14
acasmurrar:	V.T.D.	1
acasquilhar:	V.T.D.	1
acastanhar:	V.T.D.	21
acastelar:	V.T.D.	14
acastelhanar:	V.T.D.	21
acastiçar:	V.T.D.	32
acastoar:	V.T.D.	18
acasular:	V.T.D.	1
acatar:	V.T.D.	21
acatassolar:	V.T.D.	19
acatitar:	V.T.D.	1
acatruzar:	V.T.D.	21
acaudalar:	V.T.D.	21
acaudatar:	V.T.D.	21
acaudelar:	V.T.D.	14
acaudilhar:	V.T.D.	1
acautelar:	V.T.D.	14
acavalar:	V.T.D.	21
acavaleirar:	V.T.D.	1
acavaletar:	V.T.D.	14
acebar:	V.T.D.	14
acebolar:	V.T.D.	19
aceder:	V.T.D.I.	17
aceimar:	V.T.D.	21
aceirar:	V.T.D.	1
aceitar:	V.T.D.	1
aceleirar:	V.T.D.	1
acelerar:	V.T.D.	14
acenar:	V.T.D./V.T.I.	16
acender:	V.T.D.	10
acendrar:	V.T.D.	1
acentuar:	V.T.D.	27
acepilhar:	V.T.D.	1
acequiar:	V.T.D.	1
acerar:	V.T.D.	14
acerbar:	V.T.D.	14
acercar:	V.T.D.I.	63
acerejar:	V.T.D.	16
acertar:	V.T.D./V.T.I./V.T.D.I.	14
acervar:	V.T.D.	14
acervejar:	V.T.D.	16
acessar:	V.T.D.	21
acetar:	V.T.D.	14
acetificar:	V.T.D.	63
acetilar:	V.T.D.	1
acetinar:	V.T.D.	1
acetolar:	V.T.D.	19
acevadar:	V.T.D.	21
acevar:	V.T.D.	14
achabaçar:	V.T.D.	32
achacar:	V.I./V.T.D.	21
achamalotar-se:	V. Pr.	97
achambonar:	V.I./V.T.D.	18
achamorrar:	V.T.D.	19
achanar:	V.T.D.	1
achantar:	V.T.D.	1
achanzar:	V.T.D.	1
achaparrar:	V.T.D.	21
achar:	V.T.D.	21
acharcar:	V.I./V.T.D.	21
acharoar:	V.T.D.	18
achatar:	V.T.D.	21
achavascar:	V.I./V.T.D.	21
achegar:	V.T.D./V.T.D.I.	29
achibantar:	V.T.D.	1
achicanar:	V.I.	1
achicar:	V.I./V.T.D.	63
achichelar:	V.T.D.	14
achinar:	V.T.D.	1
achincalhar:	V.T.D.	21
achinelar:	V.T.D.	14

A

achinesar:	V.T.D.	14
achinfrinar:	V.T.D.	1
achoar:	V.T.D.	18
achocalhar:	V.T.D.	21
achocolatar:	V.T.D.	21
achouriçar:	V.T.D.	1
achumaçar:	V.T.D.	21
achumbar:	V.T.D.	1
acicatar:	V.T.D.	21
acicatear:	V.T.D.	8
acidar:	V.T.D.	1
acidentar:	V.T.D.	1
acidificar:	V.T.D.	63
acidrar:	V.T.D.	1
acidular:	V.T.D.	1
aciganar-se:	V. Pr.	97
acimar:	V.T.D.	1
acingir:	V.T.D./V.T.D.I.	65
acinzar:	V.T.D.	1
acinzelar:	V.T.D.	14
acinzentar:	V.T.D.	1
acionar:	V.I./V.T.D.	19
acirandar:	V.T.D.	1
acirrar:	V.T.D.	1
acitrinar:	V.T.D.	1
aclamar:	V.T.D.	21
aclarar:	V.T.D.	21
aclerizar:	V.T.D.	1
aclimar:	V.T.D.I.	1
aclimatar:	V.T.D.I.	21
aclimatizar:	V.T.D.I.	1
acoalhar:	V.T.D.	21
acobardar:	V.T.D.	21
acobertar:	V.T.D.	14
acobilhar:	V.T.D.	1
acobrear:	V.T.D.	8
acocar:	V.T.D.	63
acochar:	V.T.D.	19
acochichar:	V.I.	1
acocorar:	V.T.D.	19
acocorinhar-se:	V. Pr.	97
açodar:	V.T.D./V.T.D.I.	19
acofiar:	V.T.D.	1
acogular:	V.T.D.	1
acoimar:	V.T.D.	1
acoirelar:	V.T.D.	14
acoitadar:	V.T.D.	21
acoitar:	V.T.D.	1
açoitar:	V.T.D.	1
acolchetar:	V.T.D.	14
acolchoar:	V.T.D.	18
acoletar:	V.T.D.	14
acolheitar:	V.T.D.	1
acolher:	V.T.D./V.I.	15
acolherar:	V.T.D.	14
acolitar:	V.T.D.	1
acomadrar-se:	V. Pr.	21, 97
acomendar:	V.T.D.	1
acometer:	V.I./V.T.D.	17
acomodar:	V.T.D./V.T.D.I.	19
acompadrar:	V.T.D./V.T.D.I.	21
acompanhar:	V.T.D.	1
acompridar:	V.T.D.	1
acomunar-se:	V. Pr.	97
aconchegar:	V.T.D./V.T.D.I.	29
acondicionar:	V.T.D./V.T.D.I.	19
acondiçoar:	V.T.D./V.T.D.I.	18
acondimentar:	V.T.D.	1
aconfeitar:	V.T.D.	1
aconfradar:	V.T.D./V.T.D.I.	21
aconselhar:	V.T.D./V.T.D.I.	16
aconsoantar:	V.T.D.	1
aconsonantar:	V.T.D.	1
acontecer:	V.T.D./V.I.	76
acontiar:	V.T.D.	1
acoplar:	V.T.D.	16
acoquinar:	V.T.D.	16
acoraçoar:	V.T.D.	18
açorar:	V.T.D.	16
acorçoar:	V.T.D./V.T.D.I.	18
acorcovar:	V.T.D.	19
acorcundar:	V.T.D./V.I.	19
acordar:	V.T.D./V.T.D.I.	19
acordoar:	V.T.D.	18
acornar:	V.T.D.	19
acoroçoar:	V.T.D.	18
acoronhar:	V.T.D.	19
acorrentar:	V.T.D.	1
acorrer:	V.T.D.	15
acorrilhar:	V.T.D.	1
acortinar:	V.T.D.	1
acoruchar:	V.T.D.	1
acossar:	V.T.D.	19
acostar:	V.T.D.I./V.T.I.	19
acostumar:	V.T.D./V.T.D.I.	1
acotar:	V.T.D.	19
açotear:	V.T.D.	8
acotiar:	V.T.D.	1
acotinhar-se:	V. Pr.	97
acotoar:	V.T.D.	18
acotonar:	V.I./V.T.D.	19
acotovelar:	V.T.D.	14
acotular:	V.T.D.	1
acoturnar:	V.T.D.	19
acoudelar:	V.T.D.	14
acourelar:	V.T.D.	14
acoutar:	V.T.D.	1
açoutar:	V.T.D.	1
acovar:	V.T.D.	19
acovardar:	V.T.D.	21

acovatar:	V.T.D.	21		adequar:	V.T.D.I.	12
acovilhar:	V.T.D.	1		ader:	V.T.D.	10
acravar:	V.T.D./V.T.D.I.	21		aderar:	V.T.D.	1
acravelhar:	V.T.D.	16		adereçar:	V.T.I.	14
acreditar:	V.T.D./V.T.I.	1		adergar:	V.T.D.	29
acrescentar:	V.T.D./V.T.D.I.	1		aderir:	V.I./V.T.I./V.T.D.I.	28
acrescer:	V.I./V.T.D./V.T.D.I.	56		adernar:	V.I.	14
acriançar:	V.T.D.	1		adertar:	V.I.	14
acriminar:	V.T.D.	1		adestrar:	V.T.D.	14
acrimoniar:	V.T.D.	14		adeusar:	V.T.D.	1
acrisolar:	V.T.D.	19		adiamantar:	V.T.D.	1
acromatizar:	V.T.D.	1		adiantar:	V.T.D.	1
acuar:	V.T.D./V.I.	27		adiar:	V.T.D.	1
açucarar:	V.T.D./V.I.	21		adiçar:	V.T.D.	1
acuchilar:	V.T.D.	1		adicionar:	V.T.D.	19
acuciar:	V.T.D.	1		adietar:	V.T.D./V.T.D.I.	1
acucular:	V.T.D.	1		adilar:	V.T.D.	1
açudar:	V.T.D.	1		adimplir:	V.T.D.	11
acudir:	V.I./V.T.D./V.T.I.	26		adir:	V.T.D.	86
acuitar:	V.T.D.	1		aditar:	V.T.D.	1
acujar:	V.I.	1		adivinhar:	V.T.D.	1
açular:	V.T.D./V.T.D.I.	1		adjazer:	V.I.	53
aculear:	V.T.D.	8		adjetivar:	V.T.D.	1
acumear:	V.T.D.	8		adjudicar:	V.T.D./V.T.D.I.	63
acuminar:	V.T.D.	1		adjungir:	V.T.D.	86
acumpliciar:	V.T.D.	21		adjurar:	V.T.D./V.T.D.I.	1
acumular:	V.T.D./V.T.D.I.	1		adjutorar:	V.T.D.	19
acunhar:	V.T.D.	1		adjuvar:	V.I./V.T.D./V.T.I.	1
acunhear:	V.T.D.	8		adligar:	V.T.D.	29
acupremir:	V.T.D.	19		adminicular:	V.T.D.	19
acupunturar:	V.T.D.	1		administrar:	V.I./V.T.D./V.T.D.I.	1
acurar:	V.T.D.	1		admirar:	V.I./V.T.D.	1
acurralar:	V.T.D.	21		admitir:	V.T.D.	11
acursar:	V.T.D./V.I.	1		admoestar:	V.T.D.	14
acurtar:	V.T.D.	1		adnumerar:	V.T.D.	14
acurvar:	V.T.D./V.I.	1		adobar:	V.I.	19
acurvilhar:	V.T.D.	1		adoçar:	V.T.D.	14
acusar:	V.T.D./V.T.D.I.	1		adocicar:	V.T.D.	63
acutilar:	V.T.D.	1		adoecer:	V.I.	76
adagiar:	V.I.	1		adoentar:	V.T.D.	1
adamar-se:	V. Pr.	97		adoestar:	V.T.D.	14
adamascar:	V.T.D.	21		adoidar:	V.T.D.	1
adaptar:	V.T.D.I.	21		adolescer:	V.I.	56
adargar:	V.T.D.	21		adomingar:	V.T.D.	29
adarvar:	V.T.D.	21		adonairar:	V.T.D.	1
adastrar:	V.T.D.	21		adonisar:	V.T.D.	1
adegar:	V.T.D.	14		adoperar:	V.T.D.	14
adejar:	V.I.	14		adorar:	V.T.D.	19
adelgaçar:	V.T.D.	21		adormecer:	V.T.D./V.I.	76
adelgadar:	V.T.D.	21		adormentar:	V.T.D.	1
adelgar:	V.T.D./V.I.	29		adornar:	V.T.D./V.T.I.	19
adengar:	V. Pr.	29		adotar:	V.T.D.	1
adensar:	V.T.D.	1		adquirir:	V.T.D.	11
adentar:	V.T.D.	1		adregar:	V.I.	14
adentrar:	V.T.D.	1		adriçar:	V.T.D.	1

A

Verbo	Classificação	Nº
ad-rogar:	V.T.D.	29
adscrever:	V.T.D.I.	20
adstringir:	V.T.D./V.T.D.I.	65
aduanar:	V.T.D.	1
aduar:	V.T.D.	27
adubar:	V.T.D.	1
aduchar:	V.T.D.	1
aducir:	V.T.D.	11
adufar:	V.T.D.	1
adugar:	V.T.D.	29
adular:	V.T.D.	5
adulçorar:	V.T.D.	19
adulterar:	V.T.D.	14
adumar:	V.I.	1
adumbrar:	V.T.D.	1
adunar:	V.T.D./V.T.D.I.	1
aduncar:	V.T.D.	63
adurir:	V.T.D.	11
aduzer:	V.T.D.	10
aduzir:	V.T.D./V.T.D.I.	70
adverbializar:	V.T.D.	1
adverbiar:	V.T.D.	1
adversar:	V.T.D.	14
advertir:	V.T.D./V.T.D.I.	37
advir:	V.I./V.T.D.	72
advogar:	V.T.D.	19
aerificar:	V.T.D.	1
aerizar:	V.T.D.	1
aeroplanar:	V.I.	21
afadigar:	V.T.D.	1
afadistar-se:	V. Pr.	97
afagar:	V.T.D.	21
afaimar:	V.T.D.	1
afainar-se:	V. Pr.	97
afalar:	V.T.I.	21
afalcoar:	V.T.D.	18
afamar:	V.T.D.	1
afanar:	V.T.D.	1
afantochar:	V.T.D.	19
afarar-se:	V. Pr.	97
afaroar-se:	V. Pr.	97
afastar:	V.T.D./V.T.D.I.	21
afatiar:	V.T.D.	1
afaxinar:	V.T.D.	1
afazendar-se:	V. Pr.	97
afazer:	V.T.D.I.	61
afear:	VV.T.D.	8
afeiçoar:	V.T.D.	18
afeitar:	V. Pr.	1
afelear:	V.T.D.	8
afemear:	V.T.D.	8
afemençar:	V.T.D.	32
afeminar:	V.T.D.	1
aferir:	V.T.D./V.T.D.I.	62
afermosentar:	V.T.D.	1
aferrar:	V.T.D.	14
aferrenhar:	V.T.D.	16
aferretoar:	V.T.D.	18
aferroar:	V.T.D.	18
aferrolhar:	V.T.D.	19
afervar-se:	V. Pr.	97
aferventar:	V.T.D.	1
afervorar:	V.T.D.	19
afervorizar:	V.T.D.	1
afestoar:	V.T.D.	18
afetar:	V.T.D.	1
afiambrar:	V.T.D.	1
afiançar:	V.T.D./V.T.D.I.	32
afiar:	V.T.D.	1
aficar:	V.I.	63
afidalgar:	V.T.D.	29
afigurar:	V.T.D.	1
afilar:	V.T.D.	1
afilhar:	V.I.	1
afiliar:	V.T.D.	1
afinar:	V.T.D./V.I.	1
afincar:	V.T.D./V.T.D.I.	1
afincoar:	V.T.D.	18
afinfar:	V.T.D.	1
afirmar:	V.T.D./V.I./V.T.D.I.	1
afistular:	V.T.D.	19
afitar:	V.T.D.	1
afivelar:	V.T.D.	14
afixar:	V.T.D./V.T.D.I.	1
aflar:	V.T.D.	21
aflautar:	V.T.D.	1
afleimar:	V.I./V.T.D.	1
afleumar:	V.T.D.	1
afligir:	V.T.D.	65
aflorar:	V.T.D.	19
afloxar:	V.T.D.	19
afluir:	V.T.D.I.	44
afobar-se:	V. Pr.	97
afocinhar:	V.T.D.	1
afofar:	V.T.D.	19
afogar:	V.T.D.	29
afoguear:	V.T.D.	8
afoitar:	V.T.D.	1
afolar:	V.T.D.	19
afolhar:	V.T.D.	19
afomear:	V.T.D.	8
aforar:	V.T.D./V.T.D.I.	19
aforçurar:	V.T.D.	1
aforismar:	V.T.D./V.I.	1
aformalar:	V.T.D.	21
aformosar:	V.I./V.T.D.	19
aformosear:	V.T.D.	8
aformosentar:	V.T.D.	1
aforquilhar:	V.T.D.	1
aforrar:	V.T.D./V.I.	19

Verbo	Classificação	Nº
afortalezar:	V.T.D.	16
afortunar:	V.T.D.	1
afoutar:	V.T.D./V.T.D.I.	1
afracar:	V.I.	21
afragatar-se:	V. Pr.	97
afrancesar:	V.T.D.	14
afranzinar:	V. Pr.	1
afrechar:	V.T.D.	14
afreguesar:	V.T.D.	14
afreimar-se:	V. Pr.	97
afrentar:	V.T.D.	1
afrescar:	V.T.D.	14
afretar:	V.T.D.	14
africanar:	V.T.D.	1
africanizar:	V.T.D.	1
afroixar:	V.T.D./V.I./V.T.I.	1
afroixelar:	V.T.D.	14
afrontar:	V.T.D./V.I./V.T.D.I.	1
afrouxar:	V.T.D.	1
afrouxelar:	V.T.D.	14
afrutar:	V.I.	1
afugentar:	V.T.D.	1
afuleimar:	V.I./V.T.D.	19
afulvar-se:	V. Pr.	97
afumar:	V.T.D.	1
afunar-se:	V. Pr.	97
afundar:	V.T.D.	1
afundir:	V.I./V.T.D.	11
afunilar:	V.T.D.	1
afuroar:	V.T.D.	18
afusar:	V.T.D.	1
afutricar:	V.T.D.	63
afuzilar:	V.T.D.	1
agachar:	V.T.D.	21
agadanhar:	V.T.D.	1
agafanhar:	V.T.D.	21
agaiar:	V.T.D.	1
agaiatar-se:	V. Pr.	21, 97
agalanar:	V.T.D.	1
agalegar:	V.T.D.	1
agalgar:	V.I.	14
agalhar:	V.I.	21
agaloar:	V.T.D.	18
aganar:	V.T.D.	1
agarnachar:	V.T.D.	21
agarotar-se:	V. Pr.	97
agarrar:	V.T.D.	21
agarrochar:	V.T.D.	19
agarrotar:	V.T.D.	19
agarruchar:	V.T.D.	1
agarrunchar:	V.T.D.	1
agasalhar:	V.T.D.	21
agastar:	V.T.D.	21
agatafunhar:	V.T.D.	1
agatanhar:	V.T.D.	1
agatificar:	V.T.D.	63
agatinhar:	V.T.D.	1
agaturrar:	V.T.D.	19
agauchar-se:	V. Pr.	97
agavelar:	V.T.D.	14
agazuar:	V.T.D.	27
agazular:	V.T.D.	1
agenciar:	V.T.D.	1
agendar:	V.T.D.	1
agengibrar:	V.T.D.	1
agermanar:	V.T.D./V.T.D.I.	1
agigantar:	V.T.D.	1
agilitar:	V.T.D.	1
agilizar:	V.T.D.	21
agiotar:	V.I.	19
agir:	V.I./V.T.I.	65
agitar:	V.T.D.	1
aglomerar:	V.T.D.	14
aglutinar:	V.T.D.	1
agodelhar:	V.T.D.	16
agoirar:	V.T.D.I./V.T.D./V.I./V.T.I.	1
agoirentar:	V.T.D.	1
agolpear:	V.T.D.	8
agomar:	V.I.	19
agongorar:	V.T.D.	19
agoniar:	V.T.D.	1
agonizar:	V.I./V.T.D.	1
agorentar:	V.T.D.	1
agostar-se:	V. Pr.	97
agourar:	V.T.D.I.	1
agourentar:	V.T.D.	1
agraciar:	V.T.D.	1
agradar:	V.I./V.T.D.I.	21
agradecer:	V.T.D./V.T.D.I.	56
agrafar:	V.T.D.	21
agranar:	V.I.	1
agranelar:	V.T.D.	14
agrar:	V.T.D.	21
agraudar:	V.I.	57
agravar:	V.T.D.	21
agraviar:	V.T.D.	1
agredir:	V.T.D.	31
agregar:	V.T.D./V.T.D.I.	14
agremiar:	V.T.D.	1
agricultar:	V.T.D.	1
agrilar:	V.T.D.	1
agrilhetar:	V.T.D.	14
agrilhoar:	V.T.D.	18
agrimar-se:	V. Pr.	97
agrimensar:	V.T.D.	1
agrinaldar:	V.T.D.	1
agrisalhar:	V.T.D.	21
agrumar:	V.T.D.	1
agrumelar:	V.T.D.	14
agrumetar:	V.T.D.	14

agrumular: V.T.D. 1	alagar: V.T.D. 21
agrupar: V.T.D. 1	alambazar-se: V. Pr. 97
aguantar: V.T.D. 1	alambicar: V.T.D. 63
aguar: V.T.D. 23	alamborar: V.T.D. 19
aguardar: V.T.D. 21	alambrar: V.T.D. 1
aguardentar: V.T.D. 1	alamedar: V.T.D. 14
aguarelar: V.I. 14	alancar: V.T.D. 63
aguarentar: V.T.D. 1	alancear: V.T.D. 8
aguaritar: V.T.D. 1	alanguidar-se: V. Pr. 97
aguçar: V.I./V.T.D. 32	alanhar: V.T.D. 1
agudizar: V.T.D. 1	alanzoar: V.T.D. 18
agueirar: V.T.D. 1	alapar: V.T.D. 21
aguentar: V.T.D. 1	alapardar-se: V. Pr. 21, 97
aguerrear: V.T.D. 8	alapuzar-se: V. Pr. 97
aguerreirar: V.T.D. 1	alar: V.I./V.T.D./V.T.D.I. 21
aguerrilhar: V.T.D. 1	alaranjar: V.I./V.T.D. 1
aguerrir: V.T.D. 93	alarar: V.T.D. 21
aguilhar: V.T.D. 1	alardar: V.T.D./V.T.D.I. 21
aguilhoar: V.T.D. 18	alardear: V.T.D./V.I. 8
aguisar: V.T.D. 1	alargar: V.T.D. 21
aguitarrar: V.T.D. 1	alarmar: V.T.D. 21
agurentar: V.T.D. 14	alarvajar: V.I./V.T.D. 21
aiar: V.I. 1	alarvejar: V.T.D. 16
airar: V.I. 1	alassar: V.I. 21
ajaezar: V.T.D. 14	alastrar: V.T.D./V.I. 21
ajambrar: V.T.D. 1	alatinar: V.T.D. 1
ajanotar: V.T.D. 19	alatoar: V.T.D. 18
ajardinar: V.T.D. 1	alaudar: V.T.D. 57
ajavardar: V.T.D. 21	alavancar: V.T.D. 63
ajeirar: V.T.D. 1	alavercar-se: V. Pr. 97
ajeitar: V.T.D. 1	albardar: V.T.D. 21
ajesuitar: V.T.D. 1	albergar: V.T.D. 29
ajoeirar: V.I./V.T.D. 14	albificar: V.T.D. 63
ajoelhar: V.T.D. 16	alborcar: V.T.D.I. 63
ajorcar: V.T.D. 63	alborotar: V.T.D. 19
ajorjar: V.T.D. 21	albufeirar: V.T.D. 1
ajornalar: V.T.D. 21	albuminar: V.T.D. 1
ajoujar: V.T.D. 1	alcachinar: V.T.D. 1
ajoviar: V.T.D. 1	alcachofrar: V.T.D. 19
ajudar: V.T.D./V.T.I./V.T.D.I. 1	alcaiotar: V.T.D. 19
ajudengar-se: V. Pr. 97	alcaldar: V.T.D. 1
ajuizar: V.T.D. 1	alcalificar: V.T.D. 63
ajular: V.T.D. 1	alcalinizar: V.T.D. 1
ajuntar: V.T.D./V.T.D.I. 1	alcalizar: V.T.D. 1
ajuramentar: V.T.D. 1	alcançar: V.T.D./V.T.I. 32
ajustar: V.T.D. 1	alcandorar-se: V. Pr. 97
ajustiçar: V.T.D. 32	alcanforar: V.T.D. 19
ajusturar: V.T.D. 1	alcantilar: V.T.D. 1
alabar: V. Pr. 21	alcaparrar: V.T.D. 21
alabarar: V.T.D. 21	alçapremar: V.T.D. 14
alabastrizar: V.T.D. 1	alçar: V.T.D. 1
alacaiar: V.T.D. 21	alcatear: V.I. 1
alacar: V.I. 21	alcatifar: V.T.D. 1
alactar: V.I./V.T.D. 21	alcatroar: V.T.D. 18
aladroar: V.T.D. 18	alcatruzar: V.I./V.T.D. 1

alcear:	V.T.D.	8
alcofar:	V.T.D.	19
alcoolificar:	V.T.D.	63
alcoolizar:	V.T.D.	1
alcorcovar:	V.T.D.	19
alcovitar:	V.T.D.	1
alcunhar:	V.T.D.	1
alcursar:	V.T.D./V.I.	1
aldeagar:	V.I.	29
aldear:	V.T.D.	8
aldrabar:	V.T.D.	21
aldravar:	V.T.D.	21
alealdar:	V.T.D.	1
alear:	V.I.	8
alegar:	V.T.D./V.T.I./V.T.D.I.	29
alegorizar:	V.T.D.	1
alegrar:	V.T.D.	14
aleijar:	V.T.D.	1
aleirar:	V.T.D.	1
aleitar:	V.T.D.	1
aleixar-se:	V. Pr.	97
aleluiar:	V.T.D./V.I.	14
alemanizar:	V.T.D.	14
alembrar:	V.T.D./V.T.D.I.	1
alemoar:	V.T.D.	18
alentar:	V.T.D.	1
alentecer:	V.T.D.	76
alertar:	V.T.D.	14
alestar:	V.T.D.	14
aletargar-se:	V. Pr.	97
aletradar:	V.T.D.	21
alevantar:	V.T.D.	1
alevedar:	V.T.D.	14
alfabetar:	V.T.D.	14
alfabetizar:	V.T.D.	1
alfaiar:	V.T.D.	21
alfaiatar:	V.I./V.T.D.	21
alfanar:	V.T.D.	1
alfandegar:	V.T.D.	29
alfar:	V.I.	1
alfarrobar:	V.T.D.	19
alfar-se:	V. Pr.	97
alfazemar:	V.T.D.	16
alfenar:	V.T.D.	16
alfeninar-se:	V. Pr.	1, 97
alfinetar:	V.T.D.	14
alfinetear:	V.T.D.	8
alfombrar:	V.T.D.	1
alforjar:	V.T.D.	19
alforrar:	V.T.D.	19
alforriar:	V.T.D.	1
algaliar:	V.T.D.	1
algaraviar:	V.I.	1
algazarrar:	V.I.	21
algebrizar:	V.T.D.	1
algemar:	V.T.D.	16
algemiar:	V.T.D.	1
algodoar:	V.T.D.	18
algozar:	V.T.D.	19
algraviar:	V.T.D.	21
alguergar:	V.T.D.	29
alhanar:	V.T.D.	1
alhear:	V.T.D./V.T.D.I.	8
aliançar:	V.T.D.	32
aliar:	V.T.D.I.	1
alibambar:	V.T.D.	21
alicerçar:	V.T.D.	32
alicercear:	V.T.D.	8
aliciar:	V.T.D.	1
alienar:	V.T.D.	1
aligar:	V.T.D.	29
aligeirar:	V.T.D.	1
alijar:	V.T.D.	1
alimentar:	V.T.D.	1
alimpar:	V.T.D.	1
alindar:	V.T.D.	1
alinhar:	V.T.D.	1
alinhavar:	V.T.D.	21
alisar:	V.T.D.	1
alisboetar:	V.T.D.	16
alistar:	V.T.D.	1
aliterar:	V.T.D.	14
aliviar:	V.T.D.	1
aljofarar:	V.T.D.	21
aljofrar:	V.T.D.	19
almagrar:	V.T.D.	21
almajarrar:	V.T.D.	21
almanjarrar:	V.T.D.	21
almarear:	V.T.D.	8
almargear:	V.T.D.	8
almecegar:	V.T.D.	29
almejar:	V.T.D.	16
almirantear:	V.I.	8
almiscarar:	V.T.D.	21
almoçar:	V.T.D.	32
almocrevar:	V.T.D.	14
almoedar:	V.T.D.	14
almofaçar:	V.T.D.	32
almofadar:	V.T.D.	21
almofreixar:	V.T.D.	1
almotaçar:	V.T.D.	21
almudar:	V.T.D.	1
alocar:	V.T.D.	1
aloirar:	V.T.D./V.I.	1
aloisar:	V.T.D.	1
alojar:	V.I./V.T.D.	19
alombar:	V.T.D.	1
alomborar:	V.T.D.	19
alomear:	V.T.D.	8
alongar:	V.T.D.	29

alotar:	V.T.D. 19
aloucar:	V.T.D. 63
alourar:	V.T.D. 1
alousar:	V.T.D. 1
alpardecer:	V.I. 76
alpendrar:	V.T.D. 1
alporcar:	V.T.D. 63
alquebrar:	V.T.D. 14
alqueirar:	V.T.D. 1
alqueivar:	V.T.D. 1
alquiar:	V.I. 1
alquilar:	V.T.D. 1
alquimiar:	V.I. 1
alrotar:	V.I. 19
altanar-se:	V. Pr. . . .97
altear:	V.T.D. 8
altercar:	V.T.D. 14
altercar:	V.T.D./V.I./V.T.I. 63
alternar:	V.T.D./V.I./V.T.I. 14
altivar:	V.T.D. 14
aluar:	V.T.D. 27
alucinar:	V.T.D. 1
aludir:	V.T.D.I./V.T.I. 11
alugar:	V.T.D. 29
aluir:	V.T.D. 44
alumbrar:	V.T.D. 1
alumiar:	V.T.D. 1
aluminar:	V.T.D. 1
aluminizar:	V.T.D. 21
alunar:	V.I. 1
alunissar:	V.I. 16
alunizar:	V.I. 21
alustrar:	V.I. 1
alutar:	V.I. 1
aluviar:	V.T.D. 1
aluxar:	V.T.D. 1
aluziar:	V.T.D. 1
alvacentar:	V.T.D. 1
alvaiadar:	V.T.D. 21
alvalar:	V.T.D. 21
alvear:	V.T.D. 8
alveitar:	V.T.D. 1
alveitarar:	V.T.D. 21
alvejar:	V.T.D. 16
alvescer:	V.I. 56
alvidrar:	V.T.D./V.T.D.I. 1
alvissarar:	V.T.D./V.T.D.I. 21
alvitrajar:	V.T.D. 21
alvitrar:	V.T.D./V.T.D.I. 1
alvorar:	V.T.D. 19
alvorear:	V.T.D. 8
alvorecer:	V.I. 79
alvorejar:	V.T.D./V.I. . .87, 16
alvoriçar:	V.T.D. 1
alvoroçar:	V.T.D. 32
alvorotar:	V.T.D. 19
alvotar:	V.I. 19
amabilizar:	V.T.D. 1
amacacar:	V.T.D. 63
amaçarocar:	V.T.D. 63
amachucar:	V.T.D. 63
amaciar:	V.T.D. 1
amadar:	V.T.D. 21
amadeirar:	V.T.D. 1
amadornar:	V.T.D./V.I. 19
amadorrar:	V.T.D./V.I. 19
amadrinhar:	V.T.D. 1
amadrugar:	V.T.D. 29
amadurar:	V.T.D./V.I. 1
amadurecer:	V.T.D./V.I. 76
amaestrar:	V.T.D. 14
amagar-se:	V. Pr. . .21, 97
amagotar:	V.T.D. 19
amainar:	V.I./V.T.D. 1
amaldiçoar:	V.T.D./V.T.D.I. 18
amalgamar:	V.T.D. 1
amalhar:	V.T.D. 21
amalhoar:	V.I./V.T.D. 18
amaltar:	V.T.D. 1
amalucar:	V.T.D. 63
amamentar:	V.T.D. 1
amancebar-se:	V. Pr. . . .97
amanchar-se:	V. Pr. . . .97
amaneirar:	V.T.D. 1
amanequinar:	V.T.D. 1
amanhar:	V.T.D. 1
amanhecer:	V.I. 90
amanhuçar:	V.T.D. 32
amaninhar:	V.T.D. 1
amansar:	V.T.D. 1
amantar:	V.T.D. 1
amanteigar:	V.T.D. 29
amantelar:	V.T.D. 14
amantilhar:	V.T.D. 1
amantizar-se:	V. Pr. . . .97
amaquiar-se:	V. Pr. . . .97
amar:	V.T.D. 1
amarar:	V.I. 21
amarasmar:	V.I. 21
amarecer:	V.I. 76
amarelar:	V.I./V.T.D. 14
amarelecer:	V.I./V.T.D. 76
amarelejar:	V.I. 16
amarfalhar:	V.T.D. 21
amarfanhar:	V.T.D. 1
amargar:	V.T.D./V.I. 29
amargurar:	V.T.D. 1
amaricar:	V.T.D. 63
amariçar:	V.T.D. 32
amaridar:	V.T.I. 1

Verbo	Classificação	Nº
amarinhar:	V.T.D.	1
amarissar:	V.T.D.	1
amarizar:	V.T.D.	1
amarlotar:	V.T.D.	19
amarotar-se:	V. Pr.	19, 97
amarrar:	V.T.D./V.T.D.I./V.T.I.	21
amarrecar:	V.T.D.	63
amarroar:	V.T.D.	18
amarrotar:	V.T.D.	19
amarruar:	V.T.D.	27
amartelar:	V.T.D.	14
amarujar:	V.T.D.	1
amarulhar:	V.T.D.	1
amasiar-se:	V. Pr.	97
amassar:	V.T.D.	21
amatalar:	V.I.	21
amatalotar:	V.T.D./V.I.	19
amatar:	V.T.D.	21
amatilhar:	V.T.D.	1
amatular-se:	V. Pr.	97
amatutar-se:	V. Pr.	97
amazelar-se:	V. Pr.	97
ambaquizar:	V.T.D.	1
ambarizar:	V.T.D.	21
ambicionar:	V.T.D.	19
ambientar:	V.T.D./V.T.D.I.	1
ambrar:	V.I.	1
ambrear:	V.T.D.	8
ambular:	V.I.	1
ameaçar:	V.T.D./V.T.D.I./V.I.	32
amealhar:	V.T.D./V.I.	21
amear:	V.T.D.	8
amedalhar:	V.T.D.	21
amedrontar:	V.T.D./V.T.D.I.	1
amegar:	V.T.D.	14
ameiar:	V.T.D.	1
ameigar:	V.T.D.	1
ameijoar:	V.T.D.	18
amelaçar:	V.T.D.	32
ameninar:	V.T.D.	1
amenizar:	V.T.D.	1
amentar:	V.T.D.	1
amercear:	V.T.D.	8
amerger:	V.T.D.	36
americanizar:	V.T.D.	1
amerissar:	V.T.D.	14
amerujar:	V.I.	1
amesendar-se:	V. Pr.	97
amesquinhar:	V.T.D.	1
amestrar:	V.T.D.	14
ametalar:	V.T.D.:	21
amezinhar:	V.T.D.	1
amichelar:	V.T.D.	14
amidar:	V.T.D.	1
amidoar:	V.T.D.	18
amidonar:	V.T.D.	19
amigar:	V.T.D.	29
amilhar:	V.T.D.	1
amimalhar:	V.T.D.	21
amimar:	V.T.D.	1
amiserar:	V.T.D.	14
amistar:	V.T.D.	1
amisular:	V.T.D.	1
amiudar:	V.T.D./V.I.	1
amnesiar:	V.T.D.	1
amnistiar:	V.T.D.	1
amocambar:	V.T.D.	1
amocar:	V.T.D.	63
amochar-se:	V. Pr.	97
amochilar:	V.T.D.	1
amodelar:	V.T.D.	14
amodernar:	V.T.D.	14
amodorrar:	V.T.D.	19
amoedar:	V.T.D.	14
amoestar:	V.T.D./V.T.D.I.	14
amofinar:	V.T.D.	1
amoiar:	V.T.D.	13
amoinar:	V.I.	1
amoirar:	V.T.D.	1
amoiriscar:	V.T.D.	63
amoiroar:	V.I.	18
amoitar:	V.T.D.	1
amojar:	V.T.D.	19
amolachar:	V.T.D.	21
amolancar:	V.T.D.	63
amolar:	V.T.D.	19
amoldar:	V.T.D.	19
amoldurar:	V.T.D.	1
amolecar:	V.T.D.	63
amolecer:	V.I./V.T.D.	76
amolegar:	V.T.D.	1
amolengar:	V.T.D.	29
amolentar:	V.T.D.	14
amolestar:	V.T.D.	14
amolgar:	V.I./V.T.D./V.T.D.I.	29
amolhar:	V.T.D.	19
amomar:	V.T.D.	19
amonizar:	V.T.D.	1
amontanhar:	V.I.	1
amontar:	V.I./V.T.D./V.T.I.	1
amontijar:	V.T.D.	1
amontilhar:	V.T.D.	1
amontoar:	V.I./V.T.D.	18
amonturar:	V.T.D.	1
amoquecar:	V.I.	63
amoralizar:	V.T.D.	1
amorar:	V.T.D.	19
amordaçar:	V.T.D.	32
amorenar:	V.T.D.	14
amorfanhar:	V.T.D.	1

amoriscar-se:	V. Pr.	97
amornar:	V.T.D.	19
amornecer:	V.T.D.	56
amorrinhar-se:	V. Pr.	97
amorroar:	V.T.D.	18
amorsegar:	V.T.D.	14
amortalhar:	V.T.D.	21
amortecer:	V.T.D.	56
amortiçar:	V.T.D.	1
amortificar:	V.T.D.	63
amortiguar:	V.T.D.	27
amortizar:	V.T.D.	1
amossar:	V.T.D.	19
amossegar:	V.T.D.	29
amostardar:	V.T.D.	21
amostrar:	V.T.D.	19
amotar:	V.T.D.	19
amotinar:	V.T.D.	1
amoucar-se:	V. Pr.	63, 97
amourar:	V.T.D.	1
amouriscar:	V.T.D.	1
amouroar:	V.I.	18
amouxar:	V.T.D.	1
amover:	V.T.D.I.	15
amoxamar:	V.T.D.	1
amparar:	V.T.D.	21
ampliar:	V.T.D.	1
amplificar:	V.T.D.	63
ampolhar:	V.T.D.	19
amputar:	V.T.D.	1
amuar:	V.T.D.	27
amulatar-se:	V. Pr.	97
amulherar-se:	V. Pr.	97
amulherengar-se:	V. Pr.	29, 97
amumiar:	V.T.D.	1
amunçar:	V.T.D.	32
amuniciar:	V.T.D.	1
amuralhar:	V.T.D.	21
amurar:	V.T.D.	1
amurujar:	V.T.D.	1
anaçar:	V.T.D.	32
anacarar:	V.T.D.	21
anacreontizar:	V.T.D.	1
anacronizar:	V.T.D.	1
anafar:	V.T.D.	21
anafragar:	V.I.	29
anagalhar:	V.T.D.	21
anagramatizar:	V.I.	1
anaguar:	V.I.	23
analgizar:	V.T.D.	1
analisar:	V.T.D.	1
ananicar:	V.T.D.	63
anarquizar:	V.T.D.	1
anastomosar:	V.T.D./V.I.	19
anatar:	V.T.D.	21
anateirar:	V.T.D.	1
anatematizar:	V.T.D.	1
anatomizar:	V.T.D.	1
anavalhar:	V.T.D.	21
anazar:	V. Pr.	21
ancilosar:	V.T.D.	19
ancinhar:	V.T.D.	1
ancorar:	V.T.D./V.I./V.T.D.I.	19
andaimar:	V.T.D.	1
andar:	V.I.	1
andarilhar:	V.I.	1
andejar:	V.I.	16
andoar:	V.T.D.	18
anediar:	V.T.D.	1
anedotizar:	V.T.D.	1
anegalhar:	V.T.D.	21
anegar:	V.T.D./V.T.D.I.	29
anegrar:	V.T.D.	14
anegrejar:	V.T.D.	16
anelar:	V.T.D.	14
anemiar:	V.T.D.	1
anemizar:	V.T.D.	1
anestesiar:	V.T.D.	1
anexar:	V.T.D.I.	14
angariar:	V.T.D.	1
angelizar:	V.T.D.	1
anglicizar:	V.T.D.	1
anglizar:	V.T.D.	1
anglomanizar:	V.T.D.	1
angustiar:	V.T.D.	1
anichar:	V.T.D.	1
anielar:	V.T.D.	14
anilar:	V.T.D.	1
anilhaçar:	V.T.D.	21
anilhar:	V.T.D.	1
anilinar:	V.T.D.	1
animadvertir:	V.T.D.	37
animalizar:	V.T.D.	1
animar:	V.T.D./V.T.D.I.	1
animizar:	V.T.D.	21
aninar:	V.T.D.	1
aninhar:	V.T.D./V.I.	1
aniquilar:	V.T.D.	1
anisar:	V.T.D.	1
anistiar:	V.T.D.	21
anivelar:	V.T.D.	14
aniversariar:	V.I.	1
anodizar:	V.T.D.	1
anogueirar:	V.T.D.	1
anoitecer:	V.I.	90*
anojar:	V.T.D.	19
anonadar:	V.T.D.	21
anonimar-se:	V. Pr.	97
anordestear:	V.T.D.	8
anortear:	V.I.	8

Verbo	Classificação	Página
anotar:	V.T.D.	19
anovar:	V.T.D.	19
anovear:	V.T.D.	8
anovelar:	V.T.D.	14
anoxiar:	V.T.D.	21
anquilosar:	V.T.D.	19
ansiar:	V.I./V.T.D./V.T.I.	24
antagonizar:	V.T.D.	1
antar:	V.T.D.	1
anteceder:	V.T.D./V.I./V.T.I.	17
antecipar:	V.T.D./V.I./V.T.I.	1
antedar:	V.T.D.	35
antedatar:	V.T.D.	21
antedizer:	V.T.D.	43
anteferir:	V.T.D.	62
antefruir:	V.T.D.	44
antegostar:	V.T.D.	19
antegozar:	V.T.D.	19
antemostrar:	V.T.D.	19
antemover:	V.T.D.	15
antemultiplicar:	V.T.D.	63
antemurar:	V.T.D.	1
anteocupar:	V.T.D.	1
antepagar:	V.T.D.	29
anteparar:	V.T.D.	21
antepassar:	V.T.D.	21
antepor:	V.T.D.I.	77
antessentir:	V.T.D.	62
antever:	V.T.D.	69
anteverter:	V.T.D.	17
antipatizar:	V.T.I.	1
antiquar:	V.T.D.	12
antojar:	V.T.D.I.	19
antolhar:	V.T.D./V.T.D.I.	19
antologiar:	V.T.D.	21
antropomorfizar:	V.T.D.	1
anuir:	V.T.I.	44
anular:	V.T.D.	1
anunciar:	V.T.D./V.T.I.	1
anuviar:	V.T.D.	21, 87
apacentar:	V.T.D.	1
apachorrar-se:	V. Pr.	97
apacificar:	V.T.D.	63
apadesar:	V.T.D.	14
apadrinhar:	V.T.D.	1
apadroar:	V.T.D.	18
apagar:	V.T.D.	29
apaijar:	V.T.D.	1
apainelar:	V.T.D.	14
apaiolar:	V.T.D.	19
apaisanar:	V.T.D.	21
apaisar:	V.T.D.	1
apaixonar:	V.T.D.	19
apajar:	V.T.D.	21
apajear:	V.T.D.	8
apalaçar:	V.T.D.	32
apalacianar:	V.T.D.	1
apaladar:	V.T.D.	21
apalancar:	V.T.D.	63
apalavrar:	V.T.D.	21
apalazar:	V.T.D./V.I.	21
apalear:	V.T.D.	8
apalermar:	V.T.D.	1
apalestrar-se:	V. Pr.	97
apalhaçar-se:	V. Pr.	32, 97
apalmar:	V.T.D./V.I.	1
apalpar:	V.T.D.	1
apanar:	V.T.D.	1
apancar:	V.T.D.	63
apandar:	V.T.D.	1
apandilhar-se:	V. Pr.	97
apanhar:	V.T.D.	1
apanicar:	V.I.	63
apaniguar:	V.T.D.	27
apantufar:	V.T.D.	1
apaparicar:	V.T.D.	63
apapeirar:	V.T.D.	1
aparabolar:	V.T.D.	19
aparafusar:	V.T.D.	1
aparamentar:	V.T.D.	1
aparar:	V.T.D.	21
aparatar:	V.T.D.	21
aparcar:	V.T.D.	63
aparceirar:	V.T.D.	1
aparcelar:	V.T.D.	14
apardaçar:	V.T.D.	32
aparecer:	V.T.I./V.I.	76
aparelhar:	V.T.D.	16
aparentar:	V.T.D.	1
aparentelar:	V.T.D./V.T.D.I./V.T.I.	14
aparoquiar-se:	V. Pr.	97
aparrar:	V.I.	21
aparreirar:	V.T.D.	1
apartar:	V.T.D.	21
apartear:	V.T.D.	8
aparvalhar:	V.T.D.	21
aparvar:	V.T.D.	21
aparvejar:	V.T.D.	16
aparvoar:	V.T.D.	18
apascentar:	V.T.D./V.T.D.I.	1
apascoentar:	V.T.D./V.T.D.I.	1
apassamanar:	V.T.D.	1
apassivar:	V.T.D.	1
apastorar:	V.T.D.	19
apatanhar:	V.T.D.	1
apatronar:	V.T.D.	19
apatetar:	V.T.D.	14
apatizar:	V.T.D.	1
apatrulhar:	V.T.D.	1
apaular:	V.T.D.	57

apaulistar:	V.T.D. 21	apezinhar:	V.T.D. 1
apavesar:	V.T.D./V.I. 14	apezunhar:	V.T.D. 1
apavonar:	V.T.D. 19	apicaçar:	V.T.D. 32
apavorar:	V.T.D. 19	apichelar:	V.T.D. 14
apaziguar:	V.T.D. 27	apicoar:	V.T.D. 18
apeaçar:	V.T.D.I. 32	apiedar:	V.T.D. 1
apeanhar:	V.T.D. 1	apilarar:	V.T.D. 21
apear:	V.T.D./V.T.D.I./V.I. 8	apildar:	V.T.D. 1
apeçonhar:	V.T.D. 19	apilhar:	V.T.D. 1
apeçonhentar:	V.T.D. 1	apiloar:	V.T.D. 18
apedantar:	V.T.D. 1	apimentar:	V.T.D. 1
apedar:	V.T.D./V.T.D.I./V.I. 14	apimpolhar-se:	V. Pr. 97
apedoirar:	V.T.D. 1	apimponar-se:	V. Pr. 97
apedourar:	V.T.D. 1	apincelar:	V.T.D. 14
apedrar:	V.T.D./V.T.D.I./V.I. 14	apingentar:	V.T.D. 1
apedregulhar:	V.T.D. 1	apinhar:	V.T.D. 1
apedrejar:	V.T.D./V.I. 16	apinhoar:	V.T.D. 18
apeganhar:	V.T.D. 1	apintalhar:	V.T.D. 21
apegar:	V.T.D./V.T.D.I. 29	apintoar:	V.T.D. 18
apeguilhar:	V.I. 1	apipar:	V.T.D. 1
apeirar:	V.T.D.I. 1	apiquedar:	V.T.D. 14
apejar-se:	V. Pr. 97	apisoar:	V.T.D. 18
apelar:	V.I./V.T.I. 14	apitar:	V.I. 1
apelidar:	V.T.D. 1	aplacar:	V.T.D./V.I. 21
apelintrar-se:	V. Pr. 97	aplainar:	V.T.D. 1
apenar:	V.T.D. 16	aplanar:	V.T.D. 1
apendar:	V.T.D.I. 1	aplastar:	V.T.D. 21
apender:	V.T.D.I. 10	aplaudir:	V.T.D. 1
apendoar:	V.T.D. 18	aplebear:	V. Pr. 8
apenhorar:	V.T.D. 19	aplicar:	V.T.D./V.T.D.I. 63
apensar:	V.T.D.I. 1	aplumar:	V.T.D. 1
apensionar:	V.T.D. 19	apoceirar:	V.T.D. 1
apenumbrar:	V.T.D. 1	apocopar:	V.T.D. 19
apepinar:	V.T.D. 1	apodar:	V.T.D. 19
apequenar:	V.T.D. 14	apoderar-se:	V. Pr. 97
aperaltar:	V.T.D. 1	apodrecer:	V.T.D./V.I. 76
aperalvilhar:	V.T.D. 1	apodrentar:	V.T.D./V.I. 21
aperar:	V.T.D. 1	apodrir:	V.I. 80
aperceber:	V.T.D./V.T.D.I. 17	apoiar:	V.T.D. 13
aperfeiçoar:	V.T.D. 18	apojar:	V.I. 19
aperfilhar:	V.T.D. 1	apolear:	V.T.D. 8
apergaminhar:	V.T.D. 1	apolegar:	V.T.D. 29
apernar:	V.T.D. 14	apolejar:	V.T.D. 16
aperolar:	V.T.D. 19	apolentar:	V.T.D. 1
aperrar:	V.T.D. 14	apologizar:	V.T.D. 1
aperrear:	V.T.D. 8	apoltronar-se:	V. Pr. 97
aperrunhar:	V.T.D. 1	apolvilhar:	V.T.D./V.T.D.I. 1
apertar:	V.T.D. 14	apontar:	V.T.D. 1
apesarar:	V.T.D. 21	apontear:	V.T.D. 8
apesentar:	V.T.D. 19	apontoar:	V.T.D. 18
apestar:	V.T.D./V.I. 1	apoquentar:	V.T.D. 1
apetar:	V.T.D./V.I. 14	apor:	V.T.D. 77
apetecer:	V.T.D./V.T.D.I./V.I. 76	aporfiar:	V.T.D./V.I./V.T.I. 1
apetitar:	V.T.D. 1	aporismar:	V.T.D./V.I. 1
apetrechar:	V.T.D. 16	aporrear:	V.T.D. 8

aporretar:	V.T.D.	14
aporrinhar:	V.T.D.	1
aportar:	V.T.D.I.	19
aportilhar:	V.T.D.	1
aportuguesar:	V.T.D.	14
aposentar:	V.T.D.	1
apossar:	V.T.D.I.	19
apossuir-se:	V. Pr.	100
apostar:	V.T.D./V.T.I.	19
apostatar:	V.T.I./V.I.	21
apostemar:	V.T.D.	16
apostiçar:	V.T.D.	32
apostilar:	V.T.D.	1
apostolar:	V.T.D.I./V.I.	19
apostolizar:	V.T.D.I./V.I.	1
apostrofar:	V.T.D.	19
apotentar:	V.T.D.	1
apoteosar:	V.T.D.	19
apoucar:	V.T.D.	63
apoutar:	V.T.D.	1
aprazar:	V.T.D.	1
aprazer:	V.I./V.T.I.	79
aprear:	V.T.D.	8
apreçar:	V.T.D.	14
apreciar:	V.T.D.	1
apreender:	V.T.D./V.I.	10
aprefixar:	V.T.D.	1
apregoar:	V.T.D.	18
apremar:	V.T.D.	16
apremer:	V.T.D.	17
aprender:	V.T.D.	10
apresar:	V.T.D.	14
apresentar:	V.T.D./V.T.D.I.	1
apresigar:	V.T.D.	29
apresilhar:	V.T.D.	1
apressar:	V.T.D./V.T.D.I.	14
apressurar:	V.T.D.	1
aprestamar:	V.T.D.	21
aprestar:	V.T.D.	14
aprimorar:	V.T.D.	19
apriscar:	V.T.D.	63
aprisionar:	V.T.D.	19
aprisoar:	V.T.D.	18
aproar:	V.T.D.I./V.I.	18
aproejar:	V.T.D.I./V.I.	16
aprofundar:	V.T.D./V.T.I.	1
apronçar:	V.T.D.	1
aprontar:	V.T.D.	1
apropinquar:	V.T.D./V.T.D.I.	27
apropositar:	V.T.D./V.T.D.I.	1
apropriar:	V.T.D.I.	1
aprosar:	V.T.D.	19
aprovar:	V.T.D.	19
aproveitar:	V.T.D./V.T.D.I./V.I.	1
aprovisionar:	V.T.D.	19
aproximar:	V.T.D./V.T.D.I.	1
aprumar:	V.T.D.	1
aptar:	V.T.D.	21
aptificar:	V.T.D.	63
apuar:	V.T.D.	27
apular:	V.T.D.	1
apunchar:	V.T.D.	1
apunhalar:	V.T.D.	21
apunhar:	V.T.D.	1
apupar:	V.T.D.	1
apurar:	V.T.D.	1
apuridar-se:	V. Pr.	97
aquadrelar:	V.T.D.	14
aquadrilhar:	V.T.D.	1
aquantiar:	V.T.D.	1
aquarelar:	V.T.D.	14
aquartelar:	V.T.D.	14
aquartilhar:	V.T.D.	1
aquebrantar:	V.T.D.	1
aquecer:	V.T.D.	76
aquedar:	V.T.D.	14
aqueijar-se:	V. Pr.	97
aqueirar:	V.T.D./V.I.	1
aquelar:	V.T.D.	14
aquentar:	V.T.D.	1
aquerenciar:	V.T.D.	1
aquiescer:	V.T.D.I.	56
aquietar:	V.T.D.	1
aquilatar:	V.T.D.	21
aquilombar:	V.T.D.	1
aquinhoar:	V.T.D./V.T.D.I.	18
aquistar:	V.T.D.	14
arabescar:	V.T.D.	63
arabizar:	V.T.D.	1
aradar:	V.T.D.	21
aramar:	V.T.D.	1
arar:	V.T.D./V.I.	21
araviar:	V.T.D./V.I.	1
arbitrar:	V.T.D./V.T.D.I.	1
arborescer:	V.I.	90
arborizar:	V.T.D.	1
arcabuzar:	V.T.D.	19
arcaizar:	V.T.D.	1
arcar:	V.T.D.I./V.I.	63
arctar:	V.T.D.	21
arcuar:	V.T.D.	27
arder:	V.I.	10
ardosiar:	V.T.D.	1
areaçar:	V.T.D.	32
arear:	V.T.D.	8
arejar:	V.T.D.	16
arengar:	V.T.D./V.T.D.I.	29
arensar:	V.I.	1
areolar:	V.I.	19
arestizar:	V.T.D.	1

arfar:	V.I.	21	arrarar:	V.T.D.	21
argamassar:	V.T.D.	21	arrasar:	V.T.D.	21
argentar:	V.T.D.	1	arrasoirar:	V.I.	1
argentear:	V.T.D.	8	arrastar:	V.T.D.	21
argolar:	V.T.D.	19	arratelar:	V.T.D.	14
arguciar:	V.T.D./V.I.	1	arrazoar:	V.I./V.T.D.	18
argueirar:	V.I.	1	arrear:	V.T.D.	8
arguir:	V.T.D./V.T.D.I.	64	arreatar:	V.T.D.	21
argumentar:	V.T.D./V.T.D.I./V.I.	1	arrebanhar:	V.T.D.	1
arianizar:	V.T.D.	1	arrebatar:	V.T.D.	21
ariar:	V.T.D.	1	arrebeçar:	V.T.D.	32
aricar:	V.T.D.	63	arrebentar:	V.I./V.T.D.	1
aridificar:	V.T.D.	63	arrebicar:	V.T.D.	63
aripar:	V.T.D./V.I.	1	arrebitar:	V.T.D.	1
ariscar:	V.T.D.	1	arrebolar:	V.T.D.	19
aristocratizar:	V.T.D.	1	arrebunhar:	V.T.D./V.I.	1
arjoar:	V.T.D.	18	arrecadar:	V.T.D.	21
armar:	V.T.D./V.T.D.I./V.T.I./V.I.	21	arrecear:	V.T.D./V.T.I.	1
armazenar:	V.T.D.	14	arreceber:	V.T.D.	17
armoriar:	V.T.D.	1	arrecolher:	V.T.D./V.I.	15
arneirar:	V.T.D.	1	arrecuar:	V.T.D./V.T.I./V.I.	27
arnesar:	V.T.D.	14	arredar:	V.T.D./V.T.D.I.	14
aromar:	V.T.D./V.I.	19	arredondar:	V.T.D.	1
aromatizar:	V.T.D.	1	arrefanhar:	V.T.D.	1
arpar:	V.T.D.	21	arrefeçar:	V.T.D.	32
arpear:	V.T.D.	8	arrefecer:	V.I./V.T.D.	76
arpejar:	V.I.	16	arrefentar:	V.T.D.	1
arpoar:	V.T.D.	18	arrefertar:	V.T.D.	14
arquear:	V.T.D.	8	arregaçar:	V.T.D.	32
arquejar:	V.T.D./V.I.	16	arregalar:	V.T.D.	21
arquitetar:	V.T.D.	1	arreganhar:	V.T.D.	1
arquivar:	V.T.D.	1	arregimentar:	V.T.D.	1
arrabar:	V.T.D.	89	arregoar:	V.I./V.T.D.	18
arrabeirar:	V.T.D.	1	arregueirar:	V.T.D.	1
arrabujar-se:	V. Pr.	97	arreguenhar:	V.T.D.	1
arrabunhar:	V.T.D./V.I.	1	arreguilar:	V.T.D.	1
arraçar:	V.T.D.	32	arreigar:	V.T.D.	1
arracimar-se:	V. Pr.	97	arreitar:	V.T.D.	1
arraçoar:	V.T.D.	18	arrelampar:	V.T.D.	1
arraiar:	V.I.	21	arrelhar:	V.T.D.	16
arraigar:	V.T.D./V.I.	29	arreliar:	V.T.D.	1
arrair:	V.T.D.	67	arrelvar:	V.T.D.	1
arralar:	V.T.D.	21	arremangar:	V.T.D.	29
arralentar:	V.T.D.	1	arremansar-se:	V. Pr.	97
arramalhar:	V.T.D./V.I./V.T.I.	21	arrematar:	V.T.D.	21
arramar:	V.I.	21	arremedar:	V.T.D.	14
arrancar:	V.T.D./V.I./V.T.D.I.	63	arremelgar:	V.T.D.	29
arranchar:	V.I./V.T.D.	1	arremessar:	V.T.D.	14
arrançoar:	V.T.D.	18	arremeter:	V.T.D./V.I.	17
arrancorar-se:	V. Pr.	19, 97	arreminar-se:	V. Pr.	97
arranhar:	V.T.D.	1	arrendar:	V.T.D./V.T.D.I.	1
arranjar:	V.T.D.	1	arrenegar:	V.T.D./V.T.I.	29
arrapazar-se:	V. Pr.	97	arrentar:	V.T.D./V.I.	1
arrapinar:	V.T.D.	1	arrepanhar:	V.T.D.	1
arraposar-se:	V. Pr.	97	arrepelar:	V.T.D.	14

arrepender-se:	V. Pr. 98	arrugar:	V.T.D. 29
arrepiar:	V.T.D. 1	arruinar:	V.T.D. 1
arrepicar:	V.T.D. 63	arrulhar:	V.I. 1
arrepolhar:	V.T.D. 19	arrumar:	V.T.D. 1
arrequifar:	V.T.D. 1	arrunhar:	V.T.D. 1
arresinar:	V.T.D. 1	arterializar:	V.T.D. 1
arrestar:	V.T.D. 14	artesoar:	V.T.D. 18
arretar:	V.T.D. 14	artesonar:	V.T.D. 19
arrevesar:	V.T.D. 14	articular:	V.T.D. 1
arrevessar:	V.T.D. 14	artificializar:	V.T.D. 1
arriar:	V.T.D./V.I. 24	artificiar:	V.T.D. 21
arribar:	V.T.D./V.I. 1	artilhar:	V.T.D. 21
arriçar:	V.T.D. 32	artolar:	V.I. 19
arridar:	V.T.D. 1	arvoar:	V.T.D. 18
arrifar:	V.T.D./V.I. 1	arvorar:	V.T.D. 19
arrijar:	V.T.D./V.I. 1	arvorecer:	90
arrimar:	V.T.D./V.T.D.I. 1	arvorejar:	V.T.D. 87
arrincar:	V.T.D. 63	arxar:	V.T.D. 21
arrincoar:	V.T.D. 18	asar:	V.T.D. 21
arripar:	V.T.D. 1	ascender:	V.I./V.T.I. 10
arripiar:	V.T.D./V.I. 1	ascetizar:	V.T.D. 1
arriscar:	V.T.D./V.T.D.I./V.I. 63	asfaltar:	V.T.D. 1
arrispidar-se:	V. Pr. 97	asfixiar:	V.T.D. 1
arrizar:	V.T.D. 1	asilar:	V.T.D. 1
arrobar:	V.T.D. 19	asir:	V.T.D./V.T.I. 86
arrobustar:	V.T.D. 1	asmar:	V.I. 21
arrochar:	V.T.D. 19	asnear:	V.I. 8
arrochelar:	V.T.D. 14	asneirar:	V.I. 21
arrociar:	V.T.D./V.T.D.I./V.I. 1	aspar:	V.T.D. 21
arrodear:	V.T.D. 8	asperger:	V.T.D. 36
arrodelar:	V.T.D. 14	aspergir:	V.T.D. 80
arrodilhar-se:	V. Pr. 97	aspersar:	V.T.D. 14
arrogar:	V.T.D. 29	aspirar:	V.T.D./V.T.I. 1
arroiar:	V.I. 13	asquear:	V.T.D. 8
arrojar:	V.T.D./V.T.D.I. 19	assaborear:	V.T.D. 8
arrojeitar:	V.I. 1	assacar:	V.T.D./V.T.I. 21
arrolar:	V.I. 19	assalariar:	V.T.D. 1
arrolhar:	V.T.D./V.I. 19	assalganhar:	V.T.D. 1
arromanar:	V.T.D. 1	assaltar:	V.T.D. 1
arromançar:	V.T.D. 32	assaltear:	V.T.D. 8
arrombar:	V.T.D. 1	assanhar:	V.T.D. 1
arromper:	V.T.D. 10	assanicar:	V.T.D. 63
arrosetar:	V.T.D. 14	assapar:	V.I. 21
arrostar:	V.T.D./V.T.D.I. 19	assapatar:	V.T.D. 21
arrotar:	V.I. 19	assar:	V.T.D. 21
arrotear:	V.T.D. 8	assarapantar:	V.T.D. 1
arroubar:	V.T.D. 1	assassinar:	V.T.D. 21
arrouçar:	V.T.D. 32	assazoar:	V.T.D. 18, 87
arroupar:	V.T.D. 1	assazonar:	V.T.D. 87
arroxar:	V.T.D. 19	assear:	V.T.D. 18
arroxear:	V.T.D. 8	assedar:	V.T.D. 14
arruaçar:	V.I. 32	assedenhar:	V.T.D. 16
arruar:	V.T.D. 27	assediar:	V.T.D. 1
arruçar:	V.I. 32	assegurar:	V.T.D. 1
arrufar:	V.T.D. 1	asselar:	V.T.D.I. 14

Verbo	Classificação	Número
asselvajar:	V.T.D.	21
assemelhar:	V.T.D./V.T.D.I.	16
assenhorar-se:	V. Pr.	97
assenhorear:	V.T.D.	8
assentar:	V.T.D./V.T.D.I./V.I.	1
assentir:	V.T.D.	62
assenzalar:	V.T.D.	21
assepsiar:	V.T.D.	1
asseptizar:	V.T.D.	1
asserenar:	V.T.D.	14
asserir:	V.T.D.	62
assertar:	V.T.D.	14
assertoar:	V.T.D.	18
assessorar:	V.T.D.	19
assestar:	V.T.D.I.	14
assetar:	V.T.D.	14
assetear:	V.T.D.	8
asseverar:	V.T.D.	14
assezoar:	V.T.D.	18, 87
assibilar:	V.T.D.	1
assilhar:	V.T.D.	1
assimilar:	V.T.D./V.T.D.I.	1
assinalar:	V.T.D.	21
assinar:	V.T.D./V.T.D.I./V.T.I.	1
assingelar:	V.T.D.	14
assisar:	V.T.D.	1
assistir:	V.T.D./V.T.I./V.I.	11
assoalhar:	V.T.D.	21
assoar:	V.T.D.	18
assobarcar:	V.T.D.	63
assobear:	V.T.D.	8
assoberbar:	V.T.D.	14
assobiar:	V.T.D./V.T.I.	1
assocar:	V.T.D.	63
assocializar:	V.T.D.	1
associar:	V.T.D./V.T.D.I.	1
assoguilhar:	V.T.D.	1
assolapar:	V.T.D.	21
assolar:	V.T.D.	19
assoldadar:	V.T.D.	21
assoldar:	V.T.D.	1
assolear:	V.I.	8, 87
assoleimar:	V.T.D.	14, 87
assolver:	V.T.D.	15
assomar:	V.I./V.T.I.	19
assombrar:	V.T.D./V.I.	1
assombrear:	V.T.D.	8
assonar:	V.I.	19
assopear:	V.T.D.	8
assoprar:	V.T.D./V.I./V.T.D.I.	19
assorear:	V.T.D.	8, 87
assossegar:	V.I./V.T.D.	29
assotar:	V.T.D.	19
assovelar:	V.T.D.	14
assoviar:	V.T.D./V.I.	1
assovinar:	V.T.D.	1
assovinhar:	V.T.D.	1
assuar:	V.T.D.	27
assumagrar:	V.T.D.	1
assumir:	V.T.D.	11
assunar:	V.T.D.	1
assuntar:	V.T.D.	1
assustar:	V.T.D.	1
assutilar:	V.T.D.	1
astralizar:	V. Pr.	1
astuciar:	V.T.D.	1
atabafar:	V.T.D.	21
atabalar:	V.T.D.	21
atabalhoar:	V.T.D./V.I.	18
atabernar:	V.T.D.	14
atabucar:	V.T.D.	63
atabular:	V.T.D.	1
atacanhar:	V.T.D.	21
atacar:	V.T.D.	63
atacoar:	V.T.D.	18
atafegar:	V.T.D.	29
atafular:	V.T.D.	1
atafulhar:	V.T.D.	1
ataganhar:	V.T.D.	1
ataganir:	V.T.D.	11
atagantar:	V.T.D.	1
atalaiar:	V.T.D./V.I.	21
atalancar-se:	V. Pr.	63, 97
atalhar:	V.T.D.	21
atamancar:	V.T.D.	63
atanar:	V.T.D.	1
atanazar:	V.T.D.	1
atanchar:	V.T.D.	1
ataperar:	V.T.D.	14
atapetar ;	V.T.D.	14
atapulhar:	V.T.D.	1
atar:	V.T.D./V.T.D./V.I.	1
atarantar:	V.T.D.	1
atardar:	V.T.D.	21
atarefar:	V.T.D.	1
ataroucar:	V.T.D.	63
atarracar:	V.T.D.	63
atarraxar:	V.T.D.	21
atarugar:	V.T.D.	29
atascar:	V.T.D.I.	63
atassalhar:	V.T.D.	21
atauxiar:	V.T.D.	1
atavernar:	V.T.D.	14
ataviar:	V.T.D.	1
atazanar:	V.T.D.	1
atear:	V.T.D./V.T.D.I.	8
atediar:	V.T.D.	1
ateigar:	V.T.D.	29
ateimar:	V.T.D./V.T.I./V.I.	1
atelhar:	V.T.D.	14

atemorizar:	V.T.D./V.I. ... 1
atempar:	V.T.D. ... 1
atemperar:	V.T.D./V.T.D.I./ V.T.I./V.I. ... 14
atenazar:	V.T.D. ... 21
atendar:	V.I. ... 1
atender:	V.T.D./V.I./V.T.I. ... 2
atenrar:	V.T.D. ... 1
atentar:	V.T.D./V.T.I. ... 1
atenuar:	V.T.D. ... 27
ater-se:	V. Pr. ... 7, 98
aterecer-se:	V. Pr. ... 98
atergar:	V.I. ... 29
aterlondrar:	V.I. ... 1
aterraplanar:	V.T.D. ... 1
aterraplenar:	V.T.D. ... 14
aterrar:	V.I./V.T.D. ... 14
aterrissar:	V.I. ... 1
aterrizar:	V.I. ... 1
aterroar:	V.T.D./V.I. ... 18
aterrorar:	V.T.D./V.I. ... 19
aterrorizar:	V.T.D./V.I. ... 1
atesar:	V.T.D. ... 14
atestar:	V.T.D./V.T.D.I./V.T.I. ... 14
atextar:	V.I. ... 14
atezanar:	V.T.D. ... 1
atibiar:	V.T.D./V.I. ... 1
atiçar:	V.T.D./V.T.D.I. ... 32
atijolar:	V.T.D. ... 19
atilar:	V.T.D. ... 19
atinar:	V.T.D./V.T.D.I./V.I. ... 1
atingir:	V.T.D. ... 65
atintar:	V.T.D. ... 1
atiplar:	V.T.D. ... 1
atirar:	V.T.D./V.T.I./V.I. ... 1
atitar:	V.I. ... 1
ativar:	V.T.D. ... 14
atoalhar:	V.T.D. ... 21
atoar:	V.T.D./V.T.D.I./V.I. ... 18
atocaiar:	V.T.D. ... 21
atochar:	V.T.D. ... 19
atoiçar:	V.T.D. ... 32
atolambar:	V.T.D. ... 1
atolar:	V.T.D./V.T.D.I. ... 19
atoleimar:	V.T.D. ... 1
atomatar:	V.T.D. ... 21
atombar:	V.T.D. ... 1
atomizar:	V.T.D. ... 1
atonar:	V.T.D. ... 19
atonizar:	V.T.D. ... 1
atontar:	V.T.D./V.I. ... 1
atontear:	V.T.D. ... 8
atopetar:	V.T.D. ... 14
atorar:	V.T.D. ... 19
atorçalar:	V.T.D. ... 21
atorçoar:	V.T.D. ... 18
atordoar:	V.T.D. ... 18
atormentar:	V.T.D. ... 1
atorresmar:	V.T.D. ... 14
atoucar:	V.T.D. ... 63
atouçar:	V.T.D. ... 32
atoucinhar:	V.T.D. ... 1
atoxicar:	V.I./V.T.D. ... 63
atrabelhar:	16
atracar:	V.I./V.T.D. ... 63
atrafegar-se:	V. Pr. ... 97
atraiçoar:	V.T.D. ... 18
atrair:	V.T.D. ... 67
atralhoar:	V.T.D./V.I. ... 18
atrancar:	V.T.D. ... 63
atrapalhar:	V.T.D. ... 21
atrapar:	V.T.D. ... 21
atrasar:	V.T.D. ... 21
atravancar:	V.T.D. ... 63
atravessar:	V.T.D. ... 14
atravincar:	V.T.D. ... 63
atrecer-se:	V. Pr. ... 98
atreguar:	V.T.D. ... 27
atreiçoar:	V.T.D. ... 18
atrelar:	V.T.D. ... 14
atremar:	V.I. ... 14
atrepar:	V.I./V.T.D./V.T.I. ... 14
atrever-se:	V. Pr. ... 17, 98
atribuir:	V.T.D.I. ... 44
atribular:	V.T.D. ... 1
atrigar-se:	V. Pr. ... 97
atritar:	V.T.D. ... 1
atroar:	V.I./V.T.D. ... 18
atroçoar:	V.T.D. ... 18
atrofiar:	V.T.D. ... 1
atrolhar:	V.T.D. ... 19
atropar:	V.T.D. ... 19
atropelar:	V.T.D. ... 14
atropilhar:	V.T.D. ... 1
atualizar:	V.T.D. ... 14
atuar:	V.T.D./V.I. ... 27
atucanar:	V.T.D. ... 21
atufar:	V.T.D./V.T.D.I. ... 14
atuir:	V.T.D. ... 44
atulhar:	V.T.D. ... 1
atumultuar:	V.T.D. ... 27
atundir:	V.T.D. ... 11
atupir:	V.T.D. ... 11
aturar:	V.T.D. ... 1
aturdir:	V.T.D. ... 80
aturgir:	V.T.D. ... 80
auditorar:	V.T.D. ... 19
auferir:	V.T.D. ... 62
augar:	V.T.D. ... 29
augir:	V.T.D. ... 65

A

auguar:	V.T.D.	27
augurar:	V.T.D./V.T.D.I.	1
aulir:	V.T.I.	80
aumentar:	V.T.D.	1
aunar:	V.T.D.	1
aureolar:	V.T.D.	19
aurificar:	V.I.	63
auriluzir:	V.I.	70
aurir:	V.I.	11
aurorar:	V.T.D./V.I.	87
aurorejar:	V.I.	87
aurorescer:	V.I.	90
auscultar:	V.T.D.	1
ausentar-se:	V. Pr.	97
auspicar:	V.T.D.	63
auspiciar:	V.T.D.	1
austar:	V.T.D.	1
austerizar:	V.T.D.	1
autenticar:	V.T.D.	1
autentificar:	V.T.D.	63
autocopiar:	V.T.D.	1
autografar:	V.T.D.	21
automatizar:	V.T.D.	1
automobilizar:	V.T.D.	1
autopsiar:	V.T.D.	1
autorizar:	V.T.D./V.T.D.I.	1
auto-sugestionar-se:	V. Pr.	97
autuar:	V.T.D.	1
auxiliar:	V.T.D./V.T.D.I.	1
avacalhar:	V.T.D.	21
avagarar:	V.T.D.	21
avaladar:	V.T.D.	21
avaliar:	V.T.D.	1
avalizar:	V.T.D.	1
avaloar:	V.T.D.	18
avaluar:	V.T.D./V.T.D.I.	27
avançar:	V.T.D./V.I./V.T.I.	32
avangar:	V.I.	29
avantajar:	V.T.D./V.T.D.I.	21
avariar:	V.T.D.	1
avassalar:	V.I./V.T.D.	21
avecer:	V.I.	90
avelar:	V.I.	14
avelhacar-se:	V. Pr.	97
avelhantar:	V.T.D.	1
avelhar:	V.I./V.T.D.	1
avelhentar:	V.T.D.	14
aveludar:	V.T.D.	1
avençar:	V.T.D.	32
avençoejar:	V.I.	16
avendar:	V.T.D.	1
aventar:	V.T.D.	1
aventurar:	V.T.D./V.T.D.I.	1
averbar:	V.T.D.	29
averdugar:	V.I.	21
avergalhar:	V.T.D.	21
avergar:	V.T.D./V.T.D.I./V.T.I./V.I.	29
avergoar:	V.T.D.	18
averiguar:	V.T.D.	27
avermelhar:	V.T.D.	16
averrugar:	V.T.D.	29
averrumar:	V.T.D.	1
averter:	V.T.D.	10
avessar:	V.T.D.	14
avexar:	V.T.D.	14
avezar:	V.T.D.I.	14
avezeirar:	V.T.D.	1
aviar:	V.T.D.	1
avidar:	V.I./V.T.D.	1
aviesar:	V.T.D.	1
avigorar:	V.T.D.	19
avilanar-se:	V. Pr.	97
aviltar:	V.T.D.	1
avinagrar:	V.T.D.	21
avincar:	V.T.D./V.I.	63
avingar:	V.I.	29
avinhar:	V.T.D.	1
avioletar:	V.T.D.	16
avir:	V.T.D.	72
avisar:	V.T.D./V.T.D.I.	1
avistar:	V.T.D.	1
avitualhar:	V.T.D.	21
aviuzar:	V.T.D.	1
avivar:	V.T.D.	1
aviventar:	V.T.D.	1
avizinhar:	V.T.D./V.T.D.I./V.T.I.	1
avoaçar:	V.I.	32
avoar:	V.I./V.T.I.	18
avocar:	V.T.D.I.	63
avoejar:	V.I.	16
avolumar:	V.T.D.	1
avondar:	V.T.D.	1
avosar:	V.T.D.	19
avozear:	V.T.D.	8
avultar:	V.T.D.	1
axadrezar:	V.T.D.	14
axicarar:	V.T.D.	21
axorcar:	V.T.D.	63
axungiar:	V.T.D.	1
azabumbar:	V.T.D.	1
azafamar:	V.T.D.	21
azagaiar:	V.T.D.	21
azagunchar:	V.T.D.	1
azamboar:	V.T.D./V.I.	18
azar:	V.T.D.	21
azaranzar:	V.T.D.	1
azarar:	V.T.D.	21
azebrar:	V.T.D.	14
azedar:	V.T.D.	14

azeitar:	V.T.D.	1
azeitonar:	V.T.D.	19
azerar:	V.T.D.	14
azevichar:	V.T.D.	1
aziumar:	V.T.D.	21
azoar:	V.T.D./V.I.	18
azoinar:	V.T.D.	1
azoratar:	V.T.D.	21
azorragar:	V.T.D.	21
azorrar:	V.T.D.	19
azotar:	V.T.D.	19
azougar:	V.T.D.	29
azoviar:	V.T.D.	1
azucrinar:	V.T.D.	1
azular:	V.T.D.	1
azulejar:	V.T.D.	16
azulinar:	V.T.D.	1
azumbrar:	V.T.D.	1
azurrar:	V.I.	89
azurzir:	V.T.D.	11

B

babar:	V.T.D.	21
babelizar:	V.I./V.T.D.	21
babujar:	V.T.D.	1
bacanalizar:	V.T.D.	1
bacelar:	V.T.D./V.I.	14
bacharelar:	V.T.D.	14
bachetar:	V.T.D.	14
bachicar:	V.T.D.	63
bachucar:	V.T.D.	63
bacilizar:	V.T.D.	21
bacorejar:	V.T.D./V.I./V.T.I.	16
bacorinhar:	V.T.D./V.I.	14, 89
badalar:	V.I./V.T.D.	21
badalejar:	V.I.	16
badalhocar:	V.T.I.	63
badanar:	V.I.	1
badernar:	V.I.	14
bafar:	V.I.	21
bafejar:	V.T.D.	16
baforar:	V.T.D.	19
bafordar:	V.I.	19
bafurdar:	V.I.	1
bagar:	V.I.	21, 89
bagear:	V.I.	8
baguear:	V.I.	8
bagunçar:	V.T.D./V.I.	32
bagunçear:	V.I.	8
baiar:	V.I.	21
bailar:	V.I.	1
bailhar:	V.I.	1
bainhar:	V.T.D.	1
baixar:	V.T.D./V.I./V.T.I.	1
bajoujar:	V.I.	1
bajular:	V.T.D.	1
balançar:	V.T.D./V.I.	32
balancear:	V.T.D./V.I.	8
balar:	V.I.	89
balastrar:	V.T.D.	21
balaustrar:	V.T.D.	1
balbuciar:	V.T.D.	1
balburdiar:	V.T.D.	1
baldar:	V.T.D.	1
baldear:	V.T.D.	8
baldoar:	V.T.D./V.I.	18
baldrocar:	V.T.D.	63
balear:	V.T.D.	8
balir:	V.I.	92
balizar:	V.T.D.	1
balnear:	V.T.D.	8
baloiçar:	V.T.D.	1
balouçar:	V.T.D.	1
balsamar:	V.I.	1
balsamificar:	V.T.D.	63
balsamizar:	V.T.D.	1
balsar:	V.T.D.	21
bambalear:	V.I.	8
bambar:	V.I./V.T.D.	1
bambear:	V.T.D./V.I.	8
bambinar:	V.I.	1
bamboar:	V.I./V.T.D.	18
bambochar:	V.I.	19
bambolear:	V.I.	8
banalizar:	V.T.D.	1
bancar:	V.I.	63
bandar:	V.T.D.	1
bandarilhar:	V.T.D.	1
bandarrear:	V.T.D.	8
bandear:	V.T.D.	8
bandeirar:	V.I.	1
bandejar:	V.T.D.	16
bandolear:	V.I.	8
bandurrear:	V.I.	8
banhar:	V.T.D.	1
banir:	V.T.D./V.T.D.I.	80
banquetear:	V.T.D.	8
banzar:	V.T.D./V.I./V.T.I.	1
banzear:	V.T.D./V.I.	8
baquear:	V.I.	8
baquetar:	V.I.	14
barachar:	V.T.D.	21
barafustar:	V.I./V.T.I.	1
baralhar:	V.T.D.	21
baratar:	V.T.D./V.T.D.I./V.I.	21
baratear:	V.T.D./V.T.D.I./V.I.	8

Verbo	Classificação	Nº
baratinar:	V.T.D.	1
barbar:	V.T.D.	21
barbarizar:	V.T.D./V.I.	1
barbear:	V.T.D.	8
barbechar:	V.T.D.	16
barbelar:	V.T.D.	14
bardar:	V.T.D.	21
barganhar:	V.T.D./V.I.	1
bargantear:	V.I.	8
barlaventear:	V.I.	8
barlaventejar:	V.I.	87
baronizar:	V.T.D.	1
barquear:	V.I.	8
barquejar:	V.I.	16
barranhar:	V.I.	1
barrar:	V.T.D./V.T.D.I.	21
barrear:	V.T.D./V.T.D.I.	8
barregar:	V.I.	29
barreirar:	V.T.D.	1
barrenar:	V.I.	16
barricadar:	V.T.D.	21
barricar:	V.T.D.	63
barrir:	V.I.	11
barrotar:	V.T.D.	19
barrotear:	V.T.D.	8
barrufar:	V.T.D./V.T.D.I./V.I.	1
barruntar:	V.T.D.	1
barulhar:	V.T.D.	1
bascamar:	V.T.D.	21
bascolejar:	V.T.D.	16
basculhar:	V.T.D.	1
basear:	V.T.D./V.T.D.I.	8
basificar:	V.T.D.	63
bastar:	V.I./V.T.I.	21
bastardear:	V.T.D.	8
bastear:	V.T.D.	8
bastecer:	V.T.D./V.T.D.I.	76
bastir:	V.T.D.	11
batalhar:	V.I.	21
batear:	V.T.D.	8
bater:	V.T.D./V.T.D.I.	10
batilhar:	V.I.	1
batizar:	V.T.D.	21
batocar:	V.I.	63
batotar:	V.I.	19
batotear:	V.I.	8
batucar:	V.I.	63
bautizar:	V.T.D./V.T.D.I.	1
bazar:	V.I.	21
bazofiar:	V.T.D./V.I./V.T.I.	1
beatificar:	V.T.D.	63
bebemorar:	V.T.D.	14
beber:	V.I./V.T.D.	17
beberar:	V.I.	14
bebericar:	V.T.D./V.T.I./V.I.	63
beberricar:	V.T.D.I./V.T.D./V.I.	63
bedelhar:	V.I.	16
beijar:	V.T.D.	1
beijocar:	V.T.D.	63
beirar:	V.T.D.	1
beldar:	V.I.	1
beletrear:	V.I.	8
beliscar:	V.T.D.	63
bem-aventurar:	V.T.D.	1
bemdizer:	V.T.D.	43
bem-fadar:	V.T.D.	21
bem-fazer:	V.T.D.	61
bem-merecer:	V.I.	76
bemolar:	V.T.D.	19
bem-querer:	V.T.D.	58
bendizer:	V.T.D.	43
beneficiar:	V.T.D.	1
benfeitorizar:	V.T.D.	1
benquistar:	V.T.I.	1
benzer:	V.T.D.	10
bernear:	V.T.D.	8
berrar:	V.T.D./V.I.	14
berregar:	V.I.	29
besantar:	V.T.D.	1
besourar:	V.I.	87
bestar:	V.I.	14
bestializar:	V.T.D.	1
bestificar:	V.T.D.	63
besuntar:	V.T.D.I.	1
betar:	V.T.D.	14
betonar:	V.T.D.	19
betumar:	V.T.D.	1
bexigar:	V.I.	29
bezoar:	V.T.D./V.I.	18, 89
bibliografar:	V.T.D.	21
bicar:	V.T.D./V.T.I.	63
bichanar:	V.I.	1
bichar:	V.I.	16, 89
bicotar:	V.T.D.	19
bifar:	V.T.D.I.	1
bifurcar:	V.T.D.	63
bigamizar:	V.T.D.	1
bigodear:	V.T.D.	8
bilhardar:	V.I.	21
bilontrar:	V.I.	1
bilrar:	V.I.	1
bimbalhar:	V.I.	21
bimbar:	V.T.D./V.T.D.I./V.I.	1
binar:	V.T.D.	1
binoculizar:	V.T.D./V.I./V.T.I.	1
biografar:	V.T.D.	21
bipar:	V.T.D.	14
bipartir:	V.T.D.	11
bipolarizar:	V.T.D.	1
biritar:	V.T.D./V.I.	14

birrar:	V.I.	1	bombar:	V.T.D.	19
bisar:	V.T.D.	1	bombardear:	V.T.D.	8
bisbilhar:	V.I.	1	bombear:	V.T.D.	8
bisbilhotar:	V.I./V.T.D.	19	bombicar:	V.I.	63
biscar:	V.I.	63	bonançar:	V.I.	32
biscatear:	V.I.	8	bondar:	V.I./V.T.I.	19
biscoitar:	V.T.D.	1	bonecar:	V.I.	21
biscoutar:	V.T.D.	1	bonificar:	V.T.D.	63
biselar:	V.T.D.	14	boquear:	V.I.	8
bisnagar:	V.T.D.I.	29	boquejar:	V.I.	16
bisonhar:	V.T.D.	19	borboletear:	V.I.	8
bispar:	V.I.	1	borborejar:	V.I.	16
bissegmentar:	V.T.D.	1	borbotar:	V.T.D.	19, 89
bissetar:	V.T.D.	1	borbulhar:	V.T.D./V.I.	19, 89
bitolar:	V.T.D.	19	borcar:	V.T.D.	63
bivacar:	V.I.	63	bordar:	V.T.D.	19
bizantinizar:	V.T.D.	1	bordear:	V.T.D./V.I.	8
bizarrear:	V.T.D./V.I.	8	bordejar:	V.I.	16
blandiciar:	V.T.D.	1	bornear:	V.T.D.	8
blasfemar:	V.T.D.	16	borraçar:	V.I.	21
blasonar:	V.T.D./V.I./V.I.	19	borrar:	V.T.D.	19
blaterar:	V.T.D.	14, 89	borratar:	V.T.D.	21
blefar:	V.I.	14	borregar:	V.I.	29
blindar:	V.T.D./V.T.D.I.	1	borriçar:	V.T.I.	14
blocar:	V.T.D.	63	borrifar:	V.T.D.	14
bloquear:	V.T.D.	8	bosquejar:	V.T.D.	16
boatar:	V.I./V.T.D.	21	bossar:	V.T.D.	19
bobar:	V.I.	14	bostar:	V.T.D.	19
bobear:	V.I.	8	bostear:	V.I.	8
bobinar:	V.T.D.	1	botar:	V.T.D.	19
bocanhar:	V.I.	21	botocar:	V.I.	63
bocar:	V.T.D.	63	bouçar:	V.T.D.	32
boçar:	V.T.D.	32	bourar:	V.I.	1
bocejar:	V.I.	16	bracear:	V.T.D.	8
bocelar:	V.T.D.	14	bracejar:	V.T.D./V.T.I.	16
bochechar:	V.I.	16	bradar:	V.T.D./V.T.D.I./V.I.	21
bodejar:	V.I.	16	bradejar:	V.T.D./V.T.D.I./V.I.	16
bofar:	V.T.D./V.T.I.	19	bragantear:	V.I.	8
bofetear:	V.T.D.	8	bralhar:	V.I.	21
boiar:	V.T.D./V.I.	13	bramanizar:	V.T.D.	1
boiçar:	V.T.D.	32	bramar:	V.I.	1
boicotar:	V.T.D.	19	bramir:	V.I.	91
bojar:	V.T.D.	19	brandar:	V.T.D.	1
bolachar:	V.T.D.	21	brandear:	V.I./V.T.D.	8
bolar:	V.T.D.	19	brandir:	V.T.D.	80
bolcar:	V.T.D.	63	branquear:	V.T.D./V.I.	8
bolçar:	V.T.D.	19	branquejar:	V.I.	16
bolchevizar:	V.T.D.	1	branquir:	V.T.D.	80
bolear:	V.T.D.	8	braquear:	V.I.	8
boletar:	V.T.D.	14	brasear:	V.T.D./V.I.	8
bolhar:	V.I.	19	brasilizar:	V.T.D.	1
bolichear:	V.I.	8	brasoar:	V.I.	18
bolinar:	V.T.D./V.I.	1	brasonar:	V.T.D./V.I./V.T.I.	19
bolorecer:	V.T.D.	76	bravar:	V.T.D.	21
bolsar:	V.I.	19	bravatear:	V.T.D./V.T.I./V.I.	8

bravear:	V.I.	8
bravejar:	V.I.	16
brear:	V.T.D./V.I.	8
brecar:	V.T.D.	63
brechar:	V.T.D./V.I.	1
brejeirar:	V.I.	1
brevetar:	V.T.D.	14
bridar:	V.T.D.	1
brigar:	V.I./V.T.I.	1
brilhar:	V.I.	1
brincalhar:	V.I.	21
brincar:	V.I./V.T.I.	63
brindar:	V.T.D./V.T.D.I.	1
briocar-se:	V. Pr.	97
briquetar:	V.I.	14
briquitar:	V.I.	1
britanizar:	V.T.D.	1
britar:	V.T.D.	1
brocar:	V.T.D.	63
brochar:	V.T.D.	19
brolhar:	V.T.D.	19
bromar:	V.T.D.	89
bronzear:	V.T.D.	8
broquear:	V.T.D.	8
broquelar:	V.T.D.	14
brossar:	V.T.D.	19
brotar:	V.T.D./V.T.I./V.I.	89
brotoejar:	V.T.D.	16
broxar:	V.T.D.	19
bruar:	V.I.	27
brunhir:	V.T.D.	93
brunir:	V.T.D.	80
brutalizar:	V.T.D.	1
brutear:	V.I.	8
brutificar:	V.T.D.	63
bruxear:	V.I.	8
bruxulear:	V.I.	8, 89
bucolizar:	V.I.	1
bufar:	V.I./V.T.D.	1
bufarinhar:	V.I.	1
bufonear:	V.I.	8
bugiar:	V.I.	1
buibuilar:	V.I.	1
buir:	V.T.D.	80
bulhar:	V.I.	1
bulir:	V.T.D./V.T.I./V.I.	52
bumbar:	V.T.D.	1
bungular:	V.I.	1
buracar:	V.T.D.	63
burburinhar:	V.I.	87
burilar:	V.T.D.	1
burlar:	V.T.D.	1
burlesquear:	V.I.	8
burocratizar:	V.T.D.	1
burrificar:	V.T.D.	1
buscar:	V.T.D.	63
bussolar:	V.I.	63
butucar:	V.T.D.	1
buzinar:	V.I.	14

C

cabalar:	V.I.	21
cabear:	V.I.	8, 88*
cabeçar:	V.I.	32
cabecear:	V.T.D./V.I.	8
caber:	V.I.	25
cabortear:	V.I.	8
cabotar:	V.T.D.	19
cabotinar:	V.T.D./V.I.	1
caboucar:	V.T.D./V.I.	63
cabrazar:	V.T.D.	21
cabrear:	V.I.	8, 88*
cabrejar:	V.I.	16, 89
cabrestear:	V.I.	8, 88*
cabriolar:	V.I.	19
cabritar:	V.I.	1
cabular:	V.I.	1
caçapear:	V.I.	8, 88*
caçar:	V.T.D.	32
cacarejar:	V.I.	89
cacear:	V.I.	8, 88*
cacetear:	V.T.D.	8
cachar:	V.T.D.	21
cachear:	V.T.D.	8
cachetar:	V.T.I.	14
cachiar:	V.I.	1
cachimbar:	V.I.	1
cachinar:	V.I.	1
cachoar:	V.I.	18, 87
cachoeirar:	V.T.D.	87
cachuchar:	V.I.	1
cacicar:	V.I.	63
cacifar:	V.T.D./V.I.	14
cacimbar:	V.I.	87
caçoar:	V.T.D.	18
cacografar:	V.T.D.	21
cacuminalizar:	V.T.D.	14
cadabulhar:	V.T.D.	14
cadastrar:	V.T.D.	21
cadaverizar:	V.T.D.	14
cadenciar:	V.T.D.	14
cadinhar:	V.T.D.	14
caducar:	V.I.	63
cafangar:	V.T.D.	29
cafifar:	V.T.D.	1
cafrealizar:	V.T.D.	1

Verbo	Classificação	Nº
cafungar:	V.T.D.	29
cagalizar:	V.T.D.	1
cagar:	V.T.D./V.T.I./V.I.	29
caiar:	V.T.D./V.T.I.	21
caibrar:	V.T.D.	19
cainhar:	V.I.	14, 89
cair:	V.I.	67
cairelar:	V.T.D.	14
calabrear:	V.T.D./V.T.D.I.	8
calacear:	V.I.	8
calaceirar:	V.T.D.	14
calafetar:	V.T.D.	14
calamistrar:	V.T.D.	14
calamocar:	V.T.D.	63
calandrar:	V.T.D.	21
calar:	V.T.D./V.T.I.	21
calar-se:	V. Pr.	97
calcar:	V.T.D.	63
calçar:	V.T.D./V.T.I.	32
calcetar:	V.T.D.	14
calcificar:	V.T.D./V.I.	1
calcinar:	V.T.D.	1
calcografar:	V.T.D.	21
calcorrear:	V.I.	8
calcular:	V.T.D.	1
caldar:	V.T.D.	1
caldear:	V.T.D.I./V.I.	8
caldeirar:	V.T.D.	1
calear:	V.T.D.	8
calejar:	V.T.D./V.T.I.	16
calendarizar:	V.I.	1
calhar:	V.I.	21
calhoar:	V.I.	18
calibrar:	V.T.D.	1
caliginar:	V.I.	1
caligrafar:	V.T.D.	21
calmar:	V.T.D.	1
calmorrear:	V.T.D.	8
calorificar:	V.T.D.	63
calotear:	V.I./V.T.D.	8
caluniar:	V.T.D.	1
calvar:	V.I.	1
calvejar:	V.T.D./V.I.	16
camalear:	V.T.D.	8
camarinhar:	V.I.	1
camartelar:	V.T.D.	14
cambalear:	V.I.	8
cambalhotar:	V.I.	19
cambar:	V.T.D./V.I.	1
cambetear:	V.I.	8
cambiar:	V.T.D.I.	1
cambitar:	V.T.D.	1
camboar:	V.I.	18
cambolar:	V.T.D.	19
cambrar:	V.T.D.	1
cambular:	V.T.D.	1
camear:	V.T.D.	8
caminhar:	V.T.D./V.T.I./V.I.	1
campanular:	V.I.	1
campar:	V.T.D.I./V.T.D./V.I.	1
campear:	V.T.D./V.T.D.I./V.I.	8
campinar:	V.I.	1
campir:	V.T.D.	11
camuflar:	V.T.D.	1
canalizar:	V.T.D.	1
cancanizar:	V.T.D.	1
cancelar:	V.T.D.	14
cancerar:	V.I.	14, 89
cancerizar:	V.T.D.	19, 89
canchear:	V.T.D.	8
candidatar-se:	V. Pr.	97
candidizar:	V.T.D.	1
candilar:	V.T.D.	1
candongar:	V.T.D.	29
canear:	V.I.	8
canelar:	V.T.D./V.I.	14
canforar:	V.T.D.	19
cangar:	V.T.D.	29
canguerejar:	V.I.	16
canguinhar:	V.I.	1
canhar:	V.T.D.	21
canhonar:	V.T.D.	19
canhonear:	V.T.D.	8
canjar:	V.T.D.	1
canoar:	V.T.D.	18
canonizar:	V.T.D.	14
cansar:	V.T.D./V.T.I./V.I.	1
cantar:	V.T.D./V.I.	1
cantarejar:	V.T.D./V.I.	16
cantaridar:	V.T.D.	1
cantarolar:	V.T.D./V.I.	19
caotizar:	V.T.D.	1
capacitar:	V.T.D.I.	1
capar:	V.T.D.	21
capear:	V.T.D./V.T.I.	8
capengar:	V.I.	29
capinar:	V.T.D./V.I.	1
capiscar:	V.T.D.	1
capitalizar:	V.T.D.	1
capitanear:	V.T.D.	8
capitar:	V.T.D.	1
capitular:	V.T.D.	1
capotar:	V.I.	19
caprichar:	V.I./V.T.I.	1
caprificar:	V.T.D.	63
capsular:	V.T.D.	1
captar:	V.T.D.	21
capturar:	V.T.D.	1
capuchar:	V.T.D.	1
caquear:	V.T.D./V.I.	8

Verbo	Transitividade	Nº
caquinar:	V.T.D./V.I.	1
caracolear:	V.T.D./V.I.	8
caracterizar:	V.T.D.	1
carambolar:	V.I.	19
caramelar:	V.I.	1
caramelizar:	V.T.D./V.I.	1
caramunhar:	V.I.	14
caranguejar:	V.I.	16
carapetar:	V.I.	14
carbonar:	V.T.D.	19
carbonatar:	V.T.D.	21
carbonetar:	V.T.D.	14
carbonizar:	V.T.D.	1
carburar:	V.T.D.	1
carcavar:	V.T.D.	21
carcerar:	V.T.D.	14
carchear:	V.T.D.	8
carcomer:	V.T.D.	15, 90
cardar:	V.T.D.	21
cardear:	V.T.D.	8
carduçar:	V.T.D.	32
carear:	V.T.D.	8
carecer:	V.T.I.	76
caretear:	V.T.I./V.I.	8
cargar:	V.T.D./V.T.D.I./V.T.I./V.I.	29
carguejar:	V.T.D.	16
cariar:	V.T.D./V.I.	1
caricar:	V.T.D.	1
caricaturar:	V.T.D.	1
caricaturizar:	V.T.D.	14
cariciar:	V.T.D.	1
carimbar:	V.T.D.	1
carmear:	V.T.D.	8
carminar:	V.T.D./V.I.	1
carnalizar:	V.T.D.	14
carnar:	V.T.D.	21
carnavalizar:	V.T.D.	14
carnear:	V.I.	8
carnifazer:	V.I.	61
carnificar-se:	V. Pr.	63, 97
carpar:	V.T.D.	21
carpear:	V.T.D.	8
carpelar:	V.T.D.	14
carpinteirar:	V.T.D./V.I.	1
carpintejar:	V.T.D./V.I.	16
carpir:	V.T.D./V.T.I.	80
carquejar:	V.I.	16
carranquear:	V.T.D./V.I.	8
carrear:	V.T.D.	8
carregar:	V.T.D./V.T.D.I.	29
carrejar:	V.T.D./V.I.	16
carretar:	V.T.D.	14
carretear:	V.T.D.	8
carrilar:	V.T.D.	1
carrilhar:	V.T.I.	1
carrilhonar:	V.I.	19
carroçar:	V.T.D./V.T.I.	19
cartabuxar:	V.T.D.	1
cartear:	V.I.	8
cartelizar:	V.T.D.	1
cartografar:	V.T.D./V.I.	21
cartonar:	V.T.D.	19
carujar:	V.I.	1
carunchar:	V.I.	14, 89
carvoejar:	V.I.	16
casalar:	V.T.D./V.T.D.I.	21
casamatar:	V.T.D.	21
casamentear:	V.T.D.I.	8
casar:	V.I./V.T.D./V.T.I.	21
cascalhar:	V.T.D.	21
cascar:	V.T.D.	21
cascatar:	V.T.D.	21
cascatear:	V.I.	8
casear:	V.T.D.	8
caseificar:	V.T.D.	63
casmurrar:	V.I.	1
casquejar:	V.I.	16, 89
casquilhar:	V.T.D.	1
casquinar:	V.I./V.T.D.	1
cassar:	V.T.D.	21
cassear:	V.I.	8
cassumbular:	V.I.	14
cassunar:	V.T.D.	1
castanholar:	V.I./V.T.D.	19
castelhanizar:	V.T.D.	14
castiçar:	V.T.D.	1
castificar:	V.T.D.	63
castigar:	V.T.D.	29
castrametar:	V.T.D.	14
castrar:	V.T.D.	21
catadupejar:	V.I.	16, 87
catafeder:	V.I.	17
catalisar:	V.T.D.	1
catalogar:	V.T.D.	29
catanear:	V.T.D.	8
cataplasmar:	V.T.D.	21
catapultar:	V.T.D./V.T.D.I.	1
catar:	V.T.D.	21
catarrear:	V.I.	8
catear:	V.I.	8
catedratizar:	V.T.D.	14
categorizar:	V.T.D.	14
catequizar:	V.T.D.	14
cateterizar:	V.T.D.	14
catingar:	V.I.	29
catitar:	V.I.	14
cativar:	V.T.D.	14
catolicizar:	V.T.D.	14
catolizar:	V.T.D.	14
catracegar:	V.I.	29

catrafilar:	V.T.D.	1
catraiar:	V.I.	21
catrapiscar:	V.T.D.	63
catucar:	V.T.D.	63
caturrar:	V.I./V.T.I.	1
cauchuchar:	V.T.D.	1
cauchutar:	V.I.	1
caucionar:	V.T.D.	19
caudilhar:	V.T.D.	1
caulificar:	V.I./V.T.D.	63
caulinizar:	V.T.D.	1
caurinar:	V.T.D.	1
causar:	V.T.D./V.T.D.I.	1
causticar:	V.I./V.T.D.	63
cauterizar:	V.T.D.	1
cavacar:	V.I./V.T.D.	63
cavalar:	V.I.	21
cavalear:	V.T.D.	8
cavalgar:	V.T.D.	29
cavaloar:	V.I.	18
cavaquear:	V.I.	8
cavar:	V.T.D.	21
cavernar:	V.T.D.	14
cavilar:	V.T.D.	1
cavilhar:	V.T.D.	1
cavoucar:	V.I./V.T.D.	63
caxingar:	V.I.	29
cear:	V.I./V.T.D.	8
cecear:	V.I.	8
ceder:	V.I./V.T.D./V.T.I./V.T.D.I.	17
cedilhar:	V.T.D.	1
cegar:	V.T.D.I.	29
ceifar:	V.T.D.	1
ceivar:	V.T.D.	1
celebrar:	V.T.D.	14
celebrizar:	V.T.D.	14
celeumear:	V.I.	8
celificar:	V.T.D.	63
cem-dobrar:	V.T.D.	19
cementar:	V.T.D.	1
cendrar:	V.T.D.	1
cenhir:	V.T.D.	80
censurar:	V.T.D.	1
centelhar:	V.I.	16, 89
centralizar:	V.T.D.	1
centrar:	V.T.D.	1
centrifugar:	V.T.D.	29
centuplicar:	V.T.D.	63
cepilhar:	V.T.D.	1
cerar:	V.T.D.	14
cercar:	V.T.D.	63
cercear:	V.T.D.	8
cercilhar:	V.T.D.	1
cerebralizar:	V.T.D.	14
ceresitar:	V.T.D.	1
cerimoniar:	V.T.D.	1
cernar:	V.T.D.	14
cernir:	V.I./V.T.D.	86
cerrar:	V.I./V.T.D.	14
certar:	V.I.	14
certificar:	V.T.D.	63
cerzir:	V.T.D.	70
cessar:	V.I./V.T.D./V.T.I.	14
cesurar:	V.T.D.	16
cevar:	V.T.D.	14
chaçar:	V.T.I.	32
chacinar:	V.T.D.	16
chacoalhar:	V.I./V.T.D.	21
chacotear:	V.I./V.T.D./V.T.I.	8
chafundar:	V.T.D.	16
chafurdar:	V.T.I.	16
chagar:	V.T.D.	29
chalaçar:	V.I./V.T.I.	21
chalacear:	V.I./V.T.I.	8
chaleirar:	V.T.D.	1
chalrar:	V.I.	21, 89
chalrear:	V.I.	8
chamar:	V.T.D.	1
chambocar:	V.T.D.	63
chamear:	V.I.	8
chamejar:	V.I.	16
champanhizar:	V.T.D.	1
chamuscar:	V.T.D.	63
chancear:	V.I./V.T.D.	8
chancelar:	V.T.D.	14
chanfalhar:	V.T.D.	21
chanfrar:	V.T.D.	1
chanquear:	V.I.	8
chantajar:	V.T.D.	21
chantar:	V.T.D.	1
chapar:	V.T.D.	21
chapear:	V.T.D.I.	8
chapejar:	V.I./V.T.D.	16
chapinar:	V.I./V.T.D.	1
chapinhar:	V.T.D.	1
chapiscar:	V.T.D.	1
chapodar:	V.T.D.	19
capotar:	V.T.D.	19
chapuçar:	V.I./V.T.D.	1
chapuzar:	V.T.D.	1
charadear:	V.I.	8
charlar:	V.I.	21
charlatanear:	V.I./V.T.D.	8
charoar:	V.T.D.	18
charquear:	V.I./V.T.D.	8
charruar:	V.T.D.	1
charutear:	V.I.	8
chasquear:	V.I./V.T.D./V.T.I.	8
chatear:	V.I./V.T.D.	8
chatinar:	V.I./V.T.D./V.T.I.	1

Verbo	Classificação	Nº
chavascar:	V.I./V.T.D.	63
chavetar:	V.T.D.	14
chefiar:	V.I./V.T.D.	1
chegar:	V.I./V.T.I.	29
cheirar:	V.I./V.T.D.	5
cheiricar:	V.T.D.	63
chiar:	V.I.	1
chibantear:	V.I.	8
chibar:	V.I.	1
chibatar:	V.T.D.	21
chicanar:	V.I.	21
chichar:	V.T.D.	1
chichorrobiar:	V.I.	1
chicotar:	V.T.D.	19
chicotear:	V.T.D.	8
chifrar:	V.T.D.	1
chilrar:	V.I.	1
chilrear:	V.I.	8, 88*
chimbicar:	V.T.D.	63
chimpar:	V.T.D./V.T.D.I.	1
chinar:	V.T.D.	1
chincalhar:	V.T.D.	21
chincar:	V.I./V.T.D./V.T.I.	1
chinfrar:	V.T.D.	1
chinfrinar:	V.I.	1
chiqueirar:	V.T.D.	1
chiscar:	V.I.	63
chisnar:	V.T.D.	1
chispar:	V.I.	14, 89
chocalhar:	V.I./V.T.D.	21
chocar:	V.T.I.	63
chocarrear:	V.I.	8
chofrar:	V.T.D.	21
chonar:	V.I.	19
choramingar:	V.I.	29
choramingar:	V.I.	29
chorar:	V.I.	19
chorecer:	V.I.	76
chorincar:	V.T.D.	63
chorrilhar:	V.T.D.	14
chorriscar:	V.T.D.	63
choupar:	V.T.D.	14
chousar:	V.T.D.	14
choussar:	V.T.D.	14
choutar:	V.I.	14
choutear:	V.I.	8
chover:	V.I.	90
chuçar:	V.T.D.	14
chuchar:	V.T.D.	14
chuchurrear:	V.I./V.T.D.	8
chufar:	V.T.D.	14
chulear:	V.T.D.	8
chumaçar:	V.T.D.V.T.D.	21
chumbar:	V.T.D.	14
chumbear:	V.T.D.	8
chumear:	V.T.D.	8
chupar:	V.T.D.	14
chupitar:	V.T.D.	14
churrasquear:	V.I.	8
churriar:	V.T.D.	14
chusmar:	V.T.D.	14
chutar:	V.T.D./V.T.I.	14
chuveniscar:	V.I.	87
chuvinhar:	V.I.	87
chuviscar:	V.I.	87
ciar:	V.I.	14
cibar:	V. Pr.	14
cicatrizar:	V.T.D.	14
ciciar:	V.I.	14
cientificar:	V.T.D.I.	63
cifar:	V.T.D.	14
cifrar:	V.T.D.	14
ciganar:	V.I.	21
cigarrar:	V.I.	21
cigarrear:	V.I.	8
cilhar:	V.T.D.	14
cilindrar:	V.T.D.	19
cimentar:	V.T.D.	14
cincar:	V.I./V.T.I.	63
cinchar:	V.T.D.	14
cindir:	V.T.D.	11
cinematografar:		21
cinerar:	V.T.D.	14
cingir:	V.T.D./V.T.D.I.	65
cintar:	V.T.D.	1
cintilar:	V.I.	89
cinturar:	V.T.D.	14
cinzar:	V.T.D.	14
cinzelar:	V.T.D.	14
cirandar:	V.T.D.	21
circiar:	V.T.D.	14
circuitar:	V.I./V.T.D.	14
circular:	V.T.D.	1
circum-navegar:	V.T.D.	14
circumpor:	V.T.D.	77
circuncidar:	V.T.D.:	1
circundar:	V.T.D.	1
circundutar:	V.T.D.	14
circunfluir:	V.T.D.	44
circunfundir:	V.T.D.I.	11
circungirar:	V.T.D.	14
circunjazer:	V.I.	53
circunrodar:	V.I.	19
circunscrever:	V.T.D.I.	20
circunsonar:	V.I.	19, 87
circunspecionar:	V.T.D.	19
circunstanciar:	V.T.D.	14
circunstar:	V.I.	14
circunvagar:	V.I./V.T.D.	21
circunvalar:	V.T.D.	21

Verbo	Classificação	Nº
circunver:	V.T.D.	69
circunvizinhar:	V.T.D.	14
circunvoar:	V.T.D.	18
circunvolver:	V.T.D.	15
cisar:	V.T.D.	14
ciscar:	V.T.D./V.T.D.I.	63
cismar:	V.I./V.T.D./V.T.I.	1
citar:	V.T.D.	1
ciumar:	V.I.	1
civilizar:	V.T.D.	14
clamar:	V.I./V.T.D./V.T.I./V.T.D.I.	1
clangorar:	V.I.	19
clarear:	V.I./V.T.D.	8
clarejar:	V.I./V.T.D.	16
clarificar:	V.T.D.	63
classificar:	V.T.D.	63
claudicar:	V.I./V.T.I.	63
claustrar:	V.T.D.	1
clausular:	V.T.D.	14
clausurar:	V.T.D.	14
clemenciar:	V.T.D.	14
clericalizar:	V.T.D.	14
clicar:	V.I./V.T.D./V.T.I.	63
climatizar:	V.T.D.I.	14
clinicar:	V.I.	63
clisterizar:	V.T.D.	14
clivar:	V.T.D.	1
clorar:	V.T.D.	19
cloroformizar:	V.T.D.	14
coabitar:	V.T.D./V.T.I.	14
coatar:	V.T.D.	21
coadaptar:	V.T.D.	21
coadjuvar:	V.T.D.I.	14
coadquirir:	V.T.D.	11
coadunar:	V.T.D./V.T.D.I.	14
coagir:	V.T.D.I.	11
coagmentar:	V.T.D.	1
coagular:	V.T.D.	14
coalescer:	V.T.D.	76
coalhar:	V.I./V.T.D.	21
coalizar-se:	V. Pr.	97
coangustar:	V.T.D.	1
coanhar:	V.T.D.	1
coaptar:	V.T.D.	21
coar:	V.T.D.	18
coartar:	V.T.D.	21
coarrendar:	V.T.D.	14
coatar:	V.T.D.	21
coaxar:	V.I.	89
cobaltizar:	V.T.D.	14
cobiçar:	V.T.D.	14
cobrar:	V.T.D.	19
cobrear:	V.T.D.	8
cobrejar:	V.I.	16
cobrir:	V.T.D./V.T.D.I.	73
cocaiar:	V.I.	14
cocainizar:	V.T.D.	14
cocar:	V.I.	63
coçar:	V.T.D.	32
cocegar:	V.T.D.	29
cochar:	V.I.	19
cochichar:	V.I./V.T.D.	14
cochilar:	V.I.	14
cochinar:	V.I.	14
codear:	V.I./V.T.D.	8
codejar:	V.I.	16
codificar:	V.T.D.	63
codilhar:	V.T.D.	1
coeducar:	V.T.D.	63
coerir:	V.I.	62
coestender:	V.T.D.	2
coexistir:	V.I./V.T.D.	11
cofiar:	V.T.D.	14
cogitar:	V.T.D./V.T.I./V.I.	14
cognominar:	V.T.D.	14
cogular:	V.T.D.	14
co-herdar:	V.T.D.	14
coibir:	V.T.D./V.T.D.I.	11
coicear:	V.T.D./V.I.	8, 89
coifar:	V.T.D.	14
coimar:	V.T.D.	14
coinar:	V.T.D.	14
coincidir:	V.T.D.	11
co-indicar:	V.T.D.	63
coiquinhar:	V.T.D.	14
coiraçar:	V.T.D.	21
coisificar:	V.T.D.	63
coitar:	V.T.D.	14
coivarar:	V.T.D.	21
colaborar:	V.T.I.	19
colacionar:	V.T.D.	19
colar:	V.T.D./V.T.I.	19
colchetar:	V.T.D.	14
colchetear:	V.T.D.	8
colchoar:	V.T.D.	18
colear:	V.T.D.	8
colecionar:	V.T.D.	1
coletar:	V.T.D.	1
colgar:	V.T.D.	19
colher:	V.T.D.	15
colidir:	V.T.D.I.	11
coligar:	V.T.D./V.T.I.	29
coligir:	V.T.D./V.T.D.I.	65
colimar:	V.T.D.	14
colimitar:	V.T.D.	14
co-litigar:	V.T.D.	29
colmaçar:	V.T.D.	32
colmar:	V.T.D.	19
colmatar:	V.T.D.	21
colocar:	V.T.D./V.T.D.I.	63

colodionar:	V.T.D.	19	
colonizar:	V.T.D.	14	
colorar:	V.T.D.	19	
colorear:	V.T.D./V.I.	8	
colorir:	V.T.D.	80	
colorizar:	V.T.D.	14	
coltarizar:	V.T.D.	14	
colubrejar:	V.I.	16	
coludir:	V.I.	11	
colunar:	V.T.D.	14	
comandar:	V.T.D.	14	
comanditar:	V.T.D.	14	
comarcar:	V.I.	63	
combalir:	V.T.D.	86	
combater:	V.T.D./V.I/V.T.I.	10	
combinar:	V.T.D./V.T.D.I.	1	
comboiar:	V.T.D.	13	
comburir:	V.I.	11	
combustar:	V.I.	14	
começar:	V.T.D./V.T.I.	32	
comedir:	V.T.D.	80	
comemorar:	V.T.D.	19	
comendar:	V.T.D.	1	
comensurar:	V.T.D./V.T.D.I.	14	
comentar:	V.T.D.	14	
comer:	V.T.D.	15	
comercializar:	V.T.D.	14	
comerciar:	V.I./V.T.I.	14	
cometer:	V.T.D.	17	
comichar:	V.T.D.	14	
cominar:	V.T.D.I.	14	
cominuir:	V.T.D.	44	
comiscar:	V.I.	63	
comiserar:	V.T.D.	14	
comissionar:	V.T.D.	19	
comocionar:	V.T.D.	19	
comorar:	V.T.D./V.T.I./V.I.	19	
comover:	V.T.D./V.T.D.I.	15	
compactar:	V.T.D.	21	
compactuar:	V.T.I.	27	
compadecer:	V.T.D.	76, 98	
compadrar:	V.T.D.	21	
compadrear:	V.I.	8	
compaginar:	V.T.D.	14	
comparar:	V.T.D./V.T.D.I.	21	
comparecer:	V.I./V.T.I.	76	
comparticipar:		14	
compartilhar:	V.T.D.	14	
compartimentar:	V.T.D.	14	
compartir:	V.T.D.	11	
compassar:	V.T.D.	21	
compatibilizar:	V.T.D.I.	1	
compegar:	V.I.	29	
compelir:	V.T.D.I.	62	
compendiar:	V.T.D.	14	
compenetrar:	V.T.D.I.	14	
compensar:	V.T.D.	14	
competir:	V.T.I.	62	
compilar:	V.T.D.	11	
complanar:	V.T.D.	21	
complementar:	V.T.D.	14	
completar:	V.T.D.	14	
complicar:	V.T.D.	63	
compor:	V.T.D.	77	
comportar:	V.T.D.	19	
comprar:	V.T.D.	19	
comprazer:	V.T.I.	53	
compreender:	V.T.D.	10	
comprimir:	V.T.D.	11	
comprometer:	V.T.D.	17	
comprovar:	V.T.D.	19	
compugnar:	V.T.I.	1	
compulsar:	V.T.D.	1	
compungir:	V.T.D.	65, 80	
compurgar:	V.T.D.	29	
computadorizar:	V.I./V.T.D.	14	
computar:	V.T.D.	14	
computorizar:	V.T.D.	14	
comungar:	V.T.D.	29	
comunicar:	V.T.D./V.T.D.I.	14	
comutar:	V.T.D.I.	14	
concanizar:	V.T.D.	14	
concatenar:	V.T.D.	14	
concavar:	V.T.D.	21	
conceber:	V.T.D.	17	
conceder:	V.T.D.I.	17	
conceituar:	V.T.D./V.T.I.	27	
concelebrar:	V.T.D./V.I.	14	
concentrar:	V.T.D.	14	
concernir:	V.T.I.	86	
concertar:	V.T.D./V.T.I./V.T.D.I.	14	
concessionar:	V.T.D.	19	
conchar:	V.T.D.	19	
conchavar:	V.T.D.	21	
conchear:	V.T.D.	8	
conchegar:	V.T.D./V.T.D.I.	29	
conciliar:	V.T.D.	14	
concionar:	V.I.	19	
concitar:	V.T.D.	14	
conclamar:	V.T.D./V.T.D.I./V.I.	21	
concluir:	V.T.D.	44	
concordar:	V.T.D./V.T.D.I./V.T.I.	19	
concorrer:	V.T.I.	15	
concrecionar:	V.T.D.	19	
concretizar:	V.T.D.	14	
concriar:	V.T.D.	14	
conculcar:	V.T.D.	63	
concurvar:	V.T.D.	14	
concutir:	V.T.D.	11	
condecorar:	V.T.D.	19	

condenar:	V.T.D.	16
condensar:	V.T.D.	14
condescender:	V.T.D.	10
condessar	V.T.D.	16
condicionar:	V.T.D.	19
condimentar:	V.T.D.	14
condir:	V.T.D.	11
condizer:	V.T.D.I./V.T.D./V.T.I.	43
condoar:	V.T.D.	18
condoer:	V.T.D.	22
condrificar-se:	V. Pr.	63, 97
condutar:	V.I./V.T.D.	14
conduzir:	V.T.D./V.T.I.	70
conectar:	V.T.D.	14
confabular:	V.I./V.T.I.	14
confeccionar:	V.T.D.	19
confederar:	V.T.D.	14
confeiçoar:	V.T.D.	18
confeitar:	V.T.D.	14
conferenciar:	V.T.D./V.T.I.	21
conferir:	V.I./V.T.D./V.T.I.	62
confessar:	V.T.D.	14
confiar:	V.T.D.I./V.I./V.T.I.	21
confidenciar:	V.T.D.I.	21
configurar:	V.T.D.	14
confinar:	V.T.D.I./V.I./V.T.D./V.T.I.	14
confirmar:	V.T.D.	14
confiscar:	V.T.D.	63
conflagrar:	V.T.D.	21
confluir:	V.T.I.	44
conformar:	V.T.D./V.T.D.I./V.T.I.	19
confortar:	V.T.D.	19
confranger:	V.T.D.	36
confraternar:	V.T.D./V.T.I.	14
confraternizar:	V.T.D./V.T.I.	14
confrontar:	V.T.D.I./V.T.D./V.T.I.	19
confugir:	V.I./V.T.D.	42
confundir:	V.T.D./V.T.D.I.	11
confusionar:	V.T.D.	19
confutar:	V.T.D.	14
congar:	V.T.D.	29
congelar:	V.T.D.	14
congeminar:	V.T.D.	1
congestionar:	V.T.D.	19
conglobar:	V.T.D.	19
conglomerar:	V.T.D.	14
conglutinar:	V.T.D.	1
congraçar:	V.T.D./V.T.D.I.	32
congratular:	V.T.D.	1
congregar:	V.T.D.	29
conhecer:	V.T.D.	76, 98
conjeturar:	V.T.D.	1
conjugar:	V.T.D./V.T.D.I.	29
conjungir:	V.T.D.	65
conjuntar:	V.T.D./V.T.D.I.	1
conjurar:	V.T.D./V.T.I.	14
conluiar:	V.T.D.	14
conquistar:	V.T.D.	14
consagrar:	V.T.D./V.T.D.I.	21
consciencializar:	V.T.D.	1
conseguir:	V.T.D.	40
consentir:	V.T.D./V.T.D.I.	73
consertar:	V.T.D.	14
conservar:	V.T.D.	14
considerar:	V.I./V.T.D.	14
consignar:	V.T.D./V.T.D.I.	14
consistir:	V.T.I.	11
consoantar:	V.T.D.	1
consoar:	V.I.	18
consociar:	V.T.D.	1
consolar:	V.T.D.	19
consolidar:	V.T.D.	14
consonantizar:	V.T.D.	14
consonar:	V.I./V.T.I.	19
consorciar:	V.T.D./V.T.D.I.	14
conspirar:	V.T.D./V.T.I.	14
conspurcar:	V.I./V.T.D.	63
constar:	V.T.I.	14
constatar:	V.T.D.	21
constelar:	V.T.D.	14
consternar:	V.T.D.	14
constipar:	V.T.D.	1
constitucionalizar:	V.T.D.	14
constituir:	V.T.D./V.T.D.I.	44
constranger:	V.T.D./V.T.D.I.	36
constringir:	V.T.D.	65
construir:	V.T.D.	67
consubstanciar:	V.T.D.	14
consultar:	V.T.D./V.T.I.	1
consumar:	V.T.D.	14
consumir:	V.T.D.	52
consurgir:	V.T.I.	65
contabescer:	V.I.	76
contabilizar:	V.T.D.	14
contactar:	V.I./V.T.D./V.T.I.	21
contagiar:	V.T.D./V.T.D.I.	14
contaminar:	V.T.D.I.	14
contar:	V.I./V.T.D./V.T.D.I.	1
contemplar:	V.T.D./V.T.I./V.T.D.I.	1
contemporizar:	V.I./V.T.D./V.T.I.	14
contender:	V.I./V.T.I.	2
contentar:	V.T.D.	14
conter:	V.T.D.	7
contestar:	V.T.D.	14
contextuar:	V.T.D.	27
contiguar:	V.T.D.	27
continuar:	V.T.D.	27
contorcer:	V.T.D.	15
contorcionar:	V.I.	19
contornar:	V.T.D.	19

contornear:	V.T.D. ... 8	convelir:	V.I./V.T.D. ... 62
contra-arrestar:	V.T.D. ... 14	convencer:	V.T.D./V.T.D.I. ... 56
contra-atacar:	V.T.D. ... 63	convencionar:	V.T.D. ... 19
contrabalançar:	V.T.D. ... 1	convergir:	V.T.I. ... 65
contrabandear:	V.I./V.T.D. ... 8	conversar:	V.T.D./V.I. ... 14
contrabater:	V.T.D. ... 10	converter:	V.T.D./V.T.D.I. ... 17
contracambiar:	V.T.D. ... 1	convidar:	V.T.D./V.T.D.I. ... 1
contracenar:	V.I. ... 16	convir:	V.T.D. ... 72
contracunhar:	V.T.D. ... 1	conviver:	V.T.I. ... 10
contradançar:	V.I. ... 1	convizinhar:	V.T.I. ... 1
contradeclarar:	V.T.D. ... 1	convocar:	V.T.D. ... 63
contradistinguir:	V.T.D. ... 40	convolar:	V.T.I. ... 19
contraditar:	V.T.D. ... 1	convolver:	V. Pr. ... 15
contradizer:	V.T.D. ... 43	convulsar:	V.I. ... 14
contra-estimular:	V.T.D. ... 14	convulsionar:	V.T.D. ... 19
contrafazer:	V.T.D. ... 61	coobar:	V.T.D. ... 19
contrafortar:	V.T.D. ... 19	coobrigar:	V.T.D. ... 29
contra-indicar:	V.T.D. ... 63	coonestar:	V.T.D. ... 14
contrair:	V.T.D. ... 67	cooperar:	V.T.I. ... 14
contrair-se:	V. Pr. ... 100	cooptar:	V.T.D.I. ... 14
contra-ordenar:	V.T.D. ... 16	coordenar:	V.T.D./V.T.D.I. ... 16
contramandar:	V.I. ... 1	copar:	V.T.D./V.I. ... 19
contramanobrar:	V.T.D. ... 19	coparticipar:	V.T.I. ... 14
contramarcar:	V.T.D. ... 21	copejar:	V.T.D. ... 16
contramarchar:	V.I. ... 21	copelar:	V.T.D. ... 14
contraminar:	V.T.D. ... 1	copiar:	V.T.D. ... 14
contramoldar:	V.T.D. ... 19	copiografar:	V.T.D. ... 21
contramurar:	V.T.D. ... 1	copular:	V.T.D./V.T.I./V.I. ... 14
contrapesar:	V.T.D. ... 14	coquetear:	V.T.D. ... 8
contraplacar:	V.T.D. ... 21	corar:	V.T.D./V.T.I. ... 19
contrapontear:	V.T.D. ... 8	corcar:	V.T.D. ... 63
contrapor:	V.T.D.I. ... 77	corcovar:	V.T.D./V.I. ... 19
contraproduzir:	V.I. ... 70	corcovear:	V.I. ... 8
contrapropor:	V.T.D. ... 77	cordear:	V.T.D. ... 8
contraprovar:	V.T.D. ... 19	cordoar:	V.T.D. ... 18
contra-revolucionar:	V.T.D. ... 19	corresponsabilizar:	V.T.D. ... 14
contrariar:	V.T.D. ... 1	coriscar:	V.T.D.I. ... 63
contra-selar:	V.T.D. ... 14	cornar:	V.T.D. ... 19
contrastar:	V.T.D./V.T.I. ... 21	cornear:	V.T.D. ... 8
contrastear:	V.T.D. ... 8	cornejar:	V.I. ... 16
contratar:	V.T.D. ... 21	cornetear:	V.I. ... 8
contratelar:	V.T.D. ... 14	cornificar:	V.T.D. ... 63
contratestemunhar:	V.T.D. ... 1	coroar:	V.T.D. ... 18
contravalar:	V.T.D. ... 21	corporalizar:	V.T.D. ... 14
contraverter:	V.T.D. ... 17	corporificar:	V.T.D. ... 63
contravir:	V.T.D./V.T.I. ... 72	corporizar:	V.T.D. ... 14
contribuir:	V.T.I./V.T.D.I. ... 44	correar:	V.T.D. ... 8
contristar:	V.T.D. ... 1	correger:	V.T.D. ... 36
controlar:	V.T.D. ... 19	correlacionar:	V. Pr. ... 19
controverter:	V.T.D. ... 17	correlatar:	V.T.D. ... 21
contubernar-se:	V. Pr. ... 97	correr:	V.I. ... 15
contundir:	V.T.D. ... 11	corresponder:	V.T.I. ... 10
conturbar:	V.T.D. ... 1	corretar:	V.I. ... 14
conumerar:	V.T.D. ... 14	correxar:	V.T.D. ... 14
convalescer-se:	V. Pr. ... 76, 98	corricar:	V.I. ... 63

Verbo	Classificação	Número
corrichar:	V.I.	1
corrigir:	V.T.D.	65
corripar:	V.T.D.	1
corroborar:	V.T.D.	19
corroer:	V.T.D.	22
corromper:	V.T.D.	10
corruchiar:	V.I.	1
corrugar:	V.T.D.	29
corrupiar:	V.I.	1
corsear:	V.I.	8
cortar:	V.T.D.	19
cortejar:	V.T.D.	16
cortilhar:	V.T.D.	1
cortinar:	V.T.D.	1
corujar:	V.I.	1
coruscar:	V.T.D./V.I.	63
corvear:	V.T.D.	8
corvejar:	V.T.D./V.I.	16, 89
coscorar:	V.T.D.	19, 89
coscuvilhar:	V.I.	14
coser:	V.T.D./V.T.D.I.	15
cosicar:	V.T.D.	63
cosipar:	V.I.	1
cosmopolizar:	V.T.D.	14
cosmopolitizar:	V.T.D.	14
costear:	V.T.D.	8
costumar:	V.T.D.	1
costurar:	V.T.D.	1
cotar:	V.T.D.	1
cotejar:	V.T.D.	16
cotiar:	V.T.D.	1
cotizar:	V.T.D.	1
cotonar:	V.T.D.	19
cotovelar:	V.T.D.	14
coucear:	V.T.D./V.I.	8, 89
couraçar:	V.T.D.	1
courear:	V.T.D.	8
coutar:	V.T.D.	1
coxear:	V.T.I./V.I.	8
cozer:	V.T.D.	15
cozinhar:	V.T.D.	1
crapulear:	V.I.	8
crasear:	V.T.D.	8
craticular:	V.T.D.	1
cravar:	V.T.D.I.	21
cravejar:	V.T.D.	16
cravinar:	V.I.	1
credenciar:	V.T.D./V.T.D.I.	1
creditar:	V.T.D./V.T.D.I.	1
cremar:	V.T.D.	14
cremorizar:	V.T.D.	14
crenar:	V.I.	16
creosotar:	V.T.D.	19
crepitar:	V.I.	14
crer:	V.T.D./V.T.I.	41
crescer:	V.I.	76
crespar:	V.T.D.	14
crespir:	V.T.D.	62
crestar:	V.T.D.	14
cretinizar:	V.T.D.	14
criar:	V.T.D.	1
cricrilar:	V.I.	1
criminalizar:	V.T.D.	14
criminar:	V.T.D.	1
crisalidar:	V.I.	14, 89
crismar:	V.T.D.	1
crispar:	V.T.D.	1
cristalizar:	V.T.D.	14
cristianizar:	V.T.D.	14
criticar:	V.T.D.	63
crivar:	V.T.D./V.T.D.I.	14
crocitar:	V.I.	89
cromar:	V.T.D.	19
cromatizar:	V.T.D.	1
cronicar:	V.T.D.	63
croniquizar:	V.T.D.	1
cronometrar:	V.T.D.	14
cruciar:	V.T.D.	1
crucificar:	V.T.D.	63
crucifixar:	V.T.D.	1
crucigiar:	V.T.D.	1
cruentar:	V.T.D.	1
cruzar:	V.T.D./V.I.	1
cuatar:	V.T.D.	21
cubar:	V.T.D.	1
cubicar:	V.T.D.	63
cucar:	V.I.	89
cucular:	V.I.	89
cucuricar:	V.I.	63
cudicalar:	V.T.D.	21
cuidar:	V.T.D./V.T.D.I./V.I.	14
cuimbilar:	V.T.D.	14
cuincar:	V.I.	89
cuinchar:	V.T.D.I./V.T.D.	89
cuinhar:	V.T.D./V.T.D.I.	89
cujijinar:	V.T.D.	89
culapar:	V.I.	21
culatrar:	V.T.D.	21
colimar:	V.T.D./V.T.I.	14
culminar:	V.I.	14
culpar:	V.T.D.I./V.T.D.	1
cultivar:	V.T.D.	1
cultuar:	V.T.D.	27
cumpliciar:	V.T.I.	1
cumprimentar:	V.T.D./V.T.D.I./V.I.	1
cumprir:	V.T.D.	11
cumular:	V.T.D./V.T.D.I.	14
cunhar:	V.T.D.	14
curar:	V.T.D.	1
curarizar:	V.T.D.	14

curcutir:	V.T.D. ... 11
curetar:	V.T.D. ... 14
currar:	V.T.D. ... 14
cursar:	V.T.D. ... 1
cursear:	V.I. ... 8
curtir:	V.T.D. ... 11
curvar:	V.T.D. ... 1
curvejar:	V.T.D. ... 16
curvetear:	V.T.D./V.I. ... 8
cuspilhar:	V.I. ... 1
cuspinhar:	V.I. ... 1
cuspir:	V.T.D.I./V.I. ... 52
custar:	V.T.D./V.T.D.I. ... 1
custear:	V.T.D. ... 8
custodiar:	V.T.D. ... 1
cutinizar:	V.T.D. ... 14
cutucar:	V.T.D. ... 1

D

dadivar:	V.T.D. ... 1
daguerreotipar:	V.T.D. ... 1
damasquinar:	V.T.D. ... 1
damejar:	V.T.D. ... 16
danar:	V.T.D./V.I. ... 21
dançar:	V.T.D./V.I. ... 32
dançaricar:	V.I. ... 63
dandinar:	V.I. ... 1
danificar:	V.T.D. ... 63
daninhar:	V.T.D. ... 1
dar:	V.T.D.I. ... 35
dardar:	V.T.D./V.T.D.I. ... 21
dardear:	V.T.D. ... 8
dardejar:	V.T.D./V.T.D.I. ... 16
datar:	V.T.D./V.T.I. ... 21
datilografar:	V.T.D./V.I. ... 21
dealbar:	V.T.D. ... 89
deambular:	V.I. ... 1
dearticular:	V.T.D./V.I. ... 1
deaurar:	V.T.D. ... 1
debacar:	V.I. ... 63
debacar-se:	V. Pr. ... 63, 97
debagar:	V.I. ... 21
debaixar:	V.T.D. ... 1
debandar:	V.T.D./V.I. ... 1
debangar:	V.T.D. ... 29
debater:	V.I./V.T.D. ... 10
debelar:	V.T.D. ... 14
debenturar:	V.T.D. ... 14
debicar:	V.T.D./V.T.I. ... 63
debilitar:	V.T.D. ... 14
debitar:	V.T.D.I. ... 14
deblaterar:	V.I./V.T.D. ... 14
debloquear:	V.T.D. ... 8
debochar:	V.T.D. ... 19
deboiçar:	V.T.D. ... 1
deborcar:	V.T.D. ... 63
debotar:	V.T.D./V.I. ... 89
debouçar:	V.T.D. ... 1
debruar:	V.T.D. ... 27
debruçar:	V.T.D. ... 1
debulhar:	V.T.D. ... 1
debutar:	V.I. ... 1
debuxar:	V.T.D./V.T.D.I. ... 1
decair:	V.T.I./V.I. ... 67
decalcar:	V.T.D. ... 21
decalvar:	V.T.D. ... 21
decampar:	V.I. ... 21
decantar:	V.T.D. ... 21
decapar:	V.T.D. ... 21
decapitar:	V.T.D. ... 1
decapsular:	V.T.D. ... 14
deceinar:	V.T.D. ... 1
decentralizar:	V.T.D./V.I. ... 14
decepar:	V.T.D. ... 16
decepcionar:	V.T.D. ... 19
decertar:	V.I. ... 14
decidir:	V.T.D./V.T.I. ... 11
decifrar:	V.T.D. ... 1
decilitrar:	V.T.D. ... 1
decimalizar:	V.T.D. ... 14
decimar:	V.T.D. ... 14
declamar:	V.T.D. ... 1
declarar:	V.T.D. ... 21
declinar:	V.T.D./V.T.D.I./V.T.I. ... 1
declivar:	V.I. ... 1
decoar:	V.T.D. ... 18
decompor:	V.T.D. ... 77
decorar:	V.I./V.T.D. ... 19
decorrer:	V.I. ... 15
decorticar:	V.T.D. ... 63
decotar:	V.T.D. ... 19
decrepitar:	V.T.D. ... 14
decrescer:	V.I. ... 76
decretar:	V.T.D. ... 14
decroar:	V.T.D. ... 18
decruar:	V.T.D. ... 1
decuplar:	V.T.D./V.I. ... 1
decuplicar:	V.T.D. ... 63
decussar:	V.T.D. ... 1
dedecorar:	V.T.D. ... 19
dedicar:	V.T.D.I. ... 63
dedignar-se:	V. Pr. ... 97
dedilhar:	V.T.D. ... 1
deduzir:	V.T.D. ... 70
defecar:	V.I. ... 14
defender:	V.T.D./V.T.D.I. ... 10

Verbo	Transitividade	Conjugação
defenestrar:	V.T.D.	14
defensar:	V.T.D.	1
deferir:	V.T.D./V.T.D.I.	62
definhar:	V.T.D./V.I.	1
definir:	V.T.D.	11
deflagrar:	V.T.D./V.I.	21
defletir:	V.T.I.	37
deflegmar:	V.T.D.	1
deflorar:	V.T.D.	19
defluir:	V.I.	44
deformar:	V.T.D.	19
defraudar:	V.T.D.	1
defrontar:	V.T.D.I./V.T.I.	1
defumar:	V.T.D.	1
defuntar:	V.I.	1
degastar:	V.T.D.	1
degelar:	V.T.D./V.I.	14
degenerar:	V.I./V.T.I.	14
deglobulizar:	V.T.D.	1
deglutir:	V.T.D.	11
degolar:	V.T.D.	19
degradar:	V.T.D.	21
degranar:	V.T.D.	21
degredar:	V.T.D.	14
degustar:	V.T.D.	1
deificar:	V.T.D.	63
deitar:	V.T.D./V.T.D.I./V.T.I.	1
deixar:	V.T.D./V.T.D.I.	1
dejarretar:	V.T.D.	14
dejetar:	V.T.D./V.I.	1
dejejuar:	V.I.	1
dejungir:	V.T.D.	65
delamber-se:	V. Pr.	98
delapidar:	V.T.D.	1
delatar:	V.T.D.	21
delegar:	V.T.D.	29
deleitar:	V.T.D.	1
deletrear:	V.T.D.	8
delibar:	V.T.D.	1
deliberar:	V.T.D./V.T.I./V.I.	14
deliciar:	V.T.D.	1
deligar:	V.T.D.	29
delimitar:	V.T.D.	1
delinear:	V.T.D.	8
delingar:	V.T.D.	29
delinquir:	V.I.	81
deliquar:	V.T.D.	27
delir:	V.T.D.	81
delirar:	V.I./V.T.I.	1
delivrar-se:	V. Pr.	97
delongar:	V.T.D.	1
deludir:	V.T.D.	11
deluzir:	V.T.D.	70
demandar:	V.T.D./V.I.	1
demarcar:	V.T.D.	21
demasiar-se:	V. Pr.	97
demear:	V.T.D.	8
dementar:	V.T.D.	1
demitir:	V.T.D./V.T.D.I.	11
democratizar:	V.T.D.	1
demografar:	V.T.D.	21
demolhar:	V.T.D.	19
demolir:	V.T.D.	81
demonetizar:	V.T.D.	14
demonstrar:	V.T.D.	19
demorar:	V.T.D./V.T.I.	19
demostrar:	V.T.D.	19
demover:	V.T.D.	15
demudar:	V.T.D.	1
demulcir:	V.T.D.	11
denegar:	V.T.D.	29
denegrecer:	V.T.D.	76
denegrir:	V.T.D.	31
denodar:	V.T.D.	19
denominar:	V.T.D.	1
denotar:	V.T.D.	19
densar:	V.T.D.	1
densificar:	V.T.D.	63
dentar:	V.T.D.	1
dentear:	V.T.D.	8
dentelar:	V.T.D.	14
denticular:	V.T.D.	1
denuar:	V.T.D.	27
denudar:	V.T.D.	1
denunciar:	V.T.D.I.	1
denutrir:	V.T.D.	11
deodorar:	V.T.D.	19
deparar:	V.T.D./V.T.D.I.	21
departir:	V.T.D./V.T.D.I.	11
depauperar:	V.T.D.	14
depenar:	V.T.D.	16
depender:	V.T.I.	10
dependurar:	V.T.D./V.T.D.I.	14
depenicar:	V.T.D.	63
deperder:	V.T.D.	30
deperecer:	V.I.	76
depilar:	V.T.D.	1
deplorar:	V.T.D.	19
deplumar:	V.T.D.	1
depolarizar:	V.T.D.	14
depopular:	V.T.D.	14
depor:	V.T.D./V.T.D.I./V.T.I.	77
deportar:	V.T.D.	19
depositar:	V.T.D./V.T.D.I.	1
depravar:	V.T.D.	21
deprecar:	V.T.D.I.	63
depreciar:	V.T.D.	1
depredar:	V.T.D./V.T.D.I.	14
depreender	V.T.D.	10
deprimir:	V.T.D.	11

depurar:	V.T.D. ... 1	desacerbar:	V.T.D. ... 14
deputar:	V.T.D.I. ... 1	desacertar:	V.T.D. ... 14
dequitar-se:	V. Pr. ... 97	desacervar:	V.T.D. ... 14
derivar:	V.T.D./V.T.I. ... 1	desachegar:	V.T.D. ... 29
derrabar:	V.T.D. ... 21	desachorumar:	V.T.D. ... 1
derraigar:	V.T.D. ... 29	desacidificar:	V.T.D. ... 63
derramar:	V.T.D. ... 21	desaclimar:	V.T.D. ... 1
derrancar:	V.T.D. ... 63	desaclimatar:	V.T.D. ... 21
derrapar:	V.I. ... 21	desacobardar:	V.T.D. ... 21
derrear:	V.T.D. ... 8	desacochar:	V.I. ... 19
derregar:	V.T.D. ... 29	desacoimar:	V.T.D. ... 1
derreigar:	V.T.D. ... 29	desacoitar:	V.T.D. ... 1
derrengar:	V.T.D. ... 29	desacolchetar:	V.T.D. ... 14
derreter:	V.T.D. ... 17	desacolchoar:	V.T.D. ... 18
derribar:	V.T.D. ... 1	desacolher:	V.T.D. ... 15
derriçar:	V.T.D. ... 1	desacomodar:	V.T.D. ... 19
derriscar:	V.T.D. ... 63	desacompanhar:	V.T.D./V.T.D.I. ... 1
derrocar:	V.T.D. ... 63	desaconchegar:	V.T.D. ... 29
derrogar:	V.T.D. ... 29	desaconselhar:	V.T.D./V.T.D.I. ... 1
derrotar:	V.T.D. ... 19	desacorçoar:	V.T.D./V.I. ... 18
derrubar:	V.T.D. ... 1	desacordar:	V.T.D./V.I. ... 19
derruir:	V.T.D. ... 44	desacoroçoar:	V.T.D./V.I. ... 18
desabafar:	V.T.D./V.T.D.I./V.I. ... 21	desacorrentar:	V.T.D. ... 1
desabalar:	V.I. ... 21	desacostumar:	V.T.D.I. ... 1
desabalroar:	V.T.D. ... 18	desacoutar:	V.T.D. ... 1
desabar:	V.T.D./V.I. ... 21	desacreditar:	V.T.D./V.T.D.I. ... 1
desabelhar:	V.I. ... 16	desativar:	V.T.D. ... 1
desabilitar:	V.T.D. ... 1	desatualizar:	V.T.D. ... 1
desabitar:	V.T.D. ... 1	desacumular:	V.T.D.I. ... 1
desabituar:	V.T.D.I. ... 27	desacunhar:	V.T.D. ... 1
desaboçar:	V.T.D. ... 19	desadaptar:	V.T.D./V.I. ... 21
desabonar:	V.T.D. ... 19	desadestrar:	V.T.D. ... 14
desabordar:	V.T.D. ... 19	desadmoestar:	V.T.D. ... 14
desaborrecer:	V.T.D. ... 76	desadorar:	V.T.D. ... 14
desaborrir:	V.T.D. ... 80	desadormecer:	V.T.D./V.I. ... 76
desabotoar:	V.T.D. ... 18	desadormentar:	V.T.D. ... 1
desabraçar:	V.T.D. ... 32	desadornar:	V.T.D. ... 19
desabrigar:	V.T.D. ... 1	desaduchar:	V.T.D. ... 1
desabrir:	V.T.D.I. ... 59	desadunar:	V.T.D. ... 1
desabrochar:	V.T.D./V.I. ... 19	desafaimar:	V.T.D. ... 1
desabrolhar:	V.I. ... 19	desafamar:	V.T.D. ... 1
desabusar:	V.T.D. ... 1	desafazer:	V.T.D. ... 61
desaçaimar:	V.T.D. ... 1	desafear:	V.T.D. ... 8
desaçamar:	V.T.D. ... 1	desafeiçoar:	V.T.D. ... 18
desacamar:	V.I. ... 1	desafeitar:	V.T.D. ... 1
desacampar:	V.I. ... 1	desaferrar:	V.T.D. ... 14
desacanalhar:	V.T.D. ... 21	desaferroar:	V.T.D. ... 18
desacanhar:	V.T.D. ... 1	desaferrolhar:	V.T.D. ... 19
desacasalar:	V.T.D. ... 21	desafervorar:	V.T.D. ... 19
desacatar:	V.T.D./V.I. ... 21	desafiar:	V.T.D. ... 1
desacaudilhar:	V.T.D. ... 1	desafilhar:	V.T.D. ... 1
desacautelar:	V.T.D. ... 14	desafinar:	V.T.D./V.I./V.T.D.I. ... 1
desacavalar:	V.T.D. ... 21	desafivelar:	V.T.D. ... 14
desaceitar:	V.T.D. ... 1	desafixar:	V.T.D. ... 1
desacentuar:	V.T.D. ... 27	desafligir:	V.T.D. ... 65

desafogar:	V.T.D./V.T.I.	19	
desafoguear:	V.T.D.	8	
desaforar:	V.T.D.	19	
desafreguesar:	V.T.D.	14	
desafreimar:	V.T.D.	1	
desafrontar:	V.T.D.	1	
desafumar:	V.T.D.	1	
desafundar:	V.T.D.	1	
desagaloar:	V.T.D.	18	
desagarrar:	V.T.D.	21	
desagasalhar:	V.T.D.	21	
desagastar:	V.T.D.	21	
desaglomerar:	V.T.D.	14	
desagoirar:	V.T.D.	1	
desagoniar:	V.T.D.	1	
desagourar:	V.T.D.	1	
desagradar:	V.T.I.	21	
desagradecer:	V.T.D.I.	76	
desagravar:	V.T.D.	21	
desagregar:	V.T.D./V.T.D.I.	1	
desagrilhoar:	V.T.D.	18	
desaguar:	V.T.D.	23	
desaguaxar:	V.T.D.	1	
desaguçar:	V.T.D.	32	
desaguisar:	V.T.D.	1	
desainar:	V.T.D.	1	
desairar:	V.T.D.	1	
desajeitar:	V.T.D.	1	
desajoujar:	V.T.D.	1	
desajudar:	V.T.D.	1	
desajuizar:	V.T.D.	1	
desajuntar:	V.T.D.	1	
desajustar:	V.T.D.	1	
desalagar:	V.T.D./V.T.D.I.	29	
desalapar:	V.T.D.	21	
desalargar:	V.T.D.	21	
desalastrar:	V.T.D.	21	
desalbardar:	V.T.D.	21	
desalegrar:	V.T.D.	14	
desaleitar:	V.T.D.	1	
desalentar:	V.T.D.	1	
desalfaiar:	V.T.D.	21	
desalfandegar:	V.T.D.	29	
desalforjar:	V.T.D.	19	
desalgemar:	V.T.D.	14	
desaliar:	V.T.D.	1	
desalijar:	V.T.D.	1	
desalinhar:	V.T.D.	1	
desalinhavar:	V.T.D.	21	
desalistar:	V.T.D.	1	
desalmar:	V.T.D.	1	
desalojar:	V.T.D./V.T.D.I.	19	
desalterar:	V.T.D.	14	
desalugar:	V.T.D.	1	
desalvorar:	V.T.D./V.I.	19	
desamalgamar:	V.T.D./V.T.D.I.	1	
desamamentar:	V.T.D.	1	
desamanhar:	V.T.D.	1	
desamantilhar:	V.I.	1	
desamar:	V.T.D.	21	
desamarrar:	V.T.D.	21	
desamarrotar:	V.T.D./V.I.	19	
desamassar:	V.T.D.	21	
desambientar:	V.T.D.	1	
desamear:	V.T.D.	8	
desamigar:	V.T.D.	29	
desamimar:	V.T.D.	1	
desamistar:	V.T.D.	1	
desamnistiar:	V.T.D.	1	
desamodorrar:	V.T.D.	19	
desamoedar:	V.I.	1	
desamolgar:	V.T.D.	29	
desamontoar:	V.T.D.	18	
desamortalhar:	V.T.D.	21	
desamortizar:	V.T.D.	1	
desamotinar:	V.T.D.	1	
desamparar:	V.T.D.	21	
desamuar:	V.T.D.	27	
desancar:	V.T.D.	63	
desancorar:	V.T.D.	19	
desandar:	V.T.D./V.T.D.I./V.I.	1	
desanelar:	V.T.D.	14	
desanexar:	V.T.D./V.T.D.I.	1	
desanichar:	V.T.D.	1	
desanimar:	V.T.D./V.I./V.T.I.	1	
desaninhar:	V.T.D.	1	
desanojar:	V.T.D.	19	
desanuviar:	V.T.D.	1	
desapacientar:	V.T.D.	1	
desapadrinhar:	V.T.D.	1	
desapaixonar:	V.T.D.	19	
desaparafusar:	V.T.D.	1	
desaparecer:	V.T.I./V.I.	76	
desaparelhar:	V.T.D.	16	
desapartar:	V.T.D.	21	
desapavorar:	V.T.D.	19	
desapaziguar:	V.T.D.	27	
desapear:	V.T.D.	8	
desapeçonhentar:	V.T.D.	1	
desapegar:	V.T.D./V.T.D.I.	29	
desapeirar:	V.T.D.	1	
desaperceber:	V.T.D./V.T.D.I.	17	
desaperrar:	V.T.D.	14	
desapertar:	V.T.D.	1	
desapiedar:	V.T.D.	1	
desaplaudir:	V.T.D.	11	
desaplicar:	V.T.D.I.	63	
desapoderar:	V.T.D.I.	63	
desapoiar:	V.T.D.	1	
desapolvilhar:	V.T.D.	1	

desapontar:	V.T.D....1	desasar:	V.T.D....21
desapoquentar:	V.T.D....1	desasir:	V.T.D....52
desapor:	V.T.D....77	desasnar:	V.T.D....1
desaportuguesar:	V.T.D....14	desaspirar:	V.T.D....1
desaposentar:	V.T.D....1	desassanhar:	V.T.D....21
desapossar:	V.T.D.I....19	desassear:	V.T.D....8
desaprazer:	V.T.D.I....79	desasselar:	V.T.D....14
desapreciar:	V.T.D....1	desasselvajar:	V.T.D....21
desaprender:	V.T.D....10	desassemelhar:	V.T.D....16
desapressar:	V.T.D.I....14	desassenhorear:	V.T.D....8
desaprestar:	V.T.D....14	desassestar:	V.T.D....14
desapropriar:	V.T.D./V.T.D.I....1	desassimilar:	V.T.D....1
desaprovar:	V.T.D....19	desassisar:	V.T.D....1
desaproveitar:	V.T.D....1	desassistir:	V.T.D./V.T.I....11
desaproximar:	V.T.D....1	desassociar:	V.T.D....1
desaprumar:	V.T.D....1	desassombrar:	V.T.D....1
desaquartelar:	V.T.D....14	desassorear:	V.T.D....8
desaquecer:	V.T.D....76	desassossegar:	V.T.D....14
desaquinhoar:	V.T.D....18	desassuntar:	V.T.D....1
desaranhar:	V.T.D....21	desassustar:	V.T.D....1
desarar:	V.T.D./V.I....21	desastrar:	V.T.D....21
desarborizar:	V.T.D....1	desatabafar:	V.T.D....21
desarcar:	V.T.D....21	desatacar:	V.T.D....63
desarear:	V.T.D....8	desatafulhar:	V.T.D....1
desarilhar:	V.T.D....1	desatapulhar:	V.T.D....1
desaristar:	V.T.D....1	desatar:	V.T.D./V.T.D.I./V.T.I....21
desarmar:	V.T.D....1	desatarraxar:	V.T.D....21
desarmonizar:	V.T.D....1	desatascar:	V.T.D./V.T.D.I....63
desaromar:	V.T.D....19	desataviar:	V.T.D....1
desarquear:	V.T.D....8	desatemorizar:	V.T.D....1
desarraigar:	V.T.D....29	desatender:	V.T.D....2
desarrancar:	V.T.D....1	desatentar:	V.T.D.I....1
desarranchar:	V.T.D....1	desaterrar:	V.T.D....14
desarranjar:	V.T.D....1	desatestar:	V.T.D....14
desarrazoar:	V.I....18	desatinar:	V.T.D....1
desarrear:	V.T.D....8	desatolar:	V.T.D....19
desarreatar:	V.T.D....21	desatordoar:	V.T.D....18
desarrebitar:	V.T.D....1	desatracar:	V.T.D....21
desarredar:	V.T.D....14	desatrancar:	V.T.D....63
desarredondar:	V.T.D....1	desatravancar:	V.T.D....63
desarregaçar:	V.T.D....32	desatravessar:	V.T.D....14
desarreigar:	V.T.D.I./V.T.D....29	desatrelar:	V.T.D....14
desarrenegar-se:	V. Pr....97	desatremar:	V.T.D....14
desarrimar:	V.T.D....1	desatribular:	V.I....1
desarriscar:	V.T.D....63	desaturdir:	V.T.D./V.I....80
desarrochar:	V.T.D....19	desaugar:	V.T.D....29
desarrolhar:	V.T.D....19	desaurir:	V.I....11
desarrotar:	V.T.D....19	desautorar:	V.T.D....19
desarruar:	V.T.D....27	desautorizar:	V.T.D....1
desarrufar:	V.T.D....1	desauxiliar:	V.T.D....1
desarrugar:	V.T.D....29	desavagar:	V.T.D....21
desarrumar:	V.T.D....1	desaverbar:	V.T.D....14
desarticular:	V.T.D....1	desavergonhar:	V.T.D....19
desartilhar:	V.T.D....1	desavezar:	V.T.D....14
desarvorar:	V.T.D....19	desaviar:	V.T.D....1

desavinhar:	V.I.	1
desavir:	V.T.D./V.T.D.I.	72
desavisar:	V.T.D.	1
desavistar:	V.T.D.	1
desavolumar:	V.T.D.	1
desazotar:	V.T.D.	19
desbabar:	V.T.D.	21
desbagar:	V.T.D.	29
desbagoar:	V.T.D.	18
desbagulhar:	V.T.D.	1
desbalizar:	V.T.D.	1
desbalsar:	V.T.D.	1
desbambar:	V.T.D.	1
desbancar:	V.T.D.	1
desbandar:	V.T.D./V.I.	1
desbandeirar:	V.T.D.	1
desbaratar:	V.T.D.	21
desbarbar:	V.T.D.	21
desbarbarizar:	V.T.D.	1
desbarrancar:	V.T.D.	63
desbarrar:	V.T.D.	21
desbarretar:	V.T.D.	14
desbarrigar:	V.T.D./V.I.	1
desbastar:	V.T.D.	21
desbastardar:	V.T.D.	21
desbastecer:	V.T.D.	76
desbatizar:	V.T.D.	1
desbatocar:	V.T.D.	63
desbeiçar:	V.T.D.	1
desbicar:	V.T.D.	63
desbloquear:	V.T.D.	8
desbocar:	V.T.D.	63
desboiar:	V.T.D.	13
desbolinar:	V.T.D.	1
desbolotar:	V.T.D.	19
desboqueirar:	V.T.D.	1
desborcar:	V.T.D.	63
desborcelar:	V.T.D.	14
desborcinar:	V.T.D.	1
desbordar:	V.I./V.T.I.	19
desboroar:	V.T.D.	18
desborrar:	V.T.D.	19
desbotar:	V.T.D./V.I.	19
desbotoar:	V.T.D.	18
desbragar:	V.T.D.	21
desbrasileirar:	V.T.D.	1
desbravar:	V.T.D.	21
desbravecer:	V.T.D./V.I.	56
desbrecar:	V.T.D.	14
desbriar:	V.T.D.	1
desbridar:	V.T.D.	1
desbuchar:	V.T.D./V.I.	1
desbulhar:	V.T.D./V.T.D.I.	1
desburricar:	V.T.D.	63
descabaçar:	V.T.D.	21
descabeçar:	V.T.D.	32
descabelar:	V.T.D.	16
descaber:	V.T.I.	25
descabrear:	V.T.D./V.I.	88*
descaçar-se:	V. Pr.	32
descachaçar:	V.T.D.	21
descadeirar:	V.T.D.	1
descafeinar:	V.T.D.	1
descair:	V.T.I./V.I.	67
descalcificar:	V.I.	63
descalhoar:	V.T.D.	18
descaliçar:	V.T.D.	1
descalvar:	V.T.D.	1
descalçar:	V.T.D.	32
descamar:	V.T.D./V.T.I.	1
descambar:	V.T.D./V.I.	1
descaminhar:	V.T.D./V.T.D.I.	1
descamisar:	V.I.	1
descampar:	V.T.D.	1
descanar:	V.T.D.	1
descancarar:	V.T.D.	21
descancelar:	V.T.D.	14
descanelar:	V.T.D.	14
descangar:	V.T.D.	29
descangotar:	V.I.	19
descanhotar:	V.T.D.	19
descanjicar:	V.T.D.	63
descansar:	V.T.D./V.T.D.I./V.I.	1
descantar	V.T.D./V.I.	1
descantear:	V.T.D.	8
descapacitar-se:	V. Pr.	97
descapelar:	V.T.D.	14
descapitalizar:	V.T.D./V.I.	1
descapsular:	V.T.D.	1
descaracterizar:	V.T.D.	1
descarapuçar:	V.T.D.	1
descarar-se:	V. Pr.	97
descarbonar:	V.T.D.	19
descarbonatar:	V.T.D.	21
descarbonizar:	V.T.D.	1
descarecer:	V.T.I.	76
descarnar:	V.T.D.	21
descaroçar:	V.T.D.	32
descarolar:	V.T.D.	19
descarregar:	V.T.D./V.T.D.I.	14
descarreirar:	V.T.D.	1
descarretar:	V.T.D.	14
descarrilar:	V.T.D./V.I.	1
descarrilhar:	V.T.D./V.I.	1
descartar:	V.T.D.	21
descasalar:	V.T.D.	21
descasar:	V.T.D./V.T.D.I.	21
descascar:	V.T.D./V.I.	63
descaspar:	V.T.D.	21
descasquear:	V.T.D.	8

descasquejar:	V.T.D. 16	descomprimir:	V.T.D. 11
descativar:	V.T.D. 1	descomungar:	V.T.D. 1
descatolizar:	V.T.D. 1	desconceituar:	V.T.D. 27
descaudar:	V.T.D. 1	desconcentrar:	V.T.D. 1
descavalgar:	V.T.D. 29	desconcertar:	V.T.D. 14
descegar:	V.T.D. 29	desconchavar:	V.T.D.I. 21
descelular:	V.T.D. 1	desconchegar:	V.T.D. 29
descementar:	V.T.D. 1	desconciliar:	V.T.D. 1
descender:	V.T.D.I. 10	desconcordar:	V.T.D./V.T.I. 19
descentralizar:	V.T.D. 1	descondensar:	V.T.D. 1
descentrar:	V.T.D. 1	descondizer:	V.I./V.T.I. 43
descer:	V.T.D./V.I./V.T.I. 76	desconfessar:	V.T.D. 14
descercar:	V.T.D. 63	desconfiar:	V.T.D./V.T.I. 1
descerebrar:	V.T.D. 14	desconformar:	V.T.I. 19
descerrar:	V.T.D. 14	desconfortar:	V.T.D. 19
deschancelar:	V.T.D. 14	desconfranger:	V.T.D. 36
deschapelar:	V. Pr. 14	desconfundir:	V.T.D. 11
deschumbar:	V.T.D. 1	descongelar:	V.T.D. 14
descimbrar:	V.T.D. 1	descongestionar:	V.T.D. 19
descimentar:	V.T.D. 1	desconhecer:	V.T.D. 76
descingir:	V.T.D. 65	desconjugar:	V.T.D. 1
descintar:	V.T.D. 1	desconjuntar:	V.T.D. 1
descivilizar:	V.T.D. 1	desconjurar:	V.T.D. 1
desclassificar:	V.T.D. 63	desconsagrar:	V.T.D. 21
descloretar:	V.T.D. 14	desconseguir:	V.T.D. 40
descoagular:	V.T.D. 1	desconsentir:	V.T.I. 62
descoalhar:	V.T.D. 21	desconsertar:	V.T.D. 14
descobrir:	V.T.D. 73	desconsiderar:	V.T.D. 14
descocar-se:	V. Pr. 97	desconsolar:	V.T.D. 19
descochar:	V.I. 19	desconstitucionalizar:	V.T.D. 1
descodear:	V.T.D. 8	desconstranger:	V.T.D. 36
descodificar:	V.T.D. 63	desconstruir:	V.T.D. 67
descofrar:	V.T.D. 19	descontaminar:	V.T.D. 1
descogotear:	V.T.D. 8	descontar:	V.T.D. 1
descoifar:	V.T.D. 1	descontentar:	V.T.D. 1
descoimar:	V.T.D. 1	descontinuar:	V.T.D./V.I. 27
descoitar:	V.T.D. 1	descontrair:	V.T.D. 67
descoivarar:	V.T.D. 21	descontrair-se:	V. Pr. 100
descolar:	V.T.D. 19	descontratar:	V.T.D. 21
descolmar:	V.T.D. 1	desconvencer:	V.T.D./V.T.D.I. 56
descolorar:	V.T.D. 19	desconversar:	V.T.D. 14
descolorir:	V.T.D. 80	desconverter:	V.T.D. 17
descomandar:	V.T.D. 1	desconvidar:	V.T.D. 1
descomedir-se:	V. Pr. 80	desconvir:	V.I./V.T.I. 72
descomer:	V.I. 15	descoordenar:	V.T.D. 16
descometer:	V.T.D.I. 17	descoraçoar:	V.T.D./V.I. 18
descomover:	V.T.D. 15	descorar:	V.T.D. 1
descompadecer:	V.T.D. 56	descorçoar:	V.T.D./V.I. 18
descompadrar:	V.T.D. 21	descordar:	V.I. 19
descompaginar:	V.T.D. 1	descornar:	V.T.D. 19
descompassar:	V.T.D. 21	descoroar:	V.T.D. 18
descompensar:	V.I. 1	descoroçoar:	V.T.D. 18
descomplicar:	V.T.D. 63	descorrelacionar:	V.T.D. 19
descompor:	V.T.D. 77	descorrentar:	V.T.D. 1
descomprazer:	V.T.D./V.T.I. 53	descortejar:	V.T.D. 16

Verbo	Classificação	Nº
descorticar:	V.T.D.	63
descortiçar:	V.T.D.	1
descortinar:	V.T.D.	1
descoruchar:	V.T.D.	1
descoser:	V.T.D.	15
descostumar:	V.T.D.	1
descotoar:	V.T.D.	18
descoutar:	V.T.D.	1
descrasear:	V.T.D.	8
descravar:	V.T.D.	21
descraveirar:	V.T.D.	1
descravejar:	V.T.D.	16
descravizar:	V.T.D./V.I.	14
descrer:	V.T.D./V.T.I.	41
descrever:	V.T.D.	20
descriminar:	V.T.D.	1
descristianizar:	V.T.D.	14
descruzar:	V.T.D.	1
descuidar:	V.T.D./V.T.D.I./V.T.I.	1
desculpar:	V.T.D.	1
descultivar:	V.T.D.	1
descumprir:	V.T.D.	3
descurar:	V.T.D./V.T.I.	1
descurvar:	V.T.D.	1
desdar:	V.T.D.	35
desdenhar:	V.T.D.	16
desdentar:	V.T.D.	14
desdizer:	V.T.D./V.T.I.	43
desdobar:	V.T.D.	19
desdobrar:	V.T.D.	19
desdoirar:	V.T.D.	1
desdourar:	V.T.D.	1
desdoutrinar:	V.T.D.	1
desdramatizar:	V.T.D.	14
deseclipsar:	V.T.D.	1
desedificar:	V.T.D.	63
deseducar:	V.T.D.	63
deseivar:	V.T.D.	1
desejar:	V.T.D./V.T.D.I./V.I.	1
deseletrificar:	V.T.D.	63
deseletrizar:	V.T.D.	1
deseliminar:	V.T.D.	1
desemaçar:	V.T.D.	21
desemadeirar:	V.T.D.	1
desemalar:	V.T.D.	21
desemalhar:	V.T.D.	21
desemalhetar:	V.T.D.	14
desemaranhar:	V.T.D.	1
desemastrear:	V.T.D.	8
desematilhar:	V.T.D.	1
desembaçar:	V.T.D./V.I.	21
desembaciar:	V.T.D.	1
desembainhar:	V.T.D.	1
desembalar:	V.T.D.	21
desembalsar:	V.T.D.	1
desembandeirar:	V.T.D.	1
desembaraçar:	V.T.D.	21
desembaralhar:	V.T.D.	21
desembarcar:	V.T.D./V.I.	63
desembargar:	V.T.D.	29
desembarrancar:	V.T.D.	63
desembarrilar:	V.T.D.	1
desembatiar:	V.T.D.	1
desembebedar:	V.T.D.	14
desembestar:	V.T.D.I.	1
desembezerrar:	V.T.D.	14
desembirrar:	V.T.D.	1
desembocar:	V.T.D.	63
desembolar:	V.T.D.	19
desembolsar:	V.T.D.	1
desemborcar:	V.T.D.	63
desemborrachar:	V.T.D.	21
desemborrar:	V.T.D.	19
desemborrascar:	V.T.D.	63
desemboscar:	V.T.D.	63
desembotar:	V.T.D.	19
desembraçar:	V.T.D.	32
desembraiar:	V.T.D.	1
desembravecer:	V.T.D./V.I.	76
desembrear:	V.T.D.	8
desembrechar:	V.T.D.	1
desembrenhar:	V.T.D.	16
desembriagar:	V.T.D.	21
desembridar:	V.T.D.	1
desembrionar:	V.T.D.	19
desembrulhar:	V.T.D.	1
desembrumar:	V.T.D.	1
desembruscar:	V.T.D.	63
desembrutecer:	V.T.D.	56
desembruxar:	V.T.D.	1
desembuçar:	V.T.D.	1
desembuchar:	V.T.D./V.I.	1
desemburrar:	V.T.D.	1
desemburricar:	V.T.D./V.I.	63
desembutir:	V.T.D.	11
desemedar:	V.T.D.	14
desemoinhar:	V.T.D.	1
desemoldurar:	V.T.D.	1
desempacar:	V.T.D.	63
desempachar:	V.T.D.	21
desempacotar:	V.T.D.	19
desempalar:	V.T.D.	21
desempalhar:	V.T.D.	21
desempalmar:	V.T.D.	1
desempanar:	V.T.D.	1
desempapelar:	V.T.D.	14
desempar:	V.T.D.	1
desemparceirar:	V.T.D.	1
desemparedar:	V.T.D.	14
desemparelhar:	V.T.D.	14

desempastar:	V.T.D.	21
desempastelar:	V.T.D.	14
desempatar:	V.T.D.	21
desempavesar:	V.T.D.	14
desempeçar:	V.T.D.	14
desempecer:	V.T.D.	76
desempecilhar:	V.T.D./V.T.D.I.	1
desempeçonhar:	V.T.D.	19
desempedernir:	V.T.D.	86
desempedrar:	V.T.D.	14
desempegar:	V.T.D.	29
desempenar:	V.T.D.	16
desempenhar:	V.T.D.	16
desempernar:	V.I.	14
desemperrar:	V.T.D.	14
desempertigar:	V.T.D.	29
desempestar:	V.T.D.	14
desempilhar:	V.T.D.	1
desemplastrar:	V.T.D.	21
desemplumar:	V.T.D.	1
desempoar:	V.T.D.	18
desempobrecer:	V.T.D.	76
desempoçar:	V.T.D.	32
desempoeirar:	V.T.D.	1
desempolar:	V.T.D.	19
desempolear:	V.T.D.	8
desempoleirar:	V.T.D.	1
desempolgar:	V.T.D.	63
desempossar:	V.T.D.I.	19
desempregar:	V.T.D.	63
desemprenhar:	V.T.D.	16
desemproar:	V.T.D.	18
desempunhar:	V.T.D.	1
desemudecer:	V.T.D.	56
desenamorar:	V.T.D.	19
desenastrar:	V.T.D.	21
desencabar:	V.T.D.	21
desencabeçar:	V.T.D.I.	14
desencabrestar:	V.T.D.	14
desencachar:	V.T.D.	21
desencadear:	V.T.D./V.I.	8
desencadernar:	V.T.D.	14
desencadilhar:	V.T.D.	1
desencaiporar:	V.I.	19
desencaixar:	V.T.D.	1
desencaixilhar:	V.T.D.	1
desencaixotar:	V.T.D.	19
desencalacrar:	V.T.D.	21
desencalhar:	V.T.D.	21
desencalmar:	V.T.D.	1
desencaminhar:	V.T.D./V.T.D.I.	1
desencamisar:	V.T.D.	1
desencampar:	V.T.D.	1
desencanar:	V.T.D.	21
desencanastrar:	V.T.D.	21
desencangar:	V.T.D.	29
desencantar:	V.T.D.	1
desencantoar:	V.T.D.	18
desencanudar:	V.T.D.	1
desencapar:	V.T.D.	21
desencaparar:	V.T.D.	21
desencapelar:	V.T.D./V.I.	14
desencapoeirar:	V.T.D.	1
desencapotar:	V.T.D.	19
desencaracolar:	V.T.D.	19
desencarapelar:	V.T.D.	14
desencarapinhar:	V.T.D.	1
desencarapuçar:	V.T.D.	1
desencarcerar:	V.T.D.	14
desencardir:	V.T.D./V.T.D.I.	1
desencarecer:	V.T.D./V.I.	76
desencarnar:	V.I.	21
desencarquilhar:	V.T.D.	1
desencarrancar:	V.T.D.	63
desencarregar:	V.T.D./V.T.D.I.	29
desencarreirar:	V.T.D.	1
desencarretar:	V.T.D.	14
desencarrilar:	V.T.D./V.I.	1
desencarrilhar:	V.T.D./V.I.	1
desencartar:	V.T.D.	21
desencasar:	V.T.D.	21
desencascar:	V.T.D.	21
desencasquetar:	V.T.D.	14
desencastelar:	V.T.D.	14
desencastoar:	V.T.D.	18
desencatarroar:	V.T.D.	18
desencavalgar:	V.T.D./V.I.	29
desencavar:	V.T.D.	21
desencavernar:	V.T.D.	14
desencavilhar:	V.T.D.	1
desencepar:	V.T.D.	14
desencerar:	V.T.D.	14
desencerrar:	V.T.D.	14
desencharcar:	V.T.D.	21
desenchavetar:	V.T.D.	14
desencher:	V.T.D.	10
desencilhar:	V.T.D.	1
desenclaustrar:	V.T.D.	1
desenclavinhar:	V.T.D.	1
desencobrar:	V.T.D./V.T.D.I./V.I.	19
desencobrir:	V.T.D.	73
desencocar:	V.T.D.	63
desencodear:	V.T.D.	8
desencoifar:	V.T.D.	1
desencoivarar:	V.T.D.	21
desencolar:	V.T.D.	19
desencolerizar:	V.T.D.	1
desencolher:	V.T.D.	15
desencomendar:	V.T.D.	1
desenconchar:	V.T.D.	1

desencontrar:	V.T.D. ...1
desencorajar:	V.T.D. ...21
desencorar:	V.I. ...19
desencordoar:	V.T.D. ...18
desencorpar:	V.T.D. ...19
desencorporar:	V.T.D. ...19
desencorrear:	V.T.D. ...8
desencortiçar:	V.T.D. ...32
desencoscorar:	V.T.D. ...19
desencostar:	V.T.D./V.T.D.I. ...19
desencovar:	V.T.D. ...19
desencovilar:	V.T.D. ...1
desencravar:	V.T.D. ...21
desencravelhar:	V.T.D. ...14
desencravilhar:	V.T.D. ...1
desencrencar:	V.T.D. ...63
desencrespar:	V.T.D. ...14
desencrostar:	V.T.D. ...19
desencruar:	V.T.D. ...27
desencruzar:	V.T.D. ...1
desencubar:	V.T.D. ...1
desenculatrar:	V.T.D. ...21
desencurralar:	V.T.D. ...21
desencurvar:	V.T.D. ...1
desendemoninhar:	V.T.D. ...1
desendeusar:	V.T.D. ...1
desendividar:	V.T.D. ...1
desenegrecer:	V.T.D. ...56
desenervar:	V.T.D. ...14
desenevoar:	V.T.D. ...18
desenfadar:	V.T.D. ...21
desenfaixar:	V.T.D. ...1
desenfardar:	V.T.D. ...21
desenfardelar:	V.T.D. ...14
desenfarpelar:	V.T.D. ...14
desenfarruscar:	V.T.D. ...63
desenfartar:	V.T.D. ...21
desenfastiar:	V.T.D. ...1
desenfeitar:	V.T.D. ...1
desenfeitiçar:	V.T.D. ...1
desenfeixar:	V.T.D. ...1
desenfermar:	V.I. ...16
desenferrujar:	V.T.D. ...1
desenfestar:	V.T.D. ...14
desenfeudar:	V.T.D. ...1
desenfezar:	V.T.D. ...1
desenfiar:	V.T.D. ...1
desenfileirar:	V.T.D. ...1
desenflorar:	V.T.D. ...19
desenforcar:	V.T.D. ...19
desenforjar:	V.T.D. ...19
desenformar:	V.T.D. ...19
desenfornar:	V.T.D. ...19
desenfrascar:	V.T.D. ...21
desenfrear:	V.T.D. ...8
desenfrechar:	V.T.D. ...16
desenfrenar:	V.T.D. ...14
desenfronhar:	V.T.D. ...19
desenfueirar:	V.T.D. ...1
desenfunar:	V.T.D. ...1
desenfurecer:	V.T.D. ...76
desenfurnar:	V.T.D. ...1
desenfuscar:	V.T.D. ...63
desengaçar:	V.T.D. ...21
desengaiolar:	V.T.D. ...19
desengajar:	V.I. ...21
desengalapar:	V.I. ...21
desengalfinhar:	V.T.D. ...1
desenganar:	V.T.D. ...21
desenganchar:	V.T.D. ...1
desengarrafar:	V.T.D. ...21
desengasgar:	V.T.D. ...21
desengastalhar:	V.T.D. ...21
desengastar:	V.T.D. ...21
desengatar:	V.T.D. ...21
desengatilhar:	V.T.D. ...1
desengavetar:	V.T.D. ...14
desengelhar:	V.T.D. ...16
desenglobar:	V.T.D. ...19
desengodar:	V.T.D. ...19
desengolfar:	V.T.D. ...1
desengolir:	V.T.D./V.I. ...47
desengomar:	V.T.D. ...19
desengonçar:	V.T.D. ...1
desengordar:	V.T.D./V.I. ...19
desengordurar:	V.T.D. ...1
desengorgitar:	V.T.D. ...1
desengraçar:	V.T.D. ...21
desengradar:	V.T.D. ...21
desengrainhar:	V.T.D. ...1
desengralhar:	V.T.D. ...21
desengrandecer:	V.T.D. ...76
desengranzar:	V.T.D. ...1
desengravatar:	V.T.D. ...21
desengravecer:	V.T.D. ...76
desengraxar:	V.T.D. ...1
desengrenar:	V.T.D. ...16
desengrilar-se:	V. Pr. ...97
desengrimpar-se:	V. Pr. ...97
desengrinaldar:	V.T.D. ...1
desengrossar:	V.T.D. ...19
desengrumar:	V.T.D. ...1
desengrunhir:	V.T.D. ...80
desenguiçar:	V.T.D. ...1
desengulhar:	V.T.D. ...1
desenhar:	V.T.D. ...16
desenjaular:	V.T.D. ...1
desenjoar:	V.T.D. ...18
desenlaçar:	V.T.D. ...21
desenlamear:	V.T.D. ...8

Verbo	Classificação	Nº
desenlapar:	V.T.D.	21
desenlear:	V.T.D.	8
desenlevar:	V.T.D.	14
desenliçar:	V.T.D.	1
desenlodar:	V.T.D.	19
desenlouquecer:	V.T.D.	76
desenlutar:	V.T.D.	1
desenluvar:	V.T.D.	1
desenobrecer:	V.T.D.	76
desenodoar:	V.T.D.	18
desenojar:	V.T.D.	19
desenovelar:	V.T.D.	14
desenquadrar:	V.T.D.	1
desenraiar:	V.T.D.	21
desenraivar:	V.T.D.	1
desenraivecer:	V.T.D.	76, 98
desenraizar:	V.T.D./V.T.D.I.	1
desenramar:	V.T.D.	21
desenramelar:	V.T.D.	14
desenrascar:	V.T.D.	63
desenredar:	V.T.D.	14
desenregelar:	V.T.D.	14
desenriçar:	V.T.D.	1
desenrijar:	V.T.D.	1
desenriquecer:	V.T.D./V.I.	76
desenristar:	V.T.D.	1
desenrizar:	V.T.D.	1
desenrodilhar:	V.T.D.	1
desenrolar:	V.T.D.	19
desenrolhar:	V.T.D.	19
desenroscar:	V.T.D.	19
desenroupar:	V.T.D.	1
desenrouquecer:	V.T.D.	56
desenrubescer:	V.T.D.	76
desenrugar:	V.T.D.	29
desensaboar:	V.T.D.	18
desensaburrar:	V.T.D.	1
desensacar:	V.T.D.	63
desensandecer:	V.T.D./V.I.	76
desensanguentar:	V.T.D.	1
desensarilhar:	V.T.D.	1
desensebar:	V.T.D.	14
desensinar:	V.T.D.	1
desensoberbecer:	V.T.D.	76
desensolvar:	V.T.D.	19
desensombrar:	V.T.D.	1
desensopar:	V.T.D.	19
desensugar:	V.T.D.	29
desensurdecer:	V.T.D.	76
desentabuar:	V.T.D.	27
desentabular:	V.T.D.	1
desentaipar:	V.T.D.	1
desentalar:	V.T.D./V.T.D.I.	1
desentaloar:	V.T.D.	18
desentaramelar:	V.T.D.	14
desentarraxar:	V.T.D.	21
desentediar:	V.T.D.	1
desentender:	V.T.D.	2
desentenebrecer:	V.T.D.	76
desenternecer:	V.T.D.	76, 98
desenterrar:	V.T.D.	14
desenterroar:	V.T.D.	18
desentesar:	V.T.D.	14
desentesoirar:	V.T.D.	1
desentesourar:	V.T.D.	1
desentibiar:	V.T.D.	1
desentoar:	V.I.	18
desentocar:	V.T.D.	63
diesentolher:	V.T.D.	15
desentonar:	V.T.D.	19
desentorpecer:	V.T.D./V.I.	76, 98
desentorroar:	V.T.D.	18
desentortar:	V.T.D.	19
desentoxicar:	V.T.D.	63
desentralhar:	V.T.D.	21
desentrançar:	V.T.D.	1
desentranhar:	V.T.D.	1
desentrapar:	V.T.D.	21
desentravar:	V.T.D.	21
desentrelaçar:	V.T.D.	21
desentrelinhar:	V.T.D.	1
desentrevar:	V.T.D.	14
desentreverar:	V.T.D.	14
desentrincheirar:	V.T.D.	1
desentristecer:	V.T.D.	76, 98
desentroixar:	V.T.D.	1
desentrouxar:	V.T.D.	1
desentronizar:	V.T.D.	1
desentulhar:	V.T.D.	1
desentumescer:	V.T.D.	56
desentupir:	V.T.D.	52
desenturvar:	V.T.D.	1
desenublar:	V.T.D.	87
desenvasar:	V.T.D.	21
desenvasilhar:	V.T.D.	1
desenvencilhar:	V.T.D./V.T.D.I.	1
desenvenenar:	V.T.D.	16
desenvergar:	V.T.D.	29
desenvernizar:	V.T.D.	1
desenviesar:	V.T.D.	1
desenviolar:	V.T.D.	19
desenviscar:	V.T.D.	1
desenvolver:	V.T.D.	15
desenxabir:	V.T.D.	80
desenxamear:	V.T.D.	8
desenxarciar:	V.T.D.	1
desenxofrar:	V.T.D.	19
desenxovalhar:	V.T.D.	21
desenxovar:	V.T.D.	19
desequilibrar:	V.T.D.	1

desequipar:	V.T.D.	1	
desequivocar:	V.T.D.	63	
deserdar:	V.T.D.	1	
desertar:	V.T.D.	14	
desertificar:	V.T.D.	63	
desespartilhar:	V.T.D.	1	
desesperançar:	V.T.D.	1	
desesperar:	V.T.D./V.T.D.I./V.I.	14	
desespinhar:	V.T.D.	1	
desestabilizar:	V.T.D.	1	
desestagnar:	V.T.D.	21	
desestanhar:	V.T.D.	21	
desesteirar:	V.T.D.	1	
desestimar:	V.T.D.	1	
desestorvar:	V.T.D.	19	
desestribar:	V.T.D.	1	
desestudar:	V.T.D.	1	
desevangelizar:	V.T.D.	1	
desexcomungar:	V.T.D.	29	
desfabricar:	V.T.D.	63	
desfabular:	V.T.D.	1	
desfaçar-se:	V. Pr.	21, 97	
desfadigar:	V.T.D.	29	
desfaiar:	V.T.D.	21	
desfalcaçar:	V.T.D.	32	
desfalcar:	V.T.D.	1	
desfalecer:	V.T.D./V.T.D.I	76	
desfanatizar:	V.T.D.	1	
desfantasiar:	V.T.D.	1	
desfardar:	V.T.D.	21	
desfarelar:	V.T.D.	14	
desfasar:	V.T.D.	21	
desfavorecer:	V.T.D.	76	
desfazer:	V.T.D./V.T.D.I./V.T.I.	61	
desfear:	V.T.D.	8	
desfechar:	V.T.D.I.	16	
desfeitear:	V.T.D.	8	
desferir:	V.T.D./V.T.I.	62	
desferrar:	V.T.D.	14	
desferrolhar:	V.T.D.	19	
desfertilizar:	V.T.D.	14	
desfiar:	V.T.D.	1	
desfibrar:	V.T.D.	1	
desfibrinar:	V.T.D.	1	
desfigurar:	V.T.D.	1	
desfilar:	V.I.	1	
desfilhar:	V.T.D.	1	
desfitar:	V.T.D.	1	
desfivelar:	V.T.D.	14	
desflegmasiar:	V.T.D.	1	
desflorar:	V.T.D.	19	
desflorescer:	V.I.	76	
desflorestar:	V.T.D.	14	
desflorir:	V.I.	93	
desfocar:	V.T.I.	63	
desfogonar:	V.T.D./V.I.	19	
desfolegar:	V.T.D./V.I.	29	
desfolhar:	V.T.D.	19	
desforçar:	V.T.D.	19	
desformar:	V.T.D.	19	
desforrar:	V.T.D.	19	
desfortalecer:	V.T.D.	76	
desfortificar:	V.T.D.	63	
desfosforar:	V.T.D.	19	
desfradar:	V.T.D.	21	
desfraldar:	V.T.D.	1	
desfrangir:	V.T.D.	65	
desfranjar:	V.T.D.	1	
desfranzir:	V.T.D.	11	
desfrear:	V.T.D.	8	
desfrechar:	V.T.D.	16	
desfrequentar:	V.T.D.	1	
desfrisar:	V.T.D./V.T.I./V.I.	1	
desfrondescer:	V.I.	56	
desfrouxar:	V.T.D.	1	
desfruir:	V.T.D.	44	
desfrutar:	V.T.D.	1	
desfrutescer:	V.T.D.	76	
desfundar:	V.T.D.	1	
desfundir:	V.T.D.	11	
desgabar:	V.T.D.	21	
desgadelhar:	V.T.D.	16	
desgalgar:	V.T.D.	1	
desgalhar:	V.T.D.	21	
desgalvanizar:	V.T.D.	1	
desgarantir:	V.T.D./V.T.D.I	11	
desgargalar:	V.T.D.	21	
desgarrar:	V.T.D./V.T.D.I./V.I./V.T.I.	21	
desgarronar:	V.T.D.	19	
desgastar:	V.T.D.	21	
desgavelar:	V.T.D.	14	
desgelar:	V.T.D./V.I.	14	
desgentilizar:	V.T.D.	1	
desglabrar:	V.T.D.	21	
desglobulizar:	V.T.D.	1	
desgoelar-se:	V. Pr.	97	
desgornir:	V.T.D.	47	
desgostar:	V.T.D./V.T.I.	19	
desgovernar:	V.T.D.	14	
desgraçar:	V.T.D.	32	
desgraciar:	V.T.D.	1	
desgradear:	V.T.D.	8	
desgraduar:	V.T.D./V.T.D.I.	27	
desgranar:	V.T.D.	1	
desgravidar:	V.T.D.	1	
desgraxar:	V.T.D.	1	
desgrenhar:	V.T.D.	16	
desgrilhoar:	V.T.D.	18	
desgrinaldar:	V.T.D.	1	

D

desgrudar:	V.T.D.	1
desgrumar:	V.T.D.	1
desguardar:	V.T.D.	1
desguaritar:	V.I.	1
desguarnecer:	V.T.D.	56
desguedelhar:	V.T.D.	16
desguiar:	V.T.D.	1
desidentificar:	V.T.D./V.I.	63
desidratar:	V.T.D.	21
desidrogenar:	V.T.D.	16
designar:	V.T.D./V.T.D.I.	1
desigualar:	V.T.D./V.T.D.I.	21
desiludir:	V.T.D.	11
desilustrar:	V.T.D.	1
desimaginar:	V.T.D.I.	1
desimanar:	V.T.D.	1
desimpedir:	V.T.D.	68
desimplicar:	V.T.D.	63
desimpregnar:	V.T.D.	14
desimprensar:	V.T.D.	1
desimpressionar:	V.T.D.I.	19
desinçar:	V.T.D.I.	32
desencarnar:	V.T.D.	21
desinceibar:	V.I.	1
desinchar:	V.I./V.T.D.	1
desinclinar:	V.T.D.	1
desincompatibilizar:	V.T.D.	14
desincorporar:	V.T.D.I.	19
desincrustar:	V.T.D.	1
desincubar:	V.T.D.	1
desindiciar:	V.T.D.	1
desinfamar:	V.T.D.	1
desinfecionar:	V.T.D.	19
desinfeccionar:	V.T.D.	19
desinfectar:	V.T.D.	14
desinfetar:	V.T.D./V.I.	14
desinfestar:	V.T.D.I.	1
desinficionar:	V.T.D.	19
desinflacionar:	V.T.D.	19
desinflamar:	V.T.D./V.I.	1
desinfluir:	V.T.D.I.	44
desinibir:	V.T.D.	11
desinjuriar:	V.T.D.	1
desinquietar:	V.T.D.	1
desinsetar:	V.T.D.	1
desintegrar:	V.T.D.	14
desinteiriçar:	V.T.D.	1
desinteressar:	V.T.D.I.	14
desinternar:	V.T.D.	14
desintestinar:	V.T.D.	21
desintoxicar:	V.T.D.	63
desintricar:	V.T.D.	63
desintrincar:	V.T.D.	63
desintumescer:	V.T.D.	76
desinvejar:	V.T.D./V.I.	16
desinvernar:	V.I.	87
desinvestir:	V.T.D.I.	62
desipotecar:	V.T.D.	14
desirmanar:	V.T.D.	1
desiscar:	V.T.D.	63
desistir:	V.T.I.	11
desjarretar:	V.T.D.	14
desjejuar:	V.I.	1
desjuizar:	V.T.D.	1
desjuntar:	V.T.D.	1
deslaçar:	V.T.D.	21
deslacrar:	V.T.D.	21
desladrilhar:	V.T.D.	1
deslajear:	V.T.D.	8
deslanar:	V.T.D.	1
deslanchar:	V.I.	1
deslapar:	V.T.D.	21
deslapidar:	V.T.D.	1
deslassar:	V.T.D.	21
deslastrar:	V.T.D.	21
deslavar:	V.T.D.	21
deslavrar:	V.T.D.	21
deslealdar:	V.T.D.	1
deslegitimar:	V.T.D.	1
desleitar:	V.T.D.	1
desleixar:	V.T.D.	1
deslembrar:	V.T.D.	1
deslendear:	V.T.D.	8
desliar:	V.T.D.	1
desligar:	V.T.D./V.T.D.I.	29
deslindar:	V.T.D.	1
deslinguar:	V.T.D.	27
deslizar:	V.T.D./V.T.D.I./V.I.	1
deslocar:	V.T.D.	63
deslodar:	V.T.D.	19
deslograr:	V.T.D.	19
deslombar:	V.T.D.	1
desloucar:	V.T.D.	63
deslouvar:	V.T.D.	1
deslumbrar:	V.T.D.	1
deslustrar:	V.T.D.	1
desluzir:	V.T.D.	70
desmadeirar:	V.T.D.	1
desmaecer:	V.I.	76, 98
desmaginar:	V.T.D.I.	1
desmagnetizar:	V.T.D.	1
desmaiar:	V.T.D./V.I.	1
desmalhar:	V.T.D.	21
desmalhetar:	V.T.D.	14
desmamar:	V.T.D.	1
desmanar:	V.T.D.	21
desmanchar:	V.T.D.	1
desmandar:	V.T.D.	1
desmandibular:	V.T.D.	1
desmanilhar:	V.T.D.	1

desmaninhar:	V.T.D. ... 1	desmudar:	V.T.D./V.T.D.I. ... 1
desmantar:	V.T.D. ... 1	desmunhecar:	V.I./V.T.D.I. ... 63
desmantelar:	V.T.D. ... 14	desmunicionar:	V.T.D. ... 19
desmaranhar:	V.T.D. ... 1	desmurar:	V.T.D. ... 1
desmarcar:	V.T.D. ... 21	desmurchar:	V.T.D. ... 1
desmarcializar:	V.T.D. ... 1	desmuscular:	V.T.D. ... 1
desmarear-se:	V. Pr. ... 8, 97	desnacionalizar:	V.T.D. ... 14
desmarelecer:	V.I. ... 76, 98	desnalgar-se:	V. Pr. ... 97
desmascarar:	V.T.D. ... 21	desnamorar-se:	V. Pr. ... 19, 97
desmastrar:	V.T.D. ... 21	desnarigar:	V.T.D. ... 1
desmastrear:	V.T.D. ... 8	desnasalar:	V.T.D. ... 21
desmatar:	V.T.D. ... 21	desnasalizar:	V.T.D. ... 14
desmaterializar:	V.T.D. ... 1	desnastrar:	V.T.D. ... 21
desmazelar:	V.T.D. ... 14	desnatar:	V.T.D. ... 21
desmear:	V.T.D. ... 8	desnaturalizar:	V.T.D. ... 14
desmedir-se:	V. Pr. 68, 100	desnaturar:	V.T.D. ... 1
desmedrar:	V.T.D. ... 14	desnecessitar:	V.T.I. ... 1
desmedular:	V.T.D. ... 1	desnegociar:	V.T.D. ... 1
desmelancolizar:	V.T.D. ... 1	desnervar:	V.T.D. ... 14
desmelhorar:	V.T.D. ... 19	desnevar:	V.I./V.T.D. ... 87
desmelindrar:	V.T.D. ... 1	desnevoar:	V.T.D. ... 18, 87
desmembrar:	V.T.D. ... 1	desninhar:	V.T.D. ... 1
desmemoriar:	V.T.D. ... 1	desniquelar:	V.T.D. ... 14
desmentir:	V.T.D. ... 62	desnivelar:	V.T.D. ... 14
desmerecer:	V.T.D. ... 76	desnobrecer:	V.T.D. ... 76
desmergulhar:	V.T.D. ... 1	desnocar:	V.T.D. ... 63
desmesurar:	V.T.D. ... 1	desnodoar:	V.T.D. ... 18
desmetalizar:	V.T.D. ... 14	desnoitar:	V.T.D. ... 1
desmilitarizar:	V.T.D. ... 14	desnoivar:	V.T.D. ... 1
desminar:	V.T.D. ... 1	desnortear:	V.T.D. ... 8
desmineralizar:	V.T.D. ... 14	desnotar:	V.T.D. ... 19
desmiolar:	V.T.D. ... 19	desnovelar:	V.T.D. ... 14
desmistificar:	V.T.D. ... 63	desnublar:	V.T.D. ... 1
desmitificar:	V.T.D. ... 63	desnucar:	V.T.D. ... 63
desmiudar:	V.T.D. ... 1	desnudar	V.T.D. ... 1
desmobilar:	V.T.D. ... 1	desnutrir:	V.T.D. ... 11
desmobilhar:	V.T.D. ... 1	desobedecer:	V.T.D.I. ... 76
desmobiliar:	V.T.D. ... 38	desobrigar:	V.T.D.I. ... 29
desmobilizar:	V.T.D. ... 14	desobscurecer:	V.T.D. ... 76
desmochar:	V.T.D. ... 19	desobstruir:	V.T.D. ... 44
desmoderar:	V.T.D. ... 14	desocupar:	V.T.D. ... 1
desmoitar:	V.T.D. ... 1	desodorizar:	V.T.D. ... 14
desmoldar:	V.T.D. ... 19	desoficializar:	V.T.D. ... 14
desmonetizar:	V.T.D. ... 1	desofuscar:	V.T.D. ... 63
desmonopolizar:	V.T.D. ... 1	desolar:	V.T.D. ... 19
desmonotonizar:	V.T.D. ... 1	desoleificar:	V.T.D. ... 63
desmontar:	V.T.D./V.T.D.I. ... 1	desolhar:	V.T.D. ... 19
desmoralizar:	V.T.D. ... 1	desonerar:	V.T.D. ... 14
desmorder:	V.I. ... 15	desonestar:	V.T.D. ... 14
desmorfinizar:	V.T.D. ... 1	desonrar:	V.T.D. ... 1
desmoronar:	V.T.D. ... 19	desopilar:	V.T.D. ... 1
desmortificar:	V.T.D. ... 63	desoprimir:	V.T.D.I. ... 11
desmotivar:	V.T.D. ... 1	desorbitar:	V.T.D. ... 1
desmouchar:	V.T.D. ... 1	desordenar:	V.T.D. ... 16
desmoutar:	V.T.D. ... 1	desorelhar:	V.T.D. ... 16

desorganizar:	V.T.D. 1	despestanar:	V.T.D. 1
desorientar:	V.T.D. 1	despetalar:	V.T.D. 21
desornar:	V.T.D. 19	despetalear:	V.I./V.T.D. 8
desossar:	V.T.D. 19	despetrechar:	V.T.D. 16
desougar:	V.T.D. 29	despicar:	V.T.D. 63
desovar:	V.I./V.T.D. 19, 89	despiedar:	V.T.D. 1
desoxidar:	V.T.D. 1	despigmentar:	V.I./V.T.D. 1
desoxigenar:	V.T.D. 16	despilchar:	V.T.D. 1
despachar:	V.I./V.T.D. 21	despinçar:	V.T.D. 1
despadrar:	V.T.D. 21	despintar:	V.T.D. 1
despaganizar:	V.T.D. 1	despiolhar:	V.T.D. 19
despaletar:	V.T.D. 14	despir:	V.T.D. 62
despalhar:	V.T.D. 21	despistar:	V.T.D. 1
despalhetar:	V.T.D. 14	desplantar:	V.T.D. 1
despalmar:	V.T.D. 1	desplumar:	V.T.D. 1
despalmilhar:	V.I./V.T.D. 1	despoetizar:	V.T.D. 1
despampanar:	V.T.D. 1	despojar:	V.T.D./V.T.D.I. 19
despampar:	V.T.D. 1	despolarizar:	V.T.D. 1
despapar:	V.T.D. 21, 89	despolir:	V.T.D. 75
desparafinar:	V.T.D. 1	despolpar:	V.T.D. 1
desparafusar:	V.T.D. 1	despoluir:	V.T.D. 44
desparamentar:	V.T.D. 1	despongar:	V.I. 29
desparecer:	V.I. 56	despontar:	V.I./V.T.D. 1
despargir:	V.T.D. 65	despontuar:	V.T.D. 27
desparrar:	V.T.D. 21	despopularizar:	V.T.D. 1
despartir:	V.T.D. 11	despor:	V.T.D. 77
desparzir:	V.T.D. 11	desportilhar:	V.T.D. 1
despassar:	V.T.D. 21	desposar:	V.T.D. 19
despatriar:	V.T.D. 1	despossar:	V.T.D. 19
despavorir:	V.T.D. 11	despossuir:	V.T.D. 44
despear:	V.T.D. 8	despostiçar:	V.T.D. 32
despecuniar:	V.T.D. 1	despostigar:	V.T.D. 29
despedaçar:	V.T.D. 32	despovoar:	V.T.D. 18
despedir:	V.I./V.T.D. 68	despratear:	V.T.D. 8
despegar:	V.T.D. 29	desprazer:	V.I./V.T.D. 79
despeitar:	V.T.D. 1	desprecatar-se:	V. Pr. 97
despeitorar:	V.T.D. 19	desprecaver:	V.T.D. 83
despejar:	V.I./V.T.D. 16	despreciar:	V.T.D. 1
despelar:	V.T.D. 14	despregar:	V.T.D. 63
despenalizar:	V.T.D. 14	despremiar:	V.T.D. 1
despenar:	V.T.D. 16	desprender:	V.T.D. 10
despencar:	V.T.D. 63	despreocupar:	V.T.D. 1
despender:	V.I./V.T.D. 10	despresilhar:	V.T.D. 1
despendurar:	V.T.D. 1	desprestigiar:	V.T.D. 1
despenhar:	V.T.D./V.T.D.I. 16	desprevenir:	V.T.D.I. 31
despenitenciar:	V.T.D. 1	desprezar:	V.T.D. 14
despentear:	V.T.D. 8	desprimorar:	V.T.D. 19
desperceber:	V.T.D. 17	despriorar:	V.T.D. 19
desperdiçar:	V.T.D. 32	desprivar:	V.T.D. 1
desperecer:	V.I./V.T.I. 76	desprivilegiar:	V.T.D. 1
desperfilar:	V.T.D. 1	desprofanar:	V.T.D. 1
despersonalizar:	V.T.D. 1	despronunciar:	V.T.D. 1
despersuadir:	V.T.D./V.T.D.I. 11	desproporcionar:	V.T.D.I. 19
despertar:	V.T.D. 14	despropositar:	V.I. 1
despesar:	V.T.D. 14	desproteger:	V.T.D. 36

desprover:	V.T.D.I.	51	
desprumar:	V.T.D.	1	
despurificar:	V.T.D.	63	
desquadrar:	V.T.D.I.	21	
desquadrilhar:	V.T.D.	1	
desqualificar:	V.T.D.	63	
desquebrar:	V.I.	14	
desqueixar:	V.T.D.	1	
desquerer:	V.T.D.	58	
desquiar:	V.T.D.	1	
desquiciar:	V.T.D.	1	
desquitar:	V.T.D.	1	
desrabar:	V.T.D.	21	
desraigar:	V.T.D.	29	
desraizar:	V.T.D.	1	
desramar:	V.T.D.	1	
desratizar:	V.T.D.	1	
desrefolhar:	V.T.D.	19	
desregrar:	V.T.D.	14	
desrelvar:	V.T.D.	1	
desremediar:	V.T.D.	24	
desrepublicanizar:	V.T.D.	14	
desrespeitar:	V.T.D.	1	
desresponsabilizar:	V.T.D/V.T.D.I.	14	
desretratar-se:	V. Pr.	97	
desrevestir-se:	V. Pr.	99	
desriçar:	V.T.D.	1	
desriscar:	V.T.D.	63	
desrolhar:	V.T.D.	19	
desromantizar:	V.T.D.	1	
desroscar:	V.T.D.	63	
derugar:	V.T.D.	29	
dessaber:	V.T.D.	48	
dessaborar:	V.T.D.	19	
dessaborear:	V.T.D.	8	
dessaburrar:	V.T.D.	1	
dessagrar:	V.T.D.	21	
dessaibrar:	V.T.D.	1	
dessainar:	V.T.D.	1	
dessalar	V.T.D.	21	
dessalgar:	V.T.D.	29	
dessangrar:	V.T.D.	1	
dessar:	V.T.D.	16, 89	
dessarroar:	V.T.D.	18	
dessazonar:	V.T.D.	19	
dessecar:	V.T.D.	63	
dessedentar:	V.T.D.	1	
dessegar:	V.T.D.	29	
dessegredar:	V.T.D.	14	
desseguir:	V.T.D.	40	
dessegurar:	V.T.D.	1	
desseiar:	V.T.D.	1	
desselar:	V.T.D.	14	
dessemelhar:	V.T.D./V.T.D.I.	16	
dessensibilizar:	V.T.D.	1	
dessentir:	V.T.D.	62	
dessepultar:	V.T.D.	1	
desservir:	V.T.D.	62	
dessesmar:	V.T.D.	16	
dessimpatizar:	V.T.D.I.	1	
dessincronizar:	V.T.D.	1	
dessitiar:	V.T.D.	1	
dessoar:	V.I.	18	
dessobraçar:	V.T.D.	32	
dessocar:	V.T.D.	63	
dessocorrer:	V.T.D.	15	
dessolar:	V.T.D.	19	
dessoldar:	V.T.D.	19	
dessolhar:	V.T.D.	19	
dessorar:	V.I./V.T.D.	19	
dessossegar:	V.T.D.	29	
dessoterrar:	V.T.D.	14	
dessoçobrar:	V.I./V.T.D.	19	
dessuar:	V.I.	27	
dessubjugar:	V.T.D.	29	
dessubstanciar:	V.T.D.	1	
dessujar:	V.T.D.	1	
dessulfurar:	V.T.D.	1	
dessulfurizar:	V.T.D.	14	
dessumir:	V.T.D.	52	
dessurrar:	V.T.D.	1	
destabilizar:	V.T.D.	14	
destabocar-se:	V. Pr.	97	
destacar:	V.I./V.T.D./V.T.D.I.	63	
destalar:	V.T.D.	21	
destalhar:	V.I.	21	
destalingar:	V.T.D.	29	
destampar:	V.T.D.	1	
destaninizar:	V.T.D.	14	
destanizar:	V.T.D.	14	
destapar:	V.T.D.	21	
destecer:	V.T.D.	76	
destelar:	V.I.	14	
destelhar:	V.T.D.	16	
destemer:	V.T.D.	17	
destemperar:	V.T.D.	14	
desterraplanar:	V.T.D.	21	
desterraplenar:	V.T.D.	14	
desterrar:	V.T.D.	14	
desterroar:	V.T.D.	18	
destetar:	V.T.D.	14	
destilar:	V.T.D.	1	
destinar:	V.T.D./V.T.D.I.	1	
destingir:	V.I.	65	
destisnar:	V.T.D.	1	
destituir:	V.T.D./V.T.D.I.	44	
destoar:	V.I./V.T.I.	18	
destocar:	V.T.D.	63	
destoldar:	V.T.D.	1	
destolher:	V.I./V.T.D.	15	

destonar:	V.I./V.T.D.	19
destopetear:	V.T.D.	8
destorar:	V.T.D.	19
destorcer:	V.T.D.	76
destorpecer:	V.T.D.	56
destorroar:	V.T.D.	18
destoucar:	V.T.D.	63
destraçar:	V.T.D.	21
destraçar:	V.I./V.T.D.	21
destrajar:	V.T.D.	21
destramar:	V.T.D.	21
destrambelhar:	V.I.	16
destrancar:	V.T.D.	63
destrançar:	V.T.D.	32
destratar:	V.T.D.	21
destravancar:	V.T.D.	63
destravar:	V.T.D.	21
destreinar:	V.T.D.	1
destrelar:	V.T.D./V.I.	14
destribalizar:	V.T.D.	1
destribar-se:	V. Pr.	97
destrigar:	V.T.D.	29
destrincar:	V.T.D.	63
destrinçar:	V.T.D.	32
destrinchar:	V.T.D.	1
destripar:	V.T.D.	1
destripular:	V.T.D.	1
destrocar:	V.T.D.	29
destroçar:	V.T.D.	19
destronar:	V.T.D.	19
destroncar:	V.T.D.	63
destronizar:	V.T.D.	1
destruir:	V.T.D.	44
destrunfar:	V.T.D.	1
desturvar:	V.T.D.	1
desugar:	V.T.D.	29
desultrajar:	V.T.D.	21
desumanar:	V.T.D.	1
desumanizar:	V.T.D.	1
desumidificar:	V.T.D.	63
desunhar:	V.T.D.	1
desunificar:	V.T.D.	63
desunir:	V.T.D.	11
desurdir:	V.T.D.	11
desusar:	V.T.D.	1
desvaecer:	V.I.	76
desvair-se:	V. Pr.	67, 100
desvairar:	V.T.D.	1
desvaler:	V.T.D./V.I.	39
desvaliar:	V.T.D.	1
desvalidar:	V.T.D.	1
desvalijar:	V.T.D.	1
desvalorar:	V.T.D.	19
desvalorizar:	V.T.D.	1
desvanecer:	V.T.D.	56
desvarar:	V.T.D.	21
desvariar:	V.T.D.	1
desvassalar:	V.T.D.	21
desvelar:	V.T.D.	14
desvelejar:	V.I.	16
desvencilhar:	V.T.D./V.T.D.I.	16
desvendar:	V.T.D.	1
desvenerar:	V.T.D.	14
desventrar:	V.T.D.	1
desventurar:	V.T.D.	1
desverdecer:	V.I.	76
desvergonhar:	V.T.D.	19
desvertebrar:	V.T.D.	14
desverticalizar:	V.T.D.	14
desvestir:	V.T.D.	62
devezar:	V.T.D.	14
desviar:	V.T.D./V.T.D.I.	1
desvidraçar:	V.T.D.	21
desvidrar-se:	V. Pr.	97
desvigar:	V.T.D.	29
desvigiar:	V.T.D.	1
desvigorar:	V.T.D.	19
desvigorizar:	V.T.D.	14
desvincar:	V.T.D.	63
desvincular:	V.T.D.	1
desvirar:	V.T.D.	1
desvirgar:	V.T.D.	29
desviginar:	V.T.D.	1
desvirgular:	V.T.D.	1
desvirilizar:	V.T.D.	14
desvirtuar:	V.T.D.	27
desviscerar:	V.T.D.	14
desvisgar:	V.T.D.	29
desvitalizar:	V.T.D.	1
desvitaminar:	V.T.D.	1
desvitrificar:	V.T.D.	63
desviver:	V.I.	10
desvizinhar:	V.I.	1
desvocalizar:	V.T.D./V.I.	1
desvolumar:	V.T.D.	1
desvoluntariar-se:	V. Pr.	97
desxadrezar:	V.T.D.	14
deszelar:	V.T.D.	14
detalhar:	V.T.D.	21
deter:	V.T.D.	7
detergir:	V.T.D.	80
deteriorar:	V.T.D.	19
determinar:	V.T.D./V.T.D.I./V.T.I.	1
detestar:	V.T.D.	14
detetar:	V.T.D.	1
detonar:	V.I.	19
detorar:	V.T.D.	19
detractar:	V.T.D.	21
detrair:	V.T.D./V.T.I.	67
detratar:	V.T.D.	21

Verbo	Classificação	Nº
detruncar:	V.T.D.	63
deturpar:	V.T.D.	1
devanear:	V.T.D./V.I.	8
devassar:	V.T.D.	21
devastar:	V.T.D.	21
dever:	V.T.D. /V.I.	17
devir:	V.I.	72
devisar:	V.T.D.	14
devitrificar:	V.T.D.	63
devolver:	V.T.D./V.T.D.I.	15
devorar:	V.T.D.	19
devotar:	V.T.D.I.	19
diademar:	V.T.D.I.	16
diafanizar:	V.T.D.	14
diafragmar:	V.T.D.	21
diagnosticar:	V.T.D.	63
dialisar:	V.T.D.	14
dialogar:	V.T.D./V.T.I./V.I.	29
diamantizar:	V.T.D.	14
dicar:	V.T.D.	63
dicionarizar:	V.T.D.	1
difamar:	V.T.D.	1
diferençar:	V.T.D./V.T.D.I.	1
diferenciar:	V.T.D.	1
diferir:	V.T.D./V.T.I.	62
dificultar:	V.T.D.	1
difluir:	V.I.	44
difratar:	V.T.D.	21
difundir:	V.T.D./V.T.D.I.	11
digerir:	V.T.D./V.I.	62
digitalizar:	V.T.D.	1
digitar:	V.T.D.	1
digladiar:	V.I.	1
dignar-se:	V. Pr.	97
dignificar:	V.T.D.	63
digressionar:	V.I.	19
dilacerar:	V.T.D.	14
dilaniar:	V.T.D.	1
dilapidar:	V.T.D.	1
dilatar:	V.T.D.	21
diligenciar:	V.T.D.	1
dilucidar:	V.T.D.	1
diluir:	V.T.D.	44
diluviar:	V.I.	1
dimanar:	V.I.	21
dimensionar:	V.T.D.	19
dimidiar:	V.T.D.	1
diminuir:	V.T.D./V.T.D.I./V.I.	44
dinamitar:	V.T.D.	1
dinamizar:	V.T.D.	1
dinumerar:	V.T.D.	14
diplomar:	V.T.D.	19
dirigir:	V.T.D.	65
dirimir:	V.T.D.	11
diruir:	V.T.D.	44
discar:	V.T.D./V.I.	63
discernir:	V.T.D./V.T.D.I.	62
disciplinar:	V.T.D.	1
discordar:	V.T.I./V.I.	19
discorrer:	V.T.D./V.T.I.	15
discrepar:	V.T.I.	14
discretear:	V.I./V.T.I.	8
discriminar:	V.T.D.	1
discursar:	V.T.D./V.T.I./V.I.	1
discutir:	V.T.D./V.I.	11
disfarçar:	V.T.D./V.T.D.I.	32
disferir:	V.T.D.	62
disformar:	V.T.D.	19
disfrutar:	V.T.D./V.T.I.	1
disjungir:	V.T.D.	80
disjuntar:	V.I./V.T.D./V.T.D.I.	1
disparar:	V.T.D.I./V.I./V.T.D./V.T.I.	21
disparatar:	V.I.	21
dispartir:	V.T.D.	11
dispensar:	V.T.D.	1
disperder:	V.T.D.	30
dispersar:	V.T.D.	14
dispor:	V.T.D./V.T.I./V.T.D.I.	77
disputar:	V.I./V.T.D./V.T.D.I.	1
dissaborear:	V.T.D.	8
dissecar:	V.T.D.	14
dissemelhar:	V.T.D.	16
disseminar:	V.T.D.	1
dissentir:	V.T.I.	62
dissertar:	V.T.I.	14
dissidiar:	V.T.I.	1
dissimilar:	V.T.D.	1
dissimular:	V.T.D.	1
dissipar:	V.T.D.	1
dissociar:	V.T.D.	1
dissolver:	V.T.D.	15
dissonar:	V.I.	19
dissuadir:	V.T.D.I.	11
distanciar:	V.T.D./V.T.D.I.	1
distar:	V.I./V.T.I.	1
distender:	V.T.D.	2
distinguir:	V.T.D./V.T.I.	40
distorcer:	V.T.D.	15
distrair:	V.T.D.	67
distratar:	V.T.D.	21
distribuir:	V.T.D./V.T.D.I.	44
disturbar:	V.I./V.T.D.	1
ditar:	V.T.D./V.T.D.I.	1
ditongar:	V.T.D.	29
divagar:	V.I.	29
divaricar:	V.T.D.	63
divergir:	V.I./V.T.I.	65
diversificar:	V.T.D./V.T.I.	63
divertir:	V.T.D./V.T.D.I.	62
divertir-se:	V. Pr.	99

dividir:	V.T.D./V.T.D.I.	11
divinizar:	V.T.D.	14
divisar:	V.T.D.	1
divorciar:	V.T.D./V.T.D.I.	1
divulgar:	V.T.D.	29
dizer:	V.I./V.T.D.	43
dizimar:	V.T.D.	1
doar:	V.T.D.I.	18
dobar:	V.I./V.T.D.	19
dobrar:	V.I./V.T.D.	19
doçar:	V.T.D.	19
docilizar:	V.T.D.	14
documentar:	V.T.D.	1
doer:	V.I./V.T.I.	94*
doestar:	V.T.D.	1
dogmatizar:	V.T.D.	1
doidejar:	V.I.	16
doidivanar:	V.I.	21
doirar:	V.I./V.T.D.	1
doirejar:	V.I.	16
dolorizar:	V.T.D.	1
domar:	V.T.D.	19
domesticar:	V.T.D.	63
domiciliar:	V.T.D.	1
dominar:	V.T.D.	1
domingar:	V.I.	29
donairear:	V.I./V.T.D.	8
donear:	V.T.D.	8
dopar:	V.T.D.	1
dormir:	V.I.	47
dormitar:	V.I.	1
dosar:	V.T.D.	19
dosear:	V.T.D.	8
dosificar:	V.T.D.	63
dosselar:	V.T.D.	14
dotar:	V.T.D./V.T.D.I.	19
doudejar:	V.I./V.T.D.	16
dourar:	V.T.D.	1
doutorar:	V.T.D.	19
doutrinar:	V.I./V.T.D.	1
dragar:	V.T.D.	29
dramatizar:	V.T.D.	1
drapejar:	V.T.D.	16
drenar:	V.T.D.	16
driblar:	V.T.D.	1
drogar:	V.T.D.	29
droguear:	V.T.D.	8
dualizar:	V.T.D.	1
duchar:	V.T.D.	1
ductilizar:	V.T.D.	1
duelar:	V.I.	14
dulcificar:	V.T.D.	63
duplicar:	V.T.D.	63
durar:	V.I.	1
duvidar:	V.I./V.T.D./V.T.I.	1

E

ebanizar:	V.T.D.	1
eclipsar:	V.T.D.	1
ecoar:	V.I./V.T.D.	18, 89
economizar:	V.T.D.	1
edemaciar:	V.T.D.	1
edificar:	V.T.D.	63
editar:	V.T.D.	1
editorar:	V.T.D.	19
educar:	V.T.D.	63
edulcorar:	V.T.D.	19
eduzir:	V.T.D.	70
efabular:	V.T.D.	1
efeituar:	V.T.D.	27
efemerizar:	V.T.D.	1
efeminar:	V.T.D.	1
efeminizar:	V.T.D.	14
efervescer:	V.I.	76
efetivar:	V.T.D.	1
efetuar:	V.T.D.	27
efigiar:	V.T.D.	1
eflorescer:	V.I.	76
efluir:	V.I./V.T.I.	44
efundir:	V.T.D.	11
eguar:	V.I.	27
eivar:	V.T.D.	1
eixar:	V.T.D.	1
ejacular:	V.T.D.	1
ejetar:	V.T.D.	1
elaborar:	V.T.D.	19
elanguescer:	V.I.	56
elar:	V.T.D.	14
eleger:	V.T.D.	36
eletrificar:	V.T.D.	63
eletrizar:	V.T.D.	1
eletrocutar:	V.T.D.	1
eletrolisar:	V.T.D.	14
elevar:	V.T.D./V.T.D.I.	14
eliciar:	V.T.D.	1
elidir:	V.T.D.	11
eliminar:	V.T.D.	1
elixar:	V.T.D.	1
elogiar:	V.T.D.	1
elucidar:	V.T.D.	1
elucubrar:	V.I./V.T.D./V.T.I.	1
eludir:	V.T.D.	11
emaçar:	V.T.D.	32
emaciar:	V.T.D.	1
emaçarocar:	V.T.D.	63
emadeirar:	V.T.D.	1
emadeixar:	V.T.D.	1
emader:	V.T.I.	10

emadurecer:	V.I./V.T.D. 56	embasbacar:	V.T.D. 63
emagotar:	V.T.D. 19	embastar:	V.T.D. 21
emagrar:	V.I. 21	embastecer:	V.T.D. 76
emagrecer:	V.I./V.T.D. 76	embater:	V.T.D. 10
emagrentar:	V.I./V.T.D. 1	embatocar:	V.T.D. 63
emalar:	V.T.D. 21	embatucar:	V.T.D. 63
emalhar:	V.T.D. 21	embaucar:	V.T.D./V.T.D.I. 63
emalhetar:	V.T.D. 14	embaular:	V.T.D. 1
emanar:	V.T.I. 1	embebecer:	V.T.D. 56
emancipar:	V.T.D. 1	embebedar:	V.T.D. 14
emangueirar:	V.T.D. 1	embeber:	V.T.D./V.T.D.I. 17
emanjericar:	V.T.D. 63	embeberar:	V.T.D./V.T.I./V.T.D.I. 14
emanquecer:	V.I./V.T.D. 76	embeiçar:	V.T.D. 1
emantar:	V.T.D. 1	embelecar:	V.T.D. 63
emantilhar:	V.T.D. 1	embelecer:	V.T.D. 76
emaranhar:	V.T.D. 21	embelenar:	V.T.D. 14
emarear:	V.T.D. 8	embelezar:	V.T.D. 14
emarelecer:	V.I./V.T.D. 76	embelgar:	V.T.D. 1
emarjar:	V.T.D. 21	embernar:	V.T.D. 14
emascular:	V.T.D. 1	embesoirar:	V.I. 1
emassar:	V.T.D. 21	embesourar:	V.I. 1
emastrar:	V.T.D. 21	embespinhar:	V.T.D. 1
emastrear:	V.T.D. 8	embestar:	V.T.D. 14
embaçar:	V.T.D. 32	embetesgar:	V.T.D.I. 29
embacelar:	V.T.D. 14	embetumar:	V.T.D. 1
embaciar:	V.T.D. 1	embevecer:	V.T.D./V.T.I. 76
embainhar:	V.T.D. 1	embezerrar:	V.I. 14
embair:	V.T.D. 93	embicar:	V.I./V.T.D. 63
embalançar:	V.T.D. 1	embicheirar:	V.T.D. 1
embalar:	V.T.D. 21	embilhar:	V.I./V.T.D. 1
embalçar:	V.T.D. 32	embiocar:	V.T.D./V.T.D.I. 63
embalsamar:	V.T.D. 21	embirrar:	V.T.I. 1
embalsar:	V.T.D. 21	emblemar:	V.T.D.I. 16
embanar:	V.I./V.T.D./V.T.I. 1	embobar:	V.T.D. 19
embandar:	V.T.D. 1	embobinar:	V.T.D. 1
embandeirar:	V.T.D. 1	embocar:	V.T.D.I./V.T.I. 63
embaraçar:	V.T.D. 32	emboçar:	V.T.D. 19
embarafustar:	V.T.D. 1	embocetar:	V.T.D. 14
embaralhar:	V.T.D. 21	embodalhar:	V.T.D. 21
embaratecer:	V.T.D. 76	embodegar:	V.T.D. 29
embarbascar:	V.T.D. 63	emboitar:	V.T.D. 1
embarbecer:	V.T.D. 76	embolar:	V.T.D.I. 19
embarbelar:	V.T.D. 14	emboldriar-se:	V. Pr. 14, 97
embarbilhar:	V.T.D. 1	embolorar:	V.I./V.T.D. 19, 89
embarcar:	V.I./V.T.D./V.T.I. 63	embolorecer:	V.I./V.T.D. 76
embardar:	V.T.D. 21	embolsar:	V.T.D./V.T.D.I. 19
embargar:	V.T.D. 29	embonar:	V.T.D. 19
embarracar:	V.T.D. 63	embonecar:	V.T.D. 63
embarrancar:	V.T.D. 63	emboquilhar:	V.T.D. 1
embarrar:	V.T.D. 21	emborbetar:	V.I. 14
embarreirar:	V.T.D. 1	emborcar:	V.T.D. 19
embarretar:	V.T.D. 14	embornalar:	V.T.D. 21
embarricar:	V.T.D. 63	emborrachar:	V.T.D. 21
embarrigar:	V.I. 29	emborralhar:	V.T.D. 21
embarrilar:	V.T.D. 1	emborrar:	V.T.D. 19

emborrascar	V.T.D.	63	
emboscar:	V.T.D.	63	
embostear:	V.T.D.	8	
embostelar:	V.T.D.	14	
embotar:	V.T.D.	19	
embotelhar:	V.T.D.	16	
embotijar:	V.T.D.	1	
embraçar:	V.T.D.	32	
embraceirar:	V.T.D.	1	
embraiar:	V.I./V.T.D.	21	
embramar:	V.I.	21	
embrancar:	V.T.D.	63	
embrandecer:	V.T.D.	76	
embranquecer:	V.I./V.T.D.	76	
embravecer:	V.I./V.T.D.	76	
embrear:	V.T.D.	8	
embrechar:	V.T.D.	14	
embrenhar:	V.T.D.	16	
embriagar:	V.T.D.	29	
embricar:	V.T.D.	63	
embridar:	V.I./V.T.D.	1	
embrincar:	V.T.D.	63	
embromar:	V.I./V.T.D.	19	
embruacar:	V.T.D.	63	
embrulhar:	V.T.D.	1	
embrumar:	V.T.D.	1	
embruscar:	V.T.D.	63	
embrutar:	V.I./V.T.D.	1	
embrutecer:	V.I./V.T.D.	76	
embruxar:	V.T.D.	1	
embuçalar:	V.T.D.	21	
embuçar:	V.T.D.	1	
embuchar:	V.I./V.T.D.	1	
embudar:	V.T.D.	1	
embuizar:	V.T.D.	1	
emburguesar:	V.T.D.	14	
emburrar:	V.I./V.T.D.	1	
emburricar:	V.T.D.	63	
embustear:	V.T.D.	8	
embutir:	V.T.D./V.T.D.I.	11	
embuziar:	V.T.D.	1	
embuzinar:	V.T.D.	1	
emechar:	V.T.D.	1	
emedar:	V.T.D.	14	
emelar:	V.T.D.	14	
emendar:	V.T.D.	1	
emeninecer:	V.I.	76	
ementar:	V.T.D.	16	
emergir:	V.I.	65, 80	
emetizar:	V.T.D.	1	
emigrar:	V.I./V.T.I.	1	
eminenciar:	V.T.D.	1	
emitir:	V.T.D.	11	
emocionar:	V.T.D.	19	
emoldar:	V.T.D./V.T.D.I.	19	
emoldurar:	V.T.D.	1	
emoleirar:	V.T.D.	1	
emolir:	V.T.D.	21	
emonar-se:	V. Pr.	97	
emordaçar:	V.T.D.	32	
emorear:	V.T.D.	8	
emostar:	V.T.D.	19	
emouquecer:	V.I./V.T.D.	56	
empacaviar:	V.T.D.	1	
empachar:	V.T.D.	21	
empacotar:	V.T.D.	19	
empadroar:	V.T.D.	18	
empalar:	V.T.D.	21	
empalear:	V.T.D.	8	
empalecer:	V.T.D./V.I.	76	
empalhar:	V.T.D.	21	
empalheirar:	V.T.D.	1	
empaliar:	V.I./V.T.D.	1	
empalidecer:	V.I./V.T.D.	76	
empalmar:	V.T.D.	1	
empampanar:	V.T.D.	1	
empanar:	V.T.D.	21	
empancar:	V.T.D.	63	
empandeirar:	V.T.D.	1	
empandilhar:	V.T.D.	1	
empandinar:	V.T.D.	1	
empantanar:	V.T.D.	21	
empantufar:	V.T.D.	1	
empanturrar:	V.T.D.	1	
empanzinar:	V.T.D.	1	
empapar:	V.T.D./V.T.D.I.	21	
empapelar:	V.T.D.	14	
empapoular:	V.T.D.	1	
empapuçar:	V.T.D.	1	
empar:	V.T.D.	1	
emparar:	V.T.D./V.T.D.I.	21	
emparceirar:	V.T.D.	1	
emparcelar:	V.T.D.	14	
empardecer:	V.T.D.	76	
emparedar:	V.T.D.	14	
emparelhar:	V.T.D.I./V.T.D./V.T.I.	16	
emparrar:	V.T.D.	21	
emparreirar:	V.T.D.	1	
emparvecer:	V.T.D.	76	
emparvoecer:	V.T.D.	76	
empastar:	V.T.D.	21	
empastelar:	V.T.D.	14	
empatar:	V.T.D.I./V.T.D./V.T.I.	21	
empavear:	V.I./V.T.D.	8	
empavesar:	V.I./V.T.D.	14	
empavonar:	V.T.D.	19	
empecadar:	V.T.D.	21	
empeçar:	V.T.D./V.T.I.	14	
empecer:	V.T.D.I./V.T.D./V.T.I.	76	
empecilhar:	V.T.D.	1	

empeçonhar:	V.T.D.	1	
empedernecer:	V.T.D.	76	
empedernir:	V.T.D.	86	
empedrar:	V.I./V.T.D.	14	
empegar:	V.T.D.	29	
empeirar:	V.T.D.	1	
empeiticar:	V.T.D.	63	
empelamar:	V.T.D.	21	
empelar:	V.T.D.	14	
empelicar:	V.T.D.	63	
empelotar:	V.T.D.	19	
empenachar:	V.T.D.	21	
empenar:	V.T.D.	14	
empencar:	V.T.D.	1	
empenhar:	V.T.D./V.T.D.I.	16	
empenhorar:	V.T.D.	19	
empeolar:	V.T.D.	19	
empepinar:	V.T.D.	1	
empequenecer:	V.T.D.	56	
empequenitar:	V.T.D.	1	
emperiquitar-se:	V. Pr.	97	
emperlar:	V.T.D.	14	
empernar:	V.I.	14	
empernicar:	V.T.D.	63	
emperrar:	V.T.D.	14	
empertigar:	V.T.D.	29	
empesar:	V.T.D.	14	
empesgar:	V.T.D.	29	
empestar:	V.T.D.	14	
empetecar:	V.T.D.	63	
empeugar:	V.T.D.	29	
empezar:	V.T.D.	14	
empezinhar:	V.T.D.	1	
empicotar:	V.T.D.	19	
empilhar:	V.T.D.	1	
empinar:	V.T.D./V.T.D.I.	1	
empinhocar:	V.I.	63	
empinocar:	V.I./V.T.D.	63	
empiorar:	V.T.D.	19	
empipar:	V.T.D.	1	
empipocar:	V.I.	63	
empiscar:	V.I./V.T.D.	63	
empiteirar:	V.T.D.	1	
emplasmar:	V.T.D.	21	
emplastar:	V.T.D.	21	
emplastrar:	V.T.D.	21	
emplumar:	V.T.D.	1	
emplumescer:	V.I.	56	
empoar:	V.T.D.	18	
empobrecer:	V.I./V.T.D.	76	
empoçar:	V.I./V.T.D.	19	
empocilgar:	V.T.D.	29	
empoeirar:	V.T.D.	1	
empolar:	V.T.D.	19	
empolear:	V.T.D.	8	
empoleirar:	V.T.D./V.T.D.I.	1	
empolgar:	V.T.D./V.T.D.I.	29	
empolmar:	V.T.D.	19	
empombar:	V.T.I.	19	
empontar:	V.T.D.	19	
emporcalhar:	V.T.D.	21	
emporcar:	V.T.D.	63	
empossar:	V.T.D.I.	19	
empostar:	V.T.D.	19	
emprateleirar:	V.T.D.	1	
emprazar:	V.T.D./V.T.D.I.	21	
emprear:	V.T.D.	8	
empreender:	V.T.D.	10	
empregar:	V.T.D./V.T.D.I.	63	
empreitar:	V.T.D.	1	
emprenhar:	V.I./V.T.D.	16	
empresar:	V.T.D.	14	
emprestadar:	V.T.D.	21	
emprestar:	V.T.D.I.	14	
empretecer:	V.T.D.	76	
emproar:	V.T.D./V.T.I./V.T.D.I.	18	
empubescer:	V.I.	76, 98	
empulhar:	V.T.D.	1	
empunhar:	V.T.D.	1	
empunir:	V.T.D.	11	
empurpurecer:	V.T.D.	56	
empurrar:	V.T.D./V.T.D.I.	1	
empuxar:	V.T.D.	1	
emudecer:	V.I./V.T.D.	76, 98	
emugrecer:	V.I./V.T.D.	76	
emular:	V.T.D.	1	
emulsionar:	V.T.D.	19	
emundar:	V.T.D.	1	
emuralhar:	V.T.D.	21	
emurchecer:	V.I./V.T.D.	76	
enadir:	V.T.D.	11	
enaipar:	V.T.D.	1	
enaltar:	V.T.D.	1	
enaltecer:	V.T.D.	76	
enamorar:	V.T.D.	19	
enarrar:	V.T.D.	21	
enastrar:	V.T.D.	21	
enatar:	V.T.D.	21	
enateirar:	V.T.D.	1	
encabar:	V.T.D.	21	
encabeçar:	V.T.D.	14	
encabeirar:	V.T.D.	14	
encabelar:	V.T.D.	14	
encabrestar:	V.T.D.	14	
encabritar-se:	V. Pr.	89, 97	
encabular:	V.T.D.	1	
encachar:	V.T.D.	21	
encachiar:	V. Pr.	89, 21	
encachoeirar:	V.I./V.T.D.	14	
encacholar:	V.T.D.	19	

Verbo	Classificação	Nº
encadear:	V.T.D./V.T.D.I.	8
encadeirar:	V.T.D.	14
encadernar:	V.T.D.	14
encafifar:	V.I./V.T.D.	1
encafuar:	V.T.D.	27
encafurnar:	V.T.D.	1
encaibrar:	V.T.D.	1
encaipirar-se:	V. Pr.	97
encaiporar:	V.T.D./V.I.	19
encaixar:	V.T.D./V.T.D.I./V.I.	1
encaixilhar:	V.T.D.	1
encaixotar:	V.T.D.	14
encalacrar:	V.T.D.	21
encalamistrar:	V.T.D.	1
encalamoucar:	V.T.D.	63
encalar:	V.T.D.	21
encalcar:	V.T.D.	1
encalçar:	V.T.D.	1
encaldeirar:	V.T.D.	1
encalecer:	V.I.	76
encaleirar:	V.T.D.	1
encalhar:	V.T.D./V.I.	21
encaliçar:	V.T.D.	1
encalir:	V.T.D.	11
encalistar:	V.T.D.	1
encalistrar:	V.T.D.	1
encalmar:	V.T.D./V.I.	1
encalombar:	V.I.	19
encalvecer:	V.I.	76
encamar:	V.T.D.	1
encamarotar:	V.T.D.	19
encambar:	V.T.D./V.I.	1
encambitar:	V.T.D./V.I.	1
encaboar:	V.T.D.	18
encambulhar:	V.T.D.	1
encaminhar:	V.T.D./V.T.D.I.	1
encamisar:	V.T.D.	1
encampanar:	V.I.	21
encampar:	V.T.D.	1
encamurçar:	V.T.D./V.I.	1
encanar:	V.T.D.	21
encanastrar:	V.T.D.	21
encancerar:	V.I.	14
encandear:	V.T.D.	8
encandecer:	V.T.D./V.I.	76, 90
encandilar:	V.T.D.	1
encandolar:	V.I.	19
encanecer:	V.T.D./V.I.	76
encanelar:	V.T.D.	14
encangalhar:	V.T.D.	21
encangar:	V.T.D.	1
encangotar:	V.T.D.	19, 89
encaniçar:	V.T.D.	1
encantar:	V.T.D.	1
encanteirar:	V.T.D.	1
encantonar:	V.T.D.	19
encanudar:	V.T.D./V.T.D.I.	1
encanzinar:	V.T.D.	1
encanzoar:	V.T.D.	18
encapachar:	V.T.D.	21
encapar:	V.T.D.	21
encaparar:	V.T.D.	21
encapelar:	V.T.D./V.I.	14, 89
encapoeirar:	V.T.D.	14
encapotar:	V.T.D.	19
encaprichar-se:	V. Pr.	97
encapuchar:	V.T.D.	1
encapuzar:	V.T.D.	1
encaracolar:	V.T.D./V.I.	19
encaramanchar:	V.T.D.	1
encaramelar:	V.T.D.	14
encaramonar:	V.T.D.	19
encaramujar:	V. Pr.	1
encarangar:	V.T.D.	29
encaranguejar:	V.I.	16
encarantonhar:	V.I.	19
encarapelar:	V.T.D./V.I.	14
encarapinhar:	V.T.D.	1
encarapitar:	V.T.D.	1
encarapuçar:	V.T.D.	1
encarar:	V.T.D./V.T.I.	21
encaravelhar:	V.T.D.	16
encarcerar:	V.T.D.	14
encardir:	V.T.D./V.I.	11
encarecer:	V.T.D./V.I.	76
encaretar-se:	V. Pr.	97
encargar:	V.T.D.	29
encarnar:	V.T.D./V.T.I./V.I.	21
encarneirar:	V.I.	1
encarniçar:	V.T.D.	1
encaroçar:	V.I.	19
encarochar:	V.T.D.	19
encarolar:	V.I.	19
encarquilhar:	V.T.D.	1
encarrancar:	V.T.D.	63
encarrapichar-se:	V. Pr.	1, 97
encarrapitar:	V.T.D.	1
encarrar:	V.T.D.	21
encarrascar:	V.T.D.	63
encarraspanar-se:	V. Pr.	97
encarregar:	V.T.D.I.	29
encarreirar:	V.T.D.	1
encarretar:	V.T.D.	14
encarrilar:	V.T.D./V.T.I./V.I.	1
encarrilhar:	V.T.D./V.T.I./V.I.	1
encartalhar:	V.T.D.	21
encartar:	V.T.D.	21
encartolar:	V.T.D.	19
encartuchar:	V.T.D.	1
encarvoar:	V.T.D.	18

encarvoejar:	V.T.D.	16	
encarvoiçar:	V.T.D.	1	
encasacar:	V.T.D.	21	
encasar:	V.T.D.	21	
encascalhar:	V.T.D./V.I.	21	
encascar:	V.T.D./V.I.	63	
encasmurrar:	V.T.D.	1	
encasquetar:	V.T.D./V.T.D.I.	14	
encasquilhar:	V.T.D.	1	
encastalhar:	V.T.D.	21	
encastelar:	V.T.D.	14	
encastoar:	V.T.D.	18	
encastrar:	V.T.D.	21	
encasular:	V.T.D.	1	
encataplasmar:	V.T.D.	21	
encatarrar-se:	V. Pr.	97	
encatarroar-se:	V. Pr.	18	
encatrafiar:	V.T.D.	1	
encatramonar-se:	V. Pr.	97	
encaudar:	V.T.D.	1	
encavacar:	V.I.	63	
encavalar:	V.T.D.	21	
encavaleirar:	V.T.D./V.T.D.I.	1	
encavalgar:	V.T.D.	1	
encavalitar:	V.I.	1	
encavar:	V.T.D.	21	
encavernar:	V.T.D.	14	
encavilhar:	V.T.D.	1	
enceguecer:	V.I.	76	
encegueirar:	V.T.D.	1	
enceirar:	V.T.D.	1	
encelar:	V.T.D.	14	
enceleirar:	V.T.D.	1	
encenar:	V.T.D.	16	
encender:	V.T.D.	10	
encerar:	V.T.D.	14	
encerebrar:	V.T.D.	14	
encerrar:	V.T.D.	14	
encestar:	V.T.D.	14	
encetar:	V.T.D.	14	
enchacotar:	V.T.D.	19	
enchafurdar:	V.T.D.	1	
enchamegar:	V.T.D.	29	
encharcar:	V.T.D.	63	
encharolar:	V.T.D.	19	
encher:	V.T.D./V.T.D.I./V.I.	10	
enchimarrar:	V.T.D.	1	
enchiqueirar:	V.T.D.	1	
enchocalhar:	V.T.D.	21	
enchoçar:	V.T.D.	19	
enchoiriçar:	V.T.D.	1	
enchouriçar:	V.T.D.	1	
enchousar:	V.I.	1	
enchumaçar:	V.T.D.	32	
enchumbar:	V.T.D./V.T.D.I./V.I.	14	
enchusmar:	V.T.D.	14	
enceirar:	V.T.D.	1	
encilhar:	V.T.D.	1	
encimar:	V.T.D.	1	
encinchar:	V.T.D.	1	
encinhar:	V.I.	1	
encintar:	V.T.D.	1	
encinzar:	V.T.D.	1	
enciscar:	V.T.D.	63	
enciumar:	V.T.D.	1	
enclaustrar:	V.T.D.	1	
enclausurar:	V.T.D.	1	
enclavinhar:	V.T.D.	1	
encobertar:	V.T.D.	14	
encobrir:	V.T.D.I./V.I.	73	
encocurutar:	V.T.D.	1	
encodar:	V. Pr.	19	
encodear:	V.T.D.	8	
encofrar:	V.T.D.	19	
encoifar:	V.T.D.	1	
encoimar:	V.T.D.	1	
encoiraçar:	V.T.D.	32	
encoirar:	V.T.D./V.I.	1	
encolar:	V.T.D.	19	
encoleirar:	V.T.D.	1	
encolerizar:	V.T.D.	1	
encolher:	V.T.D.	15	
encomendar:	V.T.D./V.T.D.I.	1	
encomiar:	V.T.D.	1	
encomissar:	V.I.	1	
encompridar:	V.T.D.	1	
enconcar:	V.T.D./V.I.	63	
enconchar:	V.T.D.	1	
encontrar:	V.T.D./V.T.D.I./V.T.I.	1	
encontroar:	V.T.D.	18	
encopar:	V.T.D./V.I.	19	
encoquinar:	V.T.D.	1	
encoquinhar:	V.T.D.	1	
encorajar:	V.T.D.	21	
encorar:	V.T.D.	19	
encordoar:	V.T.D.	18	
encornar:	V.I.	19	
encornetar:	V.T.D.	14	
encoronhar:	V.T.D.	19	
encorpar:	V.T.D./V.I.	19	
encorrear:	V.T.D./V.I.	8	
encorricar:	V.T.D.	63	
encorrilhar:	V.T.D.	1	
encortelhar:	V.T.D.	16	
encortiçar:	V.T.D./V.I.	1	
encortinar:	V.T.D.	1	
encorujar-se:	V. Pr.	97	
encoscorar:	V.T.D.	19	
encospiar:	V.T.D.	1	
encostalar:	V.T.D.	21	

encostar:	V.T.D.I. 19	enevoar:	V.T.D. 18
encouchar:	V.T.D. 1	enfadar:	V.T.D. 21
encouraçar:	V.T.D. 32	enfaixar:	V.T.D. 1
encourar:	V.T.D. 1	enfanicar:	V.T.D. 63
encoutar:	V.T.D. 1	enfarar:	V.T.D. 21
encovar:	V.T.D. 19	enfardar:	V.T.D. 21
encovilar:	V.T.D. 1	enfardelar:	V.T.D. 14
encravar:	V.T.D.I. 21	enfarear:	V.T.D. 8
encravelhar:	V.T.D. 16	enfarelar:	V.T.D. 14
encravilhar:	V.T.D. 1	enfarinhar:	V.T.D./V.T.D.I. 1
encrencar:	V.T.D./V.T.I./V.I. 63	enfaroar:	V.T.D. 18
encrespar:	V.T.D. 14	enfarpelar:	V.T.D. 14
encristar-se:	V. Pr. 97	enfarrapar:	V.T.D. 21
encrostar:	V.I. 19	enfarruscar:	V.T.D. 63
encruar:	V.T.D. 27	enfartar:	V.T.D. 21
encrudelecer:	V.T.D. 76	enfasar:	V.T.D. 21
encrudescer:	V.T.D. 76	enfastiar:	V.T.D./V.I. 1
encruecer:	V.T.D. 76	enfatiotar-se:	V. Pr. 97
encruentar:	V.T.D./V.I. 14	enfatuar:	V.T.D. 27
encrustar:	14	enfear:	V.T.D. 8
encruzar:	V.T.D. 1	enfebrecer:	V.I. 56
encruzilhar:	V.T.D. 14	enfeirar:	V.I. 1
encubar:	V.T.D. 14	enfeitar:	V.T.D. 1
encueirar:	V.T.D. 1	enfeitiçar:	V.T.D. 32
encumear:	V.T.D. 8	enfeixar:	V.T.D. 1
encunhar:	V.T.D. 1	enfelpar:	V.T.D. 1
encurralar:	V.T.D. 21	enfeltrar:	V.T.D. 1
encurtar:	V.T.D. 14	enfelujar:	V.T.D. 1
encurvar:	V.T.D. 14	enfenar:	V.T.D./V.I. 1
encutinhar-se:	V. Pr. 97	enfermar:	V.T.D. 14
endechar:	V.I. 16	enferrar:	V.T.D. 14
endefluxar-se:	V. Pr. 97	enferrujar:	V.T.D. 1
endemizar:	V.T.D. 89	enfervecer:	V.T.D. 56
endemoninhar:	V.T.D. 1	enfestar:	V.T.D. 14
endentar:	V.T.D. 1	enfestar-se:	V. Pr. 97
endentecer:	V.I. 76	enfeudar:	V.T.D. 1
endereçar:	V.T.D./V.T.D.I. 32	enfezar:	V.T.D. 1
endeusar:	V.T.D. 1	enfiar:	V.T.D./ V.T.D.I./V.T.I. 1
endiabrar:	V.T.D. 21	enfilar:	V.T.D. 1
endireitar:	V.T.D. 1	enfileirar:	V.T.D. 1
endividar:	V.T.D. 1	enfincar:	V.T.D. 63
endoidar:	V.T.D./V.I. 1	enfistular:	V.T.D. 1
endoidecer:	V.T.D./V.I. 76	enfitar:	V.T.D. 1
endomingar-se:	V. Pr. 97	enfiteuticar:	V.T.D. 63
endossar:	V.T.D. 19	enfivelar:	V.T.D. 14
endoudar:	V.T.D./V.I. 1	enfixar:	V.T.D. 1
endoudecer:	V.T.D. 76	enflorar:	V.T.D./V.I. 19
endoutrinar:	V.T.D./V.I. 1	enflorescer:	V.T.D./V.I. 56
endrominar:	V.T.D. 1	enfobiar:	V.T.D. 1
endurar:	V.T.D./V.I. 1	enfogar:	V.T.D. 29
endurecer:	V.T.D. 76	enfoiçar:	V.T.D. 32
endurentar:	V.T.D./V.I. 1	enfolar:	V.T.D. 19
enegrecer:	V.T.D./V.I. 76	enfolechar:	V.T.D. 16
enervar:	V.T.D. 14	enfolhar:	V.I. 19
enesgar:	V.T.D. 29	enfolipar:	V.T.D. 1

enforcar:	V.T.D.	63
enforjar:	V.T.D.	19
enformar:	V.T.D.	19
enfornar:	V.T.D.	19
enforquilhar:	V.T.D.	1
enfortar:	V.T.D.	19
enfortecer	V.I.	56
enfortir:	V.T.D.	80
enfranquecer:	V.T.D.	56
enfraquear:	V.T.D.	8
enfraquentar:	V.I./V.T.D.	1
enfrascar:	V.T.D.	63
enfrear:	V.T.D.	8
enfrechar:	V.T.D.	16
enfrenesicar:	V.T.D.	63
enfrentar:	V.T.D.	1
enfrestar:	V.T.D.	14
enfriar:	V.T.D.	1
enfroixecer:	V.T.D.	56
enfronhar:	V.T.D.	19
enfrouxecer:	V.T.D.	56
enfrutar:	V.T.D.	1
enfuar:	V.T.D.	27
enfueirar:	V.T.D.	1
enfulijar:	V.T.D.	14
enfumaçar:	V.T.D.	32
enfumarar:	V.T.D.	21
enfunar:	V.T.D.	1
enfunilar:	V.T.D.	1
enfurecer:	V.I./V.T.D.	56
enfuriar:	V.I./V.T.D.	1
enfurnar:	V.T.D.	1
enfuscar:	V.I.	63
enfustar:	V.T.D.	1
engabelar:	V.T.D.	14
engadanhar-se:	V. Pr.	97
engadelhar:	V.T.D.	16
engafecer:	V.T.D.	56
engaiar:	V.T.D.	21
engaiolar:	V.T.D.	19
engajar:	V.T.D.	21
engalanar:	V.T.D.	1
engalar:	V.I.	21
engalfinhar-se:	V. Pr.	97
engalgar:	V.T.D.	1
engalhardear:	V.T.D.	8
engalhardetar:	V.T.D.	14
engalinhar:	V.T.D.	1
engalispar-se:	V. Pr.	97
engambelar:	V.T.D.	14
enganar:	V.T.D.	1
enganchar:	V.T.D.	1
enganir:	V.I.	11
engar:	V.T.D.	29
engarapar:	V.T.D.	21
engaravitar-se:	V. Pr.	97
engarbonar:	V.T.D.	19
engargantar:	V.T.D.	1
engarnachar:	V.T.D.	21
engarrafar:	V.T.D.	21
engarupar-se:	V. Pr.	97
engasgalhar-se:	V. Pr.	97
engasgar:	V.T.D.	21
engastalhar:	V.T.D.	21
engastar:	V.T.D.I.	21
engatar:	V.T.D./V.T.D.I.	21
engatilhar:	V.T.D.	1
engatinhar:	V.T.D.	1
engavelar:	V.T.D.	14
engavetar:	V.T.D.	14
engavinhar:	V.T.D.	1
engazofilar:	V.T.D.	1
engazopar:	V.T.D.	19
engazupar:	V.T.D.	1
engaçar:	V.T.D.	32
engelhar:	V.T.D.	16
engendrar:	V.T.D.	16
engenhar:	V.T.D.	16
engessar:	V.T.D.	14
engigar:	V.T.D.	29
englobar:	V.T.D.	19
englobular:	V.T.D.	1
engodar:	V.T.D.	19
engodilhar:	V.T.D.	1
engoiar-se:	V. Pr.	97
engolfar:	V.T.D.	1
engolir:	V.T.D.	47
engomar:	V.I./V.T.D.	19
engonçar:	V.T.D.	32
engonear:	V.T.D.	8
engonhar:	V.I.	19
engordar:	V.I./V.T.D.	19
engordurar:	V.T.D.	1
engorrar:	V.T.D.	19
engraçar:	V.T.D.	32
engradar:	V.T.D.	21
engradear:	V.T.D.	8
engradecer:	V.I.	56
engraecer:	V.I.	56, 94*
engrampar:	V.T.D.	1
engramponar-se:	V. Pr.	97
engrandecer:	V.T.D.	56
engranzar:	V.T.D.	1
engravatar-se:	V. Pr.	97
engravescer:	V.T.D.	76
engravidar:	V.I./V.T.D.	1
engravitar-se:	V. Pr.	1
engraxar:	V.T.D.	21
engrazular:	V.T.D.	1
engrelar:	V.I.	14

engrelhar:	V.T.D. ...16	enlodaçar:	V.T.D. ...32
engrenar:	V.T.D. ...16	enlodar:	V.T.D. ...19
engrenhar:	V.T.D. ...16	enloiçar:	V.T.D. ...32
engrifar:	V.T.D. ...1	enloirar:	V.I./V.T.D. ...1
engrilar:	V.T.D. ...1	enloirecer:	V.I./V.T.D. ...56
engrimpar-se:	V. Pr. ...97	enloisar:	V.T.D. ...1
engrimpinar-se:	V. Pr. ...97	enlojar:	V.T.D. ...19
engrinaldar:	V.T.D. ...1	eulombar:	V.T.D. ...1
engripar-se:	V. Pr. ...97	enlorpecer:	V.T.D. ...56
engrolar:	V.I./V.T.D. ...19	enloucar:	V.T.D. ...63
engrossar:	V.T.D. ...19	enlouçar:	V.T.D. ...32
engrotar:	V.I. ...19	enloular:	V.T.D. ...1
engrumar:	V.I./V.T.D. ...1	enlouquecer:	V.I./V.T.D. ...76
engrumecer:	V.I./V.T.D. ...56	enlourar:	V.T.D. ...1
engrunhir:	V.T.D. ...11	enlourecer:	V.T.D. ...56
engrutar:	V.T.D. ...1	enlousar:	V.T.D. ...63
enguedelhar:	V.T.D. ...16	enluarar:	V.I. ...1, 87
enguiçar:	V.T.D. ...32	enludrar:	V.T.D. ...1
enguizalhar:	V.T.D. ...21	enlurar:	V.T.D. ...1, 87
engulhar:	V.T.D. ...1	enlutar:	V.T.D. ...1
engulipar:	V.T.D. ...1	enluvar:	V.T.D. ...1
engulodinar:	V.T.D. ...1	enobrecer:	V.T.D. ...56
enguloseimar:	V.T.D. ...1	enodar:	V.T.D. ...19
engulosinar:	V.T.D. ...1	enodoar:	V.T.D. ...18
engunhar:	V.I. ...21	enoitar:	V.T.D. ...1, 87
enigmar:	V.T.D. ...1	enoitecer:	V.T.D. ...56, 90
enjambrar:	V.I. ...1	enojar:	V.T.D. ...19
enjangar:	V.T.D. ...1	enolizar:	V.T.D. ...1
enjaular:	V.T.D. ...1	enosilhar:	V.T.D. ...1
enjeirar:	V.T.D. ...1	enouriçar:	V.T.D. ...32
enjeitar:	V.T.D. ...1	enoutar:	V.T.D. ...1, 87
enjerir-se:	V. Pr. ...99	enoutecer:	V.T.D. ...76, 90
enjoar:	V.T.D. ...18	enovelar:	V.T.D. ...14
enjoiar:	V.T.D. ...21	enquadrar:	V.T.D./V.T.I. ...21
enjorcar:	V.T.D. ...19	enqueijar:	V.T.D. ...1
enjugar:	V.T.D. ...29	enquerir:	V.T.D. ...62
enlabruscar:	V.T.D. ...63	enquezilar:	V.I. ...1
enladeirar:	V.T.D. ...1	enquilhar:	V.T.D. ...1
enlagar:	V.T.D. ...29	enquistar:	V.I./V.T.D. ...1
enlaivar:	V.T.D. ...1	enrabar:	V.T.D. ...21
enlambujar:	V.I. ...14	enrabeirar:	V.T.D. ...1
enlambuzar:	V.T.D. ...14	enrabichar:	V.T.D. ...1
enlamear:	V.T.D. ...8	enraiar:	V.T.D. ...21
enlaminar:	V.T.D. ...1	enraivar:	V.I./V.T.D. ...1
enlanguescer:	V.I. ...56	enraivecer:	V.I./V.T.D. ...56
enlapar:	V.T.D. ...21	enraizar:	V.I. ...1
enlatar:	V.T.D. ...21	enramalhar:	V.T.D. ...21
enlaçar:	V.T.D./V.T.I./V.T.D.I. ...32	enramalhetar:	V.T.D. ...14
enlear:	V.T.D. ...8	enramar:	V.T.D. ...21
enleivar:	V.T.D. ...14	enramelar:	V.T.D. ...14
enlerdar:	V.T.D. ...14	enramilhetar:	V.T.D. ...14
enlevar:	V.T.D. ...14	enrançar:	V.T.D. ...32
enliçar:	V.T.D. ...32	enranchar:	V.T.D. ...1
enlividecer:	V.T.D. ...56	enrarecer:	V.T.D. ...56
enlocar:	V.T.D. ...63	enrascar:	V.T.D. ...63

enredar:	V.T.D./V.T.D.I.	14
enredear:	V.T.D.	8
enredoiçar:	V.T.D.	32
enredomar:	V.T.D.	19
enredouçar:	V.T.D.	1
enregelar:	V.I./V.T.D.	14
enregueirar:	V.T.D.	1
enreixar:	V.I.	1
enrelhar:	V.T.D.	16
enrelheirar:	V.T.D.	1
enrelvar:	V.T.D.	1
enremelar:	V.T.D.	14
enremissar:	V.T.D.	1
enrepolhar:	V. Pr.	19
enresinar:	V.I./V.T.D.	1
enresmar:	V.T.D.	16
enrestiar:	V.T.D.	1
enrevesar:	V.T.D.	14
enriar:	V.T.D.	1
enricar:	V.I./V.T.D.	63
enriçar:	V.T.D.	32
enrijar:	V.I./V.T.D.	1
enrijecer:	V.I./V.T.D.	56
enrilhar:	V.I.	1
enrimar:	V.T.D.	1
enripar:	V.T.D.	1
enriquecer:	V.I./V.T.D./V.T.D.I.	56
enristar:	V.T.D.	1
enrizar:	V.T.D.	1
enrobustecer:	V.I.	56
enrocar:	V.T.D.	63
enrodelar:	V.T.D.	14
enrodilhar:	V.T.D.	1
enrodrigar:	V.T.D.	29
enrolar:	V.T.D.	19
enrolhar:	V.T.D.	19
enrolheirar:	V.T.D.	1
enroquetar:	V.T.D.	14
enroscar:	V.T.D./V.T.D.I.	19
enroupar:	V.T.D.	1
enrouquecer:	V.T.D.	56
enroxar:	V.T.D.	19
enrubescer:	V.I./V.T.D.	56
enruçar:	V.I.	32
enrudecer:	V.T.D.	56
enrufar:	V.T.D.	1
enrugar:	V.T.D.	29
enrurninar-se:	V. Pr.	97
ensaboar:	V.T.D.	18
ensaburrar:	V.T.D.	1
ensacar:	V.T.D.	63
ensaiar:	V.T.D.	21
ensaibrar:	V.T.D.	1
ensalmar:	V.T.D.	1
ensalmoirar:	V.T.D.	1
ensalmourar:	V.T.D.	1
ensamarrar:	V.T.D.	21
ensambenitar:	V.T.D.	1
ensamblar:	V.T.D.	1
ensanchar:	V.T.D.	1
ensandalar:	V.T.D.	21
ensandecer:	V.T.D.	56
ensanduichar:	V.T.D.	1
ensanefar:	V.T.D.	14
ensanguentar:	V.T.D.	1
ensanguinhar:	V.T.D.	1
ensardinhar:	V.T.D.	1
ensarilhar:	V.I./V.T.D.	1
ensarnecer:	V.I.	56
ensarrafar:	V.T.D.	21
ensartar:	V.T.D.I.	21
ensaudar:	V.T.D.	57
ensebar:	V.T.D.	14
ensecar:	V.T.D.	63
ensedar:	V.T.D.	14
enseirar:	V.T.D.	1
enseivar:	V.T.D.	1
ensejar:	V.T.D./V.T.D.I.	16
ensenhorear:	V.T.D.	8
ensesgar:	V.I.	16
ensilar:	V.T.D.	1
ensilvar:	V.T.D.	1
ensilveirar:	V.T.D.	1
ensimesmar-se:	V. Pr.	97
ensinar:	V.I./V.T.D./V.T.D.I.	1
ensoalheirar:	V.T.D.	1
ensoar:	V.I.	18
ensoberbar-se:	V. Pr.	97
ensoberbecer:	V.T.D.	56
ensobradar:	V.T.D.	21
ensofregar:	V.T.D.	14
ensogar:	V.T.D.	29
ensoissar-se:	V. Pr.	97
ensoleirar:	V.T.D.	1
ensolvar:	V.T.D.	1
ensolver:	V.T.D.	15
ensombrar:	V.T.D.	1
ensopar:	V.T.D.	19
ensopear:	V.T.D.	8
ensorear:	V.I./V.T.D.	8
ensovacar:	V.T.D.	63
ensumagrar:	V.T.D.	21
ensurdecer:	V.I./V.T.D./V.T.I.	56
ensurraipar:	V.T.D.	1
ensurroar:	V.T.D.	18
entabicar:	V.T.D.	63
entabocar:	V.T.D.	19
entabuar:	V.T.D.	27
entabular:	V.T.D.	1
entachar:	V.T.D.	21

Verbo	Classificação	Nº
entaipar:	V.T.D.	1
entalar:	V.T.D.	21
entalecer:	V.I.	56
entaleigar:	V.T.D.	29
entaleirar:	V.T.D.	1
entalhar:	V.T.D.	21
entalicar:	V.T.D.	63
entalir:	V.T.D.	11
entaliscar:	V.T.D.	63
entaloar:	V.T.D./V.I.	18
entancar:	V.T.D.	63
entanguecer:	V.I.	56
entanguir-se:	V. Pr.	40, 100
entaniçar:	V.T.D.	1
entapetar:	V.T.D.	14
entapizar:	V.T.D.	1
entaramelar:	V.T.D.	14
entardecer:	V.I.	56
entarraxar:	V.T.D.	21
entartalhar:	V.T.D.	21
entear:	V.T.D.	8
entediar:	V.T.D.	1
entelhar:	V.T.D.	16
entender:	V.T.D./V.T.I.	2
entenebrecer:	V.I.	56
entenrecer:	V.T.D.	56
entepidecer:	V.T.D.	56
enternecer:	V.T.D.	56
enterrar:	V.T.D.	14
enterreirar:	V.T.D.	1
enterroar:	V.T.D.	18
entesar:	V.T.D.	14
entesoirar:	V.T.D.	1
entesourar:	V.T.D.	1
entestar:	V.T.I.	14
entibecer:	V.T.D.	56
entibiar:	V.T.D.	1
enticar:	V.T.I.	63
entijolar:	V.T.D.	19
entijucar:	V.T.D.	63
entisicar:	V.T.D.	63
entivar:	V.T.D.	1
entoar:	V.T.D.	18
entocar:	V.T.D.	63
entogar-se:	V. Pr.	97
entoiçar:	V.I.	32
entoiceirar:	V.I.	1
entojar:	V.T.D.	19
entolar:	V.T.D.	1
entonar:	V.T.D.	19
entontar:	V.T.D.	1
entontecer:	V.T.D.	56
entornar:	V.T.D.	19
entorpecer:	V.T.D.	56
entorroar:	V.T.D.	18
entortar:	V.T.D.	19
entoucar:	V.T.D.	63
entouçar:	V.I.	32
entouceirar:	V.I.	1
entourar:	V.T.D.	1
entrançar:	V.T.D.	1
entrajar:	V.T.D.	21
entralhar:	V.T.D.	21
entranhar:	V.T.D./V.T.D.I.	21
entranqueirar:	V.T.D.	1
entrapar:	V.T.D.	21
entrar:	V.T.D./V.T.D.I./V.T.I.	1
entrastar:	V.T.D.	21
entravar:	V.T.D.	21
entreabrir:	V.T.D./V.I.	59
entreajudar-se:	V. Pr.	97
entrebater-se:	V. Pr.	10, 98
entrecerrar:	V.T.D.	14
entrechar:	V.T.D.	14
entrechocar:	V.T.D.	63
entrecolher:	V.T.D.	15
entreconhecer:	V.T.D.	56
entrecorrer:	V.T.D.	15
entrecortar:	V.T.D.	19
entrecruzar-se:	V. Pr.	97
entredevorar-se:	V. Pr.	97
entredizer:	V.T.D.	43
entrefechar:	V.T.D.	16
entrefestejar-se:	V. Pr.	97
entrefigurar-se:	V. Pr.	97
entrefolhar:	V.T.D.	19
entregar:	V.T.D.I.	29
entrelaçar:	V.T.D./V.T.D.I.	32
entrelembrar-se:	V. Pr.	97
entreligar:	V.T.D.	1
entrelinhar:	V.T.D.	1
entreluzir:	V.I./V.T.I.	70
entremear:	V.T.D.I.	8
entremesclar:	V.T.D.	1
entremeter:	V.T.D./V.T.D.I.	10
entremisturar:	V.T.D.	1
entremostrar:	V.T.D./V.T.D.I.	19
entrenublar-se:	V. Pr.	89, 97
entreolhar:	V.T.D.	1
entreouvir:	V.T.D.	55
entrepassar:	V.T.D.	21
entreplicar:	V.I.	63
entrepor:	V.T.D./V.T.D.I.	77
entreprender:	V.T.D.	10
entrequerer-se:	V. Pr.	58, 98
entrerregar:	V.T.D.	29
entrescolher:	V.T.D.	15
entrescutar:	V.T.D.	1
entresilhar:	V.T.D.	1
entressacar:	V.T.D.	63

entressachar:	V.T.D.I.	21	
entressemear:	V.T.D.I.	8	
entressolhar:	V.T.D.	19	
entressonhar:	V.T.D.	19	
entressorrir:	V.I.	34	
entretalhar:	V.T.D.I.	21	
entretecer:	V.T.D.I.	56	
entretelar:	V.T.D.	14	
entreter:	V.T.D./V.I.	7	
entreturbar:	V.T.D.	1	
entreunir:	V. Pr.	11	
entrevar:	V.T.D./V.I.	1	
entrevazar:	V.T.D.	21	
entrevecer:	V.T.D./V.I.	56	
entrever:	V.T.D.	69	
entrevistar:	V.T.D.	1	
entrilhar:	V.T.D.	1	
entrincheirar:	V.T.D.	1	
entristecer:	V.T.D./V.I.	56	
entrizar-se:	V. Pr.	97	
entroixar:	V.T.D./V.T.D.I.	1	
entrombar-se:	V. Pr.	97	
entronar:	V.T.D./V.T.D.I.	19	
entroncar:	V.T.D./V.I.	1	
entronchar:	V.I.	1	
entronizar:	V.T.D./V.T.D.I.	1	
entronquecer:	V.I.	56	
entropeçar:	V.I./V.T.I.	32	
entrosar:	V.T.D./V.T.D.I.	19	
entrouxar:	V.T.D.	1	
entroviscar:	V.T.D.	63	
entrudar:	V.T.D./V.I.	1	
entuchar:	V.T.D.	1	
entufar:	V.T.D.	1	
entulhar:	V.T.D.	1	
entumecer:	V.T.D./V.I.	76, 94*	
entupigaitar:	V.T.D.	1	
entupir:	V.T.D.	52	
enturbar:	V.T.D.	1	
enturgecer:	V.I.	56	
enturvar:	V.T.D.	1	
enturviscar:	V.I.	1	
entusiasmar:	V.T.D.	21	
entuvercer:	V.T.D.	56	
enublar:	V.T.D.	1, 89	
enuclear:	V.T.D.	8	
enumerar:	V.T.D.	14	
enunciar:	V.T.D.	1	
enuviar:	V.T.D.	1	
envaginar:	V.T.D.	1	
envaidar:	V.T.D.	1	
envaidecer:	V.T.D.	56	
envalar:	V.T.D.	21	
envalecer:	V.I.	56	
envarar:	V.T.D.	21	
envaretar:	V.I.	14	
envasar:	V.T.D.	21	
envasilhar:	V.T.D.	1	
envazar:	V.T.D.	21	
envelhacar:	V.T.D.	63	
envelhecer:	V.T.D./V.I.	56	
envelhentar:	V.T.D./V.I.	1	
envelopar:	V.T.D.	19	
envencilhar:	V.T.D.	1	
envenenar:	V.T.D.	14	
enventanar:	V.T.D.	1	
enverar:	V.T.D.	14	
enverdecer:	V.T.D./V.I.	56	
enverdejar:	V.T.D./V.I.	16	
enverear:	V.I.	8	
enveredar:	V.T.D./V.T.I.	14	
envergar:	V.T.D.	29	
envergonhar:	V.T.D.	19	
envermelhar:	V.T.D.	16	
envermelhecer:	V.T.D.	56	
envernizar:	V.T.D.	1	
enverrugar:	V.T.D.	29	
envesar:	V.T.D.	14	
envesgar:	V.T.D.	29	
envessar:	V.T.D.	14	
enviar:	V.T.D.I.	1	
enviçar:	V.T.D.	32	
envidar:	V.T.D.	1	
envidilhar:	V.T.D.	1	
envidraçar:	V.T.D.	32	
envieirar:	V.T.D.	14	
enviesar:	V.T.D.	14	
envigar:	V.T.D.	29	
envigotar:	V.T.D.	19	
envilecer:	V.T.D./V.I.	56	
envinagrar:	V.T.D.	21	
envincilhar:	V.T.D.	1	
envinhar:	V.T.D.	1	
enviperar:	V.T.D.	14	
enviscar:	V.T.D.	63	
envisgar:	V.T.D.	29	
enviuvar:	V.T.D.I./V.T.D./V.I.	1	
enviveirar:	V.T.D.	1	
envolar-se:	V. Pr.	97	
envolver:	V.T.D./V.T.D.I.	15	
enxadar:	V.T.D.	21	
enxadrezar:	V.T.D.	14	
enxaguar:	V.T.D.	27	
enxaladear:	V.T.D.	8	
enxalaviar:	V.T.D.	1	
enxalmar:	V.T.D.	1	
enxamblar:	V.T.D.	1	
enxambrar:	V.T.D./V.I.	1	
enxamear:	V.T.D./V.I.	8	
enxaquetar:	V.T.D.	14	

enxarciar:	V.T.D. 1	esbagoar:	V.T.D. 18
enxaropar:	V.T.D. 19	esbagulhar:	V.T.D. 1
enxaugar:	V.T.D. 29	esbalgir:	V.T.D. 65
enxercar:	V.T.D. 63	esbalhar:	V.T.D. 21
enxergar:	V.T.D./V.T.D.I. 29	esbambear:	V.T.D./V.I. 8
enxerir:	V.T.D.I. 62	esbamboar:	V.T.D./V.I. 18
enxertar:	V.T.D. 14	esbandalhar:	V.T.D. 21
enxiar:	V.T.D. 1	esbandeirar:	V.T.D. 1
enxofrar:	V.T.D. 19	esbandulhar:	V.T.D. 1
enxotar:	V.T.D. 19	esbanjar:	V.T.D. 1
enxovalhar:	V.T.D. 21	esbaralhar:	V.T.D. 21
enxugar:	V.T.D. 29	esbarar:	V.T.D./V.T.I./V.I. 21
enxumbrar:	V.T.D./V.I. 1	esbarbar:	V.T.D. 21
enxundiar:	V.T.D. 1	esbarbotar:	V.T.D. 19
enxurdar:	V.T.D. 1	esbarrar:	V.T.D.I./V.T.I. 21
enxurrar:	V.T.D. 1, 87	esbarrigar:	V.T.D. 29
enzampar:	V.T.D. 1	esbarroar:	V.I. 18
enzamparinar:	V.T.D. 1	esbarrocar:	V.I. 63
enzonar:	V.I. 19	esbarrondar:	V.T.D. 1, 89
enzonzar:	V.T.D./V.I. 1	esbarrotar:	V.I. 19
epidemiar:	V.T.D. 1	esbarruntar:	V.T.D. 1
epigrafar:	V.T.D. 21	esbater:	V.T.D. 10
epigramatizar:	V.T.D./V.I. 1	esbeiçar:	V.T.D./V.T.D.I. 32
epilogar:	V.T.D. 19	esbeirar:	V.T.I. 1
episodiar:	V.T.D. 1	esbeltar:	V.T.D. 1
epistar:	V.T.D. 1	esbicar:	V.T.D. 63
epistolar:	V.T.D. 19	esbichar:	V.T.D. 1
epitetar:	V.T.D. 14	esbijar:	V.T.D. 1
epitomar:	V.T.D. 19	esboçar:	V.T.D. 32
epopeizar:	V.T.D. 1	esbodegar-se:	V. Pr. 29, 97
equacionar:	V.T.D. 19	esbodelar:	V.T.D. 14
equidistar:	V.T.I. 1, 89	esbofar:	V.T.D. 19
equilibrar:	V.T.D. 1	esbofetear:	V.T.D. 8
equimosar:	V.T.D. 19	esboiçar:	V.T.D. 1
equipar:	V.T.D. 1	esboicelar:	V.T.D. 14
equiparar:	V.T.D./V.T.D.I. 21	esbombardar:	V.T.D./V.I. 21
equiponderar:	V.T.D. 14	esbombardear:	V.T.D. 8
equivaler:	V.T.I. 39	esborcelar:	V.T.D. 14
equivocar:	V.T.D./V.T.D.I./V.I. 63	esborcinar:	V.T.D. 1
erguer:	V.T.D. 74	esbordar:	V.T.D./V.T.I./V.I. 19
eriçar:	V.T.D. 32	esbordoar:	V.T.D. 18
erigir:	V.T.D./V.T.D.I. 65	esborniar:	V.I. 1
erisipelar:	V.I. 14	esboroar:	V.T.D. 18
ermar:	V.T.D. 14	esborrachar:	V.T.D. 1
erotizar:	V.T.D. 1	esborralhar:	V.T.D. 21
erradicar:	V.T.D. 63	esborrar:	V.I. 19
errar:	V.T.D./V.T.I. 14	esborratar:	V.T.D. 21
erubescer:	V.I. 56	esborraçar:	V.T.D. 32
eructar:	V.T.D./V.I. 1	esborregar:	V.T.D. 14
ervar:	V.T.D. 14	esbotenar:	V.T.D. 14
ervecer:	V.I. 56, 94*	esbouçar:	V.T.D. 32
ervilhar:	V.I. 1	esboucelar:	V.T.D. 14
esbaforir:	V.T.D. 86	esbracejar:	V.I. 16
esbagaçar:	V.T.D. 32	esbranquiçar:	V.T.D./V.I. 1
esbaganhar:	V.T.D. 21	esbrasear:	V.T.D. 8

Verbo	Classif.	Nº
esbravear:	V.I.	8
esbravecer:	V.I.	56
esbravejar:	V.I.	14
esbrucinar-se:	V. Pr.	97
esbrugar:	V.T.D.	29
esbugalhar:	V.T.D.	21
esbulhar:	V.T.D./V.T.D.I.	1
esburacar:	V.T.D.	63
esburgar:	V.T.D.	29
escabeçar:	V.T.D./V.I.	32
escabecear:	V.I.	8
escabechar:	V.T.D.	16
escabelar:	V.T.D.	14
escabeleirar:	V.T.D.	14
escabichar:	V.T.D.	1
escabrear:	V.T.D.	8
escabujar:	V.I.	1
escabulhar:	V.T.D.	1
escacar:	V.T.D.	63
escachar:	V.T.D.	21
escachoar:	V.I.	18
escacholar:	V.T.D.	19
escachouçar:	V.T.D./V.I.	32
escachourar:	V.T.D.	1
escadear:	V.T.D.	8
escadeirar:	V.T.D.	1
escadelecer:	V.I.	56
escadraçar:	V.T.D.	32
escafeder-se:	V. Pr.	10, 98
escaiolar:	V.T.D.	19
escalar:	V.T.D.	21
escalavrar:	V.T.D.	21
escaldar:	V.T.D.	1
escardear:	V.T.D./V.I.	8
escalfar:	V.T.D.	1
escaliçar:	V.T.D.	32
escalonar:	V.T.D.	19
escalpar:	V.T.D.	21
escalpelar:	V.T.D.	14
escalpelizar:	V.T.D.	1
escalrachar:	V.I.	21
escalvar:	V.T.D.	21
escamalhoar:	V.T.D.	18
escamar:	V.T.D.	21
escambar:	V.T.D.	21
escambrar:	V.I.	21
escamisar:	V.T.D.	1
escamondar:	V.T.D.	19
escamotar:	V.I./V.T.D.	19
escamotear:	V.T.D./V.I.	8
escampar:	V.I.	1
escamugir-se:	V. Pr.	65, 100
escanar:	V. Pr.	21
escançar:	V.T.D.	1
escancarar:	V.T.D.	21
escancear:	V.T.D.	8
escancelar:	V.T.D.	14
escanchar:	V.T.D.	1
escandalizar:	V.T.D.	1
escandar:	V.T.D.	1
escandecer:	V.T.D./V.I.	56
escandilar:	V.T.D.	1
escandir:	V.T.D.	11
escanear:	V.T.D.	8
escanerizar:	V.T.D.	21
escangalhar:	V.T.D.	21
escanganhar:	V.T.D.	21
escangar:	V.T.D.	29
escanhoar:	V.T.D.	18
escanhotar:	V.T.D./V.I.	19
escanifrar:	V.T.D.	1
escaninhar:	V.T.D.	1
escantear:	V.T.D.	8
escapar:	V.T.D./V.T.D.I./V.I.	21
escapelar:	V.T.D.	14
escapulir-se:	V. Pr.	86, 100
escaquear:	V.T.D.	8
escaqueirar:	V.T.D.	1
escarafolar-se:	V. Pr.	97
escarafunchar:	V.T.D.	1
escarambar-se:	V. Pr.	97
escaramelar:	V.T.D.	14
escaramentar:	V.T.D.	1
escaramuçar:	V.I.	32
escarapelar:	V.T.D.	14
escaravelhar:	V.I.	16
escarcalhar:	V.I.	21
escarçar:	V.T.D.	32
escarcavelar:	V.T.D.	14
escarcear:	V.I.	8, 89
escarchar:	V.T.D.	21
escardar:	V.T.D.	21
escardear:	V.T.D.	8
escardecer:	V.T.D.	56
escardilhar:	V.T.D.	1
escarduçar:	V.T.D.	32
escarear:	V.T.D.	8
escarificar:	V.T.D.	63
escarmentar:	V.T.D./V.T.I.	1
escarnar:	V.T.D.	21
escarnecer:	V.T.D./V.T.I.	56
escarniar:	V.T.D.	1
escarnicar:	V.I.	63
escarnificar:	V.T.D.	63
escarninhar:	V.T.D.	1
escarnir:	V.T.D./V.T.I.	86
escaroçar:	V.T.D.	19
escarolar:	V.T.D.	19
escarpar:	V.T.D.	21
escarpelar:	V.T.D.	14

escarpiar:	V.T.D.	1
escarquejar:	V.T.D.	16
escarramanar:	V.T.D.	21
escarranchar:	V.T.D.	1
escarrapachar:	V.T.D.	21
escarrar:	V.T.D./V.I.	21
escarumar:	V.T.D.	1
escarvar:	V.T.D.	21
escarvoar:	V.T.D.	18
escascar:	V.T.D.	21
escasquear:	V.T.D.	8
escassear:	V.T.D./V.T.D.I.	8
escassilhar:	V.T.D.	1
escatelar:	V.T.D.	14
escatimar:	V.T.D.	1
escavacar:	V.T.D.	63
escavaçar:	V.T.D.	32
escavar:	V.T.D.	21
escaveirar:	V.T.D.	14
escindir:	V.T.D.	11
esclarecer:	V.T.D.	56
esclerosar:	V.T.D.	19
escoanhar:	V.T.D.	21
escoar:	V.T.D./V.I.	18
escobilhar:	V.T.D.	1
escocar:	V.T.D.	63
escochar:	V.T.D.	19
escochinar:	V.T.D.	1
escodar:	V.T.D.	19
escodear:	V.T.D.	8
escoiçar:	V.T.D.	32
escoicear:	V.T.D./V.I.	8, 89
escoicinhar:	V.T.D./V.I.	1, 89
escoimar:	V.T.D.	1
escoldrinhar:	V.T.D.	1
escolher:	V.T.D./V.T.I.	15
escolmar:	V.T.D.	19
escoltar:	V.T.D.	19
escombrar:	V.T.D.	19
esconder:	V.T.D./V.T.D.I.	10
esconjuntar:	V.T.D.	1
esconjurar:	V.T.D./V.T.D.I.	1
esconsar:	V.T.D.	19
escopetear:	V.T.D.	8
escorar:	V.T.D./V.T.I.	19
escorçar:	V.T.D.	32
escorcemelar-se:	V. Pr.	97
escorchar:	V.T.D.	19
escorçomelar-se:	V. Pr.	97
escoriar:	V.T.D.	1
escorificar:	V.T.D.	63
escorjar:	V.T.D./V.I.	19
escornar:	V.T.D.	19
escornear:	V.T.D.	8
escornichar:	V.T.D.	14
escoroar:	V.T.D.	18
escorraçar:	V.T.D.	32
escorregar:	V.I.	29
escorrer:	V.T.D./V.I.	15
escorrichar:	V.T.D.	1
escorripichar:	V.T.D.	1
escorropichar:	V.T.D.	1
escorticar:	V.T.D.	63
escortinar:	V.T.D.	1
escortinhar:	V.T.D.	1
escorujar:	V.T.D.	1
escorvar:	V.T.D.	19
escozipar:	V.T.D.	1
escouçar:	V.T.D.	1
escoucear:	V.T.D./V.I.	8, 89
escoucinhar:	V.T.D./V.I.	1, 89
escousar:	V.T.D.	1
escovar:	V.T.D.	19
escovilhar:	V.T.D.	1
escozicar:	V.T.D.	63
escravizar:	V.T.D.	1
escrever:	V.T.D./V.T.D.I./V.T.I.	20
escrevinhar:	V.T.D.	1
escriturar:	V.T.D.	1
escrivar:	V.T.D.	1
escrofulizar:	V.T.D.	1
escruciar:	V.T.D.	1
escrunchar:	V.I.	1
escrupulear:	V.T.D./V.T.I./V.I.	8
escrupulizar:	V.T.D./V.T.I.	1
escrutar:	V.T.D.	1
escrutinar:	V.I.	1
escudar:	V.T.D./V.T.D.I.	1
escudeirar:	V.T.D.	1
escudelar:	V.T.D.	14
escudrinhar:	V.T.D.	1
escuitar:	V.T.D.	1
esculachar:	V.T.D.	21
esculcar:	V.T.D.	63
esculhambar:	V.T.D.	1
esculpir:	V.T.D./V.T.D.I.	11
esculturar:	V.T.D.	1
escumar:	V.T.D./V.I.	1
escumilhar:	V.I.	1
escupir:	V.I.	11
escurecer:	V.T.D./V.I.	76, 90*
escurejar:	V.I.	14
escurentar:	V.T.D./V.I.	14, 89
escusar:	V.T.D./V.T.D.I.	1
escutar:	V.T.D.	1
esdruxular:	V.I.	1
esdruxulizar:	V.T.D.	1
esfacelar:	V.T.D.	14
esfaimar:	V.T.D.	1
esfalfar:	V.T.D.	1

esfanicar:	V.T.D. 63	esgadunhar:	V.T.D. 1
esfaquear:	V.T.D. 8	esgaivar:	V.T.D. 1
esfarelar:	V.T.D. 14	esgalgar:	V.T.D. 29
esfarfalhar-se:	V. Pr. 97	esgalhar:	V.T.D. 21
esfarinhar:	V.T.D. 1	esganar:	V.T.D. 1
esfarpar:	V.T.D. 21	esganiçar:	V.T.D. 32
esfarpelar:	V.T.D. 14	esgarabulhar:	V.I. 1
esfarrapar:	V.T.D. 21	esgarafunchar:	V.T.D. 1
esfarripar:	V.T.D. 1	esgaratujar:	V.T.D./V.I. 1
esfatiar:	V.T.D. 1	esgaravanar:	V.T.D. 1
esfavelar:	V.T.D. 14	esgaravatar:	V.T.D. 21
esfelgar:	V.T.D. 29	esgaravelhar:	V.T.D. 16
esfervilhar:	V.I. 1	esgarçar:	V.T.D./V.I. 32
esfiampar:	V.T.D. 1	esgardunhar:	V.T.D. 1
esfiar:	V.T.D./V.T.D.I./V.I. 1	esgargalar:	V.T.D. 21
esfibrar:	V.T.D. 1	esgargalhar-se:	V. Pr. 97
esflocar:	V.T.D. 63	esgarnachar:	V.T.D. 21
esflorar:	V.T.D. 19	esgarranchar:	V.T.D. 1
esfoguear-se:	V. Pr. 97	esgarrar:	V.T.D. 21
esfoguetear:	V.T.D. 29	esgatanhar:	V.T.D. 1
esfoiçar:	V.T.D. 32	esgazear:	V.T.D. 8
esfolar:	V.T.D. 19	esgoelar-se:	V. Pr. 97
esfolegar:	V.I. 29	esgorjar:	V.T.D. 1
esfolhaçar:	V.T.D. 32	esgotar:	V.T.D. 19
esfolhar:	V.T.D. 19	esgrabulhar:	V.T.D. 1
esfolhear:	V.T.D. 8	esgrafiar:	V.T.D. 1
esfoliar:	V.T.D. 1	esgrafitar:	V.T.D. 1
esfomear:	V.T.D. 8	esgramear:	V.I. 8
esforçar:	V.T.D./V.I. 32	esgraminhar:	V.T.D. 1
esforricar:	V.T.D. 63	esgravanar:	V.I. 21
esfossar:	V.T.D. 19	esgravatar:	V.T.D. 21
esfossilizar:	V.T.D. 1	esgravelhar:	V.T.D. 16
esfouçar:	V.T.D. 1	esgrelar:	V.T.D. 14
esfraldar:	V.T.D. 21	esgrilar:	V.T.D. 1
esfrançar:	V.T.D. 32	esgrimir:	V.T.D./V.T.I./V.I. 11
esfrangalhar:	V.T.D. 21	esgrouviar:	V.T.D. 1
esfregar:	V.T.D. 29	esguardar:	V.T.D./V.T.I. 1
esfriar:	V.T.D. 1	esguazar:	V.T.D. 1
esfrolar:	V.T.D. 19	esguedelhar:	V.T.D. 16
esfugentar:	V.T.D. 14	esgueirar:	V.T.D.I. 1
esfulinhar:	V.T.D. 1	esguelhar:	V.T.D. 16
esfumar:	V.T.D. 1	esguiar:	V.T.D. 1
esfumaçar:	V.T.D. 32	esguichar:	V.T.D. 1
esfumarar:	V.T.D. 21	esladroar:	V.T.D. 18
esfumear:	V.I. 8	eslagartar:	V.T.D. 21
esfumilhar:	V.T.D. 1	eslavizar:	V.T.D. 1
esfuminhar:	V.T.D. 1	eslavourar:	V.T.D. 1
esfundilhar:	V.T.D. 1	eslingar:	V.T.D. 29
esfuracar:	V.T.D. 63	esmadrigar:	V.T.D. 29
esfurancar:	V.T.D. 63	esmaecer:	V.I. 56
esfuziar:	V.I. 1	esmagachar:	V.T.D. 21
esfuzilar:	V.I. 1, 89	esmagar:	V.T.D. 29
esgaçar:	V.T.D./V.I. 21	esmaiar:	V.I./V.T.I. 21
esgadanhar:	V.T.D. 21	esmalhar:	V.T.D. 21
esgadelhar:	V.T.D. 16	esmaltar:	V.T.D. 1

esmamonar:	V.T.D. 19	espaldar:	V. Pr. 21
esmaniar:	V.I. 1	espaldear:	V.T.D. 8
esmanjar:	V.I. 1	espaldeirar:	V.T.D. 1
esmantear:	V.T.D. 8	espalhafatar:	V.I. 21
esmar:	V.T.D./V.T.D.I. 16	espalhagar:	V.T.D. 29
esmaravalhar:	V.T.D. 21	espalhar:	V.I./V.T.D. 21
esmarrir:	V.I. 11	espalmar:	V.T.D. 1
esmarroar:	V.T.D. 18	espanar:	V.T.D. 1
esmarrotar:	V.T.D. 19	espanascar:	V.T.D. 63
esmear:	V.T.D. 8	espancar:	V.T.D. 63
esmechar:	V.T.D. 16	espandongar:	V.T.D. 29
esmeraldear:	V.T.D. 8	espanejar:	V.T.D. 16
esmerar:	V.T.D. 14	espanholar:	V.T.D. 19
esmerilar:	V.T.D. 1	espanholizar:	V.T.D. 1
esmerilhar:	V.T.D. 1	espanquear:	V.T.D. 8
esmifrar:	V.T.D. 1	espantar:	V.I./V.T.D. 1
esmigalhar:	V.T.D. 21	espapaçar:	V.T.D. 32
esmilhar:	V.T.D. 1	espapar:	V.I. 21
esmiolar:	V.T.D. 1	esparcelar:	V.T.D. 14
esmirrar-se:	V. Pr. 97	espargir:	V.T.D./V.T.D.I. 65
esmiuçar:	V.T.D. 32	esparralhar:	V.T.D. 21
esmiudar:	V.T.D. 57	esparramar:	V.T.D. 21
esmiunçar:	V.T.D. 32	esparrar:	V.T.D. 21
esmocar:	V.T.D. 63	esparregar:	V.T.D. 29
esmochar:	V.T.D. 19	esparrimar:	V.T.D. 1
esmoer:	V.I./V.T.D. 22	esparrinhar:	V.T.D. 1
esmoicar:	V.T.D. 63	espartejar:	V.T.D. 16
esmoiçar:	V.T.D. 32	espartilhar:	V.T.D. 1
esmoitar:	V.T.D. 1	espartir:	V.T.D. 11
esmolar:	V.T.D. 19	esparzir:	V.T.D./V.T.D.I. 11
esmoncar:	V.T.D. 63	espasmar:	V.T.D. 21
esmondar:	V.T.D. 1	espassaricar:	V.T.D. 63
esmorçar:	V.T.D. 32	espatifar:	V.T.D. 1
esmordaçar:	V.T.D. 32	espatilhar:	V.T.D. 1
esmordicar:	V.T.D.I. 63	espaventar:	V.T.D. 1
esmorecer:	V.I./V.T.D. 56	espavorecer:	V.T.D. 56
esmoronar:	V.I./V.T.D. 19	espavorir:	V.T.D. 86
esmorraçar:	V.T.D. 32	espavorizar:	V.T.D. 1
esmossar:	V.T.D. 19	especar:	V.T.D. 63
esmoucar:	V.T.D. 63	espeçar:	V.T.D. 32
esmoutar:	V.T.D. 1	especializar:	V.T.D. 1
esmurraçar:	V.T.D. 32	especificar:	V.T.D. 63
esmurrar:	V.T.D. 1	espectar:	V.T.D. 14
esnobar:	V.I./V.T.D. 19	especular:	V.I./V.T.D./V.T.I. 1
esnocar:	V.T.D. 63	espedaçar:	V.T.D. 32
espaçar:	V.T.D. 32	espedir:	V.I./V.T.D. 68
espacear:	V.T.D. 8	espedregar:	V.T.D. 29
espacejar:	V.T.D. 16	espeitorar:	V.I. 19
espadagar:	V.T.D. 29	espelhar:	V.T.D. 16
espadanar:	V.I./V.T.D. 21	espenejar:	V.T.D. 16
espadar:	V.T.D. 21	espenicar:	V.T.D. 63
espadeirar:	V.T.D. 1	espenifrar:	V.I. 1
espadelar:	V.T.D. 14	espenujar:	V. Pr. 1
espaduar:	V.I./V.T.D. 27	esperançar:	V.T.D. 32
espairecer:	V.T.D. 56	esperar:	V.I./V.T.D./V.T.D.I. 14

esperdiçar:	V.T.D. ...32	espotrear:	V.T.D. ...8
espermatizar:	V.T.D. ...1	espotrejar:	V.T.D. ...16
espernear:	V.I. ...8	espraiar:	V.I./V.T.D. ...21
espernegar:	V.I. ...29	espreguiçar:	V.T.D. ...1
espertar:	V.T.D. ...14	espreitar:	V.T.D. ...1
espertinar:	V.T.D. ...1	espremer:	V.T.D. ...17
espescoçar:	V.T.D. ...32	espuir:	V.T.D. ...44
espessar:	V.T.D. ...14	espulgar:	V.T.D. ...29
espetar:	V.T.D. ...1	espumaçar:	V.T.D. ...32
espetralizar:	V.T.D. ...63	espumar:	V.I./V.T.D. ...1
espetrificar:	V.T.D. ...63	esputar:	V.I. ...1
espevitar:	V.T.D. ...1	esquadrar:	V.T.D. ...1
espezinhar:	V.T.D. ...1	esquadrejar:	V.T.D. ...14
espiar:	V.T.D. ...1	esquadriar:	V.T.D. ...1
espicaçar:	V.T.D. ...32	esquadrilhar:	V.T.D. ...1
espichar:	V.T.D. ...1	esquadrinhar:	V.T.D. ...1
espicular:	V.T.D. ...1	esquadronar:	V.I./V.T.D. ...19
espigar:	V.I./V.T.D. ...29	esquartejar:	V.T.D. ...16
espiguilhar:	V.T.D. ...1	esquartelar:	V.T.D. ...14
espilrar:	V.T.D. ...1	esquartilhar:	V.T.D. ...1
espinafrar:	V.T.D. ...21	esquecer:	V.I./V.T.D./V.T.I. ...56
espinçar:	V.T.D. ...32	esquecer-se:	V. Pr. ...98
espingardear:	V.T.D. ...8	esquematizar:	V.T.D. ...1
espinhar:	V.T.D. ...1	esquentar:	V.T.D. ...1
espinicar-se:	V. Pr. ...97	esquerdar:	V.T.D. ...14
espinotear:	V.T.D. ...8	esquerdear:	V.T.D. ...8
espiolhar:	V.T.D. ...19	esquiar:	V.I. ...1
espionar:	V.T.D. ...19	esquiçar:	V.T.D. ...32
espipar:	V.I. ...1	esquifar:	V.T.D. ...1
espiralar:	V.I./V.T.D. ...21	esquilar:	V.T.D. ...1
espirar:	V.I. ...1	esquinar:	V.T.D. ...1
espiritar:	V.T.D./V.T.D.I. ...1	esquipar:	V.I./V.T.D. ...1
espiritizar:	V.T.D. ...1	esquirolar:	V.T.D. ...19
espiritualizar:	V.T.D. ...1	esquissar:	V.T.D. ...1
espirrar:	V.I./V.T.D. ...1	esquivar:	V.T.D./V.T.D.I. ...1
esplendecer:	V.I. 56, 90*	estabelecer:	V.T.D. ...56
esplender:	V.I. 10, 90*	estabilizar:	V.T.D./V.T.D.I. ...1
espoar:	V.T.D. ...18	estabular:	V.T.D. ...1
espocar:	V.I. ...63	estacar:	V.T.D. ...63
espojar:	V.T.D. ...63	estacionar:	V.T.D. ...19
espojinhar:	V.T.D. ...1	estacoar:	V.T.D. ...18
espoldrar:	V.T.D. ...19	estadear:	V.T.D. ...8
espoletar:	V.T.D. ...14	estafar:	V.T.D. ...21
espoliar:	V.T.D. ...1	estafegar:	V.T.D. ...29
espolinar:	V.I./V.T.D. ...1	estagiar:	V.I. ...1
espolinhar-se:	V. Pr. ...89, 97	estagnar:	V.T.D. ...21
espolpar:	V.T.D. ...19	estaiar:	V.T.D. ...21
esponjar:	V.T.D. ...19	estalar:	V.I./V.T.D. ...21
espontar:	V.T.D. ...19	estalejar:	V.T.D. ...16
esponteirar:	V.T.D. ...14	estalicar:	V.I. ...63
esporar:	V.T.D./V.T.D.I. ...19	estalidar:	V.I./V.T.D. ...1
esporear:	V.T.D. ...8	estambrar:	V.T.D. ...1
esportular:	V.T.D.I. ...1	estaminar:	V.T.D. ...1
esposar:	V.T.D./V.T.D.I. ...19	estampar:	V.T.D. ...1
espostejar:	V.T.D. ...16	estampilhar:	V.T.D. ...1

Verbo	Classificação	Nº
estancar:	V.T.D.	63
estanciar:	V.T.I./V.T.D.I.	1
estandardizar:	V.T.D.	1
estanhar:	V.T.D.	21
estaquear:	V.T.D.	8
estar:	V.I./V.T.I.	6
estardalhar:	V.I.	21
estarrecer:	V.I./V.T.D.	56
estarrincar:	V.I.	63
estatelar:	V.T.D./V.T.D.I.	14
estatuir:	V.T.D.	44
estazar:	V.T.D.	21
estear:	V.T.D./V.T.D.I.	8
esteirar:	V.T.D.	1
estender:	V.T.D./V.T.D.I.	2
estenodatilografar:	V.T.D.	21
estercar:	V.T.D.	63
estereotipar:	V.T.D.	1
esterificar:	V.T.D.	63
esterilizar:	V.T.D. V.T.D.	1
esterlicar:	V.T.D.	63
esterrar:	V.T.D.	14
esterroar:	V.T.D.	18
estertorar:	V.I.	19
estesiar:	V.T.D.	1
estetizar:	V.T.D.	1
estevar:	V.I.	14
estiar:	V.I.	1, 89
esticar:	V.T.D.	63
estigmatizar:	V.T.D.	1
estilar:	V.T.D.	1
estiletizar:	V.T.D.	1
estilhaçar:	V.I./V.T.D.	32
estilhar:	V.T.D.	1
estilizar:	V.T.D.	1
estimar:	V.T.D.	1
estimular:	V.T.D.	1
estingar:	V.T.D.	29
estinhar:	V.T.D.	1
estiolar:	V.T.D.	19
estipendiar:	V.T.D.	1
estipular:	V.T.D.	1
estiraçar:	V.T.D.	32
estirar:	V.T.D.	1
estivar:	V.T.D.	1
estocar:	V.T.D.	19
estofar:	V.T.D.	19
estoirar:	V.I./V.T.D./V.T.I.	1
estoirinhar:	V.I.	1
estojar:	V.T.D.	19
estomagar:	V.T.D.	29
estomentar:	V.T.D.	1
estonar:	V.T.D.	19
estontar:	V.I./V.T.D.	1
estontear:	V.T.D.	8
estontecer:	V.I./V.T.D.	56
estopar:	V.T.D.	19
estopetar:	V.T.D.	14
estoquear:	V.T.D.	8
estorcegar:	V.T.D.	29
estorcer:	V.I./V.T.D./V.T.D.I.	56
estornar:	V.T.D.	19
estornicar:	V.T.D.	63
estorricar:	V.T.D.	63
estorroar:	V.T.D.	18
estortegar:	V.T.D.	29
estorturar-se:	V. Pr.	97
estorvar:	V.T.D.	19
estourar:	V.I./V.T.D.	19
estrabar:	V.I.	21
estraçalhar:	V.T.D.	21
estracinhar:	V.T.D.	1
estraçoar:	V.T.D.	18
estradar:	V.T.D./V.T.I.	21
estrafegar:	V.T.D.	29
estragar:	V.T.D.	29
estralejar:	V.I.	16
estrambalhar:	V.T.D.	21
estrambelhar:	V.T.D.	16
estrampalhar:	V.T.D.	21
estrampar:	V.T.D.	1
estrancilhar:	V.T.D.	1
estrancinhar:	V.T.D.	1
estrangalhar:	V.T.D.	21
estrangeirar:	V.T.D.	1
estrangular:	V.T.D.	1
estranhar:	V.T.D.	21
estransir:	V.I./V.T.D.	86
estrar:	V.T.D.	14
estratificar:	V.T.D.	63
estravar:	V.I.	21
estrear:	V.T.D.	8
estrebangar:	V.T.D.	29
estrebuchar:	V.I.	1
estrefegar:	V.T.D.	29
estreitar:	V.T.D.	16
estrela:	V.T.D./V.T.D.I.	14
estrelejar:	V.I.	16
estrelouçar:	V.I.	19
estremar:	V.T.D./V.T.D.I.	16
estremecer:	V.I./V.T.D.	56
estremunhar:	V.I./V.T.D.	1
estrenoitar:	V.I./V.T.D.	19
estrenouta:	V.I./V.T.D.	19
estrepar:	V.T.D.	14
estrepitar:	V.I.	89
estresir:	V.T.D.	86
estriar:	V.T.D.	1
estribar:	V.I./V.T.D./V.T.I./V.T.D.I.	1
estrichar:	V.T.D.	1

estricnizar:	V.T.D. ... 1
estridular:	V.I./V.T.D. ... 1
estrigar:	V.T.D. ... 29
estringir:	V.T.D. ... 77
estrilar:	V.I. ... 1
estrincar:	V.T.D. ... 63
estrinçar:	V.T.D. ... 32
estrinchar:	V.I. ... 1
estripar:	V.T.D. ... 1
estroinar:	V.I. ... 1
estrompar:	V.T.D. ... 19
estroncar:	V.T.D. ... 63
estronçar:	V.T.D. ... 32
estrondar:	V.I. ... 19, 89
estrondear:	V.I. ... 8, 88*
estropear:	V.I. ... 8, 89
estropiar:	V.T.D. ... 1
estrotejar:	V.I. ... 89
estrovinhar:	V.I./V.T.D. ... 1
estrugir:	V.I./V.T.D. ... 77
estruir:	V.T.D. ... 44
estrumar:	V.T.D. ... 1
estrupidar:	V.I. ... 1, 89
estruturar:	V.T.D. ... 1
estuar:	V.I. ... 27, 89
estucar:	V.T.D. ... 63
estuchar:	V.T.D. ... 1
estudar:	V.I./V.T.D. ... 1
estufar:	V.T.D. ... 1
estugar:	V.T.D. ... 29
estultificar:	V.T.D. ... 63
estupefazer:	V.T.D. ... 61
estupeficar:	V.T.D. ... 63
estupidecer:	V.T.D. ... 56
estupidificar:	V.T.D. ... 63
estupificar:	V.T.D. ... 63
estuporar:	V.T.D. ... 19
estuprar:	V.T.D. ... 19
esturdiar:	V.I. ... 1
esturrar:	V.T.D. ... 14
esturricar:	V.I./V.T.D. ... 63
esturrinhar:	V.I./V.T.D. ... 1
esvaecer:	V.T.D. ... 56
esvair:	V.T.D. ... 67
esvanecer:	V.I./V.T.D. ... 56
esvaziar:	V.T.D. ... 1
esventar:	V.T.D. ... 1
esventrar:	V.T.D. ... 1
esverçar:	V.I./V.T.D. ... 32
esverdear:	V.T.D. ... 8
esverdinhar:	V.I./V.T.D. ... 1
esvidar:	V.T.D. ... 1
esvidigar:	V.T.D. ... 29
esviscerar:	V.T.D. ... 14
esvoaçar:	V.I. ... 32, 89
esvurmar:	V.T.D. ... 1
eterificar:	V.T.D. ... 63
eterizar:	V.T.D. ... 1
eternar:	V.T.D. ... 14
eternizar:	V.T.D. ... 1
etilizar:	V.T.D. ... 1
etimologizar:	V.T.D. ... 1
etiquetar:	V.T.D. ... 14
eufemizar:	V.T.D. ... 1
europeizar:	V.T.D. ... 1
eutrofizar:	V.T.D. ... 1
evacuar:	V.I./V.T.D. ... 27
evadir:	V.T.D. ... 11
evangelizar:	V.T.D. ... 1
evaporar:	V.I./V.T.D. ... 19
evaporizar:	V.I./V.T.D. ... 1
evencer:	V.T.D. ... 56
everter:	V.T.D. ... 17
evidenciar:	V.T.D. ... 1
eviscerar:	V.T.D. ... 14
evitar:	V.T.D./V.T.D.I. ... 1
evocar:	V.T.D. ... 63
evolar-se:	V. Pr. ... 97
evolucionar:	V.T.D. ... 19
evoluir:	V.I. ... 44
evolver:	V.I. ... 15
exabundar:	V.I. ... 1, 89
exacerbar:	V.T.D. ... 14
exagerar:	V.I./V.T.D. ... 14
exagitar:	V.T.D. ... 1
exalar:	V.T.D. ... 21
exalçar:	V.T.D. ... 32
exaltar:	V.T.D. ... 1
examinar:	V.T.D. ... 1
exarar:	V.T.D. ... 21
exasperar:	V.T.D. ... 14
exatificar:	V.T.D. ... 63
exaurir:	V.T.D. ... 80
exaustar:	V.T.D. ... 1
exautorar:	V.T.D. ... 19
excarcerar:	V.T.D. ... 14
excardinar:	V.T.D. ... 1
excavaçar:	V.T.D. ... 32
excavar:	V.T.D. ... 21
excecionar:	V.T.D. ... 19
exceder:	V.T.D./V.T.I. ... 17
exceler:	V.I. ... 17
excelsar:	V.T.D. ... 1
excetuar:	V.I./V.T.D./V.T.I. ... 27
excisar:	V.T.D. ... 1
excitar:	V.T.D./V.T.D.I. ... 1
exclamar:	V.T.D. ... 21
excluir:	V.T.D. ... 44
excogitar:	V.I./V.T.D. ... 1
excomungar:	V.T.D. ... 29

Verbo	Classificação	Nº
excoriar:	V.T.D.	1
excrescer:	V.I.	56, 90*
excretar:	V.T.D.	14
excruciar:	V.T.D.	1
exculpar:	V.T.D./V.T.D.I.	1
excursar:	V.I./V.T.I.	1
excursionar:	V.I.	19
excurvar:	V.T.D.	1
excutir:	V.T.D.	11
execrar:	V.T.D.	14
executar:	V.T.D.	1
exemplificar:	V.T.D.	63
exercer:	V.T.D.	56
exercitar:	V.T.D./V.T.D.I.	1
exerdar:	V.T.D.	14
exfoliar:	V.T.D.	1
exibir:	V.T.D.	11
exigir:	V.T.D./V.T.D.I.	65
exilar:	V.T.D./V.T.D.I.	1
eximir:	V.T.D.	11
exinanir:	V.T.D.	11
exir:	V.I.	80
existir:	V.I.	11
exonerar:	V.T.D./V.T.D.I.	14
exorar:	V.T.D.	19
exorbitar:	V.I./V.T.D./V.T.I.	1
exorcismar:	V.T.D.	1
exorcizar:	V.T.D.	1
exordiar:	V.T.D.	1
exornar:	V.T.D.	19
exortar:	V.T.D./V.T.D.I.	19
expandir:	V.T.D.	11
expatriar:	V.T.D.	1
expedir:	V.T.D./V.T.D.I.	68
expelir:	V.T.D.	49
expender:	V.T.D./V.T.D.I.	10
experimentar:	V.T.D.	1
expetar:	V.I.	1
expetorar:	V.I./V.T.D.	19
expiar:	V.T.D.	1
expilar:	V.T.D.	1
expirar:	V.T.D.	1
explanar:	V.T.D.	21
explicar:	V.T.D./V.T.D.I.	63
explicitar:	V.T.D.	1
explodir:	V.I.	50, 85
explorar:	V.T.D.	19
expluir:	V.I.	44
expolir:	V.T.D.	75
expor:	V.T.D./V.T.D.I.	77
exportar:	V.T.D.	19
expostular:	V.I.	1
expressar:	V.T.D.	14
exprimir:	V.T.D.	11
exprobrar:	V.T.D.	19
expropriar:	V.T.D.I.	1
expugnar:	V.T.D.	1
expulsar:	V.T.D.	1
expungir:	V.T.D.	65
expurgar:	V.T.D.	29
exsicar:	V.T.D.	63, 89
exsolver:	V.T.D.	15
exsuar:	V.I./V.T.D.	27
exsudar:	V.I./V.T.D.	1
exsurgir:	V.I.	65
extar:	V.I.	1
extasiar:	V.T.D.	1
extenuar:	V.T.D.	27
exteriorizar:	V.T.D.	1
exterminar:	V.T.D.	1
externar:	V.T.D.	14
extinguir:	V.T.D.	40
extirpar:	V.T.D.	1
extorquir:	V.T.D./V.T.D.I.	81
extradicionar:	V.T.D.	19
extraditar:	V.T.D.	1
extrair:	V.T.D./V.T.D.I.	67
extrapolar:	V.T.D./V.T.D.	19
extratar:	V.T.D.	21
extravaganciar:	V.T.D.	1
extravagar:	V.I.	29
extravasar:	V.I./V.T.D.	21
extraverter:	V.I./V.T.D.	17
extraviar:	V.T.D.	1
extremar:	V.T.D.	14
extricar:	V.T.D.	63
extroverter:	V. Pr.	17
exuberar:	V.T.D./V.T.I.	14, 89
exular:	V.I.	1
exulcerar:	V.T.D.	14
exultar:	V.I.	1
exumar:	V.T.D./V.T.D.I.	1
exundar:	V.T.D./V.T.D.I.	1

F

Verbo	Classificação	Nº
fabricar:	V.I./V.T.D./V.T.D.I.	63
fabular:	V.T.D.	1
fabulizar:	V.T.D.	1
fac-similar:	V.T.D.	1
faccionar:	V.T.D./V. Pr.	19
facear:	V.T.D./V.T.I.	8
faceirar:	V.I./V. Pr.	1
facejar:	V.T.D.	16
facetar:	V.T.D.	14
facetear:	V.T.D./V.T.I.	8
fachear:	V.I.	8

facilitar:	V.I./V.T.D./V.T.D.I. 1	fariscar:	V.I./V.T.D. 63
facocherar:	V.T.D. 14	farolar:	V.T.D. 19
facultar:	V.T.D./V.T.D.I. 1	farolizar:	V.T.D. 1
fadar:	V.T.D./V.T.D.I. 21	farpar:	V.T.D. 21
fadejar:	V.I. 16	farpear:	V.T.D. 8
fadigar:	V.T.D. 29	farrapar:	V.T.D. 21
fadistar:	V.I. 1	farrascar:	V.T.D. 63
fagulhar:	V.I. 1, 89	farrear:	V.I. 8
faiar:	V.T.D. 21	farronfear:	V.I. 8
faiscar:	V.T.D. 63	farsantear:	V.I. 8
faixar:	V.T.D. 1	farsolar:	V.I. 19
faixear:	V.T.D. 8	fartar:	V.I./V.T.D./V.T.D.I. 21
falaçar:	V.I. 32	fascinar:	V.T.D. 1
falaciar:	V.T.D. 1	fasquiar:	V.T.D. 1
falar:	V.I./V.T.D./V.T.D.I. 21	fatagear:	V.I. 8
falazar:	V.I. 21	fatanar:	V.T.D. 21
falcaçar:	V.T.D. 32	fateixar:	V.T.D. 1
falcatruar:	V.T.D. 27	fatiar:	V.T.D. 1
falcoar:	V.T.D. 18	faturar:	V.T.D./V.T.D.I. 1
falecer:	V.I. 56	fatigar:	V.T.D. 29
falhar:	V.I./V.T.D. 21	faturar:	V.T.D./V.T.D.I. 1
falir:	V.I. 82	faular:	V.T.D. 57
falocar:	V.I. 63	faulhar:	V.T.D. 1, 89
falporriar:	V.I. 1	fautorizar:	V.T.D. 1
falquear:	V.T.D. 8	favoniar:	V.T.D. 1
falquejar:	V.T.D. 16	favorecer:	V.T.D. 56
falsar:	V.T.D. 1	favorizar:	V.T.D./V.T.D.I. 1
falsear:	V.I./V.T.D. 8	faxinar:	V.T.D. 1
falsetear:	V.T.D. 8	fazer:	V.T.D./V.T.I./V.T.D.I. 61
falsificar:	V.T.D. 63	febricitar:	V.I. 1
faltar:	V.I./V.T.I. 1	fechá-lo:	V. Pr. 101
familiarizar:	V.T.D. 1	fechar:	V.I./V.T.D. 16
famular:	V.T.D. 1	fecundar:	V.T.D. 1
fanar:	V.T.D. 21	fecundizar:	V.T.D./V. Pr. 1
fanatizar:	V.T.D. 1	fedelhar:	V.I. 16
fandangar:	V.I. 29	feder:	V.I./V.T.I. 10
fandanguear:	V.I. 8	federalizar:	V.T.D. 1
fandingar:	V.T.D. 29	federar:	V.T.D. 14
fanfar:	V.I. 1	fedinchar:	V.I. 1
fanfarrear:	V.I. 8	fefenhar:	V.I. 16
fanfarronar:	V.I. 19	feirar:	V.I. 1
fanhosear:	V.I. 8	feitiar:	V.T.D. 1
fanicar:	V.I. 63	feitorar:	V.T.D. 19
fantasiar:	V.I./V.T.D. 1	feitoriar:	V.T.D. 1
fantasmagorizar:	V.T.D. 1	feitorizar:	V.T.D. 1
fantasmizar:	V.T.D. 1	felicitar:	V.T.D. 1
faradizar:	V.T.D. 1	feloniar:	V.T.D. 1
farar:	V.T.D. 21	felpar:	V.T.D. 1
fardar:	V.T.D. 21	feltrar:	V.T.D. 1
farejar:	V.T.D. 16	femençar:	V.T.D. 32
farelar:	V.I. 14	feminizar:	V.T.D. 1
farfalhar:	V.I. 21	fender:	V.T.D. 10
farfantear:	V.I. 8	fendilhar:	V.T.D. 1
farinar:	V.T.D. 1	fendrelhar:	V.T.D. 16
farinhar:	V.I. 1	fendrilhar:	V.T.D. 1

fenecer:	V.I.	56
fengir:	V.I.	65
fenolizar:	V.T.D.	1
feriar:	V.I.	1
ferir:	V.I./V.T.D.	62
fermentar:	V.T.D.	1
ferramentar:	V.T.D.	1
ferrar:	V.T.D.	14
ferrejar:	V.I.	16
ferretar:	V.T.D.	14
ferretear:	V.T.D.	8
ferretoar:	V.T.D.	18
ferroar:	V.T.D.	18, 89
ferrobar:	V.T.D.	19
ferrolhar:	V.T.D.	19
ferropear:	V.T.D.	8
fertilizar:	V.I./V.T.D.	1
fervelhar:	V.I.	16
ferventar:	V.T.D.	1
ferver:	V.I./V.T.D.	17
fervilhar:	V.I.	1
fervorar:	V.T.D./V. Pr.	19
festar:	V.I.	14
festejar:	V.T.D.	16
festoar:	V.T.D.	18
festonar:	V.T.D.	19
fiar:	V.I./V.T.D./V.T.D.I.	1
ficar:	V.I./V.T.D.	63
fichar:	V.T.D.	1
figurar:	V.T.D.	1
filar:	V.T.D./V.T.D.I.	1
filetar:	V.T.D.	14
filhar:	V.T.D.	1
filharar:	V.I.	21
filiar:	V.T.D./V.T.D.I.	1
filigranar:	V.I.	21
filistriar:	V.I.	1
filmar:	V.T.D.	1
filosofar:	V.I./V.T.D./V.T.I.	19
filoxerar:	V.T.D.	14, 89
filtrar:	V.T.D.	1
fimbar:	V.T.D.	1
fimbriar:	V.T.D.I.	1
finalizar:	V.T.D.	1
financiar:	V.T.D.	1
finar:	V.I.	1
fincar:	V.T.D./V.T.D.I.	63
findar:	V.I./V.T.D.	1
finfar:	V.I./V.T.D.	1
fingir:	V.T.D.	65
fintar:	V.T.D.	1
firmar:	V.T.D./V.T.D.I.	1
fiscalizar:	V.T..D.	1
fisgar:	V.T.D.	29
fissurar:	V.T.D./V.I.	1
fistular:	V.I./V.T.D.	1, 89
fitar:	V.T.D.	1
fitucar:	V.T.D./V.I.	63
fixar:	V.T.D./V.T.D.I.	1
flabelar:	V.I./V.T.D.	14
flagelar:	V.T.D.	14
flagrar:	V.I.	21
flainar:	V.I.	1
flamear:	V.I./V.T.D.	8, 88*
flamejar:	V.I./V.T.D.	16, 89
flanar:	V.I.	21
flanquear:	V.T.D.	8
flautar:	V.T.D.	1
flautear:	V.I./V.T.D.	8
flavescer:	V.I.	56
flechar:	V.T.D.	1
fletir:	V.T.D.	37
flexibilizar:	V.T.D.	1
flexionar:	V.T.D.	19
flibustear:	V.T.D.	8
floconar:	V.I.	19
florar:	V.I.	19
florear:	V.I./V.T.D.	8, 88*
florejar:	V.I./V.T.D.	16, 89
florescer:	V.I./V.T.D.	76, 90*
florestar:	V.T.D.	14
floretear:	V.T.D.	8
florir:	V.I.	93
flostriar:	V.I.	1
fluidescer:	V.I.	56
fluidificar:	V.T.D.	63
fluir:	V.I./V.T.I.	44
flutuar:	V.I./V.T.I.	27
focalizar:	V.T.D.	1
focar:	V.T.D.	63
foçar:	V.T.D.	32
focinhar:	V.I./V.T.D.	1, 89
fofar:	V.T.D.	19
fofocar:	V.I./V.T.I.	63
fogachar:	V.I./V.T.I.	21
foguear:	V.T.D.	8
foguetear:	V.I.	8
foiçar:	V.T.D.	1
foicear:	V.I.	8
folegar:	V.I.	29
folgar:	V.I./V.T.D./V.T.I./V.T.D.I.	29
folgazar:	V.I.	1
folhar:	V.T.D.	19
folhear:	V.T.D	8
folhetear:	V.T.D.	8
folhetinizar:	V.T.D.	1
foliar:	V.I.	1
fomentar:	V.T.D.	1
fonofilmar:	V.I./V.T.D.	1
foragir-se:	V. Pr.	65, 100

Verbo	Classificação	Nº
forcar:	V.T.D.	63
forçar:	V.T.D./V.T.D.I.	32
forcejar:	V.I./V.T.D./V.T.I.	16
forjar:	V.T.D.	19
forjicar:	V.T.D.	63
formalizar:	V.T.D.	1
formar:	V.T.D.	19
formatar:	V.T.D.	21
formigar:	V.I.	29
formiguejar:	V.I.	16
formilhar:	V.I.	1
formosear:	V.T.D.	8
formosentar:	V.T.D.	1
formular:	V.T.D.	1
fornear:	V.T.D.	8
fornecer:	V.T.D.I.	56
fornejar:	V.I.	16
fornicar:	V.I.	63
fornir:	V.I.	80
forquear:	V.T.D./V. Pr.	8
forquilhar:	V.T.D./V. Pr.	1
forragear:	V.T.D.	8
forrar:	V.T.D.	19
forricar-se:	V. Pr.	97
fortaçar:	V.T.D.	21
fortalecer:	V.T.D.	56
fortalezar:	V.T.D.	14
fortificar:	V.T.D.	63
fortunear:	V.I.	8
foscar:	V.T.D.	63
fosfatar:	V.T.D.	21
fosforar:	V.T.D.	19
fosforear:	V.T.D.	8
fosforejar:	V.T.D.	16, 89
fosforescer:	V.I.	76, 90*
fosforizar:	V.T.D.	1
fossangar:	V.T.D.	29
fossar:	V.T.D.	19
fossilizar:	V.T.D.	1, 89
fotear:	V.T.D.	8
fotocopiar:	V.T.D.	1
fotografar:	V.T.D.	21
fototipar:	V.T.D.	1
fototipiar:	V.T.D.	1
fouçar:	V.I./V.T.D.	1
foucear:	V.I.	8
fracassar:	V.I./V.T.D.	21
fracionar:	V.T.D.	19
fradar-se:	V. Pr.	97
fradejar:	V.I.	16
fragalhotear:	V.I.	8
fragatear:	V.I.	8
fragmentar:	V.T.D.	1
fragorar:	V.I.	19, 89
fraguar:	V.T.D.	27
fraguear:	V.I.	8
fraldar:	V.T.D.	1
fraldear:	V.T.D.	8
fraldejar:	V.T.D.	16
francear:	V.T.D.	8
francesiar:	V.I.	1
frangalhar:	V.T.D.	21
frangalhotear:	V.I.	8
franger:	V.T.D.	36
frangir:	V.T.D.	65
franjar:	V.T.D.	1
franjear:	V.T.D.	8
franquear:	V.T.D./V.T.D.I.	8
franquiar:	V.T.D.	1
franzir:	V.T.D.	11
fraquear:	V.I.	8
fraquejar:	V.I.	16
frasear:	V.I.	8
frasquejar:	V.I.	16
fraternizar:	V.T.D./V.T.I.	1
fraturar:	V.T.D.	1
fraudar:	V.T.D.	1
frautear:	V.T.D.	8
frechar:	V.T.D.	16
freirar:	V.I./V.T.D.	1
fremir:	V.I.	81
frenar:	V.T.D.	14
frender:	V.I.	10
frenesiar:	V.T.D.	1
frequentar:	V.T.D.	14
fresar:	V.T.D.	14
fretar:	V.T.D./V.T.D.	14
fretejar:	V.I.	16
fretenir:	V.I.	62
friccionar:	V.T.D.	19
frigir:	V.I./V.T.D.	77
frigorificar:	V.I.	63
frisar:	V.I./V.T.D.	1
fritar:	V.I./V.T.D.	1
froixar:	V.I./V.T.D./V.T.I.	1
frondear:	V.I./V.T.D.	8, 88*
frondecer	V.I.:	
	V.I.	56
frondeja:	V.I./V.T.D.	16, 89
frondescer:	V.I.	76, 90*
frontear:	V.I.	8
fronteirar:	V.T.D.	1
frouxar:	V.I./V.T.D./V.T.I.	1
fruir:	V.T.D.	44
frulhar:	V.I.	1
frustrar:	V.T.D.	1
frutar:	V.T.D.	1, 89
frutear:	V.T.D.	8
frutescer:	V.I./V.T.D.	76, 90*
frutificar:	V.I.	63, 89

Verbo	Classificação	Nº
fuafar:	V.T.D.	21
fuafuar:	V.T.D.	27
fubecar:	V.T.D.	63
fuçar:	V.T.D.	1
fuchicar:	V.T.D.	63
fugar:	V.T.D.	29
fugir:	V.I./V.T.D./V.T.I.	42
fulgentear:	V.I.	8
fulgir:	V.T.D.	42
fulgurar:	V.I.	1, 89
fulminar:	V.T.D.	1
fuloar:	V.T.D.	18
fumar:	V.I.	1
fumarar:	V.I.	21, 88
fumear:	V.I.	8
fumegar:	V.I.	29
fumigar:	V.T.D.	1
funambular:	V.I.	1
funar:	V.T.D.	1
funcionar:	V.I.	19
fundamentar:	V.T.D./V.T.D.I.	1
fundar:	V.I./V.T.D./V.T.I.	1
fundear:	V.I.	8
fundilhar:	V.T.D.	1
fundir:	V.T.D.	11
funestar:	V.T.D.	14
fungar:	V.T.D.	29
furacar:	V.T.D.	63
furar:	V.T.D.	1
furdunçar:	V.I.	32
furfunhar:	V.I.	1
furifunar:	V.T.D.	1
furoar:	V.T.D.	18
furriar:	V.T.D.	1
furtar:	V.I./V.T.D./V.T.D.I.	1
furticar:	V.T.D.	63
fusionar:	V.T.D.	19
fustigar:	V.T.D.	29
futicar:	V.T.D.	63
futilizar:	V.I./V.T.D.	1
futricar:	V.T.D.	63
futurar:	V.T.D./V.T.D.I.	1
fuxicar:	V.T.D.	63
fuzilar:	V.I./V.T.D.	1

G

Verbo	Classificação	Nº
gabar:	V.T.D.	21
gabarolar:	V. Pr.	19
gabiar:	V.I.	1
gabionar:	V.T.D.	19
gadanhar:	V.T.D.	21
gadiçar:	V.T.D.	1
gafar:	V.T.D.	21
gafeirar:	V.T.D.	1
gafejar:	V.T.D.	16
gaguear:	V.I.	8
gaguejar:	V.I./V.T.D.	16
gaiar:	V.I.	21
gaiatar:	V.I.	21
gaifonar:	V.I.	19
gaitar:	V.I.	1
gaitear:	V.I./V.T.D.	8
gaivar:	V.T.D.	1
gaivotear:	V.I.	8
gajar:	V.I.	21
galanar:	V.I./V.T.D.	21
galanear:	V.I./V.T.D.	8
galantear:	V.I./V.T.D.	8
galar:	V.T.D.	21
galardoar:	V.T.D./V.T.D.I.	18
galderiar:	V.I.	1
galear:	V.I.	8
galgar:	V.T.D.	1
galhardear:	V.T.I.	8
galhofar:	V.I./V.T.I.	8
galhofear:	V.I./V.T.I.	1
galicismar:	V.I.	1
galicizar:	V.I.	1
galimar:	V.T.D.	1
galimatizar:	V.I.	1
galinhar:	V.I.	1
galivar:	V.T.D.	1
galonar:	V.T.D.	19
galopar:	V.I./V.T.D.	19, 89
galopear:	V.I.	8
galopinar:	V.I.	1
galrar:	V.I.	1
galrear:	V.I.	8
galrejar:	V.I.	16
galvanizar:	V.T.D.	1
galvanotipar:	V.T.D.	1
gamar:	V.I./V.T.D./V.T.I.	21
gambiar:	V.I.	1
gananciar:	V.T.D.	1
ganchar:	V.T.D.	1
gandaiar:	V.I.	21
gandular:	V.I.	1
gangrenar:	V.T.D.	16
ganhar:	V.I./V.T.D./V.T.D.I.	21
ganiçar:	V.I.	1
ganir:	V.I.	91
ganizar:	V.I.	1
garabulhar:	V.T.D.	1
garançar:	V.T.D.	32
garantir:	V.T.D./V.T.D.I.	11
garatujar:	V.T..D	1

Verbo	Classificação	Nº
garavetar:	V.I.	14
garfar:	V.I./V.T.D./V.T.D.I.	21
garfejar:	V.I.	16
garfiar:	V.I.	1
gargalaçar:	V.T.D.	32
gargalhar:	V.I.	21
gargantear:	V.I./V.T.D.	8
gargarejar:	V.T.D.	16
gargolejar:	V.I./V.T.D./V.T.D.I.	16
garimpar:	V.I.	1
garnear:	V.T.D.	8
garnir:	V.T.D./V.T.D.I.	86
garoar:	V.I.	18
garotar:	V.I.	19
garrar:	V.T.D.	21
garrir:	V.T.D.	80
garrochar:	V.T.D.	19
garrotar:	V.T.D.	19
garrotear:	V.T.D.	8
garrular:	V.I.	1
gasalhar:	V.T.D.	21
gasear:	V.T.D.	8
gaseificar:	V.T.D.	63
gasificar:	V.T.D.	63
gaspear:	V.T.D.	8
gastar:	V.T.D./V.I./V.T.D.I.	21
gatafunhar:	V.T.D.	1
gatanhar:	V.T.D.	21
gatar:	V.T.D.	21
gatear:	V.T.D.	8
gatinhar:	V.I.	1
gatunar:	V.I./V.T.D.	1
gauchar:	V.I.	57
gaudear:	V.I.	8
gauderiar:	V.I./V.T.D.	1
gaudinar:	V.I.	1
gavear:	V.I.	8
gavionar:	V.I.	19
gazear:	V.I.	8
gazetear:	V.I.	8
gazinar:	V.I./V.T.D.	1
gazofilar:	V.T.D.	1
gear:	V.I./V.T.D.	88
gebar:	V.T.D.	14
gebrar:	V.T.D.	14
gelar:	V.I./V.T.D.	14
gelifazer:	V.T.D.	61
gemar:	V.T.D.	16
gemelgar:	V.T.D.	29
gemer:	V.I./V.T.D.	17
gemicar:	V.I.	63
geminar:	V.T.D.	1
generalizar:	V.T.D.	1
genicular:	V.T.D.	1
genrear:	V.I.	8
gentilizar:	V.T.D.	1
genuflectir:	V.I.	37
genufletir:	V.I.	37
geografar:	V.T.D.	21
geometrizar:	V.T.D.	1
gerar:	V.T.D.	14
gerecer:	V.T.D.	76, 90*
gerir:	V.T.D.	86
germanar:	V.T.D.	1
germanizar:	V.T.D.	1
germinar:	V.I.	1, 89
gessar:	V.T.D.	14
gesticular:	V.I.	1
giboiar:	V.I.	13
gigantear:	V.I.	8
gingar:	V.I.	29
girandolar:	V.T.D.	19
girar:	V.I./V.T.D./V.T.I.	1
gizar:	V.T.D.	1
glaçar:	V.T.D.	21
gladiar:	V.T.I.	1
globalizar:	V.I./V.T.D.	1
glomerar:	V.T.D.	14
gloriar:	V.T.D.	1
glorificar:	V.T.D.	63
glosar:	V.T.D.	19
gloterar:	V.I.	14
glotizar:	V.I.	1
glotorar:	V.I.	19
glutinar:	V.T.D.	1
goelar:	V.I.	14
gofrar:	V.T.D.	19
goivar:	V.T.D.	1
golear:	V.I./V.T.D.	8
golejar:	V.I./V.T.D.	16
golelhar:	V.I.	16
golfar:	V.T.D.	19
golfejar:	V.I./V.T.D.	16
golpar:	V.T.D.	19
golpear:	V.T.D.	8
gomar:	V.T.D.	19
gomitar:	V.I./V.T.D.	1
gondolar:	V.I.	19
gongorizar:	V.T.D.	1
gorar:	V.T.D.	19
gorgolar	V.I.	19
gorgolejar:	V.I./V.T.D.	16
gorgolhar:	V.I.	8
gorjear:	V.I.	8, 88*
gornir:	V.T.D.	86
gosmar:	V.T.D.	19
gostar:	V.T.D./V.T.I.	1
gotear:	V.I./V.T.D.	8, 88*
gotejar:	V.I.	16, 89
governar:	V.T.D./V.I.	14

governichar:	V.I.	1	gritar:	V.I./V.T.D./V.T.I.	1
gozar:	V.I./V.T.D./V.T.I.	1	grivar:	V.I.	1
gracejar:	V.T.D.	16	grolar:	V.I./V.T.D.	19
gracitar:	V.I.	1	grosar:	V.T.D.	19
graçolar:	V.I.	19	grudar:	V.T.D./V.T.D.I.	1
gradar:	V.I.	21	grugulejar:	V.I.	16
gradear:	V.T.D.	8	gruir:	V.I.	44
gradecer:	V.I.	56	grulhar:	V.I.	1
gradejar:	V.T.D.	16	grumar:	V.T.D.	1
gradinar:	V.T.D.	1	grumecer:	V.T.D.	56
graduar:	V.T.D.	27	grunhir:	V.I.	81
grafar:	V.T.D.	21	grupar:	V.T.D.	1
grafitar:	V.I./V.T.D.	1	guaguaxar:	V.I.	21
graiar:	V.I.	21	guaiar:	V.I.	1
grainçar:	V.I.	32	gualdir:	V.T.D.	11
gralhar:	V.I.	89	gualdripar:	V.T.D.	1
gramar:	V.T.D.	21	guardar:	V.T.D./V.T.D.I.	1
gramaticar:	V.I./V.T.D.	63	guardear:	V.T.D.	8
graminhar:	V.T.D.	1	guarecer:	V.I./V.T.D.	56
grampear:	V.T.D.	8	guarir:	V.I./V.T.D.	11, 80
granar:	V.I./V.T.D.	1	guarnecer:	V.T.D./V.T.D.I.	56
grandear:	V.I.	8	guarnir:	V.T.D./V.T.D.I.	86
granear:	V.I.	8	guerrear:	V.I./V.T.D.	8
granir:	V.T.D	80	guerrilhar:	V.I.	1
granitar:	V.T.D.	1	guiar:	V.T..D/V.T.I./V.T.D.I.	1
granitificar:	V.T.D.	63	guilhochar:	V.T.D.	19
granizar:	V.T.D.	87	guilhotinar:	V.T.D.	1
granjear:	V.T.D.	8	guinar:	V.I.	1
granular:	V.T.D.	1	guinchar:	V.T.D.	1
grasnar:	V.I.	21	guindar:	V.T.D.	1
grasnir:	V.I.	91	guisar:	V.T.D.	1
grassar:	V.I.	21	guitarrear:	V.I.	8
grassitar:	V.I.	1	guizalhar:	V.I.	21
gratear:	V.T.D.	8	gulaimar:	V.I.	1
gratificar:	V.T.D./V.T.D.I.	63	gulazar:	V.I.	21
gratinar:	V.T.D.	1	gulosar:	V.I.	19
gratular:	V.T.D.	1	gulosinar:	V.I.	1
gravar:	V.T.D./V.T.D.I.	21	gunfar:	V.I.	1
gravetar:	V.I.	14	guturalizar:	V.T.D.	1
gravidar:	V.T.D.	1			
gravitar:	V.T.I.	1			
graxear:	V.I.	8			

H

grazinar:	V.I.	1
grecizar:	V.T.D.	1
greguejar:	V.I.	16
grelar:	V.I./V.T.D.	14, 89
grelhar:	V.T.D.	16
gretar:	V.I./V.T.D.	14
grifar:	V.T.D.	1
grilar:	V.I./V.T.D.	1, 89
grimpar:	V.I.	1
grinfar:	V.I.	1
gripar:	V.I.	1
gripar-se:	V. Pr.	97
grisalhar:	V.I.	21

habilitar:	V.T.D./V.T.D.I	1
habitar:	V.T.D./V.T.I.	1
habituar:	V.T.D.I.	27
halogenar:	V.T.D.	16
haraganear:	V.I.	8
harmonizar:	V.T.I./V.T.D. / V.I./V.T.D.I.	1
harpar:	V.I./V.T.D.	21
harpear:	V.I./V.T.D.	8
harpejar:	V.I./V.T.D.	16

hartear:	V.T.D.	8
hastear:	V.T.D.	8
haurir:	V.T.D.	81
haver:	V.T.D./V.T.D.I.	5
hebetar:	V.T.D.	14
hebraizar:	V.I.	1
hegemonizar:	V.T.D.	1
heleborizar:	V.T.D.	1
helenizar:	V.T.D.	1
hematosar:	V.T.D.	19, 89
hepatizar-se:	V. Pr.	97
herborizar:	V.I.	1
herdar:	V.T.D./V.T.D.I.	1
heroicizar:		1
heroificar:	V.T.D.	63
hesitar:	V.I./V.T.I.	1
hibernar:	V.I.	14
hibridar:	V.T.D.	1
hidratar:	V.T.D.	21
hidrogenar:	V.T.D.	16
hidrolisar:	V.T.D.	1
hierarquizar:	V.T.D.	1
hieratizar:	V.I./V.T.D.	1
hifenizar:	V.T.D.	1
higienizar:	V.T.D.	1
hilariar:	V.T.D.	1
hilarizar:	V.T.D.	1
hiperbolizar:	V.I./V.T.D.	1
hipertrofiar:	V.T.D.	1
hipnotizar:	V.T.D.	1
hipostasiar:	V.T.D.	1
hipotecar:	V.T.D./V.T.D.I.	63
hirtar-se:	V. Pr.	97
hispanizar:	V.T.D.	1
hispar-se:	V. Pr.	97
hispidar-se:	V. Pr.	97
hissopar:	V.T.D.	19
historiar:	V.T.D./V.T.D.I.	1
historizar:	V.T.D./V.T.D.I.	1
holandizar:	V.T.D.	1
homenagear:	V.T.D.	8
homiliar:	V.T.D.	1
homiziar:	V.T.D.	1
homogeneizar:	V.T.D.	1
homologar:	V.T.D.	19
honestar:	V.T.D.	14
honestizar:	V.T.D.	1
honorificar:	V.T.D.	63
honrar:	V.T.D.	19
horar:	V.I.	19
horoscopar:	V.I.	19
horripilar:	V.T.D.	1
horrorizar:	V.T.D.	1
hortar:	V.T.D.	19
hospedar:	V.T.D.	14
hospitalar:	V.T.D.	21
hospitalizar:	V.T.D.	1
hostilizar:	V.T.D.	1
humanar:	V.T.D.	21
humanizar:	V.T.D.	1
humectar:	V.T.D.	1
humedecer:	V.T.D.	56
humidificar:	V.T.D.	63
humificar:	V.T.D.	63
humildar:	V.T.D.	1
humilhar:	V.T.D.	1
humorizar:	V.I.	1

I

iberizar:	V.T.D.	1
içar:	V.T.D./V.T.D.I.	1
idealizar:	V.T.D.	1
idear:	V.T.D.	8
identificar:	V.T.D./V.T.D.I.	63
idiotar:	V.I./V.T.D.	19
idiotizar:	V.T.D.	1
idolatrar:	V.T.D.	21
idolatrizar:	V.T.D.	1
igar:	V.T.D.	29
ignificar:	V.T.D.	63
ignizar-se:	V. Pr.	97
ignominiar:	V.T.D.	1
ignorar:	V.T.D.	19
igualar:	V.T.D./V.T.I./V.T.D.I.	1
igualizar:	V.I./V.T.D.	1
ilaquear:	V.I./V.T.D.	8
ilhar:	V.T.D.	1
ilibar:	V.T.D.	1
iliçar:	V.T.D.	32
ilidir:	V.T.D.	11
iligar:	V.T.D.	29
iludir:	V.T.D.	11
iluminar:	V.I./V.T.D.	1
ilusionar:	V.T.D	19
ilustrar:	V.T.D.	1
ilutar:	V.T.D.	1
imaginar:	V.T.D./V.T.I./V.T.D.I.	1
imanar:	V.T.D.	21
imanizar:	V.T.D.	1
imaterializar:	V.T.D.	1
imbecilizar:	V.T.D.	1
imbelicar:	V.I.	63
imbicar:	V.T.D.	63
imbramar:	V.T.D.	21
imbricar:	V.T.D.	63
imbuir:	V.T.D.I.	44

imergir:	V.T.I./V.T.D.I. 65, 80	imunizar:	V.T.D. 1
imigrar:	V.I. 1	imutar:	V.T.D. 1
imiscuir-se:	V. Pr. 44, 100	inabilitar:	V.T.D./V.T.D.I. 1
imitar:	V.T.D. 1	inabitar:	V.T.D./V.T.I. 1
imitir:	V.T.D. 11	inadaptar:	V.T.D. 21
imobilizar:	V.T.D. 1	inadimplir:	V.T.D. 11
imolar:	V.T.D. 19	inalar:	V.T.D. 21
imortalizar:	V.T.D. 1	inanir:	V.T.D. 80
impacientar:	V.T.D. 14	inaugurar:	V.T.D. 1
impactar:	V.I./V.T.D. 21	incamerar:	V.T.D. 14
impaludar:	V.T.D. 1	incandescer:	V.T.D. 56
impar:	V.I. 1	incapacitar:	V.T.D.I. 1
imparcializar:	V.T.D. 1	inçar:	V.T.D./V.T.D.I. 32
impassibilizar:	V.T.D. 1	incardinar:	V.T.D. 1
impedir:	V.T.D./V.T.D.I. 68	incarnar:	V.I./V.T.I. 21
impelar:	V.T.D. 14	incender:	V.T.D. 10
impelir:	V.T.D./V.T.D.I. 62	incendiar:	V.T.D. 24
impender:	V.T.I. 10	incensar:	V.I./V.T.D. 1
imperar:	V.I./V.T.D. 14	incentivar:	V.T.D. 1
irnperfeiçoar:	V.T.D. 18	incestar:	V.T.D. 14
impermeabilizar:	V.T.D. 1	inchar:	V.I./V.T.D. 1
ímpertinenciar:	V.T.D. 1	incidir:	V.I./V.T.I. 11
impeticar:	V.T.I. 63	incinerar:	V.T.D. 14
impetrar:	V.T.D./V.T.D.I. 14	incisar:	V.T.D. 1
impingir:	V.T.D.I. 65	incitar:	V.T.D./V.T.D.I. 1
implantar:	V.T.D./V.T.D.I. 21	inclinar:	V.T.D./V.T.D.I. 1
implementar:	V.T.D. 14	incluir:	V.T.D./V.T.D.I. 44
implicar:	V.I./V.T.D./V.T.D.I. 63	incoar:	V.T.D. 18
implodir:	V.I./V.T.D. 85	incomodar:	V.T.D. 19
implorar:	V.I./V.T.D./V.T.D.I. 19	incompatibilizar:	V.T.D.I. 1
impontar:	V.T.D. 19	incomunicar:	V.T.D. 63
impopularizar:	V.T.D. 1	inconstitucionalizar:	V.T.D. 1
impor:	V.T.D./V.T.I./V.T.D.I. 77	incorporar:	V.T.D./V.T.D.I. 19
importar:	V.T.D./V.T.D.I. 19	incorrer:	V.T.D./V.T.I. 15
importunar:	V.T.D. 1	incrassar:	V.T.D. 21
impossibilitar:	V.T.D./V.T.D.I. 1	incrementar:	V.T.D. 1
impusturar:	V.I. 1	increpar:	V.T.D. 14
imprecar:	V.T.D.I. 63	incriminar:	V.T.D./V.T.D.I. 1
impregnar:	V.T.D. 14	incrustar:	V.T.D./V.T.D.I. 1
imprensar:	V.T.D. 14	incubar:	V.T.D. 1, 89
impressionar:	V.T.D. 19	inculcar:	V.T.D./V.T.D.I. 63
imprimar:	V.T.D. 1	inculpar:	V.T.D./V.T.D.I. 1
imprimir:	V.T.D. 11	incumbir:	V.T.I./V.T.D.I. 11
improbar:	V.T.D. 19	incutir:	V.T.D.I. 11
improceder:	V.I. 16	indagar:	V.T.D./V.T.I./V.T.D.I. 21
improperar:	V.T.D./V.T.D.I. 14	indeferir:	V.T.D. 62
impropriar:	V.T.D./V.T.D.I. 1	indenizar:	V.T.D.I. 1
improvar:	V.T.D. 19	independer:	V.T.I. 10
improvisar:	V.T.D. 1	indeterminar:	V.T.D. 1
impugnar:	V.T.D. 1	indexar:	V.T.D. 16
impulsar:	V.T.D. 1	indianizar:	V.T.D. 1
impulsionar:	V.T.D. 19	indicar:	V.T.D./V.T.D.I. 63
impunir:	V.T.D. 11	indiciar:	V.T.D. 1
impurificar:	V.T.D. 63	indigitar:	V.T.D. 1
imputar:	V.T.D.I. 1	indignar:	V.T.D. 1

indisciplinar:	V.T.D. 1
indispor:	V.T.D./V.T.D.I. 77
individualizar:	V.T.D. 1
individuar:	V.T.D. 27
indocilizar:	V.T.D. 1
indulgenciar:	V.T.D. 1
indultar:	V.T.D. 1
indumentar:	V.T.D. 14
industrializar:	V.T.D. 1
industriar:	V.T.D. 1
índutar:	V.T.D.I. 1
induzir:	V.T.D./V.T.D.I. 67
inebriar:	V.T.D. 1
inerciar:	V.T.D. 1
inerir:	V.I. 62
inervar:	V.T.D. 14
infamar:	V.T.D. 21
infantilizar:	V.T.D. 1
infecionar:	V.T.D. 19
infecundar:	V.T.D. 1
infelicitar:	V.T.D. 1
inferiorizar:	V.T.D. 1
inferir:	V.T.D./V.T.D.I. 62
infernar:	V.T.D. 14
infernizar:	V.T.D. 1
infertilizar:	V.T.D. 1
infestar:	V.T.D. 14, 89
infetar:	V.T.D. 14
infibular:	V.T.D. 1
inficionar:	V.T.D. 19
infiltrar:	V.T.D. 1
infirmar:	V.T.D. 1
infixar:	V.T.D. 1
inflamar:	V.T.D. 21
inflar:	V.T.D. 1
infletir:	V.I./V.T.D. 37
infligir:	V.T.D.I. 65
inflorar:	V.T.D. 19
influenciar:	V.T.D. 1
influir:	V.T.D./V.T.I./V.T.D.I. 44
informar:	V.T.D./V.T.D.I. 19
informatizar:	V.T.D. 1
infortunar:	V.T.D. 1
infringir:	V.T.D. 65
infrondar-se:	V. Pr. 97, 89
infundir:	V.T.D./V.T.D.I. 11
ingenuar:	V.T.D. 27
ingerir:	V.T.D./V.T.D.I. 62
inglesar:	V.T.D. 14
ingressar:	V.T.I. 14
ingurgitar:	V.I./V.T.D. 1
inibir:	V.T.D.I. 11
iniciar:	V.T.D./V.T.D.I. 1
inimistar:	V.T.D./V.T.D.I. 1
inimizar:	V.T.D./V.T.D.I. 1
injetar:	V.T.D. 16
injungir:	V.T.D.I. 80
injuriar:	V.T.D. 1
inocentar:	V.T.D. 16
inocular:	V.T.D.I. 1
inovar:	V.T.D. 19
inquartar:	V.T.D. 21
inquietar:	V.T.D. 1
inquinar:	V.T.D. 1
inquirir:	V.T.D./V.T.I. 11
insalivar:	V.T.D. 1
inscrever:	V.T.D./V.T.D.I. 20
insculpir:	V.T.D. 11
inseminar:	V.T.D. 1
insensibilizar:	V.T.D. 1
inserir:	V.T.D./V.T.D.I. 62
insidiar:	V.T.D. 1
insimular:	V.T.D. 1
insinuar:	V.T.D./V.T.D.I. 27
insipidar:	V.T.D. 1
insistir:	V.I./V.T.D. 11
insolar:	V.T.D. 19
insonorizar:	V.T.D. 1
insossar:	V.T.D. 19
inspecionar:	V.T.D. 19
inspetar:	V.T.D. 1
inspirar:	V.T.D./V.T.D.I. 1
inspissar:	V.T.D. 1
instalar:	V.T.D./V.T.D.I. 21
instar:	V.T.D./V.T.I./V.T.D.I. 1
instaurar:	V.T.D. 1
instigar:	V.T.D./V.T.D.I. 29
instilar:	V.T.D.I. 1
institucionalizar:	V.T.D. 1
instituir:	V.T.D./V.T.D.I. 44
instruir:	V.T.D./V.T.D.I. 44
instrumentar:	V.I./V.T.D. 14
insubordinar:	V.T.D. 1
insuflar:	V.T.D./V.T.D.I. 1
insular:	V.T.D./V.T.D.I. 1
insultar:	V.T.D. 1
insurgir:	V.T.D./V.T.I. 65
insurrecionar:	V.T.D./V.T.I. 19
integrar:	V.T.D. 14
inteirar:	V.T.D./V.T.D.I. 1
inteiriçar:	V.T.D. 32
intelectualizar:	V.T.D. 1
intemperar:	V.T.D. 14
intencionar:	V.T.D. 19
intender:	V.T.D. 2
intensar:	V.T.D. 1
intensificar:	V.T.D. 63
intentar:	V.T.D. 1
intercalar:	V.T.D.I. 21
interceder:	V.T.I. 17

intercetar:	V.T.D. 14	invalescer:	V.I. 56
intercomunicar:	V.I. 1	invalidar:	V.T.D. 1
intercorrer:	V.I. 15	invejar:	V.T.D. 16
interdepender:	V.T.D. 10	invencionar:	V.T.D. 19
interditar:	V.T.D. 1	inventar:	V.T.D. 1
interdizer:	V.T.D./V.T.D.I. 43	inventariar:	V.T.D. 1
interessar:	V.T.D./V.T.I./V.T.D.I. 14	invernar:	V.T.I. 14, 89
interferir:	V.T.I. 62	inverter:	V.T.D. 17
interfilar:	V.T.D. 1	investigar:	V.T.D. 29
interfoliar:	V.T.D. 1	investir:	V.I./V.T.D./V.T.I./V.T.D.I. 62
interiorizar:	V.T.D. 1	inveterar:	V.T.D./V.T.D.I. 14
interligar:	V.T.D./V. Pr. 29	invetivar:	V.T.D. 1
intermediar:	V.I./V.T.D. 1	inviabilizar:	V.T.D. 1
intermeter:	V.T.D./V.T.D.I. 17	inviccionar:	V.T.D. 19
intermisturar-se:	V. Pr. 97	inviperar-se:	V. Pr. 97
intermitir:	V.I. 11	inviscerar:	V.T.D. 14
internacionalizar:	V.T.D. 1	invitar:	V.T.D. 1
internar:	V.T.D. 14	invocar:	V.T.D. 63
interpelar:	V.T.D. 14	inzonar:	V.T.D. 19
interpenetrar:	V. Pr. 14	iobar:	V.T.D. 19
interpolar:	V.T.D. 19	iodar:	V.T.D. 19
interpor:	V.T.D./V.T.D.I. 77	ionizar:	V.T.D. 1
interprender:	V.T.D. 10	iotizar:	V.T.D. 1
interpresar:	V.T.D. 14	ir:	V.I./V.T.I. 54
interpretar:	V.T.D. 14	irar:	V.T.D. 1
interrogar:	V.T.D./V.T.D.I. 19	iriar:	V.T.D. 1
interromper:	V.T.D. 11	irisar:	V.T.D. 1
interserir:	V.T.D./V.T.D.I. 62	irizar:	V.I. 1, 89
intersetar:	V.T.D. 1	irmanar:	V.T.D./V.T.D.I. 21
intervalar:	V.T.D./V.T.D.I. 21	ironizar:	V.I./V.T.D. 1
interver:	V.T.D. 69	irradiar:	V.I./V.T.D. 1
interverter:	V.T.D. 17	irreverenciar:	V.T.D. 1
intervir:	V.I./V.T.I. 72	irrigar:	V.T.D. 29
intimar:	V.T.D./V.T.I./V.T.D.I. 1	irritar:	V.T.D. 1
intimidar:	V.T.D. 1	irrogar:	V.T.D.I. 29
intitular:	V.T.D. 1	irromper:	V.T.I. 10
intoxicar:	V.T.D. 63	irrorar:	V.T.D. 19
intraverter:	V.T.D. 17	iscar:	V.T.D. 63
intricar:	V.T.D. 63	isentar:	V.T.D.I. 1
intrigar:	V.I./V.T.D./V.T.D.I. 29	isolar:	V.T.D. 19
intrincar:	V.T.D. 63	italianizar:	V.T.D. 1
introduzir:	V.T.D./V.T.D.I. 70	iterar:	V.T.D.
intrometer:	V.T.D.I. 17		
introrsar:	V.T.D. 19		
introverter:	V.T.D. 17		
intrugir:	V.T.D. 42		
intrujar:	V.T.D. 1		
intuir:	V.T.D. 44		
intumescer:	V.T.D. 56, 90*		
inturgescer:	V.I./V.T.D. 56, 90*		
inumar:	V.T.D. 1		
inundar:	V.I./V.T.D. 1		
inutilizar:	V.T.D. 1		
invadir:	V.T.D. 11		
invaginar:	V.T.D. 1		

J

jactanciar-se		97
jactar-se:	V. Pr.	97
jacular:	V.I./V.T.D.	14
jaezar:	V.T.D.	14
janotar:	V.I.	19
jantar:	V.I./V.T.D.	1
japonesar:	V.T.D.	14

japonizar:	V.T.D. ... 1
jardinar:	V.T.D. ... 1
jarretar:	V.T.D. ... 14
jaspear:	V.T.D. ... 8
javrar:	V.T.D. ... 21
jazer:	V.I./V.T.I. ... 53
jejuar:	V.I. ... 27
jeremiar:	V.I. ... 1
jiboiar:	V.I. ... 13
jitunar:	V.T.D. ... 1
joeirar:	V.I./V.T.D./V.T.I./V.T.D.I. ... 1
jogar:	V.T.D. ... 19
jogatar:	V.I. ... 21
joguetar:	V.I. ... 14
joguetear:	V.I. ... 8
jonjar:	V.I. ... 1
jornadear:	V.I. ... 8
jorrar:	V.I./V.T.D. ... 19
jovializar:	V.I./V.T.D. ... 1
jubilar:	V.I./V.T.D./V.T.I. ... 1
judaizar:	V.I. ... 1
judiar:	V.I./V.T.I. ... 1
judiciar:	V.I. ... 1
jugadar:	V.T.D. ... 21
jugar:	V.T.D. ... 1
jugular:	V.T.D ... 1
julgar:	V.I./V.T.D./V.T.I./V.T.D.I. ... 1
juncar:	V.T.D./V.T.D.I. ... 63
jungir:	V.T.D./V.T.D.I. ... 65, 86
juntar:	V.T.D. ... 1
juramentar:	V.T.D. ... 1
jurar:	V.I./V.T.D./V.T.I./V.T.D.I. ... 1
justapor:	V.T.D./V.T.D.I. ... 77
justar:	V.T.D/V.T.D.I. ... 1
justiçar:	V.T.D. ... 32
justificar:	V.T.D. ... 63

L

labializar:	V.T.D. ... 1
laborar:	V.I./V.T.D./V.T.I. ... 19
labutar:	V.I./V.T.I. ... 1
labuzar:	V.T.D. ... 1
lacar:	V.I. ... 63
laçar:	V.T.D. ... 32
lacear:	V.I./V.T.D. ... 8
lacerar:	V.T.D. ... 14
laconizar:	V.T.D. ... 1
lacrar:	V.T.D. ... 21
lacrear:	V.T.D. ... 8
lacrimejar:	V.I./V.T.D. ... 16
lactar:	V.I./V.T.D. ... 21
ladear:	V.T.D. ... 8
ladeirar:	V.I. ... 1
ladrar:	V.I. ... 21, 89
ladrilhar:	V.I./V.D.T. ... 1
ladripar:	V.T.D. ... 1
ladroar:	V.T.D. ... 18
ladroeirar:	V.I. ... 1
lagartear:	V.I. ... 8
lagrimejar:	V.I./V.T.D. ... 16
laicificar:	V.T.D. ... 63
laicizar:	V.T.D. ... 1
laidar:	V.T.D. ... 1
laivar:	V.T.D. ... 1
lajear:	V.T.D. ... 8
lalar:	V.I. ... 21
lambarar:	V.I. ... 21
lambarejar:	V.I. ... 16
lambariscar:	V.I. ... 63
lambazar:	V.T.D. ... 21
lambear:	V.T.D. ... 8
lamber:	V.T.D. ... 10
lambiscar:	V.T.D. ... 63
lambrizar:	V.T.D. ... 1
lambuçar:	V.T.D. ... 1
lambujar:	V.I. ... 1
lambuzar:	V.T.D. ... 1
lamechar:	V.T.D. ... 16
lamelar:	V.T.D. ... 14
lamentar:	V.T.D. ... 1
laminar:	V.T.D. ... 1
lampadejar:	V.I. ... 16, 89
lampar:	V.I. ... 1
lampejar:	V.I. ... 16
lamprear:	V.T.D. ... 8
lamuriar:	V.I. ... 1
lançar:	V.T.D. ... 32
lancear:	V.T.D. ... 8
lancetar:	V.T.D. ... 14
lanchar:	V.I./V.T.D. ... 1
lancinar:	V.T.D. ... 1
langarear:	V.I. ... 8
languecer:	V.I. ... 56
languescer:	V.I. ... 56
languidescer:	V.I. ... 56
languir:	V.I. ... 80
lanhar:	V.T.D. ... 21
lantejoular:	V.T.D. ... 1
lanzoar:	V.I. ... 18
laparotomizar:	V.T.D. ... 1
lapidar:	V.T.D. ... 1
lapidificar:	V.T.D. ... 63
lapisar:	V.T.D. ... 1
laquear:	V.T.D. ... 8
larachear:	V.I./V.T.D. ... 8
larapiar:	V.T.D. ... 1

larar:	V.T.D.....21
lardear:	V.T.D./V.T.D.I.....8
larear:	V.I.....8
largar:	V.T.D./V.T.I./V.T.D.I.....29
larguear:	V.I./V.T.D.....8
lascar:	V.I./V.T.D.....63
lassar:	V.T.D.....21
lastimar:	V.T.D.....1
lastrar:	V.I./V.T.D.....21
latear:	V.T.D.....8
latejar:	V.I.....16
later:	V.I.....10
latinar:	V.I./V.T.D.....1
latinizar:	V.I./V.T.D.....1
latir:	V.I.....91
latonizar:	V.T.D.....1
latrocinar:	V.T.D.....1
laudanizar:	V.T.D.....1
laurear:	V.T.D.....8
lavajar:	V.T.D.....21
lavar:	V.T.D.....21
lavorar:	V.T.D.....19
lavrar:	V.I./V.T.D./V.T.I.....21
laxar:	V.T.D.....21
lazeirar:	V.I.....1
lazerar:	V.I.....14
lealdar:	V.T.D.....1
leccionar:	V.T.D.....19
lecionar:	V.T.D./V.T.D.I./V.I.....19
legalizar:	V.T.D.....1
legar:	V.T.D./V.T.D.I.....14
legendar:	V.T.D.....1
legiferar:	V.I./V.T.D.....14
legislar:	V.I./V.T.D./V.T.I.....1
legitimar:	V.T.D.....1
legrar:	V.T.D.....14
leigar:	V.T.D.....29
leiloar:	V.T.D.....18
leitar:	V.I.....1
lembrar:	V.T.D.....1
lengalengar:	V.T.D.....29
lenhar:	V.I.....16
lenhificar:	V.T.D.....63
lenificar:	V.T.D.....63
lenir:	V.T.D.....81
lentar:	V.T.D.....1
lentear:	V.T.D.....8
lentejar:	V.I.....16
lentejoular:	V.T.D.....1
lentescer:	V.I.....56
ler:	V.I./V.T.D./V.T.D.I.....71
lesar:	V.T.D.....14
lesmar:	V.T.D.....16
letargiar:	V.T.D.....1
letificar:	V.T.D.....63
letrar-se:	V. Pr.....97
letrear:	V.T.D.....8
levantar:	V.T.D./V.T.D.I.....1
levar:	V.T.D.....14
levedar:	V.T.D.....14
levigar:	V.T.D.....1
levitar:	V.T.D.....1
lexicografar:	V.T.D.....21
liar:	V.T.D.....1
libar:	V.T.D.....1
liberalizar:	V.T.D./V.T.D.I.....1
liberar:	V.T.D.....1
libertar:	V.T.D./V.T.D.I.....14
librar:	V.T.D./V.T.D.I.....1
librinar:	V.I.....1
licenciar:	V.T.D./V.T.D.I.....1
licitar:	V.I.....1
lidar:	V.I./V.T.D.....1
liderar:	V.T.D.....14
lidimar:	V.T.D.....1
ligar:	V.T.D./V.T.I./V.T.D.I.....29
lignificar-se:	V. Pr.....63, 97
limar:	V.T.D.....1
limitar:	V.I.....1
limpar:	V.T.D.....1
linchar:	V.T.D.....1
lindar:	V.T.D.....1
linfar:	V.T.D.....1
lingar:	V.T.D.....29
linguajar:	V.I.....21
linguarejar:	V.I.....16
linimentar:	V.T.D.....1
linotipar:	V.T.D.....1
liofilizar:	V.T.D.....1
liquefazer:	V.T.D.....61
liquescer:	V.I. 56, 90*
liquidar:	V.I./V.T.D.....1
liquidificar:	V.T.D.....63
lismar:	V.T.D.....1
lisonjear:	V.T.D.....8
listar:	V.T.D.....1
listrar:	V.T.D.....1
litar:	V.I./V.T.D.....1
literatejar:	V.I.....16
litigar:	V.T.D./V.T.I.....29
litigiar:	V.T.D./V.T.I.....1
litografar:	V.T.D.....21
livelar:	V.T.D.....14
lividescer:	V.T.D.....56
livrar:	V.T.D./V.T.D.I.....1
lixar:	V.T.D.....1
lixiviar:	V.T.D.....1
lizar:	V.T.D.....1
lobregar:	V.T.D.....29
lobrigar:	V.T.D.....1

lobrinar:	V.T.D.	1
localizar:	V.T.D.I.	1
locar:	V.T.D.	63
locionar:	V.T.D.	19
locomover-se:	V. Pr.	15, 98
locupletar:	V.T.D.	14
logicar:	V.I.	63
lograr:	V.I./V.T.D.	19
loirar:	V.I./V.T.D.	1
loirear:	V.I./V.T.D.	8
loirecer:	V.I./V.T.D.	56
loirejar:	V.I./V.T.D.	16
lonquear:	V.T.D.	8
lotar:	V.T.D.	19
lotear:	V.T.D.	8
louquejar:	V.I.	16
lourar:	V.I/V.T.D.	1
lourear:	V.I./V.T.D.	8
lourecer:	V.I./V.T.D.	76
lourejar:	V.I./V.T.D.	16
louvaminhar:	V.I./V.T.D.	1
louvar:	V.T.D.	1
loxocar:	V.T.D.	63
luarejar:	V.T.D.	16, 87
lubricar:	V.T.D.	63
lubrificar:	V.T.D.	63
luchar:	V.T.D.	1
lucidar:	V.T.D.	1
lucilar:	V.I.	1
luciluzir:	V.I.	70
lucrar:	V.T.D./V.T.I.	9
lucubrar:	V.I./V.T.D.	1
ludibriar:	V.T.D./V.T.I.	1
lufar:	V.I.	1
luir:	V.T.D.	44
lumiar:	V.T.D.	1
lurar:	V.T.D.	1
luscar:	V.I.	63
lusificar:	V.T.D.	63
lusitanizar:	V.T.D.	1
lusquir-se:	V. Pr.	81
lustrar:	V.T.D.	1
lutar:	V.I./V.T.I.	1
luxar:	V.T.D.	1
luxuriar:	V.I./V.T.D.	1
luziluzir:	V.I.	70
luzir:	V.I./V.T.I.	70

M

macadamizar:	V.T.D.	1
maçanetar:	V.T.D.	14
macaquear:	V.T.D.	8
maçar:	V.T.D.	32
macavencar:	V.T.D.	63
macerar:	V.T.D.	14
macetar:	V.T.D.	14
macetear:	V.I./V.T.D.	8
machadar:	V.I.	21
machambar:	V.I.	1
machear:	V.T.D.	8
machiar:	V.I.	1
machucar:	V.T.D.	1
maciar:	V.T.D.	1
maçonizar:	V.I./V.T.D.	1
macular:	V.T.D.	1
madeficar:	V.T.D.	63
madeirar:	V.T.D.	1
madeixar-se:	V. Pr.	97
madracear:	V.I.	8
madraceirar:	V.I.	1
madrigalizar:	V.I.	1
madrugar:	V.I.	29
madurar:	V.I./V.T.D.	1
madurecer:	V.I./V.T.D.	56
maganear:	V.I.	8
magicar:	V.I./V.T.D./V.T.I.	63
magnetizar:	V.T.D.	1
magnificar:	V.T.D.	63
magoar:	V.T.D.	18
mais-querer:	V.T.D.	58
maiusculizar:	V.T.D.	1
malandrar:	V.I.	1
malaxar:	V.T.D.	21
malbaratar:	V.T.D./V.T.D.I.	21
malbaratear:	V.T.D./V.T.D.I.	8
malcozer:	V.T.D.	10
maldiçoar:	V.T.D./V.T.D.I.	18
maldizer:	V.T.D.	43
maleabilizar:	V.T.D.	1
malear:	V.T.D.	8
maleficiar:	V.T.D.	1
malfadar:	V.T.D.	21
malfazer:	V.I./V.T.I.	61
malferir:	V.T.D.	62
malgastar:	V.T.D.	21
malgovernar:	V.T.D.	14
malhar:	V.I./V.T.D./V.T.I.	21
malhetar:	V.T.D.	14
maliciar:	V.T.D./V.T.I.	1
malignar:	V.I./V.T.D.	1

malinar:	V.I.	1	manufaturar:	V.T.D. ...1
malograr:	V.T.D.	19	manumitir:	V.T.D. ...11
malparar:	V.T.D.	21	manuscrever:	V.T.D. ...20
malparir:	V.I.	86	manusear:	V.T.D. ...8
malquerer:	V.T.D.	58	manutenir:	V.T.D. ...86
malquistar:	V.I./V.T.D./V.T.D.I.	1	maquiar:	V.I./V.T.D. ...1
malsinar:	V.T.D.	1	maquiavelizar:	V.I./V.T.D. ...1
maltar:	V.T.D.	1	maquilhar:	V.I./V.T.D. ...1
maltratar:	V.T.D.	21	maquinar:	V.T.D./V.T.I./V.T.D.I. ...1
malucar:	V.I.	63	marafonear:	V.I. ...8
maluquear:	V.I./V.T.D.	8	maranhar:	V.T.D. ...21
mal-usar:	V.I./V.T.D.	1	marasmar:	V.T.D. ...21
malversar:	V.T.D.	14	maravilhar:	V.T.D. ...1
mamar:	V.I./V.T.D./V.T.D.I.	21	marcar:	V.T.D. ...63
mamujar:	V.I.	1	marcejar:	V.T.D. ...16
manar:	V.I./V.T.D./V.T.I.	21	marceneirar:	V.I. ...1
mancar:	V.I./V.T.D.	63	marchar:	V.I./V.T.I. ...21
manchar:	V.T.D.	1	marchetar:	V.T.D.I. ...14
mancipar:	V.T.D.	1	marear:	V.T.D. ...8
mancomunar:	V.T.D./V.T.D.I.	1	marejar:	V.I./V.T.D./V.T.I. ...16, 89
mancornar:	V.I.	19	marfar:	V.T.D. ...21
mandar:	V.T.D./V.T.I./V.T.D.I.	21	marfolhar:	V.I. ...89
mandingar:	V.T.D.	29	margar:	V.T.D. ...21
mandrianar:	V.I.	21	margear:	V.T.D. ...8
mandriar:	V.I.	1	marginar:	V.T.D. ...1
mandrilar:	V.I.	1	maridar:	V.T.D./V.T.I./V.T.D.I. ...1
mandrionar:	V.I.	19	marimbar:	V.I./V.T.D. ...1
manducar:	V.I./V.T.D.	63	marinar:	V.T.D. ...1
manear:	V.T.D.	8	marinhar:	V.T.D. ...1
manegar:	V.T.D.	29	mariolar:	V.I. ...19
manejar:	V.I./V.T.D.	16	mariposear:	V.I. ...8
mangar:	V.I./V.T.I.	1	mariscar:	V.I./V.T.D. ...63
mangonar:	V.I.	19	marlotar:	V.T.D. ...19
mangonear:	V.I.	8	marmar:	V.I. ...21
mangonhar:	V.I.	19	marmorear:	V.T.D. ...8
mangrar:	V.I./V.T.D.	1	marmorizar:	V.T.D. ...1
manguear:	V.T.D.	8	marombar:	V.I. ...1
maniatar:	V.T.D./V.T.D.I.	21	marotear:	V.I. ...8
manietar:	V.T.D.	14	marralhar:	V.I./V.T.I. ...21
manifestar:	V.T.D./V.T.I.	14	marrar:	V.I. ...21
manilhar:	V.T.D.	1	marretar:	V.T.D. ...14
maninhar:	V.T.D.	1	marricar:	V.T.D. ...63
manipular:	V.T.D.	1	marroar:	V.T.D. ...18
manir:	V.I.	80	marroquinar:	V.T.D. ...1
manivelar:	V.I.	14	marrucar:	V.I. ...63
manjar:	V.T.D./V.T.I.	1	martelar:	V.T.D. ...14
manobrar:	V.T.D./V.T.I.	19	martelejar:	V.I./V.T.D. ...16
manocar:	V.I.	63	martirizar:	V.T.D. ...1
manotear:	V.I./V.T.D.	8	marujar:	V.I. ...1
manquecer:	V.I.	56	marulhar:	V.I. ...1
manquejar:	V.I./V.T.I.	16	mascabar:	V.T.D. ...21
manquitar:	V.I.	16	mascar:	V.I./V.T.D. ...21
mantar:	V.T.D.	1	mascarar:	V.T.D. ...21
mantear:	V.T.D.	8	mascarrar:	V.T.D. ...21
manter:	V.T.D.	7	mascatear:	V.I./V.T.D. ...8

mascavar:	V.T.D.	21
mascotar:	V.T.D.	19
masculinizar:	V.T.D.	1
massacrar:	V.T.D.	21
massajar;	V.T.D.	21
massembar:	V.T.D.	1
massificar:	V.T.D.	63
mastigar:	V.T.D.	29
mastrear:	V.T.D.	8
mastucar:	V.T.D.	63
masturbar-se:	V. Pr.	97
mata-bichar:	V.T.D.	1
matalotar:	V.T.D.	19
matar:	V.I./V.T.D.	21
matear:	V.I.	8
matejar:	V.I.	16
matematizar:	V.T.D.	1
materializar:	V.T.D.	1
maticar:	V.I.	63
matinar:	V.T.D.	1
matizar:	V.T.D.	1
matracar:	V.I.	21
matracolejar:	V.I.	16
matraquear:	V.I./V.T.D.I.	8
matraquejar:	V.I./V.T.D./V.T.D.I.	16
matreirar:	V.I.	1
matriar:	V.T.D.	1
matricular:	V.T.D.	1
matrimoniar:	V.T.D.	19
matrucar:	V.T.D.	63
maturar:	V.T.D.	1
maturrangar:	V.I.	29
maturrenguear:	V.I.	8
matutar:	V.I./V.T.D./V.T.I.	1
maximizar:	V.T.D.	1
maxixar:	V.I.	1
mazelar:	V.T.D.	14
mazurcar:	V.I.	63
meandrar:	V.I.	1
mear:	V.I./V.T.D.	8
mecanizar:	V.T.D.	1
mecanografar:	V.I./V.T.D.	21
mechar:	V.T.D.	1
medalhar:	V.T.D.	21
medianizar:	V.I.	1
mediar:	V.T.D./V.T.I.	1
mediatizar:	V.T.D./V.T.D.I.	1
medicamentar:	V.T.D.	1
medicar:	V.T.D.	63
medicinar:	V.T.D.	1
mediocrizar:	V.T.D.	1
medir:	V.T.D./V.T.D.I.	68
meditar:	V.I./V.T.D./V.T.I.	1
medrar:	V.I./V.T.D.	1
medular:	V.I.	1
meirinhar:	V.I.	1
melancolizar:	V.T.D.	1
melanizar:	V.T.D.	1
melar:	V.I./V.T.D.	14
melhorar:	V.T.D.	19
melificar:	V.T.D.	63
melifluentar:	V.T.D.	1
melindrar:	V.T.D.	1
melodiar:	V.I./V.T.D.	1
melodizar:	V.T.D.	1
melodramar:	V.T.D.	21
melodramatizar:	V.T.D.	1
memonizar:	V.T.D.	1
memorar:	V.T.D.	19
memoriar:	V.T.D.	1
memorizar:	V.T.D.	1
mencionar:	V.T.D.	19
mendigar:	V.T.D.	29
menear:	V.T.D.	8
mengar:	V.I.	29
menguenar:	V.T.D.	16
menoscabar:	V.T.D.	21
menosprezar:	V.T.D.	14
menstruar:	V.I.	27
mensurar:	V.T.D.	1
mentalizar:	V.T.D.	1
mentar:	V.T.D.	1
mentir:	V.I./V.T.I.	62
mercadejar:	V.I./V.T.D./V.T.I.	16
mercanciar:	V.I./V.T.D./V.T.I.	1
mercantilizar:	V.I./V.T.D./V.T.D.I.	1
mercar:	V.T.D.	63
mercerizar:	V.T.D.	1
mercurializar:	V.T.D.	1
merecer:	V.T.D.	56
merendar:	V.T.D.	1
merengar:	V.T.D.	29
mergulhar:	V.T.D.I./V.I./V.T.D./V.T.I.	1
mermar:	V.I./V.T.D.	14
merujar:	V.I.	1
mescabar:	V.T.D.	21
mesclar:	V.T.D./V.T.D.I.	1
mesquinhar:	V.T.D.I.	1
mestiçar:	V.T.D.	1
mesurar:	V.T.D.	1
metafisicar:	V.T.D.	63
metaforizar:	V.T.D.	1
metalizar:	V.T.D.	1
metamerizar:	V.T.D.	1
metamorfosear:	V.T.D./V.T.D.I.	8
meteorizar:	V.T.D.	1
meter:	V.T.D.I.	17
metodizar:	V.T.D.	1
metralhar:	V.T.D.	21
metrificar:	V.I./V.T.D.	63

Verbo	Classificação	Nº
mexelhar:	V.T.D./V.T.I.	16
mexer:	V.I./V.T.D./V.T.D.	17
mexericar:	V.I./V.T.D.	63
mexerucar:	V.T.D.	63
mezinhar:	V.T.D.	1
miar:	V.I.	1, 89
micar:	V.I.	63
microgravar:	V.T.D.	21
mictar:	V.I./V.T.D.	1
migalhar:	V.T.D.	21
migar:	V.T.D.	29
migrar:	V.I./V.T.I.	1
mijar:	V.I./V.T.D.	1
militar:	V.I./V.T.I.	1
militarizar:	V.T.D.	1
mimar:	V.T.D.	1
mimicar:	V.I./V.T.D.	63
mimosear:	V.T.D./V.T.D.I.	8
minar:	V.I./V.T.D.	1
mineralizar:	V.T.D.	1
minerar:	V.I./V.T.D.	14
mingar:	V.T.I.	29
minguar:	V.T.I./V.I.	27
miniaturar:	V.T.D.	1
minimizar:	V.T.D.	1
ministrar:	V.T.D./V.T.D.I.	1
minorar:	V.T.D.	19
minotaurizar:	V.T.D.	1
minudar:	V.T.D.	1
minudenciar:	V.T.D.	1
minuir:	V.I./V.T.I./V.T.D./V.T.D.I.	44
minutar:	V.T.D.	1
mirar:	V.T.D.	1
mirificar:	V.T.D.	63
mirrar:	V.I./V.T.D.	1
miscrar:	V.T.D.	1
miserar:	V.T.D.	14
missar:	V.I./V.T.D.	1
missionar:	V.T.D.	19
mistificar:	V.T.D.	63
misturar:	V.T.D./V.T.D.I.	1
mitificar:	V.T.D.	63
mitigar:	V.T.D.	29
mitrar:	V.T.D.	1
miudar:	V.I./V.T.D.	1
miudear:	V.T.D./V.T.D.I.	8
mixorofar:	V.T.D.	19
mobilar:	V.T.D.	1
mobiliar:	V.T.D.	38
mobilizar:	V.T.D.	1
mochar:	V.T.D.	19
modalizar:	V.T.D.	1
modelar:	V.T.D.	14
moderar:	V.T.D.	14
modernizar:	V.T.D.	1
modicar:	V.T.D.	63
modificar:	V.T.D.	63
modilhar:	V.I./V.T.D.	1
modorrar:	V.I./V.T.D.	19
modular:	V.I./V.T.D.	1
moer:	V.I./V.T.D.	22
mofar:	V.T.D	19
mofumbar:	V.T.D.	1
moinar:	V.I.	1
moinhar:	V.I.	1
moirar:	V.I./V.T.D.	1
moirejar:	V.T.D.	16
moldar:	V.T.D.	19
moldurar:	V.T.D.	1
molejar:	V.I.	16
molengar:	V.I.	29
molestar:	V.T.D.	14
molhar:	V.T.D.	19
molificar:	V.T.D.	63
molinar:	V.T.D.	1, 89
molinhar:	V.T.D.	1
momear:	V.T.D	8
monarquizar:	V.T.D.	1
moncar:	V.I.	63
mondar:	V.T.D.	1
monetizar:	V.T.D.	1
monferir:	V.T.D.	62
monir:	V.T.D.	81
monoculizar:	V.T.D.	1
monodiar:	V.I.	1
monografar:	V.T.D.	21
monologar:	V.I.	29
monopolizar:	V.T.D.	1
monotonizar:	V.T.D.	1
montar:	V.I./V.T.D./V.T.I./V.T.D.	1
montear:	V.T.D.	8
monumentalizar:	V.T.D.	1
moquear:	V.T.D.	8
moralizar:	V.T.D.	1
morangar:	V.I.	29
morar:	V.T.D./V.T.I.	19
morcegar:	V.T.D.	29
morder:	V.I./V.T.D.	15
mordicar:	V.T.D.	63
mordiscar:	V.T.D.	63
mordomar:	V.T.D.	19
morfinizar:	V.T.D.	1
morigerar:	V.T.D.	14
mornar:	V.T.D.	19
morraçar:	V.I.	32
morrer:	V.I.	15
morrinhar:	V.I.	1
morsegar:	V.T.D.	29
mortalhar:	V.T.D.	21
mortificar:	V.T.D.	63

moscar:	V.I.	63
mosquear:	V.T.D.	8
mosquetear:	V.T.D.	8
mossar:	V.T.D.	19
mossegar:	V.T.D.	29
mostrar:	V.T.D./V.T.D.I.	19
mostrengar:	V.T.D.	29
motejar:	V.I./V.T.D.	16
motinar:	V.T.D.	1
motivar:	V.T.D./V.T.D.I.	1
motorizar:	V.T.D.	1
mourar:	V.I.	1
mourejar:	V.I.	16
mover:	V.I/V.T.D./V.T.I./V.T.D.I.	15
movimentar:	V.T.D.	1
moxamar:	V.T.D.	21
mudar:	V.T.D.I./V.T.D./V.I./V.T.I.	1
muemar:	V.T.D.	16
muenar:	V.T.D.	16
mufetar:	V.T.D.	14
mugir:	V.I.	92
multar:	V.T.D.	1
multicolorir:	V.T.D.	80
multipartir:	V.T.D.	11
multiplicar:	V.I./V.T.D./V.T.D.I.	63
mumificar:	V.T.D.	63
mundanizar:	V.T.D.	1
mundificar:	V.T.D.	63
mungir:	V.T.D.	65
mungumunar:	V.T.D.	1
municiar:	V.T.D.	1
municionar:	V.T.D.	19
municipalizar:	V.T.D.	1
munir:	V.T.D./V.T.D.I.	82
munquir:	V.I.	44
muralhar:	V.T.D.	21
murar:	V.T.D.	1
murchar:	V.I./V.T.D.	1
murchecer:	V.I./V.T.D.	56
murmulhar:	V.I.	1
murmurar:	V.I./V.T.D./V.T.I./V.T.D.I.	1
murmurejar:	V.I.	16
murmurinhar:	V.I.	1
muscular:	V.T.D.	1
musgar:	V.T.D.	29
musicar:	V.I./V.T.D.	63
mussitar:	V.I./V.T.D.	1
mutilar:	V.T.D.	1
mutuar:	V.T.D./V.T.D.I.	27
muximar:	V.T.D.	1
muxoxar:	V.I.	19

N

nacar:	X	63
nacarar:	V.T.D.	21
nacionalizar:	V.T.D./V. Pr.	1
nadar:	V.I./V.T.D./V.T.I.	21
namorar:	V.Pr./V.I/V.T.D./V.T.I.	19
namoricar:	V.I./V.T.D.	63
namoriscar:	V.I./V.T.D.	63
nanar:	V.T.D.	1
narcisar-se:	V. Pr.	97
narcotizar:	V.T.D.	1
narrar:	V.T.D./V.T.D.I.	21
nasalar:	V.T.D./V. Pr.	21
nasalizar:	V.T.D./V. Pr.	1
nascer:	V.I./V.T.I.	56
nastrar-se:	V. Pr.	97
naturalizar:	V.T.D./V. Pr.	1
naufragar:	V.I./V.T.D.	29
nausear:	V.I./V.T.D./V. Pr.	8
navalhar:	V.T.D.	21
navegar:	V.I./V.T.D.	29
neblinar:	V.I.	87
nebrinar:	V.I.	87
nebular:	V.T.D.	87
nebulizar:	V.T.D.	87
necear:	V.I.	8
necessitar:	V.I./V.T.D./V.T.I/V.T.D.I.	1
necrosar:	V.I./V.T.D.	19
nectarizar:	V.T.D.	1
negacear:	V.I./V.T.D.	8
negar:	V.I./V.T.D./V.T.D.I./V. Pr.	29
negativar:	V.T.D.	1
negligenciar:	V.T.D./V. Pr.	1
negociar:	V.T.D./V.I./V.T.I./V.T.D.I.	1
negrejar:	V.I./V.T.D.	16
nenecar:	V.T.D.	63
neurastenizar:	V.I/V.T.D./V. Pr.	1
neutralizar:	V.T.D. V. Pr.	1
nevar:	V.I./V.T.D./V. Pr.	87
neviscar:	V.I.	63
nevoaçar:	V.I.	87
nevoar-se:	V. Pr.	18, 97
nevoentar:	V.I.	87
nicar:	V.T.I/V.T.D.	63, 89
nicotizar:	V.T.D.	1
nidificar:	V.I.	63
nigelar:	V.T.D.	14
nimbar:	V.T.D.	1
ninar:	V.I./V.T.D./V. Pr.	1
ninclitar:	V.I./V.T.D.	1
ninhar:	V.I.	1
niquelar:	V.T.D.	14

nitratar:	V.T.D./V. Pr. 21
nitrificar:	V.T.D./V. Pr. 63
nitrir:	V.I. 11
nivelar:	V.T.D./V.T.I. 14
nobilitar:	V.T.D./V. Pr. 1
nobrecer:	V.T.D./V. Pr. 56
noctambular:	V.I. 1
nodoar:	V.T.D./V. Pr. 18
noitecer:	V.I. 56
noivar:	V.I./V.T.D. 1
nomear:	V.T.D./V. Pr. 8
nomenclar:	V.T.D. 1
nomenclaturar:	V.T.D. 1
nordestear:	V.I. 8
normalizar:	V.I./V.T.D./V. Pr. 1
noroestar:	V.I. 14
nortear:	V.T.D./V. Pr. 8
notabilizar:	V.T.D./V. Pr. 1
notar:	V.T.D. 19
noticiar:	V.T.D./V.T.D.I./V. Pr. 1
notificar:	V.T.D. 63
novelar:	V.I. 14
noviciar:	V.I./V.T.I. 1
nublar:	V.T.D./V. Pr. 87
nulificar:	V.T.D.I./V. Pr. 63
numerar:	V.T.D./V.T.D.I. 14
nunciar:	V. Pr./V.I./V.T.D./V.T.D.I. 1
nutar:	V.I. 1
nutrificar:	V.T.D. 63
nutrir:	V. Pr./V.I./V.T.D./V.T.D.I. 11

O

obcecar:	V.T.D. 63
obdurar:	V.T.D./V. Pr. 1
obedecer:	V.T.I./V.I. 56
oberar:	V.T.D./V. Pr. 14
obfirmar:	V.I.;/V.T.I. 1
objetar:	V.T.D./V.T.I./V.T.D.I. 1
objetivar:	VT.D. 1
objurgar:	V.T.D./V.T.D.I. 29
oblatar:	VT.D./V.T.D.I. 21
obliquar:	V.I./V.T.D./V. Pr. 27
obliterar:	V.T.D./V. Pr. 14
obnubilar:	V.T.D./V. Pr. 1
obradar:	V.T.D./V.T.D.I. 21
obrar:	V.I./V.T.D./V. Pr. 19
obrigar:	V. Pr./V.T.D./V.T.D.I. 29
ob-rogar:	V. Pr. 29
obscurantizar:	V.T.D. 1
obscurecer:	V. Pr./V.I./V.T.D. 56
obsecrar:	V.T.D./V.T.D.I. 14
obsedar:	V.T.D. 14
obsequiar:	V.T.D./V.T.D.I. 1
observar:	V.I./V.T.D./V. Pr. 14
obsidiar:	V.T.D. 1
obstar:	V.T.D./V.T.I. 1
obstinar:	V.T.D./V. Pr. 1
obstipar:	V.T.D. 1
obstringir:	V.T.D. 65
obstruir:	V.T.D./V. Pr. 44
obtemperar:	V.T.I/V.T.D.I/ V.I/V.T.D 14
obter:	V.T.D. 7
obtestar:	V.T.D./V.T.D.I. 14
obtundir:	V.T.D. 11
obturar:	V.T.D. 1
obumbrar	V.T.D. V. Pr. 1
obviar:	V.T.D./V.T.I. 1
obvir:	V.T.I. 72
ocar:	V.T.D. 63
ocasionar:	V. Pr./V.T.D./V.T.D.I. 19
ocidentalizar:	V.T.D./V. Pr. 1
ocorrer:	V.I./V.T.I. 90*
octuplicar:	V. Pr./V.I./V.T.D. 63
ocultar:	V. Pr./V.T.D./V.T.D.I. 1
ocupar:	V.I./V.T.D./V. Pr. 1
ocursar:	V.I. 1
odiar:	V.Pr./V.I./V.T.D./V.T.D.I. 24
adorar:	V.I/V.T.D./V. Pr. 19
odorizar:	V.T.D. 1
ofegar:	V.I. 29
ofender:	V.T.D./V. Pr. 10
oferecer:	V.T.D./V. Pr. 76
oferecer-se:	V. Pr. 98
oferendar:	V.T.D. 1
ofertar:	V. Pr./V.T.D./V.T.D.I. 14
oficializar:	V.T.D. 1
oficiar:	V.T.D./V.T.I./V.I. 1
ofuscar	V.I./V.T.D./V. Pr. 63
oirar:	V.I./V.T.D./V. Pr. 1
oirejar:	V.T.D. 16, 89
oiriçar:	V.T.D./V. Pr. 32
oitavar:	V.T.D. 1
oleaginar:	V.I. 1
olear:	V.T.D. 8
olfatar:	V.T.D. 21
olhar:	V.I./V.T.D./V.T.I./V. Pr. 19
olorizar:	V.T.D. 1
olvidar:	V.T.D./V. Pr. 1
ombrear:	V.T.D./V.T.I. 8
ominar:	V.T.D./V. Pr. 1
omitir:	V.T.D./V. Pr. 11
ondear:	V.I./V.T.D./V. Pr. 8
ondejar:	V.I. 16
ondular:	V.I./V.T.D./ V. Pr. 1
onerar:	V.T.D./V.T.D.I./V. Pr. 14

Verbo	Classificação	Nº
onzerar:	V.T.D.	14
opalizar:	V.T.D./V. Pr.	1
opar:	V.I./V.T.D./V. Pr.	19
operar:	V. Pr./V.I./V.T.D./V.T.I./V.T.D.I.	14
opiar:	V.T.D.	1
opilar:	V.T.D./V. Pr.	1
opinar:	V.T.D./V.I./V.T.I.	1
opor:	V.T.D./V.T.D.I./V. Pr.	77
oprimir:	V.I./V.T.D.	11
optar:	V.I./V.T.D./V.T.I.	19
opugnar:	V.T.D.	1
opulentar:	V.T.D./V. Pr.	1
oracular:	V.I./V.T.I.	1
oraculizar:	V.I./V.T.I.	1
orar:	V.I./V.T.I.	19
orçamentar:	V.T.D.	1
orçar:	V.I./V.T.D./V.T.I./V.T.D.I.	19
ordenar:	V. Pr./V.I./V.T.D./V.T.I./V.T.D.I.	1
ordenhar:	V.I./V.T.D.	8
orear:	V.I./V.T.D.	8
orelhar:	V.T.D.	16
orfanar:	V.T.D./V. Pr.	21
organizar:	V.T.D./V. Pr.	1
organsinar:	V.T.D.	1
orgulhar:	V.T.D./V. Pr.	1
orgulhecer:	V.T.D.	56
orientalizar:	V.T.D./V. Pr.	1
orientar:	V.T.D./V.T.D.I./V. Pr.	1
originar:	V.T.D./V. Pr.	1
orlar:	V.T.D./V. Pr.	19
ornamentar:	V.T.D./V. Pr.	1
ornar:	V.T.D./V. Pr.	1
ornear:	V.I.	8
ornejar:	V.I.	89
orquestrar:	V.T.D./V. Pr.	14
ortigar:	V.T.D.	29
ortografar:	V.I./V.T.D.	21
orvalhar:	V.I./V.T.D./V. Pr.	21
oscilar:	V.I./V.T.D./V.T.I.	1
oscitar:	V.I.	1
oscular:	V.T.D./V. Pr.	1
osmar:	V.T.D.	1
ossificar:	V.I./V.T.D./V. Pr.	63
ostentar:	V.I./V.T.D./V. Pr.	1
otimizar:	V.T.D.	1
ougar:	V.I.	29
ourar:	V.I./V.T.D./V. Pr.	1
ourejar:	V.T.D.	89
ouriçar:	V.T.D./V. Pr.	1
ousar:	V.I./V.T.D./V.T.I.	1
ousecrar:	V.T.D.	14
outar:	V.T.D.	1
outonar:	V.I./V.T.D./	87
outorgar:	V.T.D./V.T.I./V.T.D.I./V. Pr.	29
ouvir:	V.I./V.T.D./V.T.I.	55
ovacionar:	V.T.D.	19
ovalar:	V.T.D.	21
ovalizar:	V.T.D.	1
ovar:	V.I./V.T.D.	1
oxidar:	V.T.D./V. Pr.	1
oxidular:	V.T.D.	1
oxigenar:	V.T.D./V. Pr.	16
oxitonizar:	V.T.D.	1
ozonar:	V.T.D.	19
ozonificar:	V.T.D./V. Pr.	63
ozonizar:	V.T.D.	1

P

Verbo	Classificação	Nº
pabular:	V.I./V.T.D./V. Pr.	1
pacificar:	V.T.D./V. Pr.	63
pactear:	V.T.D./V.T.I.	8
pactuar:	V.T.D./V.T.I.	27
padecer:	V.I./V.T.D./V.T.I.	56
padejar:	V.I./V.T.D.	16
padrar-se:	V. Pr.	97
padrear:	V.I.	88*
padronizar:	V.T.D.	1
paducar:	V.T.D.	63
paganizar:	V.I./V.T.D./V. Pr.	1
pagar:	V.I./V.T.D./V.T.I./V.T.D.I./V. Pr.	29
paginar:	V.I./V.T.D.	1
pagodear:	V.I/V.T.I.	8
pairar:	V.I./V.T.I.	1
pajear:	V.T.D.	8
palancar:	V.T.D.	63
palatalizar:	V.T.D.	1
palatizar:	V.T.D.	1
palavrear:	V.I./V.T.I.	8
palear:	V.I./V.T.D.	8
palestrar:	V.I./V.T.D./V.T.I.	14
palestrear:	V.I./V.T.D./V.T.I.	8
palhetar:	V.I./V.T.D./V.T.I.	14
palhetear:	V.I./V.T.D./V.T.I.	8
paliar:	V.I./V.T.D.	5
palidejar:	V.I./V.T.D.	16
palificar:	V.T.D.	63
palitar:	V.I./V.T.D./V. Pr.	1
palmar:	V.T.D./V.T.D.I.	1
palmatoar:	V.T.D.	18
palmatoriar:	V.T.D.	1
palmear:	V.I./V.T.D.	8
palmejar:	V.I.	19

Verbo	Classificação	Nº
palmetear:	V.T.D.	8
palmilhar:	V.I./V.T.D.	1
palomar:	V.T.D.	16
palombar:	V.T.D.	19
palorejar:	V.T.D.	16
palpabilizar:	V.T.D.	1
palpar:	V.T.D./V.T.D.I./V. Pr.	21
palpitar:	V.I./V.T.D./V.T.I.	1
palrar:	V.I./V.T.D.	21
palrear:	V.I./V.T.D.	8
panar:	V.T.D.	21
pancar:	V.T.D.	63
pandear:	V.T.D.	8
pandegar:	V.I.	29
pandilhar:	V.I.	1
pandulhar:	V.I.	1
panegiricar:	V.T.D.	63
panejar:	V.I./V.T.D.	16
pangaiar:	V.I.	21
pangar:	V.T.D.	29
panificar:	V.T.D.	63
panriar:	V.I.	1
pantear:	V.I./V.T.D.	8
pantomimar:	V.I./V.T.D.	1
pantominar:	V.I./V.T.D.	1
papaguear:	V.I./V.T.D.	8
papar:	V.Pr./V.I./V.T.D./V.T.D.I.	21
paparicar:	V.I./V.T.D.	63
paparrotear:	V.I./V.T.D.	8
papear:	V.I./V.T.I.	8
papejar:	V.I.	16
papujar:	V.I.	1
paquerar:	V.I./V.T.D.	14
parabenizar:	V.T.D.	1
parabolizar:	V.I.	1
paracletear:	V.T.D.	8
paradoxar:	V.I.	1
parafinar:	V.T.D.	1
parafinizar:	V.T.D.	1
parafrasear:	V.T.D.	8
parafusar:	V.I./V.T.D./V.T.I.	1
paragonar:	V.T.D.	19
paragrafar:	V.T.D.	21
paralelizar:	V.T.D.	1
paralisar:	V.I./V.T.D./V. Pr.	1
paramentar:	V.T.D./V. Pr.	1
parangonar:	V.T.D.	1
paraninfar:	V.T.D.	1
parapeitar:	V.T.D.	1
parar:	V.I.	21
parasitar:	V.I./V.T.D.	1
parcelar:	V.T.D./V.T.D.I.	14
parchear:	V.T.D.	8
parcializar:	V.T.D./V.T.D.I./V. Pr.	1
pardejar:	V.I.	16
parear:	V.T.D.	8
parecer:	V.I./V.T.I./V. Pr.	56
patentear:	V.T.D.	8
paresiar:	V.T.D.	1
parir:	V.I./V.T.D.	86
parlamentar:	V.I./V.T.I.	1
parlamentear:	V.I./V.T.I.	8
parlapatear:	V.I./V.T.I.	8
parlar:	V.I./V.T.I.	21
parodiar:	V.T.D.	1
parolar:	V.I./V.T.I.	19
parolear:	V.I./V.T.I.	8
paroquiar:	V.I./V.T.D.	1
parouvelar:	V.I.	14
parrar-se:	V. Pr.	97
partejar:	V.I./V.T.D.	16
participar:	V.T.D./V.T.I.	1
particularizar:	V.T.D./V. Pr.	1
partilhar:	V.T.D./V.T.I.	1
partir:	V.I.	11
parturejar:	V.T.D.	16
parturir:	V.I.	11
parvoeirar:	V.I.	1
parvoejar:	V.I.	16
pascentar:	V.T.D./V.T.D.I./V. Pr.	1
pascer:	V.I./V.T.D./V. Pr.	56
pascoar:	V.I.	18
pasmacear:	V.I.	8
pasmar:	V.I./V.T.D.I./V. Pr.	21
pasquinar:	V.I./V.T.D.	1
passagear:	V.T.D.	8
passajar:	V.T.D.	21
passamanar:	V.T.D.	21
passar:	V.I./V.T.D./V.T.I./V. Pr.	21
passarinhar:	V.I./V.T.D.	1
passaritar:	V.I./V.T.D.	1
passear:	V.I./V.T.D.	8
passinhar:	V.I.	1
passivar:	V.T.D.	1
pastar:	V.I./V.T.D./V.T.I.	21
pastejar:	V.I./V.T.D.	16
pasteurizar:	V.T.D.	1
pastichar:	V.I./V.T.D.	1
pastinhar:	V.I./V.T.D./V.T.I.	1
pastorar:	V.T.D.	19
pastorear:	V.I./V.T.D.	8
pastorejar:	V.T.D.	16
pataratear:	V.I./V.T.D./V.T.I.	8
patear:	V.I./V.T.D.	8
pategar:	V.I.	29
patejar:	V.I./V.T.D.	16
patentear:	V.T.D./V.T.D.I./V. Pr.	8
patetar:	V.I./V.T.D.	1
patinar:	V.I./V.T.D.	1
patinhar:	V.I.	1

Verbo	Classificação	Nº
patornear:	V.I.	8
patrizar:	V.I.	1
patrocinar:	V.T.D.	1
patronear:	V.I./V.T.D.	8
patrulhar:	V.I./V.T.D.	1
patuscar:	V.I.	63
paulificar:	V.I./V.T.D.	63
pausar:	V.I./V.T.D.	1
pautar:	V.T.D./V. Pr.	1
pautear:	V.I.	8
pavejar:	V.T.D.	16
pavesar:	V.I./V.T.D.	14
pavimentar:	V.T.D.	1
pavonear:	V.I./V.T.D./V. Pr.	8
pazear:	V.I.	8
paziguar:	V.T.D./V. Pr.	27
pealar:	V.T.D.	21
pear:	V.T.D.	8
pecar:	V.I./V.T.I.	63
pechinchar:	V.I./V.T.D.	1
pecorear:	V.I.	8
pectar:	V.I.	1
pedalar:	V.I. V.T.D.	21
pedantear:	V.I.	8
pedinchar:	V.I./V.T.D.	1
pedintar:	V.I./V.T.D.	1
pedir:	V.I./V.T.D./V.T.I.	68
pegá-lo:	V. Pr.	101
peganhar:	V.T.D.	21
pegar:	V.I.	29
peguilhar:	V.I.	1
peguinhar:	V.I./V.T.D.	1
peidar:	V.I.	1
peinar-se:	V. Pr.	97
peitar:	V.T.D.	1
pejar:	V.I./V.T.D.I.	16
pejorar:	V.T.D.	19
pelar:	V.I./V.T.D./V. Pr.	14
pelejar:	V.I./V.T.D./V.T.I.	16
pelicular:	V.T.D.	1
pelintrar:	V.T.D.	1
penalizar:	V.T.D./V. Pr.	1
penar:	V.I./V.T.D./V. Pr.	16
pendenciar:	V.I./V.T.I.	1
pender:	V.I./V.T.D./V.T.I.	10
pendoar:	V.I.	18
pendular:	V.I./V.T.D.	1
pendulear:	V.I./V.T.D.	8
pendurar:	V.T.D./V.T.D.I./ V. Pr.	1
peneirar:	V.I./V.T.D./V. Pr.	1
penejar:	V.T.D.	16
penetrar:	V.I./V.T.D./V.T.D.I.	14
penhorar:	V.T.D./V.T.D.I./V. Pr.	19
penicar:	V.T.D.	63
peniscar:	V.I.	63
penitenciar:	V.T.D./V. Pr.	1
pensar:	V.I./V.T.D./V.T.I.	1
pensionar:	V.T.D./V.T.D.I.	19
pentear:	V.I./V.T.D./V. Pr.	8
penujar:	V.I.	89
penumbrar:	V.I./V.T.D.	1
peptizar:	V.T.D.	1
peptonizar:	V.T.D.	1
peraltear:	V.I.	8
peralvilhar:	V.I.	1
perambular:	V.I.	1
percalçar:	V.I./V.T.D.	32
perceber:	V.T.D.	17
percecionar:	V.T.D.	19
percolar:	V.T.D.	19
percorrer:	V.T.D.	15
percutir:	V.T.D.	11
perder:	V.I./V.T.D./V. Pr.	30
perdigotar:	V.I.	19
perdoar:	V.I./V.T.D./V.T.I.	18
perdurar:	V.I./V.T.I.	1
perecer:	V.I.	56
peregrinar:	V.I./V.T.D./V.T.I.	1
perenizar:	V.T.D./V. Pr.	1
pererecar:	V.I.	63
perfazer:	V.T.D.	61
perfectibilizar:	V.T.D.	1
perfeiçoar:	V.T.D./V.T.D.I./V. Pr.	56
perfilar:	V.T.D./V.T.D.I./V. Pr.	1
perfilhar:	V.I./V.T.D.	1
perfumar:	V.T.D./V. Pr.	1
perfurar:	V.T.D.	1
perguntar:	V.I./V.T.D./V.T.I./V. Pr.	1
periclitar:	V.T.D.	1
perifrasear:	V.I./V.T.D.	8
perigar:	V.I.	29
perimir:	V.T.D.	11
periodizar:	V.T.D.	10
peripatetizar:	V.T.D.	1
perjurar:	V.I./V.T.D./V.T.I.	1
perlar:	V.T.D.	14
perlavar:	V.T.D./V.T.D.I.	21
perlongar:	V.T.D.	29
perlustrar:	V.T.D.	1
perluzir:	V.T.D.	70
permanecer:	V.I./V.T.I.	56
permanganizar:	V.T.D.	1
permeabilizar:	V.T.D./V. Pr.	1
permear:	V.I./V. Pr.	8
permitir:	V.T.D./V.T.D.I.	11
permutar:	V.T.D./V.T.D.I.	1
pernar:	V.T.D.	14
pernear:	V.I.	8
pernoitar:	V.I.	1
perolar:	V.T.D.	19

perolizar:	V.T.D. ... 1
perorar:	V.I./V.T.D./V.T.I. ... 19
peroxidar:	V.T.D. ... 1
perpassar:	V.I./V.T.D. ... 21
perpetrar:	V.T.D. ... 14
perpetuar:	V.T.D./V. Pr. ... 27
perquirir:	V.I./V.T.D. ... 11
perrear:	V.T.D. ... 8
perscrutar:	V.I./V.T.D. ... 1
perseguir:	V.T.D./V. Pr. ... 40
perseverar:	V.I./V.T.I. ... 14
persignar-se:	V. Pr. ... 97
persistir:	V.I./V.T.I. ... 11
persolver:	V.T.D. ... 15
personalizar:	V.I./V.T.D. ... 1
personificar:	V.T.D. ... 63
perspectivar:	V.T.D. ... 1
perspetivar:	V.T.D. ... 1
perspirar:	V.I./V.T.D. ... 1
persuadir:	V.I./V.T.D./V.T.D.I. ... 11
pertar:	V.T.D. ... 14
pertencer:	V.T.I. ... 56
pertentar:	V.T.D. ... 1
pertransir:	V.T.D. ... 11, 86
perturbar:	V.T.D./V. Pr. ... 1
pervagar:	V.I./V.T.D. ... 21
pervencer:	V.T.D. ... 56
perverter:	V.T.D./V. Pr. ... 17
pesar:	V.I./V.T.D./V.T.I. ... 14
pescar:	V.I./V.T.D./V.T.I. ... 63
pesgar:	V.T.D. ... 29
pespegar:	V.T.D./V.T.D.I. ... 29
pespontar:	V.T.D. ... 1
pespontear:	V.T.D. ... 8
pesquisar:	V.I./V.T.D. ... 1
pessoalizar:	V.T.D. ... 1
pestanear:	V.I. ... 8
pestanejar:	V.I. ... 16
pestiferar:	V.T.D. ... 14
petar:	V.I. ... 14
petardar:	V.T.D. ... 21
petardear:	V.T.D. ... 8
petarolar:	V.I. ... 19
petear:	V.I. ... 8
petegar:	V.T.D. ... 29
peticionar:	V.I./V.T.D. ... 19
petiscar:	V.I./V.T.D./V.T.I. ... 63
petitar:	V.T.I. ... 1
petrechar:	V.T.D. ... 16
petrificar:	V.T.D./V. Pr. ... 63
peçonhentar:	V.I./V.T.D. ... 1
piafar:	V.T.D. ... 1
pianizar:	V.T.D. ... 1
piar:	V.I./V.T.D. ... 1, 89
picar:	V.I./V.T.D./V. Pr. ... 63
pichar:	V.I./V.T.D. ... 1
picotar:	V.T.D. ... 19
pifar:	V.I./V.T.D./V.T.D.I. ... 1
pigarrear:	V.I. ... 8
pigmentar:	V.T.D/V. Pr. ... 1
pilar:	V.T.D. ... 1
pildar:	V.I. ... 1
pilhar:	V.T.D./V. Pr. ... 1
pilheriar:	V.I./V.T.D. ... 1
pilotar:	V.I./V.T.D. ... 19
pilular:	V.T.D. ... 1
pimpar:	V.I. ... 1
pimpolhar:	V.T.D. ... 19
pimponar:	V.I. ... 19
pimponear:	V.I. ... 8
pinar:	V.T.D. ... 1
pinçar:	V.T.D. ... 1
pincelar:	V.T.D. ... 14
pinchar:	V.I./V.T.D./V.T.I./V.T.D.I. ... 1
pindarizar:	V.I./V.T.D. ... 1
pingar:	V.I./V.T.D./V.T.I. ... 29
pinotear:	V.I. ... 8
pintainhar:	V.T.D. ... 1
pintalgar:	V.T.D. ... 29
pintar:	V.I./V.T.D./V.T.I. ... 1
piorar:	V.I./V.T.D. ... 19
piparotar:	V.I. ... 19
pipiar:	V.I./V.T.D. ... 1, 89
pipilar:	V.I./V.T.D. ... 1, 89
pipitar:	V.I./V.T.D. ... 1, 89
pipocar:	V.I. ... 63
piquetar:	V.T.D. ... 14
piquetear:	V.T.D. ... 8
pirangar:	V.I./V.T.D./V.T.D.I. ... 29
pirar:	V.I./V.T.D. ... 1
piratear:	V.I./V.T.D. ... 8
pirilampear:	V.I. ... 88*
pirogravar:	V.I./V.T.D. ... 21
pirraçar:	V.I./V.T.D. ... 32
piruetar:	V.I. ... 14
pisar:	V.I./V.T.D./V.T.I. ... 1
piscar:	V. Pr./V.I./V.T.P.I. ... 63
pisgar-se:	V. Pr. ... 97
pisoar:	V.T.D. ... 18
pissitar:	V.I. ... 1
pistar:	V.I. ... 89
pitadear:	V.I./V.Pr/V.T.D ... 8
pitar:	V.I./V.T.D. ... 1
placar:	V.I./V.T.D./V. Pr. ... 63
plagiar:	V.T.D. ... 1
planar:	V.I. ... 21
planear:	V.T.D. ... 8
planejar:	V.T.D. ... 8
planger:	V.I./V.T.D. ... 36
planificar:	V.T.D. ... 63

planizar:	V.T.D.	1	
plantar:	V.I./V.T.P.	1	
plasmar:	V.T.P.	21	
plasticizar:	V.T.D./V.Pr.	1	
plastificar:	V.T.D.	63	
platinar:	V.T.D.	1	
platonizar:	V.I./V.T.D.	1	
plebeizar:	V.T.D.	1	
plebiscitar:	V.T.D.	1	
pleitear:	V.I./V.T.D./V.T.I.	8	
plenificar:	V.T.D.	63	
pletorizar:	V.T.D.	1	
plicar:	V.T.D.	63	
plissar:	V.T.D.	1	
plumar:	V.T.D.	1	
plumbear:	V.T.D.	8	
pluralizar:	V.T.D.	1	
plutarquizar:	V.I.	1	
podar:	V.T.D.	19	
poder:	V.I./V.T.D./V.T.I.	45	
podometrar:	V.T.D.	14	
poer:	V. BITROENSTIO?	22	
poetar:	V.I./V.T.D.	1	
poetificar:	V.T.D.	63	
poetizar:	V.I./V.T.D.	1	
poiar:	V.I./V.T.D.	1	
poisar:	V.I./V.T.D./V.T.D.I./V.Pr.	1	
poitar:	V.T.D.	1	
pojar:	V.I./V.T.D.	19	
polarizar:	V.T.D./V. Pr.	1	
polcar:	V.I.	63	
polear:	V.T.D.	8	
polemicar:	V.I./V.T.D.	63	
polemizar:	V.I./V.T.I.	1	
policiar:	V.T.D./V. Pr.	1	
polimerizar:	V.T.D.	1	
polinizar:	V.I./V.T.D.	1	
polir:	V.T.D./V. Pr.	75	
politicar:	V.I.	63	
politizar:	V.T.D./V. Pr.	1	
poltronear:	V.I.	8	
poluir:	V.T.D./V. Pr.	11	
polvilhar:	V.T.D./V. Pr.	1	
polvorizar:	V.T.D./V. Pr.	1	
pombear:	V.I./V.T.D.	8	
pombeirar:	V.I./V.T.D.	1	
pomificar:	V.I.	63	
pompear:	V.I./V.T.D.	8	
ponderar:	V.T.D./V.T.I.	14	
pontaletar:	V.T.D.	14	
pontapear:	V.T.D.	8	
pontar:	V.I./V.T.D.	1	
pontear:	V.I./V.T.D.	8	
pontificar:	V.I.	63	
pontilhar:	V.T.D.	1	
pontoar:	V.I./V.T.D./V. Pr.	18	
pontuar:	V.I./V.T.D.	27	
popularizar:	V.T.D./V. Pr.	1	
porejar:	V.I./V.T.D.	16	
porfender:	V.T.D.	10	
porfiar:	V.I./V.T.D./V.T.I.	1	
porfirizar:	V.T.D.	1	
pormenorizar:	V.I./V.T.D.	1	
pornografar:	V.I./V.T.D.	21	
portar:	V.I./V.T.D./V.T.D.I.	19	
portear:	V.T.D.	8	
portuchar:	V.T.D.	1	
portugalizar:	V.T.D/V. Pr.	1	
portuguesar:	V.T.D./V. Pr.	14	
posar:	V.I./V.T.I.	19	
pôr:	V.I./V.T.D./V.T.D.I.	77	
pós-datar:	V.T.D.	21	
posicionar:	V.T.D./V. Pr.	19	
positivar:	V.T.D./V. Pr.	1	
pospor:	V.T.D./V.T.D.I.	77	
possibilitar:	V.T.D.I	1	
possuir:	V.T.D./V. Pr.	44	
postar:	V.T.D./V. Pr.	19	
postejar:	V.T.D.	16	
postergar:	V.T.D.	29	
posterizar:	V. Pr.	1	
postilar:	V.T.D.	1	
postular:	V.T.D./V.T.D.I	1	
potenciar:	V.T.D.	1	
poupar:	V.I./V.T.D./V.T.D.I./V.Pr.	1	
pousar:	V.I./V.T.D./V.T.D.I./V. Pr.	1	
poutar:	V.I/V.T.D.	1	
povoar:	V.T.D./V.T.D.I./V. Pr.	18	
pracear:	V.T.D.	8	
pracejar:	V.T.D.	16	
pradejar:	V.T.D.	16	
pragar:	V.I./V.T.D./V.T.I.	29	
praguejar:	V.I./V.T.D./V.T.I.	16	
pranchar:	V.T.D.	1	
pranchear:	V.I./V.I.D.	8	
prantar:	V.I./V.T.D./V. Pr.	1	
prantear:	V.I./V.T.D./V.T.I./V.Pr.	8	
pratear:	V.T.D.	8	
pratejar:	V.I.	16	
praticar:	V.I./V.T.D./V.T.	63	
prazentear:	V.I./V.T.D.	8	
prazer:	V.I./V.T.I.	79	
preadivinhar:	V.T.D.	1	
prealegar:	V.T.D.	29	
preambular:	V.T.D.	1	
preanunciar:	V.T.D.	1	
prear:	V.I./V.T.D.	8	
prebendar:	V.T.D.	1	
precantar:	V.T.D.	1	
precatar:	V.T.D./V.T.D.I./V. Pr.	21	

precaucionar-se:	V. Pr.	97
precautelar:	V.T.D./V.T.D.I./V. Pr.	14
precaver:	V.T.D./V.T.D.I./V. Pr.	83
preceder:	V.I./V.T.D./V.T.I./V.Y.D.I.	17
preceituar:	V.I./V.T.D.	27
precingir:	V.T.D.	65
precintar:	V.T.D./V.T.D.I. / V.T.D.I./V. Pr.	1
precipitar:	V.I./V.T.D./V.T.D.I./V.T.I.	1
precisar:	V.I./V.T.D./V.T.I.	1
precogitar:	V.T.D.	1
preconceber:	V.T.D.	17
preconceituar:	V.T.D.	27
preconizar:	V.T.D.	1
predefinir:	V.T.D.	11
predestinar:	V.T.D.I.	1
predeterminar:	V.T.D.	1
predicamentar:	V.T.D.	1
predicar:	V.T.D.	63
predispor:	V.T.D./V.T.D.I./V. Pr.	77
predizer:	V.T.D.	43
predominar:	V.I./V.T.I.	1
preencher:	V.T.D.	10
preestabelecer:	V.T.D.	56
preexistir:	V.I./V.T.I.	11
prefabricar:	V.T.D.	63
prefaciar:	V.T.D.	1
preferir:	V.T.D./V.T.I./V.T.D.I.	62
prefigurar:	V.T.D./V. Pr.	1
prefinir:	V.T.D.	11
prefixar:	V.T.D.	1
prefulgir:	V.I.	80
prefulgurar:	V.I.	1
pregalhar:	V.I.	21
pregar:	V.I./V.T.D./V.T.I.	1
pregoar:	V.I./V.T.D.	18
preguear:	V.I./V.T.D.	8
preguiçar:	V.I.	32
pregustar:	V.I./V.T.D.	1
preitar:	V.T.D.I.	1
preitear:	V.T.D.I.	8
preitejar:	V.T.D.I.	16
prejudicar:	V.T.D./V.Pr.	63
prejulgar:	V.T.D.	1
prelaciar:	V.I.	1
prelecionar:	V.I./V.T.D./V.T.D.I.	19
prelevar:	V.I./V.T.D.	14
prelibar:	V.T.D.	1
preludiar:	V.I./V.T.D.	1
preluzir:	V.I.	70
premeditar:	V.T.D.	1
premer:	V.T.D./V. Pr.	17
premiar:	V.T.D.	1
premir:	V.T.D./V. Pr.	62
premunir:	V.T.D./V.T.D.I.	11
prendar:	V.T.D./V.T.D.I.	1
prender:	V.T.D./V.T.I./V.T.D.I.	10
prenominar:	V.T.D.	1
prenotar:	V.T.D.	19
prensar:	V.T.D.	14
prenunciar:	V.T.D.	1
pré-ocupar:	V.T.D.	1
preocupar:	V.T.D./V. Pr.	1
preopinar:	V.I.	1
preordenar:	V.T.D./V.T.D.I.	14
preparar:	V.T.D./V.T.D.I.	21
preponderar:	V.I./V.T.D.	14
prepor:	V.T.D./V.T.D.I.	77
preposterar:	V.T.D.	14
prerromper:	V.I.	10
presar:	V.T.D.	14
prescindir:	V.T.I.	11
prescrever:	V.I./V.T.D.	20
presenciar:	V.T.D.	1
presentar:	V.T.D./V.T.D.I.	1
presentear:	V.T.D.	8
preservar:	V.T.D./V. Pr.	14
presidiar:	V.T.D./V. Pr.	1
presidir:	V.I./V.T.D./V.T.I.	11
presigar:	V.T.D.	29
presilhar:	V.T.D.	1
pressagiar:	V.T.D./V.T.I./V.T.D.I.	1
pressentir:	V.T.D.	62
pressionar:	V.I./V.T.D./V.T.D.I.	19
pressupor:	V.T.D.	77
pressurizar:	V.T.D.	1
prestar:	V.T.D.I.	14
prestigiar:	V.I./V.T.D.	1
presumir:	V.T.D./V.T.I./V. Pr.	11
pretender:	V.T.D./V.T.D.I.	2
preterir:	V.T.D.	62
pretermitir:	V.T.D.	11
pretextar:	V.T.D.	1
prevalecer:	V.I./V.T.I.	76
prevaricar:	V.I./V.T.I.	63
prevenir:	V.I./V.T.D./V.T.D.I.	31
prever:	V.I./V.T.D.	69
previver:	V.I.	10
prezar:	V.T.D./V. Pr.	14
primar:	V.T.I.	1
principiar:	V.T.D./V.T.D.I. /	1
priorar:	V.T.D.	19
prismar:	V.T.D.	1
privar:	V.T.I./V.T.D.I./V. Pr.	1
privatizar:	V.T.D.	1
privilegiar:	V.T.D.	1
proar:	V.T.D.	18
probabilizar:	V.T.D.	1
problematizar:	V.T.D.	1
proceder:	V.I./V.T.I.	17

processar:	V.I./V.T.D. 14
proclamar:	V.T.D./V. Pr. 21
proclinar:	V.T.D. 1
procrastinar:	V.I./V.T.D. 1
procriar:	V.I./V.T.D. 1
procumbir:	V.I. 11
procurar:	V.I./V.T.D./V.T.I./V.T.D.I. 1
prodigalizar:	V.T.D. 1
prodigar:	V.T.D./V.T.D.I. 29
produzir:	V.I./V.T.D./V.T.D.I. 70
proejar:	V.I. 16
proemiar:	V.T.D. 1
proeminar:	V.I. 1
profanar:	V.T.D. 21
proferir:	V.T.D. 62
professar:	V.I./V.T.D. V.T.D.I. 14
professorar:	V.I./V.T.D. 19
profetizar:	V.I./V.T.D. 1
profissionalizar:	V.T.D./V. Pr. 1
profligar:	V.T.D. 29
profundar:	V.I./V.T.D./V. Pr. 1
prognosticar:	V.I./V.T.D. 63
programar:	V.I./V.T.D. 21
programatizar:	V.I./V.T.D. 1
progredir:	V.I./V.T.I. 31
proibir:	V.T.D./V.T.D.I. 11
projetar:	V.T.D./V.T.D.I./V. Pr. 1
proletarizar:	V.T.D./V. Pr. 1
proliferar:	V.I. 14
prolificar:	V.I. 63
prologar:	V.T.D. 29
prolongar:	V.T.D./V. Pr. 29
promanar:	V.T.I. 21
promandar:	V.T.D. 1
prometer:	V.I./V.T.D. 17
promiscuir-se:	V. Pr. 44, 100
promover:	V.T.D. 15
promulgar:	V.T.D. 29
pronominar	V.T.I. 1
prontificar:	V.T.D./V. Pr. 63
pronunciar:	V.T.D./V. Pr. 1
propagar:	V.I./V.T.D./V. Pr. 29
propalar:	V.T.D./V. Pr. 21
propelir:	V.T.D. 62
propender:	V.T.I. 10
propiciar:	V.T.D./V.T.D.I. 1
propinar:	V.T.D./V.T.D.I. 1
propor:	V.T.D./V. Pr. 77
proporcionar:	V.T.D./V.T.D.I./V. Pr. 19
propugnar:	V.T.D./V.T.I. 1
propulsar:	V.T.D. 1
propulsionar:	V.T.D. 19
prorrogar:	V.T.D. 19
prorromper:	V.I./V.T.I. 10
prosar:	V.I. 19
proscrever:	V.T.D. 20
prosear:	V.I./V.T.D./V.T.I./V. Pr. 8
prosificar:	V.T.D. 63
prosodiar:	V.I./V.T.D./V. Pr. 1
prosperar:	V.I./V.T.D./V. Pr. 14
prospetar:	V.I./V.T.D. 1
prosseguir:	V.I./V.T.D./V.T.I. 40
prosternar:	V.T.D./V. Pr. 14
prostituir:	V.T.D./V.T.D.I./V. Pr. 44
prostrar:	V.T.D./V. Pr. 19
protagonizar:	V.T.D. 1
proteger:	V.T.D./V. Pr. 36
protelar:	V.T.D. 14
protestantizar:	V.T.D./V. Pr. 1
protestar:	V.I./V.T.D./V.T.I. 14
protocolar:	V.T.D. 19
protocolizar:	V.T.D. 1
protrair:	V.T.D./V. Pr. 67
provar:	V.I./V.T.D./V.T.D.I./V.T.I. 19
prover:	V.I./V. Pr./V.T.D./V.T.D.I./V.T.I. 51
proverbiar:	V.I. 1
providenciar:	V.T.D./V.T.I. 1
provincianizar-se:	V. Pr. 97
provir:	V.T.I. 72
provisionar:	V.T.D./V. Pr. 19
provocar:	V.T.D.I./V.I./V.T.D. 63
pruir:	V.T.D./V.T.I./V.I. 80
prumar:	V.I. 1
prurir:	V.I./V.T.D. 80
pubescer:	V.I. 56
publicar:	V.T.D. 63
publicitar:	V.T.D. 1
pudlar:	V.T.D. 1
puerilizar-se:	V. Pr. 97
pugilar:	V.I./ V.T.I. 1
pugnar:	V.I./V.T.D./V.T.I. 1
puir:	V.T.D./V.T.I./V.I. 80
pujar:	V.T.D./V.T.I./V.I. 1
pular:	V.I./V.T.D./V.T.I. 1
pulsar:	V.I./V.T.D./V.T.I. 1
pulsear:	V.I/V.T.D. 8
pulular:	V.I./V.T.I. 1
pulverizar:	V.T.D./V. Pr. 1
puncionar:	V.T.D. 19
pungir:	V.T.D.I./V.I./V.T.D./V.T.I. 80
punguear:	V.I./V.T.D. 8
punir:	V. Pr./V.T.D./V.T.D.I. 11
punçar:	V.T.D. 32
pupilar:	V.T.D./V. Pr. 1
purgar:	V. Pr./V.I./V.T.D.I. 29
purificar:	V. Pr./V.T.D./V.T.D.I. 63
purpurar:	V.T.D. 1
purpurear:	V.T.D. 8
purpurejar:	V.I./V.T.D. 16

purpurizar:	V.I./V.T.D. 1
putrefazer:	V.T.D./V. Pr. 61
putrificar:	V.T.D./V. Pr. 63
puxar:	V.T.D./V.T.I. 1

Q

quadrar:	V.I./V.T.D./V.T.I./Pr. 1
quadricular:	V.T.D. 1
quadrupedar:	V.I. 14
quadruplar:	V.I./V.T.D./Pr. 1
quadruplicar:	V.I./V.T.D./Pr. 63
qualificar:	V.T.D./Pr. 63
quantiar:	V.T.D. 1
quantificar:	V.T.D. 63
quarentar:	V.I. 1
quarentenar:	V.I. 14
quaresmar:	V.I. 16
quartapisar:	V.T.D. 1
quartar:	V.I. 1
quartear:	V.T.D. 8
quartejar:	V.T.D. 16
quartilhar:	V.T.D. 1
quebrantar:	V.I./V.T.D./V. Pr. 1
quebrar:	V.I./V.T.D./V.T.I./Pr. 14
quedar:	V.I./V. Pr. 1
queijar:	V.I./V.T.D./V. Pr. 1
queimar:	V.I./V.T.D./V. Pr. 1
queixar-se:	V. Pr. 97
quentar:	V.T.D./V. Pr. 1
querelar:	V.I./V.T.I./V. Pr. 1
querenar:	V.T.D. 14
querenciar:	V.T.D. 1
querer:	V.I./V.T.D./V.T.D./V.T.I./Pr. 58
questionar:	V.T.D.I./V.I./V.T.D./V.T.D. 19
quezilar:	V.I. 1
quibandar:	V.T.D. 1
quicar:	V.I./V.T.D./V. Pr. 63
quietar:	V.I./V.T.D./V. Pr. 1
quilatar:	V.T.D./V. Pr. 21
quilhar:	V.T.D. 1
quilificar:	V.T.D. 63
quilometrar:	V.T.D. 14
quimerizar:	V.I./V.T.D. 1
quimificar:	V.T.D. 63
quinar:	V.I./V.T.D. 1
quinchar:	V.T.D. 1
quinhoar:	V. Pr./V.T.D./V.T.D.I./V.T.I. 18
quintar:	V.T.D. 1
quintuplicar:	V.T.D./V. Pr. 63
quitandar:	V.I. 1
quitar:	V.T.D./V. Pr. 1
quotizar:	V.T.D./V. Pr. 1

R

rabear:	V.I./V.T.D./V.T.I./V.T.D.I. 8
rabejar:	V.I./V.T.D. 16
rabequear:	V.I. 8
rabiar:	V.I. 11
rabiscar:	V.I./V.T.D. 63
rabonar:	V.T.D. 19
rabotar:	V.T.D. 19
rabujar:	V.I. 1
rabular:	V.I. 1
rabunar:	V.T.D. 1
rachar:	Pr./V.I./V.T.D./V.T.I. 21
raciocinar:	V.I./V.T.D./V.T.I. 1
racionalizar:	V.T.D. 1
racionar:	V.T.D. 19
raçoar:	V.T.D. 18
radiar:	V.I./V.T.D./V.T.I. 1
radicalizar:	V.I./V.T.D./Pr. 1
radicar:	V.I./V.T.D./V.T.D.I. 63
radiemitir:	V.T.D. 11
radioativar:	V.T.D. 1
radiodetetar:	V.T.D. 14
radiodifundir:	V.T.D. 11
radioemitir:	V.T.D. 11
radiofundir:	V.I./V.T.D. 11
radiografar:	V.I./V.T.D. 21
radobar:	V.T.D. 19
raer:	V.T.D. 83
rafar:	V.T.D./V. Pr. 21
rafiar:	V.T.D. 1
raiar:	V.I./V.T.D./V.T.D./V.T.I. 1
raivar:	V.I./V.T.D./V.T.I. 1
raivecer:	V.I./V.T.D./V.T.I. 56
raivejar:	V.I./V.T.D./V.T.I. 16
rajar:	V.T.D./V.T.D.I. 21
ralar:	V.I./V.T.D./V.T.I./V. Pr. 21
ralear:	V.I./V.T.D./V. Pr. 8
ralentar:	V.I./V.T.D./V. Pr. 1
ralhar:	V.I./V.T.I. 21
ramalhar:	V.I./V.T.D. 21
ramificar:	V.T.D./V .Pr. 63
rampanar:	V.I./V.T.D. 21
rampear:	V.T.D. 8
rançar:	V.I. 32
rancescer:	V.I. 76, 90*
rancorar-se:	V. Pr. 97
rancorejar:	V.T.D. 16

ranfar:	V.T.D. 1	reafirmar:	V.T.D. 1
ranger:	V.I. 36	reagir:	V.I./V.T.I. 65
ranhar:	V.T.D. 1	reagradecer:	V.T.D./V.T.D.I. 76
rapar:	V.I./V.T.D./V.T.D.I./V. Pr. 21	reagravar:	V.I./V.T.D./Pr. 21
rapinar:	V.I./V.T.D. 1	reagrupar:	V.T.D./V. Pr. 1
rapinhar:	V.I./V.T.D. 1	reajustar:	V.T.D./V.T.D.I. 1
raposar:	V.T.D. 19	realçar:	V.T.D./V. Pr. 32
raposinhar:	V.I. 1	realegrar:	V.T.D./V. Pr. 14
raptar:	V.T.D./V.T.D.I. 21	realentar:	V.T.D. 14
rarar:	V.I./V.T.D. 21	realistar:	V.T.D. 1
rarear:	V.I./V.T.D. 8	realizar:	V.T.D./V. Pr. 1
rarefazer:	V.T.D./V. Pr. 61	reamanhecer:	V.I. 76, 90
rasar:	V.T.D./V. Pr. 21	reandar:	V.I./V.T.D. 1
rascanhar:	V.T.D. 1	reanimar:	V.I./V.T.D./Pr. 1
rascar:	V.I./V.T.D. 63	reaparecer:	V.I. 56
rascunhar:	V.T.D. 1	reapoderar-se:	V. Pr. 97
rasgar:	V.I./V.T.D./V. Pr. 21	reapossar:	V. Pr. 19
rasoirar:	V.T.D. 1	reaprender:	V.T.D. 10
rasourar:	V.T.D. 1	rearborizar:	V.T.D. 1
raspançar:	V.T.D./V.T.I./V. Pr. 1	rearmar:	V.T.D./V. Pr. 21
raspar:	V.T.D./V.T.I./V. Pr. 21	reascender:	V.T.D.I./V.T.I. 10
rasquetear:	V.T.D. 8	reassegurar:	V.T.D. 1
rastear:	V.I./V.T.D. 8	reassumir:	V.T.D. 11
rasteirar:	V.T.D. 1	reatar:	V.T.D./V.T.D.I. 21
rastejar:	V.I./V.T.D. 16	reativar:	V.T.D./V. Pr. 1
rastelar:	V.T.D. 14	reatualizar:	V.T.D. 1
rastilhar:	V.I. 1	reaver:	V.T.D. 84
rastolhar:	V.I. 19	reaviar:	V. Pr./V.T.D./V.T.D.I. 1
rastrear:	V.I./V.T.D. 8	reavisar:	V.T.D./V.T.D.I. 1
rastrejar:	V.I./V.T.D. 16	reavistar:	V.T.D. 1
rasurar:	V.T.D. 1	reavivar:	V.T.D. 1
ratar:	V.T.D. 21	rebaixar:	V.I./V.T.D./Pr. 1
ratazanar:	V.T.D. 21	rebalsar:	V.I./V. Pr. 21
ratear:	V.I./V.T.D./V.T.D.I. 8	rebanear:	V.T.D./V. Pr. 8
ratificar:	V. Pr. 63	rebanhar:	V.T.D./V. Pr. 1
ratinar:	V.T.D. 1, 89	rebar:	V.T.D. 14
ratinhar:	V.I./V.T.D./V.T.D.I. 1	rebarbar:	V.I./V.T.D. 21
ratonear:	V.I. 8	rebater:	V.I./V.T.D. 10
ravinar:	V.T.D. 1	rebatizar:	V.T.D. 1
raziar:	V.T.D. 1	rebeijar:	V.T.D. 1
razoar:	V.I./V.T.D./V.T.I. 1	rebelar:	V.T.D./V.T.D.I./V.T.I. 14
reabastecer:	V.T.D./V.T.D.I./V. Pr. 56	rebelionar:	V.T.D. 19
reabilitar:	V.T.D./V. Pr. 1	rebenquear:	V.T.D. 8
reabitar:	V.T.D. 1	rebentar:	V.I./V.T.D./V.T.I. 1
reabituar-se:	V. Pr. 97	rebicar:	V.T.D./V. Pr. 63
reabraçar:	V.T.D./V. Pr. 32	rebimbar:	V.I. 1
reabrir:	V.I./V.T.D./Pr. 59	rebitar:	V.I./V.T.D./V. Pr. 1
reabsorver:	V.T.D. 15	reboar:	V.I. 18
reacender:	V.I./V.T.D./Pr. 10	rebocar:	V.T.D. 63
reacusar:	V.T.D. 1	rebolar:	V.I./V.T.D./V. Pr. 19
readaptar:	V.T.D./V.T.D.I./Pr. 21	rebolcar:	V.T.D./V.T.D.I./V. Pr. 63
readmitir:	V.T.D./V.T.D.I. 11	rebolear:	V.T.D./V. Pr. 8
readormecer:	V.I./V.T.D.I. 56	rebolir:	V.I./V.T.D./V. Pr. 82
readotar:	V.T.D. 1	rebombar:	V.I. 1
readquirir:	V.T.D. 11	reboquear:	V.T.D. 8

Verbo	Classificação	Nº
reborar:	V.T.D.	19
rebordar:	V.I./V.T.D.	19
rebotar:	V.T.D./V. Pr.	19
rebramar:	V.I.	21
rebramir:	V.I./V.T.D.	91
rebranquear:	V.T.D.	8
rebrilhar:	V.I.	1
rebrotar:	V.I.	19
rebrunir:	V.T.D.	82
rebuçar:	V.T.D./V. Pr.	32
rebulir:	V.T.D./V. Pr.	52
rebuscar:	V.T.D./V. Pr.	63
rebusnar:	V.I.	1
recachar:	V.I./V.T.D./V.T.D./V.Pr.	21
recadar:	V.T.D.	21
recadejar:	V.T.D.	16
recair:	V.I./V.T.I.	67
recalar:	V.I./V.T.D.	21
recalcar:	V.T.D.	63
recalcificar:	V.T.D.	1
recalcitrar:	V.I./V.T.D./V.T.I.	1
recaldear:	V.T.D.	8
recamar:	V.T.D./V.T.D.I./V. Pr.	21
recambiar:	V.I./V.T.D./V.T.D.I.	1
recantar:	V.I./V.T.D.	1
recapitular:	V.T.D.	1
recapturar:	V.T.D.	1
recargar:	V.I./V.T.D.	29
recarregar:	V.T.D./V. Pr.	29
recartilhar:	V.T.D.	1
recasar:	V.I./V.T.D.	21
recatar:	V.T.D./V.T.D.I./V. Pr.	21
recauchutar:	V.T.D.	1
recavar:	V.T.D./V.T.I.	21
recear:	V.T.D./V.T.I./V. Pr.	8
recebê-lo:	V. Pr.	102
receber:	V.I./V.T.D./V.T.D.I./V. Pr.	17
rececionar:	V.T.D.	19
receitar:	V.I./V.T.D.	1
recenar:	V.T.D.	16
recender:	V.I./V.T.D./V.T.I.	10
recensear:	V.T.D.	8
recetar:	V.T.D.	1
rechaçar:	V.T.D.	32
rechapar:	V.T.D.	21
rechear:	V.T.D./V.T.D.I./V. Pr.	8
rechegar:	V.T.D.	29
rechiar:	V.I.	1
rechinar:	V.I.	1
reciclar:	V.T.D./V. Pr.	1
recidivar:	V.I.	1
recingir:	V.T.D.	65
reciprocar:	V.T.D./V.T.D.I./V. Pr.	63
recitar:	V.I./V.T.D./V.T.D.I./V.T.I.	1
reclamar:	V.I./V.T.D./V.T.D.I./V.T.I.	21
reclassificar:	V.T.D.	63
reclinar:	V.T.D./V. Pr.	1
recluir:	V.T.D.	44
reçoar:	V.T.D.	18
recobrar:	V.T.D./V. Pr.	19
recobrir:	V.T.D./V. Pr.	73
recogitar:	V.I.	1
recoitar:	V.T.D.	1
recolher:	V.I./V.T.D./V. Pr.	10
recolocar:	V.T.D.I.	19
recoltar:	V.T.D.	19
recombinar:	V.T.D.	1
recomeçar:	V.I./V.T.D./V.T.I.	32
recomendar:	V.T.D./V.T.D.I./V. Pr.	14
recomer:	V.T.D.	15
recompensar:	V.T.D.I.	14
recompilar:	V.T.D.	1
recompor:	V.T.D./V. Pr.	77
recomprar:	V.T.D.	19
reconcentrar:	V.T.D./V.T.D.I./V. Pr.	14
reconcertar:	V.T.D.	14
reconciliar:	V.T.D./V.T.D.I.	1
recondicionar:	V.T.D./V.T.D.I.	19
reconduzir:	V.T.D./V.T.D.I.	70
reconfessar:	V.T.D.	14
reconfortar:	V.I./V.T.D./V. Pr.	19
recongraçar:	V. Pr./V.T.D./V.T.D.I.	32
reconhecer:	V.T.D./V. Pr.	56
reconquistar:	V.T.D.	1
reconsertar:	V.T.D.	14
reconsiderar:	V.I./V.T.D.	14
reconsolidar:	V. Pr./V.I./V.T.D.	1
reconsorciar:	V.T.D.	1
reconstituir:	V.T.D./V. Pr.	44
reconstruir:	V.I./V.T.D.	67
recontar:	V. Pr./V.T.D./V.T.D.I.	1
recontratar:	V.T.D.	21
reconvalescer:	V.I.	56
reconverter:	V.I./V.T.D./V.T.D.I.	17
reconvir:	V.T.D.	72
recopiar:	V.T.D.	1
recopilar:	V.T.D.	1
recorçar:	V.T.D.	32
recordar:	V. Pr./V.T.D./V.T.D.I.	19
recorrer:	V.T.D./V.T.I.	15
recortar:	V. Pr./V.T.D./V.T.D.I.	19
recoser:	V.T.D.	15
recostar:	V.T.D.I./V.T.I.	19
recoutar:	V.I.	1
recovar:	V.I./V.T.D.	19
recozer:	V.T.D.	15
recravar:	V.T.D.I.	21
recrear:	V.T.D.	8
recrescer:	V.I./V.T.I.	56
recrestar:	V.T.D.	14

Verbo	Classificação	Nº
recriar:	V.T.D.	1
recriminar:	V.T.D.	1
recristianizar:	V.T.D./V. Pr.	1
recrudescer:	V.I.	56
recrutar:	V.T.D./V.T.I.	1
recruzar:	V.T.D.	1
recuar:	V.T.I./V.T.D./V.I.	27
recuidar:	V.T.D.	1
recuitar:	V.T.D.	1
recultivar:	V.T.D.	1
recumbir:	V.T.D.	11
recunhar:	V.T.D.	1
recuperar:	V.T.D.	14
recurar:	V. Pr./V.I./V.T.D./V.T.I.	1
recurvar:	V.T.D./V. Pr.	1
recusar:	V. Pr./V.T.D./V.T.D.I.	1
redar:	V.I./V.T.D.	35
redarguir:	V.T.D./V.T.D.I./V.T.I.	80
redemoinhar:	V.I./V.T.D.	1
redescender:	V.I./V.T.I.	10
redescer:	V.I./V.T.I.	56
redibir:	V.T.D.	11
redigir:	V.T.D./V.I.	65
redimir:	V. Pr./V.T.D./V.T.D.I.	11
redintegrar:	V. Pr./V.T.D./V.T.D.I.	14
redistribuir:	V.T.D.	44
redivinizar:	V.T.D.	1
redizer:	V.T.D./V.T.D.I.	43
redobrar:	V.I./V.T.D./V.T.I.	19
redoiçar:	V.I./V.T.D./V. Pr.	32
redondear:	V.T.D.	8
redouçar:	V.I./V.T.D./V. Pr.	32
redourar:	V.T.D.	1
redrar:	V.T.D.	14
redundar:	V.I./V.T.I.	1
reduplicar:	V.I./V.T.D./V. Pr.	63
reduzir:	V.I./V.T.D./V.T.D.I.	70
reedificar:	V.T.D.	63
reeditar:	V.T.D.	1
reeducar:	V.T.D.	63
reelaborar:	V.T.D.	19
reeleger:	V.T.D.	36
reembarcar:	V.I./V.Pr.	63
reembolsar:	V.T.D./V.T.D.I./V.Pr.	19
reemendar:	V.T.D.	14
reemergir:	V.T.I.	65, 80
reempossar:	V.T.D./V.T.D.I.	19
reempregar:	V.T.D.	14
reencaixar:	V.I./V.T.D./V.T.D.I./V. Pr.	1
reencarcerar:	V.T.D.	14
reencarnar:	V.I./V. Pr.	21
reencetar:	V.T.D.	14
reencher:	V.T.D.	10
reencontrar:	V.T.D.	19
reendireitar:	V.T.D.	1
reengajar:	V.T.D./V. Pr.	21
reensaiar:	V.I./V.T.D./V.T.D.I./V. Pr.	21
reensinar:	V.I./V.T.D./V.T.D.I./V. Pr.	1
reentrar:	V.I./V.T.D./V.T.I./V. Pr.	16
reentregar:	V.T.D./V.T.D.I.	29
reenviar:	V.T.D./V.T.D.I.	1
reenvidar:	V.T.D.	1
reerguer:	V.T.D.	74
reescrever:	V.T.D.	20
reestampar:	V.T.D./V. Pr.	21
reestruturar:	V.T.D.	1
reestudar:	V.I./V.T.D./V. Pr.	1
reexaminar:	V.T.D.	1
reexpedir:	V.T.D.	68
reexplicar:	V.T.D.	63
reexpor:	V.T.D./V. Pr.	77
reexportar:	V.T.D.	19
refalsear:	V.T.D.	8
refastelar-se:	V. Pr.	97
refazer:	V.T.D./V.T.D.I./V. Pr.	61
refecer:	V.I./V.T.D./V. Pr.	56
refegar:	V.T.D.	29
refender:	V.T.D.	10
referenciar:	V.T.D.	1
referendar:	V.T.D.	14
referir:	V.T.D./V.T.D.I./V.I./V. Pr.	62
refermentar:	V.I.	14
refertar:	V.T.D.	14
referver:	V.I./V.T.D.	20
refestelar-se:	V. Pr.	97
refiar:	V.T.D.	1
refilar:	V.I./V.T.D.	1
refilhar:	V.I.	1
refinar:	V.T.D./V. Pr.	1
refincar:	V.T.D.	63
refirmar:	V.T.D.	1
reflar:	V.T.D.	14
refletir:	V.I./V.T.D./V.T.I./V. Pr.	37
reflexionar:	V.I./V.T.I.	19
reflorescer:	V.I./V.T.D.	76, 90*
reflorir:	V.I./V.T.D.	93
refluir:	V.I./V.T.I.	44
refocilar:	V.T.D.	1
refogar:	V.T.D.	29
refolgar:	V.T.D.	29
refolhar:	V.T.D.	19
reforçar:	V.T.D.	32
reformar:	V.T.D.	19
reformular:	V.T.D.	1
refornecer:	V.T.D.	56
refortalecer:	V.T.D.	56

refortificar:	V.T.D. ...63	reimportar:	V.T.D. ...19
refranger:	V.T.D./V. Pr. ...36	reimprimir:	V.T.D. ...11
refrangir:	V.T.D. ...65	reinar:	V.I. ...1
refratar:	V.T.D./V. Pr. ...21	reinaugurar:	V.T.D. ...1
refrear:	V.T.D./V. Pr. ...8	reincidir:	V.I./V.T.I. ...11
refregar:	V.I. ...29	reincitar:	V.T.D. ...1
refrescar:	V.T.D. ...63	reincorporar:	V.T.D. ...19
refrigerar:	V.T.D./V. Pr. ...14	reinfetar:	V.T.D./V. Pr. ...1
refrondar:	V.T.D. ...1	reinfundir:	V.T.D. ...11
refrondescer:	V.I. ...76	reingressar:	V.T.I. ...1
refrulhar:	V.I. ...1	reiniciar:	V.T.D. ...1
refugar:	V.T.D. ...29	reinocular:	V.T.D. ...1
refugiar-se:	V. Pr. ...97	reinquirir:	V.T.D./V.T.D.I./V.I. ...11
refugir:	V.I./V.T.D. ...42	reinscrever:	V.T.D./V. Pr. ...20
refulgir:	V.I./V.T.D. ...65	reinserir:	V.T.D. ...62
refundar:	V.T.D. ...1	reinsistir:	V.I. ...11
refundir:	V.T.D. ...11	reinstalar:	V.T.D./V. Pr. ...21
refusar:	V.T.D. ...1	reinstituir:	V.T.D./V.T.D.I./V. Pr. ...44
refustar:	V.I. ...1, 89	reinsurgir-se:	V. Pr. 65, 100
refutar:	V.T.D. ...1	reintegrar:	V.T.D./V.T.D.I./V. Pr. ...1
regaçar:	V.T.D. ...32	reinterpretar:	V.T.D. ...14
regalar:	V.T.D.I./V.T.D./V.I./V.Pr. ...21	reintroduzir:	V.T.D./V.T.D.I./V. Pr. ...70
regalardoar:	V.T.D. ...18	reinumar:	V.T.D./V.I. ...1
regambolear	...8	reinventar:	V.T.D. ...1
reganhar:	V.T.D./V.I./V. Pr. ...21	reinvestir:	V.T.D./V.I. ...62
regar:	V.T.D. ...14	reinvidar:	V.T.D. ...1
regatar:	V.T.D. ...21	reinvocar:	V.T.D. ...63
regatear:	V.T.D./V.T.D.I./V.I. ...8	reiterar:	V.T.D./V.T.D.I. ...14
regatinhar:	V.T.D./V.I. ...1	reiunar:	V.T.D. ...1
regelar:	V.T.D./V. Pr. ...14	reivindicar:	V.T.D. ...63
regenerar:	V.T.D./V. Pr. ...14	rejeitar:	V.T.D./V.T.D.I. ...1
reger:	V.T.D./V.I./V. Pr. ...36	rejubilar:	V.I./V.T.D.I. ...1
regerar:	V.T.D. ...14	rejuncar:	V.T.D. ...63
regimentar:	V.T.I. ...1	rejurar:	V.T.D. ...1
reginar:	V.T.D. ...1	rejuvenescer:	V.I./V.T.D. ...56
regirar:	V.T.D. ...1	relacionar:	V.T.D./V.T.D.I. ...19
registar:	V.T.D./V. Pr. ...1	relamber:	V.T.D. ...10
registrar:	V.T.D. ...1	relampadejar:	V.I. ...87
regoar:	V.T.D. ...18	relampaguear:	V.I. ...87
regorjear:	V.I./V.T.D. ...8	relampar:	V.I. ...1
regougar:	V.I. ...29	relampear:	V.I. ...87
regozijar:	V.T.D./V. Pr. ...1	relampejar:	V.I. ...87
regrar:	V.T.D. ...14	relançar:	V.T.D./V.T.D.I. ...32
regraxar:	V.T.D. ...21	relancear:	V.T.D.I./V.T.D. ...8
regredir:	V.T.I./V.I. ...31	relancetar:	...14
regressar:	V.I./V.T.I. ...14	relar:	V.I./V.T.D. ...14, 89
reguardar:	V.T.D./V.T.D.I./V. Pr. ...1	relatar:	V.T.D./V.T.D.I. ...21
reguçar:	V.T.D. ...32	relaxar:	V.T.D. ...21
reguingar:	V.T.D./V.I./V.T.I. ...29	relegar:	V.T.D.I. ...29
regulamentar:	V.T.D. ...1	releixar:	V.T.D. ...1
regular:	V. Pr./V.I./V.T.D./V.T.D.I./V.T.I. ...1	relembrar:	V.T.D./V.T.D.I. ...1
regularizar	V.T.D. ...1	relentar:	V.I./V.T.D. ...1
regurgitar:	V.I./V.T.D. ...1	reler:	V.T.D. ...71
reimplantar:	V.T.D. ...1	relevar:	V.T.D./V.T.D.I. ...14
		relhar:	V.T.D. ...16

Verbo	Classificação	Nº
relicitar:	V.T.D.	1
religar:	V.T.D.	29
relimar:	V.T.D.	1
relinchar:	V.I.	1
relingar:	V.I./V.T.D.	29
relinquir:	V.T.D.	44
relouquear:	V.I.	8
relumbrar:	V.I.	1
relustrar:	V.T.D.	1
relutar:	V.I./V.T.I.	1
reluzir:	V.I.	70
relvar:	V.T.D.	1
relvejar:	V.I.	16
remaescer	V.I.	56
remagnetizar:	V.T.D./V. Pr.	1
remanchar:	V.I./V.T.D./V. Pr.	21
remandar:	V.T.D.	21
remanescer:	V.I.	76, 90*
remangar:	V.I./V.T.D.	29
remansar-se:	V. Pr.	97
remansear:	V.I./V. Pr.	8
remanusear:	V.T.D.	8
remar:	V.T.D.	14
remarcar:	V.T.D.	63
remaridar-se:	V. Pr.	97
remascar:	V.T.D.	63
remastigar:	V.T.D.	29
rematar:	V.I./V.T.D./V.T.I.	21
remear:	V.T.D.	8
remedar:	V.T.D.	14
remediar:	V.T.D./V. Pr.	24
remedir:	V.T.D.	68
remelar:	V.I.	14
remelgar:	V.T.D.	29
remembrar:	V.I.	1
rememorar:	V.T.D.	19
remendar:	V.T.D.	14
remenicar:	V.I./V.T.I.	63
remerecer:	V.T.D.	56
remergulhar:	V.T.D.	1
remessar:	V.T.D. V. Pr.	14
remeter:	V.T.D./V.T.D.I.	17
remexer:	V.T.D./V.T.I./V. Pr.	17
remigrar:	V.I.	1
reminar-se:	V. Pr.	97
remineralizar:	V.T.D.	1
remir:	V.T.D./V. Pr.	86
remirar:	V.T.D./V. Pr.	1
remitir:	V.I./V.T.D./V.T.I./V. Pr.	11
remocar:	V.I. /V.T.D./V. Pr.	63
remoçar:	V.I./V.T.D./V. Pr.	19
remodelar:	V.T.D.	14
remoer:	V.I./V.T.D./V. Pr.	22
remoinhar:	V.I./V.T.D.	1
remolhar:	V.T.D.	19
remondar:	V.T.D.	1
remontar:	V.T.D.	1
remoquear:	V.I./V. Pr./V.T.D.I./V.T.I./V.T.D.I.	8
remorder:	V.T.D./V.T.I./V. Pr.	10
remorsear:	V.T.D.	8
remover:	V.T.D./V.T.D.I.	15
remudar:	V.T.D./V.T.I.	1
remugir:	V.I./V.T.D.	92
remunerar:	V.T.D.	14
remurmurar:	V.I.	1
renascer:	V.I.	56
renavegar:	V.I./V.T.D.	14
rendar:	V.I./V.T.D./V.T.D.I.	1
render:	V.I./V.T.D./V. Pr.	10
rendibilizar:	V.T.D.	1
rendilhar:	V.T.D.	1
renegar:	V.T.D./V.T.I.	29
renetar:	V.T.D.	14
renguear:	V.I.	8
renhir:	V.I./V.T.D./V.T.I./V. Pr.	80
renitir:	V.I./V.T.I.	11
renomear:	V.T.D.	8
renovar:	V.I./V.T.D./V. Pr.	19
rentabilizar:	V.T.D.	1
rentar:	V.T.I.	1
rentear:	V.T.D./V.T.I;	8
renuir:	V.T.D.	44
renunciar:	V.I./V.T.D./V.T.I.	1
renzilhar:	V.I.	1
reocupar:	V.T.D.	1
reordenar:	V.T.D.	16
reorganizar:	V.T.D.	1
repagar:	V.T.D.	21
repaginar:	V.I./V.T.D.	1
reparar:	V.T.D./V.T.I./V. Pr.	21
repartir:	V.T.D./V.T.D.I./V. Pr.	11
repassar:	V.I./V.T.D./V.T.D.I.	21
repastar:	V.T.D./V.T.D./V. Pr.	21
repatriar:	V.T.D./V. Pr.	1
repelar:	V.T.D.	14
repelir:	V.I./V.T.D./V.T.I.	62
repenicar:	V.I./V.T.I.	63
repensar:	V.I./V.T.I.	14
repercutir:	V.I./V.T.I.	11
reperguntar:	V.T.D.	1
repesar:	V.T.D.	14
repetenar-se:	V. Pr.	97
repetir:	V.I./V.T.D./V.T.D.I.	62
repicar:	V.T.D.	63
repimpar:	V.T.D.	1
repinchar:	V.I.	1
repintar:	V.I./V.T.D.	1
repiquetar:	V.T.D.	14
repisar:	V.T.D.	1

repiscar:	V.I./V.T.D./V.T.D.I.	63	
replainar:	V.T.D.	1	
replantar:	V.T.D.	1	
repletar:	V.T.D.	14	
replicar:	V.I./V.T.D./V.T.I.	63	
repoisar:	V.I./V.T.D./V.T.D.I.	1	
repolegar:	V.T.D.	29	
repolhar:	V.I.	19	
repoltrear-se:	V. Pr.	97	
repontar:	V.I.	1	
repor:	V.T.D./V.T.D.I.	77	
reportar:	V.T.D./V.T.D.I.	19	
repostar:	V.T.D.	19	
repotrear-se:	V. Pr.	97	
repousar:	V.I./V.T.D.	1	
repovoar:	V.T.D./V. Pr.	18	
repreender:	V.T.D./V.T.D.I.	10	
repregar:	V.T.D.	29	
repreguear:	V.T.D./V.I.	8	
reprender:	V.T.D./V.T.D.I.	10	
represar:	V.T.D.	14	
representar:	V.I./V.T.D./V.T.D.I.	1	
representear:	V.T.D.I.	8	
reprimir:	V.T.D.	11	
reprincipiar:	V.T.D.	1	
reprochar:	V.T.D.	19	
reproduzir:	V.T.D.	70	
reprofundar:	V.T.D.	1	
reprometer:	V.I./V.T.D./V.T.D.I.	17	
reprovar:	V.T.D.	19	
reprover:	V.I./V.T.D./V.T.I./V.T.D.I.	51	
repruir:	V.I./V.T.I.	67, 80	
reptar:	V.T.D.	1	
republicanizar:	V.T.D.	1	
republicar:	V.T.D.	63	
repudiar:	V.T.D.	1	
repugnar:	V.I./V.T.D.	1	
repuir:	V.T.D.	67, 91	
repulsar:	V.T.D.	1	
repulular:	V.I.	1	
repungir:	V.I./V.T.D./V.T.I.	65	
repurgar:	V.T.D.	29	
repurificar:	V.T.D.	63	
reputar:	V.T.D.I.	1	
repuxar:	V.T.D.	1	
requadrupedar:	V.I.	14	
requebrar:	V.T.D./V.T.D.I.	14	
requeimar:	V.I./V.T.D.	1	
requentar:	V.T.D.	14	
requerer:	V.T.D./V.T.D.I.	33	
requestar:	V.T.D.	14	
requintar:	V.I./V.T.D./V.T.I.	1	
requisir:	V.T.D.	11	
requisitar:	V.T.D./V.T.D.I.	1	
rer:	V.T.D.	71	
resbunar:	V.I.	1	
rescaldar:	V.T.D.	21	
rescender:	V.T.D./V.T.I./V.I.	10	
rescindir:	V.T.D.	11	
rescrever:	V.T.D.	20	
resenhar:	V.T.D.	16	
reservar:	V.T.D.	14	
resfolegar:	V.I./V.T.D.	60	
resfolgar:	V.I./V.T.D.	29	
resfriar:	V.I./V.T.D.	1	
resgatar:	V.T.D.	21	
resguardar:	V.T.D./V.T.D.I.	1	
residir:	V.T.I.	11	
resignar:	V.T.D.	1	
resilir:	V.T.D.	11	
resinar:	V.T.D.	1	
resinificar:	V.T.D./V. Pr.	63	
resistir:	V.I./V.T.I.	11	
reslumbrar:	V.I.	1	
resmelengar:	V.I.	29	
resmonear:	V.I.	8	
resmungar:	V.I./V.T.D.	29	
resolver:	V.T.D./V.T.I.	15	
respaldar:	V.T.D.	1	
respançar:	V.T.D.	32	
respeitar:	V.T.D./V.T.I.	1	
respigar:	V.I.	29	
respingar:	V.I.	29	
respirar:	V.I./V.T.D.	1	
resplandecer:	V.I.	56	
resplender:	V.I.	10	
responder:	V.I./V.T.D./V.T.I.	10	
responsabilizar:	V.T.D.	1	
responsar:	V.T.D.	19	
respostar:	V.I.	19	
resquiar:	V.I.	1	
ressaber:	V.T.D./V.T.I.	48	
ressabiar:	V.I.	1	
ressaborear:	V.T.D.	8	
ressacar:	V.T.D.	63	
ressair:	V.I./V.T.I.	66	
ressalgar:	V.T.D.	29	
ressaltar:	V.T.D./V.T.D.I.	21	
ressaltear:	V.T.D.	8	
ressalvar:	V.T.D./V.T.D.I.	1	
ressarcir:	V.T.D./V.T.D.I.	11	
ressaudar:	V.T.D.	57	
ressecar:	V.T.D.	63	
ressegar:	V.T.D.	29	
ressegurar:	V.T.D.	1	
resselar:	V.T.D.	14	
ressemear:	V.T.D.	8	
ressentir:	V.T.D.	62	
ressequir:	V.T.D.	82	

Verbo	Classificação	Nº
resserenar:	V.I./V.T.D.	14
ressicar:	V.T.D.	63
ressoar:	V.I./V.T.D.	18
ressobrar:	V.I.	19
ressoldar:	V.T.D.	19
ressolhar:	V.I.	19
ressonar:	V.I./V.T.D.	19
ressoprar:	V.T.D.	19
ressorver:	V.T.D.	15
ressuar:	V.I.	27
ressubir:	V.T.D./V.T.I.	52
ressudar:	V.I./V.T.D.	1
ressulcar:	V.T.D.	63
ressumar:	V.T.D.	1
ressumbrar:	V.I./V.T.D.	1
ressumir:	V.T.D.	11
ressupinar:	V.T.D.	1
ressurgir:	V.I.	65
ressurtir:	V.I./V.T.I.	11
ressuscitar:	V.T.D./V.T.I.	1
restabelecer:	V.T.D./V.T.D.I.	56
restampar:	V.T.D.	21
restar:	V.I./V.T.I./V.T.D.I.	14
restaurar:	V.T.D.	1
restelar:	V.T.D.	14
restilar:	V.T.D.	1
restinguir:	V.T.D.	40
restituir:	V.T.D./V.T.D.I.	44
restivar:	V.T.D.	1
restolhar:	V.I.	19
restribar:	V.T.I.	1
restringir:	V.T.D./V.T.D.I.	65
restrugir:	V.I./V.T.D.	65, 92
reestruturar:	V.T.D.	1
restucar:	V.T.D.	63
resultar:	V.T.I.	1
resumir:	V.T.D./V.T.D.I.	1
resvalar:	V.I./V.T.D.I.	21
retacar:	V.T.D.	63
retalhar:	V.T.D.	21
retaliar:	V.T.D.	1
retanchar:	V.T.D.	1
retardar:	V.T.D.	21
reteimar:	V.I.	1
retelhar:	V.T.D.	16
retemperar:	V.T.D.	14
reter:	V.T.D./V.T.D.I.	7
retesar:	V.T.D.	14
retesiar:	V.I.	1
reticenciar:	V.T.D.	1
retificar:	V.T.D.	63
retilintar:	V.I.	1
retingir:	V.T.D.	65
retinir:	V.I.	81
retirar:	V.I./V.T.D./V.T.I./V.T.D.I.	1
retocar:	V.T.D.	63
retoiçar:	V.I./V.T.D.	32
retomar:	V.T.D.	19
retorcer:	V.T.D.	15
retoricar:	V.I.	63
retornar:	V.T.I./V.T.D.I.	19
retorquir:	V.T.D./V.T.D.I.	80
retoucar:	V.T.D.	63
retouçar:	V.I./V.T.D.	32
retraçar:	V.T.D.	21
retractar-se:	V. Pr.	97
retraduzir:	V.T.D.	70
retrair:	V.T.D./V.T.D.I.	67
retramar:	V.T.D.	21
retrancar:	V.I./V.T.D.	63
retrançar:	V.I./V.T.D.	32
retransir:	V.T.D.	86
retransmitir:	V.T.D.	11
retratar:	V.T.D.	21
retravar:	V.T.D.	21
retrazer:	V.T.D.	46
retremer:	V.T.D.	17
retribuir:	V.T.D./V.T.D.I.	44
retrilhar:	V.T.D.	1
retrincar:	V.T.D.	63
retroagir:	V.I.	65
retroar:	V.I.	18, 89
retroceder:	V.I./V.T.D.	10
retrodatar:	V.T.D.	21
retrogradar:	V.I./V.T.D.	21
retrogredir:	V.I.	31
retropedalar:	V.I.	21
retrosseguir:	V.T.D.	40
retrotrair:	V.T.D.	67
retrovender:	V.T.D./V.T.D.I.	10
retroverter:	V.T.D.	17
retrucar:	V.T.D./V.T.D.I.	63
retumbar:	V.I./V.T.D.	1
retundir:	V.T.D.	11
reumanar:	V.T.D.	21
reunificar:	V.T.D./V. Pr.	63
reunir:	V.T.D./V.T.D.I.	11
revacinar:	V.T.D./V. Pr.	1
revalidar:	V.T.D.	1
revalorizar:	V.T.D.	1
revelar:	V.T.D./V.T.D.I.	14
revelir:	V.T.D.	82
revender:	V.T.D./V.T.D.I.	10
revenerar:	V.T.D.	14
revenir:	V.T.D.	11
rever:	V.T.D.	69
reverberar:	V.T.D.	14
reverdecer:	V.I./V.T.D.	56
reverdejar:	V.I.	16
reverenciar:	V.T.D.	1

Verbo	Classificação	Nº
reverificar:	V.T.D.	63
reversar:	V.I./V.T.D.	14
reverter:	V.T.I.	17
revessar:	V.I./V.T.D.	14
revestir:	V.I./V.T.D.	62
revezar:	V.I./V.T.D.	14
revibrar:	V.I.	1
reviçar:	V.I./V.T.D.	32
revidar:	V.T.D.	1
revigorar:	V.T.D.	19
revindicar:	V.T.I.	63
revingar:	V.I./V.T.D.	29
revir:	V.I./V.T.D.	72
revirar:	V.T.D./V.T.I.	1
revisar:	V.T.D.	1
revisitar:	V.T.D.	1
revistar:	V.T.D.	1
revitalizar:	V.T.D.	1
reviver:	V.I.	10
revivescer:	V.I./V.T.D.	56
revivificar:	V.T.D.	63
revoar:	V.I.	18, 89
revocar:	V.T.D./V.T.D.I.	63
revogar:	V.T.D.	29
revolitar:	V.I.	1
revoltar:	V.T.D.	1
revoltear:	V.T.D.	8
revolucionar:	V.T.D.	19
revolutear:	V.I.	8
revolver:	V.T.D.	15
revulsar:	V.T.D.	1
rezar:	V.I./V.T.D./V.T.I.	14
rezingar:	V.I./V.T.I.	29
ribombar:	V.I.	1
riçar:	V.T.D.	32
ricochetar:	V.I.	14, 89
ricochetear:	V.I./V.T.I.	8, 88*
ridicularizar:	V.T.D.	1
ridiculizar:	V.T.D.	1
rifar:	V.T.D.	1
rijar:	V.I./V.T.D.	1
rilhar:	V.T.D.	1
rimar:	V.T.D.	1
rinchar:	V.I.	1, 89
rinchavelhar:	V.I.	16
ringir:	V.T.D.	65
rinhar:	V.I.	1
ripançar:	V.T.D.	1
ripar:	V.T.D.	1
ripostar:	V.I.	19
rir:	V.I./V.T.D.	34
riscanhar:	V.T.D.	21
riscar:	V.I./V.T.D.	63
ritmar:	V.T.D.	1
rivalizar:	V.T.D./V.T.I.	1
rixar:	V.I.	1
rizar:	V.I.	1
roborar:	V.T.D.	19
roborizar:	V.T.D.	1
robotizar:	V.T.D.	1
robustecer:	V.T.D.	56
roçagar:	V.T.I.	29
rocar:	V.I.	63
roçar:	V.T.I./V.T.D.	32
rocegar:	V.T.D.	29
rociar:	V.I./V.T.D.	1
rodar:	V.I./V.T.D.	19
rodear:	V.T.D./V.T.D.I.	8
rodilhar:	V.T.D.	1
rodiziar:	V.T.D.	1
rodopiar:	V.I.	1
rodrigar:	V.T.D.I.	29
roer:	V.I./V.T.D./V.T.I.	22
rogar:	V.I./V.T.D./V.T.D.I.	29
rojar:	V.I./V.T.D./V.T.D.I.	19
rolar:	V.T.D.	19
roldar:	V.T.D.	19
roldear:	V.T.D.	8
rolhar:	V.T.D.	19
roliçar:	V.T.D.	32
romancear:	V.I./V.T.D.	8
romanizar:	V.T.D.	1
romantizar:	V.I./V.T.D.	1
romar:	V.I.	19
romper:	V.I./V.T.D./V.T.I.	10
roncar:	V.I.	1
roncear:	V.T.D.	8
rondar:	V.I./V.T.D.	1
rondear:	V.I./V.T.D.	8
ronquear:	V.T.D.	8
ronquejar:	V.T.D.	16
ronronar:	V.I.	19
rorejar:	V.I./V.T.D.	16
rosar-se:	V. Pr.	97
roscar:	V.	63
rosnar:	V.I./V.T.D.	19
rostir:	V.T.D.	11
rotar:	V.I.	19
rotear:	V.T.D.	8
rotejar-se:	V. Pr.	97
rotular:	V.T.D.	1
roubar:	V.I./V.T.D./V.T.D.I.	1
roufenhar:	V.I.	16
roupar:	V.T.D.	1
rouquejar:	V.I./V.T.D.	16
rouxinolear:	V.I.	8
rouçar:	V.T.D.	1
roxear:	V.T.D.	8
rubescer:	V.I./V.T.D.	56
rubificar:	V.T.D.	63

ruborescer:	V.I./V.T.D.	56
ruborizar:	V.T.D.	1
rubricar:	V.T.D.	63
ruçar:	V.T.D.	32
rufar:	V.I./V.T.D.	1
rufiar:	V.I.	1
ruflar:	V.I./V.T.D.	1
rugar:	V.I./V.T.D.	29
rugir:	V.I.	65, 92
rugitar:	V.I.	1
ruidar:	V.I.	1
ruir:	V.I.	81
rumar:	V.T.D.I./V.T.I.	1
rumiar:	V.I./V.T.D.	1
ruminar:	V.I./V.T.D.	1
rumorar:	V.I.	19
rumorejar:	V.I./V.T.D.	16
ruralizar:	V.T.D.	1
rusgar:	V.I./V.T.I.	29
russificar:	V.T.D.	63
rusticar:	V.I./V.T.D.	63
rustificar:	V.T.D.	63
rutilar:	V.I./V.T.D.	1

S

sabadear:	V.I.	8
sabatinar:	V.T.D.	1
sabatizar:	V.I.	1
saber:	V.I./V.T.D./V.T.I.	48
sabichar:	V.T.D.	1
saborear:	V.T.D.	8
sabotar:	V.T.D.	19
sabujar:	V.T.D.	1
saburrar:	V.T.D.	1
sacar:	V.T.D.	63
saçaricar:	V.I.	63
sacarificar:	V.T.D.	63
sachar:	V.T.D.	21
sacholar:	V.T.D.	19
saciar:	V.T.D.	1
sacolejar:	V.T.D.	16
sacralizar:	V.T.D.	1
sacramentar:	V.T.D.	1
sacrificar:	V.T.D.I./V.I./V.T.D./V.T.I.	63
sacudir:	V.T.D.	26
safar:	V.T.D.	21
sagrar:	V.T.D./V.T.D.I.	21
saibrar:	V.T.D.	1
sair:	V.I./V.T.I.	66
salariar:	V.T.D.	1
saldar:	V.T.D.	1
salgar:	V.T.D.	29
salientar:	V.T.D.	1
salificar:	V.T.D.	63
salinar:	V.T.D.	1
salitrar:	V.T.D.	1
salitrizar:	V.T.D.	1
salivar:	V.I.	1
salmear:	V.I./V.T.D.	8
salmejar:	V.T.D.	16
salmodiar:	V.I./V.T.D.	1
salmoirar:	V.T.D.	1
salmourar:	V.T.D.	1
salpicar:	V.T.D./V.T.D.I.	63
salpimentar:	V.T.D.	1
salpresar:	V.T.D.	14
saltar:	V.I./V.T.D.	1
saltarilhar:	V.I.	1
saltarinhar:	V.I.	1
saltear:	V.I./V.T.D.	8
saltitar:	V.I.	1
salubrificar:	V.T.D.	63
salubrizar:	V.T.D.	1
saludar:	V.T.D.	1
salvaguardar:	V.T.D.	21
salvar:	V.T.D./V.T.D.I.	1
sambar:	V.I.	1
sambarcar:	V.T.D.	63
sambenitar:	V.T.D.	1
samblar:	V.T.D.	1
sanar:	V.T.D.	21
sanatorizar:	V.T.D.	1
sancionar:	V.T.D.	19
sandejar:	V.I.	16
sanear:	V.T.D.	8
sanfonar:	V.T.D.	19
sanfoninar:	V.I.	1
sangrar:	V.I./V.T.D.	1
sanguificar:	V.T.D.	63
sanicar:	V.I.	63
sanificar:	V.T.D.	63
sanjar:	V.I./V.T.D.	1
sanquitar:	V.T.D.	1
santificar:	V.T.D.	63
santigar:	V.T.D.	29
sapar:	V.I.	21
sapatear:	V.I./V.T.D.	8
sapecar:	V.I./V.T.D.	63
sapejar:	V.I.	16
saponificar:	V.T.D.	63
sapremar:	V.T.D.	14
saquear:	V.T.D.	8
saquelar:	V.T.D.	14
sarabandear:	V.I.	8
saracotear:	V.I./V.T.D.	8
saraivar:	V.I.	87

Verb	Classification	Number
sarandear:	V.I.	8
sarapantar:	V.T.D.	1
sarapintar:	V.T.D.	1
sarar:	V.I./V.T.D./V.T.I.	21
sargentear:	V.I.	8
sarilhar:	V.T.D.	1
sarjar:	V.T.D.	21
sarnar:	V.T.D.	21
sarnir:	V.I.	11
sarpar:	V.T.D.	21
sarrabiscar:	V.I./V.T.D.	63
sarrafaçar:	V.I.	32
sarrafar:	V.I.	21
sarrafear:	V.T.D.	8
sassar:	V.T.D.	21
sassaricar:	V.T.D.	63
satanizar:	V.T.D.	14
satirizar:	V.T.D.	1
satisdar:	V.T.D.	1
satisfazer:	V.I./V.T.D./V.T.D.I.	61
satrapear:	V.I.	8
saturar:	V.T.D./V.T.D.I.	1
saudar:	V.T.D.	57
sazoar:	V.I./V.T.D.	18, 89
sazonar:	V.I./V.T.D.	19, 89
secar:	V.I./V.T.D.	63
seccionar:	V.T.D.	19
seciar:	V.I.	1
secretariar:	V.I./V.T.D.	1
secularizar:	V.T.D.	1
secumunar:	V.T.D.	1
secundar:	V.T.D.	1
sedar:	V.T.D.	14
sedear:	V.T.D.	8
sedimentar:	V.I.	1
seduzir:	V.T.D.	70
segar:	V.T.D.	29
segmentar:	V.T.D.	1
segredar:	V.T.D.I.	14
segregar:	V.T.D./V.T.D.I.	14
seguir:	V.I./V.T.D/V.T.I.	40
segundar:	V.T.D.	1
segurar:	V.T.D./V.T.D.I.	1
selar:	V.I./V.T.D.	14
selecionar:	V.T.D.	19
seletar:	V.T.D.	1
sembrar:	V.I./V.T.I.	1
semear:	V.I./V.T.D./V.T.D.I.	8
semelhar:	V.T.I./V.T.D.I.	16
sementar:	V.T.D.	1
semicerrar:	V.T.D.	14
semiviver:	V.I.	10
semostrar:	V.I.	1
sengar:	V.T.D.	29
senhorear:	V.I./V.T.D./V.T.D.I.	8
senilizar:	V.T.D.	1
senoitar:	V.I.	1
sensaborizar:	V.T.D.	1
sensibilizar:	V.T.D.	1
sensificar:	V.T.D.	63
sensualizar:	V.T.D.	1
sentar:	V.T.D.	1
sentenciar:	V.T.D./V.T.D.I.	1
sentimentalizar:	V.T.D.	1
sentir:	V.T.D./V.I.	62
separar:	V.T.D./V.T.D.I.	21
septuplicar:	V.I./V.T.D.	63
sepultar:	V.T.D./V.T.D.I.	1
sequestrar:	V.T.D./V.T.D.I.	14
ser:	V.T.I.	4
seramangar:	V.I.	29
serandar:	V.I.	1
seranzar:	V.I.	1
serenar:	V.I./V.T.D.	16
seriar:	V.T.D.	1
serigaitar:	V.I.	1
seringar:	V.T.D.	29
sermonar:	V.T.D.	19
sermonear:	V.T.D.	8
seroar:	V.I.	18
serpear:	V.I.	8, 88*
serpejar:	V.I./V.T.D.	89
serpentar:	V.I./V.T.D.	1
serpentear:	V.I./V.T.D.I.	8
serralhar:	V.T.D.	21
serrar:	V.I./V.T.D.	14
serrazinar:	V.T.D./V.I.	1
serrear:	V.T.D.	8
serrilhar:	V.T.D.	1
serrotar:	V.T.D.	19
sertanizar:	V.T.D.	1
servilizar:	V.T.D.	1
servir:	V.I./V.T.I./V.T.D.I.	62
sesmar:	V.T.D.	16
sessar:	V.T.D.	14
sestear:	V.T.D.	8
setear:	V.T.D.	8
sevandijar-se:	V. Pr.	97
sevar:	V.T.D.	14
severizar:	V.T.D.	1
seviciar:	V.T.D.	1
sextavar:	V.T.D.	21
sextuplicar:	V.I./V.T.D.	63
sexualizar-se:	V. Pr.	97
sezoar:	V.T.D.	18, 89
siar:	V.T.D.	1, 89
sibaritar:	V.T.D.	1
sibilantizar:	V.I.	1
sibilar:	V.I./V.T.D.	1
siderar:	V.T.D.	14

Verbo	Classificação	Nº
sifilizar:	V.T.D.	1
siflar:	V.T.D.	1
sigilar:	V.T.D.	1
significar:	V.T.D./V.T.D.I.	63
silabar:	V.I.	21
silenciar:	V.I./V.T.D./V.T.I.	1
silogizar:	V.I./V.T.D.	1
silvar:	V.I./V.T.D.	1
simbolizar:	V.T.D./V.I./V.T.D.I.	1
simetrizar:	V.I./V.T.D./V.T.I.	1
simpatizar:	V.T.I.	1
simplificar:	V.T.D.	63
simular:	V.T.D.	1
sinalar:	V.T.D./V.T.I./V.T.D.I.	21
sinalizar:	V.I.	1
sinapizar:	V.T.D.	1
sincopar:	V.T.D.	19
sincopizar:	V.I./V.T.D.	1
sincretizar:	V.T.D.	1
sincronizar:	V.T.D.	1
sindicalizar:	V.T.D.	1
sindicar:	V.I./V.T.D./V.T.I.	63
sinetar:	V.T.D.	14
sinfonizar:	V.T.D.	1
singrar:	V.I.	19
singularizar:	V.T.D.	1
sinistrar:	V.I.	1
sinistrizar:	V.T.D.	1
sinonimar:	V.T.D./V.T.D.I.	1
sinonimizar:	V.I./V.T.D./V.T.I./V.T.D.I.	1
sinoptizar:	V.T.D.	1
sintetizar:	V.T.D.	1
sintonizar:	V.I./V.T.D./V.T.I.	1
sirgar:	V.T.D.	29
sisar:	V.I./V.T.D./V.T.I.	1
sistematizar:	V.T.D.	1
sitiar:	V.T.D	1
situar:	V.T.D.I.	27
soabrir:	V.T.D.	59
soalhar:	V.T.D.	21
soar:	V.I./V.T.I./V.T.D.	18
sobalçar:	V.T.D.	32
sobejar:	V.I./V.T.I.	16
soberanizar:	V.T.D.	1
sobestar:	V.T.I.	14
sobnegar:	V.T.D./V.T.D.I.	29
soborralhar:	V.T.D.	21
sobpor:	V.T.D.I.	77
sobraçar:	V.T.D.	32
sobradar:	V.T.D.	21
sobrançar:	V.T.D.	32
sobrancear:	V.T.D./V.T.D.I.	8
sobrar:	V.I./V.T.D.	19
sobrasar:	V.T.D.	21
sobre-humanizar:	V.I.	1
sobreabundar:	V.I.	1
sobreagitar:	V.T.D.	1
sobrealimentar:	V.T.D.	1
sobreaquecer:	V.T.D.	56
sobreavisar:	V.T.D.	1
sobreazedar:	V.T.D.	14
sobrecabar:	V.I.	21
sobrecarregar:	V.T.D.	29
sobrechegar:	V.I./V.T.I.	29
sobrecompensar:	V.T.D.	1
sobrecoser:	V.T.D.	15
sobrecrescer:	V.I./V.T.D./V.T.I.	56
sobredoirar:	V.T.D.	1
sobredourar:	V.T.D.	1
sobreentender:	V.T.D.	2
sobreerguer:	V.T.D.I.	74
sobreestar:	V.I./V.T.I.	6
sobreexaltar:	V.T.D.	1
sobreexceder:	V.T.D./V.T.D.I.	2
sobreexcitar:	V.T.D.	1
sobreintender:	V.T.D.	2
sobreir:	V.I.	54
sobreirritar:	V.T.D.	1
sobrelevar:	V.T.D./V.T.I.	14
sobreluzir:	V.I.	70
sobremaravilhar:	V.T.D.	1
sobrenadar:	V.I.	21
sobrenaturalizar:	V.T.D.	1
sobrenomear:	V.T.D.	8
sobreolhar:	V.T.D.	19
sobrepairar:	V.T.I.	1
sobrepensar:	V.T.D./V.T.I.	1
sobrepesar:	V.T.D./V.T.I.	14
sobrepor:	V.T.D.I.	77
sobrepovoar:	V.T.D.	18
sobrepratear:	V.T.D.	8
sobrepujar:	V.T.D./V.T.I.	1
sobrerrestar:	V.T.I.	14
sobrerroldar:	V.T.D.	19
sobrerrondar:	V.I./V.T.D.	1
sobrescrever:	V.T.D.	20
sobrescritar:	V.T.D./V.T.D.I.	1
sobresperar:	V.I./V.T.D.	14
sobressair:	V.I.	66
sobressaltar:	V.T.D.	1
sobressaltear:	V.T.D.	8
sobressarar:	V.I./V.T.D.	21
sobressaturar:	V.T.D.	1
sobressemear:	V.T.D.	8
sobresser:	V.I./V.T.D.	4
sobressolar:	V.T.D.	19
sobrestar:	V.I./V.T.I.	6
sobrestimar:	V.T.D.	1
sobretecer:	V.T.D.I.	56

sobrevestir:	V.T.D. 62	sopegar:	V.I. 29
sobrevigiar:	V.T.D. 1	sopesar:	V.T.D. 14
sobrevir:	V.I./V.T.I. 72	sopetear:	V.T.D. 8
sobreviver:	V.I. 10	sopiar:	V.T.D. 1
sobrevoar:	V.I. 18	sopitar:	V.T.D. 1
socalcar:	V.T.D. 63	sopontar:	V.T.D. 1
socar:	V.T.D. 63	soporizar:	V.T.D. 1
socavar:	V.T.D. 21	soprar:	V.I./V.T.D./V.T.D.I. 19
sochantrear:	V.I. 8	sopresar:	V.T.D. 14
sociabilizar:	V.T.D. 1	soquear:	V.I. 8
socializar:	V.T.D. 1	soqueixar:	V.T.D. 1
soçobrar:	V.I./V.T.D. 19	soquetear:	V.T.D. 8
socorrer:	V.T.D. 15	sorar:	V.T.D. 19
soer:	V.I. 94	sorrabar:	V.T.D. 21
soerguer:	V.T.D. 74	sorrascar:	V.I./V.T.D. 63
sofismar:	V.I./V.T.D. 1	sorratear:	V.T.D. 8
sofisticar:	V.T.D. 63	sorrir:	V.I./V.T.I./V.T.D./ V.T.D.I. 34
sofraldar:	V.T.D. 1	sortear:	V.T.D. 8
sofrear:	V.T.D. 8	sortir:	V.I./V.T.D./V.T.D.I. 86
sofrer:	V.I./V.T.D./V.T.I. 15	sorvar:	V.I. 19
sogar:	V.T.D. 29	sorver:	V.T.D. 15
solapar:	V.T.D. 21	sossegar:	V.I./V.T.D. 29
solar:	V.I./V.T.D. 19	sotaquear:	V.T.D. 8
solavancar:	V.I. 63	sotaventear:	V.I./V.T.D. 8
soldar:	V.T.D. 19	soterrar:	V.T.D. 14
solenizar:	V.T.D. 1	sotopor:	V.T.D.I. 77
soletrar:	V.I./V.T.D. 14	sotrancar:	V.T.D. 63
soletrear:	V.I./V.T.D. 8	sovar:	V.T.D. 19
solevantar:	V.T.D. 1	sovelar:	V.T.D. 14
solevar:	V.T.D. 14	soverter:	V.T.D. 15
solfar:	V.I./V.T.D. 1	sovinar:	V.T.D. 1
solfejar:	V.I./V.T.D. 16	suadir:	V.I./V.T.D./V.T.D.I. 11
solhar:	V.T.D. 19	suar:	V.I./V.T.D. 27
solicitar:	V.I./V.T.D./V.T.D.I. 1	suavizar:	V.T.D. 1
solidar:	V.T.D. 1	sub-hastar:	V.T.D. 21
solidarizar:	V.T.D./V.T.D.I. 1	sub-rogar:	V.T.D. 19
solidificar:	V.T.D. 63	subalimentar:	V.T.D. 1
solinhar:	V.I./V.T.D. 1	subalternar:	V.T.D. 1
soltar:	V.I./V.T.D./V.T.D.I. 1	subalternizar:	V.T.D. 1
solubilizar:	V.T.D. 1	subalugar:	V.T.D./V.T.D.I. 29
soluçar:	V.I./V.T.D. 32	subarrendar:	V.T.D./V.T.D.I. 1
solucionar:	V.T.D. 19	subassinar:	V.T.D. 1
solver:	V.T.D./V.T.D.I. 15	subastar:	V.T.D. 21
somar:	V.I./V.T.D./V.T.D.I. 19	subcontratar:	V.T.D. 21
somatizar:	V.I./V.T.D. 1	subdelegar:	V.T.D.I. 29
sombrear:	V.I./V.T.D. 8	subdirigir:	V.T.D. 65
sombrejar:	V.T.D. 14	subdistinguir:	V.T.D. 40
someter:	V.T.D. 17	subdividir:	V.T.D. 11
sondar:	V.T.D. 19	subemprazar:	V.T.D. 1
sonegar:	V.T.D./V.T.D.I. 14	subenfiteuticar:	V.T.D. 63
sonetear:	V.I./V.T.D. 8	subentender:	V.T.D. 2
sonhar:	V.I./V.T.I./V.T.D. 19	suberificar:	V.T.D./V.T.I. 63
sonorizar:	V.T.D. 1	suberizar:	V.T.D./V.T.I. 1
sopapear:	V.T.D. 8	subestimar:	V.T.D. 1
sopear:	V.T.D. 1	subfretar:	V.T.D./V.T.D.I. 14

Verbo	Classificação	Nº
subintender:	V.I.	2
subintitular:	V.T.D.	1
subir:	V.I./V.T.D./V.T.I.	52
subjetivar:	V.T.D.	1
subjugar:	V.T.D.	29
sublevantar:	V.T.D.	1
sublevar:	V.T.D.	14
sublimar:	V.T.D.	1
sublinhar:	V.T.D.	1
sublocar:	V.T.D./V.T.D.I.	63
submergir:	V.I./V.T.D.	65, 80
submeter:	V.T.D./V.T.D.I.	17
subministrar:	V.T.D./V.T.D.I.	1
subnegar:	V.T.D.	29
subnutrir:	V.T.D.	11
subordinar:	V.T.D./V.T.D.I.	1
subornar:	V.T.D.	19
subpor:	V.T.D.I.	77
subscrever:	V.T.D./V.T.I.	20
subscritar:	V.T.D.	1
subsecretariar:	V.I./V.T.D.	1
subseguir:	V.T.D.	40
subsidiar:	V.T.D.	1
subsistir:	V.I.	11
substabelecer:	V.T.D./V.T.D.I.	56
substancializar:	V.T.D.	1
substanciar:	V.T.D.	1
substantificar:	V.T.D.	63
substantivar:	V.T.D.	1
substituir:	V.T.D./V.T.D.I.	44
subsultar:	V.T.D.	1
subsumir:	V.T.D.	52
subtender:	V.T.D.	2
subterfugir:	V.T.D./V.T.I.	42
subterrar:	V.T.D.	14
subtilizar:	V.I./V.T.D./V.T.D.I.	1
subtrair:	V.T.D./V.T.D.I.	67
subvencionar:	V.T.D.	19
subverter:	V.T.D.	17
suceder:	V.I./V.T.D.	10
suciar:	V.I.	14
sucumbir:	V.I./V.T.I.	11
sudoestar:	V.I.	14, 87
suestar:	V.I.	14, 87
sufixar:	V.I./V.T.D.	1
suflar:	V.T.D.	1
sufocar:	V.I./V.T.D.	63
sufragar:	V.T.D.	29
sufumigar:	V.T.D.	29
sugar:	V.T.D.	29
sugerir:	V.T.D./V.T.D.I.	62
sugestionar:	V.T.D.	19
sugilar:	V.T.D.	1
suicidar-se:	V. Pr.	97
sujar:	V.I./V.T.D.	1
sujeitar:	V.T.D./V.T.D.I.	1
sulaventear:	V.I.	8
sulcar:	V.T.D.	63
sulfatar:	V.T.D.	21
sulfatizar:	V.T.D.	1
sulfurar:	V.T.D.	1
sumagrar:	V.T.D.	21
sumariar:	V.T.D.	1
sumir:	V.I./V.T.D.	52
sumular:	V.T.D.	1
sungar:	V.T.D.	29
sunguilar:	V.T.D.	1
supeditar:	V.T.D.I.	1
superabundar:	V.I./V.T.I.	1, 89
superalimentar:	V.T.D.	1
superaquecer:	V.T.D.	56
superar:	V.T.D.	14
superciliar:	V.I.	1
superexaltar:	V.T.D.	21
superexcitar:	V.T.D.	1
superfetar:	V.I.	14
superintender:	V.T.D.	2
superiorizar:	V.T.D.	1
superlativar:	V.T.D.	1
superlotar:	V.T.D.	19
superpor:	V.T.D.I.	77
supersaturar:	V.T.D.	1
supervisionar:	V.T.D.	19
suplantar:	V.T.D.	1
suplicar:	V.T.D./V.T.D.I.	63
supliciar:	V.T.D.	1
supontar:	V.T.D.	19
supor:	V.T.D./V.T.D.I.	77
suportar:	V.T.D.	19
supracitar:	V.T.D.	1
suprimir:	V.T.D.	11
suprir:	V.T.D./V.T.I./V.T.D.I.	80
supurar:	V.I./V.T.D.	1
suputar:	V.T.D.	1
suquir:	V.I.	44
surdear:	V.I.	8
surdinar:	V.I.	1
surdir:	V.I./V.T.D.	11
surgir:	V.I./V.T.I.	65
surpreender:	V.T.D./V.T.D.I.	10
surpresar:	V.T.D./V.T.D.I.	14
surrar:	V.T.D.	1
surribar:	V.T.D.	1
surripiar:	V.T.D./V.T.D.I.	1
surripilhar:	V.T.D.	1
suscetibilizar:	V.T.D.	1
suscitar:	V.T.D./V.T.D.I.	1
suspeitar:	V.T.D./V.T.I.	1
suspender:	V.T.D./V.T.D.I.	10
suspirar:	V.I./V.T.D.	1

susquir-se:	V. Pr. 44, 100
sussar:	V.T.D. 1
sussurrar:	V.I./V.T.D./V.T.D.I. 1
sustar:	V.I./V.T.D. 1
sustenizar:	V.T.D. 1
sustentar:	V.T.D. 1
suster:	V.T.D. 7
sutar:	V.T.D. 1
suturar:	V.T.D. 1
suxar:	V.T.D. 1

T

tabaquear:	V.T.D./V.I. 8
tabelar:	V.T.D. 14
tabeliar:	V.I. 1
tabicar:	V.T.D. 63
tabizar:	V.T.D. 1
tacanhear:	V.I. 8
tacar:	V.T.D. 21
tachar:	V.T.D. 21
tachear:	V.T.D. 8
tachonar:	V.T.D. 19
tafular:	V.I. 1
tafulhar:	V.T.D. 1
tagantar:	V.T.D. 1
tagantear:	V.T.D. 8
tagarelar:	V.T.I. 14
taipar:	V.T.D. 1
talar:	V.T.D. 21
talhar:	V.I./ V.T.D./V.T.D.I. 21
talingar:	V.T.D. 29
talionar:	V.T.D. 19
taludar:	V.T.D. 1
tamanquear:	V.I. 8
tamborilar:	V.I. 1
tamborinar:	V.I. 1
tamisar:	V.T.D. 1
tampar:	V.T.D. 21
tamponar:	V.T.D. 19
tanchar:	V.T.D. 1
tangar:	V.I. 29
tangenciar:	V.T.D. 1
tanger:	V.I./V.T.D./V.T.I. 36
tanguear:	V.I. 8
taninar:	V.T.D. 1
tanoar:	V.I. 18
tantalizar:	V.T.D. 1
tapar:	V.T.D. 21
tapear:	V.T.D. 8
tapetar:	V.T.D. 14
tapeçar:	V..T.D. 32
tapizar:	V.T.D. 1
tapulhar:	V.T.D. 1
taquigrafar:	V.T.D. 21
taramelear:	V.I./V.T.D. 8
tarar:	V.I./V.T.D./V.T.I. 21
tardar:	V.I./V.T.D./V.T.I. 21
tarear:	V.T.D. 8
tarefar:	V.T.D. 14
tarelar:	V.I. 14
tarifar:	V.T.D. 1
tarimbar:	V.I. 1
tarjar:	V.T.D. 21
tarocar:	V.I. 63
tarrafar:	V.I. 21
tarrafear:	V.I. 8
tarraxar:	V.T.D. 21
tarrincar:	V.I./V.T.D. 63
tartamelear:	V.I. 8
tartamudear:	V.I. 8
tartarear:	V.I. 8
tartarizar:	V.T.D. 1
tartuficar:	V.T.D. 63
tarugar:	V.T.D. 29
tascar:	V.T.D. 63
tasquinhar:	V.T.D. 1
tatalar:	V.I. 21
tataranhar:	V.I. 21
tatear:	V.I./V.T.D. 8
tatuar:	V.T.D. 27
tauxiar:	V.T.D. 1
taxar:	V.T.D./V.T.D.I. 21
teatralizar:	V.T.D. 1
tecer:	V.T.D./V.T.D.I. 56
teclar:	V.I. 14
teimar:	V.T.I./V.T.D.I. 14
telecomandar:	V.T.D. 21
teledetetar:	V.T.D. 14
teledirigir:	V.T.D. 65
telefonar:	V.T.D./V.T.D.I. 19
telegrafar:	V.T.D./V.T.D.I. 21
teleguiar:	V.T.D. 1
telexar:	V.T.D. 1
telhar:	V.T.D. 16
telintar:	V.I. 1
temer:	V.I./V.T.D./V.T.I. 17
temperar:	V.T.D. 14
tempestear:	V.I./V.T.D. 8
tempestuar:	V.I. 27
temporalizar:	V.T.D. 1
temporejar:	V.I. 16
temporizar:	V.I./V.T.D./V.T.D.I. 1
tenazar:	V.T.D. 21
tencionar:	V.T.D. 19
tender:	V.T.D./V.T.I. 2
tentar:	V.T.D. 1

Verbo	Classificação	Número
tentear:	V.T.D.	8
teocratizar:	V.T.D.	1
teologizar:	V.I.	1
teorizar:	V.I./V.T.D.	1
ter:	V.T.D.	7
tercetar:	V.I.	14
terebintinar:	V.T.D.	1
terebrar:	V.T.D.	14
tergiversar:	V.I.	14
terjurar:	V.I./V.T.D./V.T.I.	1
terminar:	V.T.D.	1
terraplanar:	V.T.D.	21
terraplenar:	V.T.D.	14
terrear:	V.I.	8
terrificar:	V.T.D.	63
terrincar:	V.T.D.	63
terrorar:	V.T.D.	19
terrorizar:	V.I./V.T.D.	14
terçar:	V.T.D./V.T.I.	32
tesar:	V.T.D.	14
tesoirar:	V.T.D.	14
tesourar:	V.T.D.	14
testar:	V.I./V.T.D./V.T.D.I.	14
testemunhar:	V.I./V.T.D./V.T.I./V.T.D.I.	1
testificar:	V.T.D.	63
testilhar:	V.I./V.T.D.	1
tetanizar:	V.T.D.	1
tibungar:	V.I.	29
tijolar:	V.I.	19
tilar:	V.T.D.	1
tildar:	V.T.D.	1
tilintar:	V.I./V.T.D.	1
timbalear:	V.I.	8
timbilar:	V.I.	1
timbrar:	V.T.D.	1
timonar:	V.T.D.	19
timpanizar:	V.T.D.	1, 89
tingar-se:	V. Pr.	29, 97
tingir:	V.T.D.	65
tinguijar:	V.T.D.	1
tinir:	V.I.	81
tintar:	V.T.D.	1
tintinar:	V.I./V.T.D.	1
tipificar:	V.T.D.	63
tipografar:	V.T.D.	21
tiquetaquear:	V.I./V.T.D.	8
tiramolar:	V.T.D.	19
tiranizar:	V.T.D.	1
tirar:	V.I./V.T.D./V.T.D.I.	1
tiritar:	V.I.	1
tirocinar:	V.T.D.	1
tironear:	V.T.D.	8
tirotear:	V.I./V.T.D.	8
tisnar:	V.T.D.	1
titerear:	V.I./V.T.D.	8
titilar:	V.T.D.	1, 89
titubar:	V.I./V.T.I.	1
titubear:	V.I./V.T.I.	8
titular:	V.T.D.	1
tlintar:	V.I.	1
toar:	V.I.	18
tocaiar:	V.I./V.T.D.	21
tocar:	V.I./V.T.D./V.T.I.	63
togar:	V.T.D.	29
toirear:	V.I./V.T.D.	8
toirejar:	V.T.D.	16
toldar:	V.T.D.	19
tolejar:	V.I.	16
tolerar:	V.T.D.	14
tolher:	V.T.D./V.T.D.I.	15
tolinar:	V.T.D.	1
tomar:	V.T.D./V.T.D.I.	19
tombar:	V.I./V.T.D.	1
tombolar:	V.I.	19
tonalizar:	V.T.D.	1
tonar:	V.I.	19, 89
tonificar:	V.T.D.	63
tonitruar:	V.T.D.	27
tonsar:	V.T.D.	19
tonsurar:	V.T.D.	1
tontear:	V.I.	8
topar:	V.T.D./V.T.I.	19
topejar:	V.T.D.	16
topetar:	V.T.D./V.T.I.	14
topografar:	V.T.D.	21
torar:	V.T.D.	19
torcegar:	V.T.D.	29
torcer:	V.T.D./V.T.D.I.	56
torcicolar:	V.I.	19
torcionar:	V.T.D.	19
torcular:	V.T.D.	1
tornar:	V.I./V.T.I./V.T.D.I.	19
tornear:	V.T.D.	8
tornejar:'	V.I./V.T.D.	16
torpecer:	V.T.D.	56
torpedear:	V.T.D./V.T.D.I.	8
torrar:	V.T.D.	19
torrear:	V.I./V.T.D.	8
torrefazer:	V.T.D.	61
torrejar:	V.I./V.T.D.	16
torrificar:	V.T.D.	63
torriscar:	V.T.D.	63
torturar:	V.T.D.	1
torvar:	V.I./V.T.D.	19
torvelinhar:	V.I.	1
tosar:	V.T.D.	19
toscanejar:	V.I.	16
toscar:	V.T.D.	63
tosquenejar:	V.I.	16

Verbo	Classificação	Nº
tosquiar:	V.T.D.	1
tossicar:	V.I.	63
tossir:	V.I./V.T.D.	47
tostar:	V.T.D.	19
totalizar:	V.T.D.	1
toucar:	V.T.D.	63
tourear:	V.I./V.T.D.	8
tourejar:	V.T.D.	16
toutear:	V.I.	8
toxicar:	V.T.D.	63
trabalhar:	V.I./V.T.D./V.T.I.	21
trabucar:	V.T.D.	63
traçar:	V.I./V.T.D.	32
tracejar:	V.I./V.T.D.	16
tradear:	V.T.D.	8
traduzir:	V.T.D./V.T.D.I.	70
trafegar:	V.I./V.T.D./V.T.I.	29
traficar:	V.I./V.T.D.	63
tragar:	V.I./V.T.D.	29
tragediar:	V.T.D.	1
traicionar:	V.T.D.	19
trair:	V.T.D.	67
trajar:	V.T.D./V.T.I.	21
traladar:	V.T.D.	21
tralhar:	V.T.D.	21
tramar:	V.T.I./V.T.D.	21
trambecar:	V.I.	63
trambicar:	V.I./V.T.D./V.T.I.	63
trambolhar:	V.I.	19
tramitar:	V.I.	1
tramontar:	V.I.	1
trampear:	V.I.	8
trampolinar:	V.I.	1
tranar:	V.T.D.	21
trancafiar:	V.T.D.	1
trancar:	V.T.D.	63
trançar:	V.I./V.T.D.	32
tranchar:	V.T.D.	1
tranquibernar:	V.I.	14
tranquilizar:	V.T.D.	1
transacionar:	V.I.	19
transar:	V.I./V.T.D./V.T.I.	1
transbordar:	V.I./V.T.D.	19
transcender:	V.T.D./V.T.I.	10
transcolar:	V.I.	19
transcorrer:	V.I.	15
transcrever:	V.T.D.	20
transcurar:	V.T.D.	1
transcursar:	V.T.D.	1
transfazer:	V.T.D./V.T.D.I.	61
transferir:	V.T.D./V.T.D.I.	62
transfigurar:	V.T.D.	1
transfiltrar:	V.T.D.	1
transfixar:	V.T.D.	1
transformar:	V.T.D./V.T.D.I.	19
transfretar:	V.T.D.	14
transfugir:	V.T.I.	42
transfundir:	V.T.D./V.T.D.I.	11
transgredir:	V.T.D.	31
transigir:	V.I.	65
transiluminar:	V.T.D.	1
transir:	V.I./V.T.D.	86
transistorizar:	V.T.D.	1
transitar:	V.I./V.T.D./V.T.I.	1
transitivar:	V.T.D.	1
transladar:	V.T.D./V.T.D.I.	21
translinear:	V.T.D.	8
transliterar:	V.T.D.I.	14
translucidar:	V.T.D.	1
translumbrar:	V.T.D.	1
transluzir:	V.I./V.T.I.	70
transmalhar:	V.T.D.	21
transmear:	V.T.D.	8
transmigrar:	V.I./V.T.I.	1
transmitir:	V.T.D./V.T.D.I.	11
transmontar:	V.I./V.T.D.	19
transmudar:	V.T.D./V.T.D.I.	1
transmutar:	V.T.D./V.T.D.I.	1
transnadar:	V.T.D.	21
transnoitar:	V.I./V.T.D.	1
transnominar:	V.T.D.	1
transparecer:	V.T.I.	56
transparentar:	V.T.D.	1
transpassar:	V.T.D./V.T.D.I.	21
transpirar:	V.I./V.T.D./V.T.I.	1
transplantar:	V.T.D.	1
transpor:	V.T.D.	77
transportar:	V.T.D./V.T.D.I.	19
transtornar:	V.T.D.	19
transtrocar:	V.T.D.	63
transubstanciar:	V.T.D.I.	1
transudar:	V.T.I.	1, 89
transumanar:	V.T.D.	21
transumar:	V.T.D.	1
transumir:	V.T.D.	11, 89
transvasar:	V.T.D.	21
transvazar:	V.T.D./V.T.D.I.	21
transverberar:	V.T.D.	14
transverter:	V.T.D.	17
transviar:	V.T.D.	1
transvoar:	V.T.D.	18
trapacear:	V.I./V.T.D.	8
trapear:	V.I.	8
trapejar:	V.I.	16
traquear:	V.T.D.	8
traquejar:	V.T.D.	16
traquinar:	V.I.	1
trasbordar:	V.I./V.T.D./V.T.I.	19
trasfegar:	V.T.D.	29
trasfoliar:	V.T.D.	1

trasguear	V.T.D.	8	
trasladar	V.T.D./ V.T.D.I.	21	
trasmontar	V.I./V.T.D.	1	
trasmudar	V.T.D./V.T.D.I.	1	
trasnoitar	V.I./V.T.D.	1	
traspassar	V.T.D./V.T.D.I.	21	
traspor	V.T.D.	77	
trastear	V.T.D.	8	
trastejar	V.I.	16	
trastempar	V.I.	1	
trastornar	V.T.D.	19	
trasvazar	V.T.D.	21	
trasvestir-se	V. Pr.	99	
tratar	V.T.D./V.T.I./V.T.D.I.	21	
tratear	V.T.D.	8	
traumatizar	V.T.D.	1	
trautar	V.T.D.	1	
trautear	V.I./V.TD.	8	
travar	V.I./V.T.D./V.T.I.	21	
travejar	V.I.	16	
travessar	V.T.D.	14	
travessear	V.I.	8	
travestir-se	V. Pr.	99	
trazer	V.T.D./V.T.D.I.	46	
trebelhar	V.I.	16	
trebucar	V.T.D.	63	
treinar	V.T.D./V.T.D.I.	1	
treitar	V.T.D.	1	
trejeitar	V.I.	1	
trejurar	V.T.D./V.T.I.	1	
treladar	V.T.D.	21	
trelear	V.I.	8	
treler	V.I./V.T.I.	71	
tremar	V.T.D.	14	
tremelear	V.I.	8	
tremelicar	V.I.	63	
tremeluzir	V.I.	70	
tremer	V.I./V.T.D.	17	
tremeter-se	V. Pr.	17, 98	
tremoçar	V.T.D.	32	
tremular	V.I./V.T.D.	1	
tremulinar	V.T.D.	1	
trenar	V.T.D./V.T.D.I.	14	
trepanar	V.T.D.	21	
trepar	V.I./V.T.D.	14	
trepicar	V.I.	63	
trepidar	V.I.	1	
treplicar	V.I./V.T.I.	63	
tresandar	V.I./V.T.D./V.T.I.	1	
trescalar	V.I./V.T.D.	21	
tresdobrar	V.T.D.	19	
tresentender	V.T.D.	2	
tresfegar	V.T.D.	29	
tresfiar	V.I.	1	
tresfolegar	V.I.	60	
tresfolgar	V.I.	19	
tresfoliar	V.I.	1	
tresgastar	V.I./V.T.D.	21	
tresjurar	V.T.I.	1	
tresler	V.I.	71	
tresloucar	V.T.D.	63	
tresmalhar	V.I./V.T.D.	21	
tresmentir	V.I.	62	
tresmontar	V.T.D.	19	
tresmudar	V.T.D.	1	
tresnoitar	V.T.D.	1	
trespassar	V.T.D.	21	
tressuar	V.I.	27	
trestampar	V.I.	1	
tresvaliar	V.I.	1	
tresvariar	V.I.	1	
tresvoltear	V.T.D.	8	
triangular	V.T.D.	1	
triar	V.T.D.	1	
tributar	V.T.D./V.T.D.I.	1	
tricotar	V.I.	19	
trifurcar	V.T.D.	63	
trigar-se	V. Pr.	97	
trilar	V.I.	1, 89	
trilhar	V.T.D.	1	
trinar	V.I.	1	
trincafiar	V.T.D.	1	
trincalhar	V.T.D.	21	
trincar	V.I./V.T.D.	63	
trinchar	V.T.D.	1	
trincheirar	V.T.D.	1	
trincolejar	V.I./V.T.D.	16, 89	
trinfar	V.I.	1	
trintar	V.I.	1	
tripartir	V.T.D.	11	
triplicar	V.T.D.	63	
tripudiar	V.I./V.T.D.	1	
tripular	V.T.D.	1	
triscar	V.I.	63	
trissar	V.I.	1, 89	
trissecar	V.T.D.	63	
triturar	V.T.D.	1	
triunfar	V.I./V.T.D./V.T.I.	1	
trivializar	V.I.	1	
troar	V.I.	18, 89	
trobar	V.T.D.	19	
trocadilhar	V.I.	1	
trocar	V.T.D./V.T.I./V.T.D.I.	63	
troçar	V.T.D.	32	
trochar	V.T.D.	19	
trociscar	V.T.D.	63	
troiar	V.I.	1	
trombejar	V.T.D.	16	
trombetear	V.I.	8	
trompejar	V.I.	16	

tronar:	V.I.	19
troncar:	V.T.D.	1
tronchar:	V.T.D.	19
tropear:	V.I.	8
tropeçar:	V.I./V.T.I.	32
tropeliar:	V.I.	1
tropicar:	V.I.	63
troquilhar:	V.I./V.T.D.	1
trotar:	V.I./V.T.D.	19
trotear:	V.I./V.T.D.	8
trovar:	V.I.	19
trovejar:	V.I.	87
troviscar:	V.I.	63
trovoar:	V.I.	18, 87
truanear:	V.I.	8
trucar:	V.I.	63
trucidar:	V.T.D.	1
trucilar:	V.I.	1
trufar:	V.T.D.	1
truncar:	V.T.D.	63
trunfar:	V.I./V.T.I.	1
trupitar:	V.I.	1
trutinar:	V.T.D.	1
tuberculinizar:	V.I.	1
tuberculizar:	V.I.	1
tufar:	V.I./V.T.D.	1
tugir:	V.I./V.T.D.	65
tumbar:	V.I.	1
tumefazer:	V.T.D.	61, 90*
tumeficar:	V.T.D.	63, 89
tumescer:	V.T.D.	56
tumidificar:	V.T.D.	63, 89
tumular:	V.T.D.	1
tumulizar:	V.T.D.	1
tumultuar:	V.T.D.	27
tunantear:	V.I.	8
tundar:	V.T.D.	1
tupir:	V.T.D.	52
turbar:	V.T.D.	1
turbilhonar:	V.I.	19
turgescer:	V.I./V.T.D.	56
turgir:	V.I./V.T.D.	11
turibular:	V.T.D.	1
turiferar:	V.T.D.	14
turificar:	V.T.D.	63
turrar:	V.I./V.T.D./V.T.I.	1
turturinar:	V.I.	1
turtuviar:	V.I.	1
turvar:	V.I./V.T.D.	1
turvejar:	V.I./V.I./V.T.D.	16
tutear:	V.T.D.	8
tutelar:	V.T.D.	14
tutorar:	V.T.D.	19
tutorear:	V.T.D.	8
tutucar:	V.I.	63

U

uatobar:	V.T.D.	19
ufanar:	V.T.D.	1
ugalhar:	V.T.D.	21
ugar:	V.I./V.T.D.	29
uivar:	V.I.	1, 89
ulcerar:	V.I./V.T.D.	14, 89
ultimar:	V.T.D.	1
ultracentrifugar:	V.I.	29
ultrajar:	V.I./V.T.D.	21
ultrapassar:	V.I./V.T.D.	21
ulular:	V.I.	1
unanimar:	V.T.D.	1
unanimificar:	V.T.D.	63
undular:	V.T.D.	1
ungir:	V.T.D.	80
unhar:	V.T.D.	1
unificar:	V.T.D.	63
uniformar:	V.T.D.	19
uniformizar:	V.T.D.	1
unir:	V.I./V.T.D.	11
universalizar:	V.T.D./V.T.I.	1
untar:	V.T.D.	1
upar:	V.I.	1
uranar:	V.T.I.	21
urbanizar:	V.T.D./V. Pr.	1
urdir:	V.T.D.	11
urgir:	V.T./V.T.D./V.T.I.	92
urinar:	V.I.	14
urrar:	V.I./V.T.D.	14
urticar:	V.T.D.	63
urtigar:	V.T.D./V. Pr.	29
usar:	V.T.D.	1
usitar:	V.T.D.	1
ustular:	V.T.D.	1
usucapir:	V.I./V.T.D.	80
usufruir:	V.T.D.	44
usufrutuar:	V.T.D.	27
usurar:	V.T.D.	1
usurpar:	V.T.D.	1
utar:	V.T.D.	1
utensiliar:	V.T.D.	1
utilizar:	V.T.D.	1

V

vacar:	V.I.	21
vacilar:	V.I.	1
vacinar:	V.T.D.	1
vadear:	V.T.D.	8
vadiar:	V.I.	1
vagabundear:	V.I.	8
vagamundear:	V.I.	8
vagar:	V.I.	29
vagir:	V.I.	92
vaguear:	V.I.	8
vaguejar:	V.I.	16
vaiar:	V.T.D.	21
valar:	V.T.D.	21
valer:	V.I./V.T.D.	39
validar:	V.T.D.	1
valorar:	V.T.D.	19
valorizar:	V.T.D.	1
valsar:	V.I./V.T.D.	21
valsejar:	V.I.	16
vampirizar:	V.I./V.T.D.	1
vanescer:	V.I.	56
vangloriar:	V.T.D.	1
vanguardear:	V.T.D.	8
vanguejar:	V.I.	16
vaporar:	V.I.	19
vaporizar:	V.I./V.T.D.	1
vapular:	V.T.D.	1
vaquejar:	V.T.D.	16
varar:	V.T.D.	21
varear:	V.T.D.	8
varejar:	V.T.D.	16
variar:	V.T.D./V.T.I.	1
varicelar:	V.I.	14
variegar:	V.T.D.	29
varrer:	V.T.D./V.I.	10
vascolejar:	V.T.D.	16
vasconcear:	V.I./V.T.D.	8
vascularizar:	V.T.D.	1
vasculhar:	V.T.D.	1
vasquear:	V.I.	8
vasquejar:	V.I./V.T.D.	16
vassalar:	V.T.D.	21
vassoirar:	V.T.D./V.I.	1
vassourar:	V.T.D./V.I.	1
vastar:	V.T.D.	21
vaticinar:	V.T.D.I.	1
vazar:	V.I./V.T.D.	21
vaziar:	V.I./V.T.D.I.	1
vedar:	V.T.D./V.T.D.I.	14
veementizar:	V.T.D.	1
vegetalizar:	V.I.	1
vegetar:	V.I.	14
veicular:	V.T.D.	1
velar:	V.I./V.T.D./V. Pr.	14
velear:	V.T.D.	8
velejar:	V.I./V.T.D.	16
velhaquear:	V.I./V.T.D.	8
velicar:	V.T.D./V. Pr.	63
velutar:	V.T.D.	1
venalizar:	V.T.D./V. Pr.	1
vencer:	V. Pr./V.I./V.T.D./V.T.D.I.	56
vendar:	V.T.D.	1
vender:	V. Pr./V.I./V.T.D./V.T.D.I.	10
venerar:	V.T.D.	14
veniagar:	V.I./V.T.D.	29
ventanear:	V.I./V.T.D.	88
ventanejar:	V.I.	87
ventar:	V.I./V.T.D./V.T.D.I.	87
ventilar:	V.T.D./V. Pr.	1
ventoinhar:	V.I.	1
ver:	V.I./V.T.D./V. Pr.	69
veranear:	V.I.	8
verbalizar:	V.I./V.T.D.	1
verberar:	V.I./V.T.D./V. Pr.	14
verbetar:	V.T.D.	14
verdascar:	V.T.D.	63
verdear:	V.I.	8
verdecer:	V.I.	76, 90*
verdegar:	V.I.	29
verdejar:	V.I.	16, 89
verdunizar:	V.T.D.	1
verear:	V.I./V.T.D.	8
vergalhar:	V.T.D.	21
vergar:	V.I./V.T.D./V. Pr.	29
vergastar:	V.T.D.	21
vergontear:	V.I.	8
verificar:	V.T.D./V. Pr.	63
vermelhar:	V.I./V.T.D.	14
vermelhear:	V.I./V.T.D./V. Pr.	8
vermelhecer:	V.I.	56
vermelhejar:	V.I.	16
vermicular:	V.T.D.	1
verminar:	V.I.	1
vernaculizar:	V.T.D.	1
vernar:	V.I.	14
verrinar:	V.I./V.T.D.	1
verrumar:	V.I./V.T.D./V.T.I.	1
versar:	V.I./V.T.D./V.T.I./V.T.D.I.	14
versejar:	V.I./V.T.D.	16
versificar:	V.I./V.T.D.	63
verter:	V.I./V.T.D./V.T.D.I.	17
verticalizar:	V.T.D.	1
vesguear:	V.I.	8
vesicar:	V.T.D.	63
vesicular:	V.I.	1
vessar:	V.T.D.	14

vestar:	V.T.D.	14	
vestir:	V.I./V.T.D./V.T.D.I./V. Pr.	62	
vetar:	V.T.D.	14	
vexar:	V.T.D./V. Pr.	1	
vezar:	V.I./V.T.D.I./V. Pr.	14	
viajar:	V.I./V.T.D./V.T.I.	21	
viandar:	V.I.	1	
viaticar:	V.T.D.	63	
vibrar:	V.I./V.T.D./V.T.D.I.	1	
viçar:	V.I./V.T.D.	32	
vicejar:	V.I./V.T.D.	16	
viciar:	V.T.D./V. Pr.	1	
vidar:	VT.D.	1	
vidrar:	V.I./V.T.D./V.T.I./V. Pr.	1	
vigar:	V.T.D.	29	
vigarizar:	V.T.D.	1	
viger:	V.I.	36	
vigiar:	V.I./V.T.D./V.T.D.I./V. Pr.	1	
vigilar:	V.I./V.T.D./V.T.I./V. Pr.	1	
vigorar:	V.I./V.T.D.	19	
vigorizar:	V.T.D./V. Pr.	1	
vilegiaturar:	V.I.	1	
vilescer:	V.I.	56	
vilificar:	V.T.D./V. Pr.	63	
vilipendiar:	V.T.D.	1	
viltar:	V.T.D.	1	
vimar:	V.T.D.	1	
vinagrar:	V.I./V.T.D./V. Pr.	21	
vincar:	V.T.D.	63	
vincular:	V.T.D./V.T.D.I./V. Pr.	1	
vindicar:	V.T.D.	63	
vindimar:	V.I. /V.T.D.	1	
vingar:	V.I./V.T.D./V.T.D.I.	29	
vinificar:	V.T.D.	63	
violar:	V.T.D.	19	
violentar:	V.T.D./V. Pr.	1	
vir:	V.I./V.T.I./V. Pr.	72	
virar:	V.I./V.T.D./V.T.I./V. Pr.	1	
viravoltar:	V.I.	19	
virginalizar:	V.T.D./V. Pr.	1	
virginizar:	V.T.D.	1	
virgular:	V.I./V.T.D./V.T.D.I.	1	
virilizar:	V.T.D./V. Pr.	1	
visar:	V.T.D./V.T.I.	1	
viscondizar:	V.T.D.	1	
visgar:	V.T.D.	29	
visibilizar:	V.T.D.	1	
visionar:	V.I./V.T.D.	19	
visitar:	V.T.D./V. Pr.	1	
vislumbrar:	V.I./V.T.D.	1	
vispar-se:	V. Pr.	97	
visporar:	V.I.	19	
vistoriar:	V.T.D.	1	
vistorizar:	V.T.D.	1	
visualizar:	V.T.D.	1	
vitalizar:	V.T.D.	1	
vitaminar:	V.T.D.	1	
vitaminizar:	V.T.D.	1	
vitimar:	V.T.D./V. Pr.	1	
vitoriar:	V.T.D./V.I.	1	
vitralizar:	V.T.D.	1	
vitrificar:	V.I./V.T.D./V. Pr.	63	
vitriolar:	V.T.D.	19	
vitriolizar:	V.T.D.	1	
vitualhar:	V.T.D.	21	
vituperar:	V.T.D.	14	
viuvar:	V.I./V.T.D.	1	
vivar:	V.T.D.	1	
viver:	V.I.	10	
vivificar:	V.I./V.T.D./V. Pr.	63	
vizinhar:	V.T.D.	1	
vizo-reinar:	V.I.	1	
voar:	V.I.	18	
vocabulizar:	V.I.	1	
vocalizar:	V.I./V.T.D.	1	
vociferar:	V.I./V.T.I.	14	
voejar:	V.I.	16, 89	
vogar:	V.I./V.T.D.	19	
volatear:	V.I.	88*	
volatilizar:	V.I.	1	
volatizar:	V.I/V.T.D./V. Pr.	1	
volcar:	V.T.D.	219	
volitar:	V.I.	1	
voltar:	V.I.	19	
voltear:	V.I./V.T.D.	8	
voltejar:	V.I.	16	
volumar:	V.I.	1	
voluptuar:	V.I.	27	
volutear:	V.I	8	
volver:	V.I./V.T.D.	15	
vomitar:	V.I./V.T.D.	1	
vortilhonar:	V.I./V.T.D.	19	
vosear:	V.T.D.	8	
votar:	V.I./V.T.D.	19	
vozear:	V.I./V.T.D.	8	
vozeirar:	V.I.	1	
vulcanizar:	V.I.	1	
vulgar:	Adj./Subst.	29	
vulgarizar:	V.I./V.T.D.	1	
vulnerar:	V.I.	14	

X

xadrezar: . . . . V.T.D. 14
xaquear: . . . . V.T.D. 8
xaquetar: . . . . V.T.D. 14
xaropar: . . . . V.I./V.T.D. 19
xaxatar: . . . . V.T.D. 21
xaxualhar: . . . . V.T.D. 21
xenar: . . . . V.I. 14
xequear: . . . . V.T.D. 8
xeretar: . . . . V.I./V.T.D. 14
xiculunguelar: . . . . V.I. 14
ximbicar: . . . . V.T.D. 63
xingar: . . . . V.T.D./V.T.I. 29
xinguilar: . . . . V.T.D. 1
xocar: . . . . V.T.D. 63
xotar: . . . . V.T.D. 19
xucululular: . . . . V.I. 1
xumbergar: . . . . V.I./V. Pr. 29
xurdir: . . . . V.I. 11

Z

zabumbar: . . . . V.I/V.T.D. 1
zagaiar: . . . . V.T.D. 21
zagunchar: . . . . V.T.D. 1
zalumar: . . . . V.I. 1
zampar: . . . . V.T.D. 1
zangar: . . . . V.T.D. 29
zangarilhar: . . . . V.I. 1
zangarrear: . . . . V.I./V.T.D. 8
zangorrear: . . . . V.I. 8
zanguerrear: . . . . V.I. 8
zanzar: . . . . V.I. 1
zanzarilhar: . . . . V.I. 1
zaragatear: . . . . V.I. 8
zaranguilhar: . . . . V.I. 1
zaranzar: . . . . V.I. 1
zarelhar: . . . . V.I. 16
zargunchar: . . . . V.T.D. 1
zarpar: . . . . V.I./V.T.D. 21
zavar: . . . . V.I. 21
zebrar: . . . . V.T.D. 14
zegoniar: . . . . V.I. 1
zelar: . . . . V.T.D./V.T.I. 14
zenir: . . . . V.I. 28
zichar: . . . . V.I. 1
ziguezaguear: . . . . V.I. 8
zimbrar: . . . . V.I./V.T.D. 1
zincar: . . . . V.T.D. 63
zincografar: . . . . V.T.D. 21
zincogravar: . . . . V.T.D. 21
zingar: . . . . V.I. 29
zingarear: . . . . V.I. 8
zingrar: . . . . V.I./V.T.D. 1
zinguerrear: . . . . V.I. 8
zinir: . . . . V.I. . . 11, 91
zinzilular: . . . . V.I. 1
zirrar: . . . . V.I. 1
zizaniar: . . . . V.I. 1
ziziar: . . . . V.I. 1
zoar: . . . . V.I. . . 18, 89
zombar: . . . . V.I./V.T.I. 1
zombetear: . . . . V.I. 8
zonchar: . . . . V.I. 1
zonzear: . . . . V.I. 8
zonzonar: . . . . V.I. 19
zoografar: . . . . V.T.D. 21
zornar: . . . . V.T.D. 19
zorragar: . . . . V.T.D. 29
zortar: . . . . V.I. 19
zoupar: . . . . V.T.D. 1
zucar: . . . . V.T.D. 63
zuelar: . . . . V.I. 14
zuir: . . . . V.I. . . 44, 92
zular: . . . . V.T.D. 1
zumbaiar: . . . . V.T.D. 21
zumbar: . . . . V.I. 1
zumbeirar: . . . . V.T.D. 1
zumbir: . . . . V.I. 91
zumbrar: . . . . V.I. 1
zumbrir-se: . . . . .V. Pr. 100
zungar: . . . . V.I. 29
zunir: . . . . V.I. 91
zunzunar: . . . . V.I. . . . 1, 89
zupar: . . . . V.T.D. 1
zurpilhar: . . . . V.T.D. 1
zurrar: . . . . V.I. 1
zurzir: . . . . V.T.D. 11